증언혐오

꿰ꕥ V 아우또노미아총서 67

증언혐오 Miso-Testimony

지은이 조정환

책임운영 신은주
편집 김정연
디자인 조문영
홍보 김하은
프리뷰 김미정 · 문주현 · 배사은 · 손보미 · 양라윤 · 최송현

펴낸이 조정환
펴낸곳 도서출판 갈무리 등록일 1994. 3. 3. 등록번호 제17-0161호
초판인쇄 2020년 2월 20일 초판발행 2020년 3월 7일
종이 화인페이퍼 인쇄 예원프린팅 라미네이팅 금성산업 제본 경문제책

주소 서울 마포구 동교로18길 9-13 [서교동 464-56] 2층
전화 02-325-1485 팩스 02-325-1407
website http://galmuri.co.kr e-mail galmuri94@gmail.com

ISBN 978-89-6195-228-6 03300
도서분류 1. 정치학 2. 철학 3. 사회학 4. 경제학 5. 사회과학 6. 어싱학

값 22,000원

이 도서의 국립중앙도서관 출판예정도서목록(CIP)은 서지정보유통지원시스템 홈페이지(http://seoji.nl.go.kr)와 국가자료공동목록시스템(http://www.nl.go.kr/kolisnet)에서 이용하실 수 있습니다.(CIP제어번호 : CIP2020005065)

증언혐오

탈진실 시대에 공통진실 찾기

조정환

갈무리

일러두기

1. 조서, 신문 기사, SNS 등에서 인용해온 글의 맞춤법은 필요한 경우를 제외하고 교정하지 않고 원문 그대로 실었다.

2. 단행본, 전집, 정기간행물, 보고서, 언론사에는 겹낫표(『』)를, 논문, 논설, 기고문, 기사, 텔레비전이나 유튜브 방송의 제목, SNS 포스팅 제목 등에는 홑낫표(「」)를 사용하였다.

3. 단체, 학회, 협회, 연구소, 유튜브 계정, 텔레비전 프로그램 이름, 전시, 공연물에는 가랑이표(〈 〉)를 사용하였다.

4. 강조는 원문이라는 표시가 없는 한, 본문 속에 인용된 구절, 문장, 문단의 고딕체 강조는 전부 인용자의 강조이다.

5. 이 책 5쪽 제사의 출처는 다음과 같다. 에밀 졸라, 『나는 고발한다』, 유기환 옮김, 책세상, 2005, 76~77쪽.

이름과 직함 표기 일러두기

1. 이 사건과 관련된 각종의 의견(사실관계 의견, 고소·고발, 보도, 사건평가, 법률 판단 등)을 표명한 사람들을 언급하는 경우 실명이나 필명 그대로 표시했다.

2. 이 사건과 관련하여 특정한 혐의를 받고 있는 사람들의 경우에 법원의 확정판결이 나지 않은 경우는 이미 대중적으로 알려져 있는 경우라 할지라도 이름 중의 한 글자를 감추고 부분 익명으로 표기했다.

3. 이 사건과 관련하여 이미 형이 확정된 경우의 인물에 대해에는 독자들의 이해를 돕기 위해 이미 알려진 실명, 예명, 필명 그대로 표기했다.

4. 사회적으로 문제되는 혐의가 없지만 사건과 연관되어 있고 널리 알려져 있어 사건을 이해하는 데 꼭 필요하다고 판단되는 경우에는 이름 중의 한 글자를 감추고 부분 익명으로 표기했다.

5. 사건과 직접적 연관성이 없지만, 문맥상 언급이 필요한 경우 이름 중의 두 글자를 감추고 부분 익명으로 표기했다.

6. 성폭력 사건의 피해자로서 이름이 드러나서는 안 될 경우는 익명으로 표시했다.

7. 위 모든 경우에서 이미 출판된 글을 인용하는 경우는 꼭 필요한 경우가 아니면 인용된 글에 표기된 그대로, 즉 실명·필명·부분 익명·익명 등의 상태로 표기했다.

8. 출판되지 않은 비공식적 문헌들을 인용하는 경우는 익명 혹은 부분 익명으로 표기했다.

9. 직함은 문맥, 문장의 필요에 따라 넣기도 하고 빼기도 했다.

대부분의 여론은 매일 아침 언론이 퍼뜨리는 이 거짓말, 이 기괴하고 어리석은 뜬소문에서 비롯된 것이다. 그 책임을 물을 시간이 반드시 올 것이며 그때 세계만방에 우리의 명예를 실추시킨 비열한 언론은 그 대가를 치러야 할 것이다. 몇몇 신문이 사악한 역할을 충실히 수행했다. 이 신문들은 오직 흙탕물만을 실어 날랐다. 그런데 이 신문들 가운데 예컨대『레코 드 파리』(*L'Echo de Paris*)를 목격하는 것은 얼마나 놀라운 일이며, 얼마나 슬픈 일인가! 그토록 빈번히 사상의 전위에 섰던 그 문학적 신문이 드레퓌스 사건에서 그토록 개탄할 역할을 수행하다니 말이다. 폭력적 단평, 추악한 편견에는 서명조차 없다. 그러나 이 단평과 편견의 뒤에 드레퓌스의 처벌이라는 가공할 범죄를 저지른 사람들이 도사리고 있음은 삼척동자도 다 안다. 발랑땡 시몽 씨는 이 단평과 편견이 자신의 신문을 오욕으로 뒤덮지 않을까 격정하고 있기는 하다. 그런데 그 태도가 진정 정직한 사람들의 양심을 아프게 하는 신문이 있는데, 그 이름은『르 프티 주르날』(*Le Petit Journal*)이다. 수천 부를 찍은 군소 신문들이 판매 부수를 늘릴 목적으로 고함을 지르고 거짓을 입에 담는 것은 그래도 이해할 수 있는 일이며 제한적인 악일 뿐이다. 그러나 백만 부를 상회하는 판매 부수를 자랑하는『르 프티 주르날』, 방방곡곡의 갑남을녀들에게 읽히는『르 프티 주르날』이 오류를 퍼뜨리고 여론을 오도하는 것은 실로 심각한 재앙이 아닐 수 없다. 수많은 영혼을 계도해야 하고 만백성을 이끌어야 하는 목자의 경우 양심과 지성과 성실성을 갖추지 않으면 안 된다. 그렇지 않을 때 그는 자칫하면 공민적 범죄자로 전락하고 만다. 프랑스여, 그대를 휩쓰는 광풍 속에서 제일 먼저 내 눈에 띄는 것, 그것은 언론이 매일 아침 그대에게 전하는 얼치기 콩트, 저열한 욕설, 도덕적 타락으로 얼룩진 거짓의 방벽이다. 그들이 그대의 온갖 전설적 미덕, 투명한 지성, 견고한 이성을 이 지경으로 박살 낸 지금, 어떻게 그대가 진실과 정의를 구현할 수 있겠는가?

— 1898년 1월 6일, 에밀 졸라

차례 증언험오

10   책머리에

31   문제설정 : 권력형 성폭력 사건(장자연의 경우)의
            현 상태와 문제에 대한 4·23 메모

1장 예술인간 공통장

36   장자연 사건을 보는 두 종류의 눈, 두 종류의 전략

42   '과거사 조사'를 둘러싼 두 가지 시간성의 투쟁에 대해

49   윤지오의 증언을 바라보는
가족주의와 순수주의 시각에 대하여

72   다시 순수주의의 위험성에 대하여 : 이른바
〈지상의 빛〉 후원금 집단반환 소송'의 정치적 성격에 대해

78   윤지오 증언에 대한 반발 공세의 역사적 위치와 성격

83   공통장 감수성의 징후와 예술인간-예술체제의 동선

2장 공통장 다중과 영리함의 문제

100   영리한 다중 : 윤지오의 경우

113   윤지오가 "영리하게" 해보려고 했던 것

123   "당당하게"의 교활성과 "영리하게"의 진실성

128   덧글 1 : 윤지오의 "영리하게"와 관련하여
1987년 서울구치소의 봄에 대해 생각한다

136   덧글 2 : 신자유주의 이행 이후 진실 범죄화 방식의
변화양상 ― 〈민중미학연구회〉와 〈지상의 빛〉의 비교

147   장자연 사건에서 국정원의 역할이라는 수수께끼

3장 장자연 리스트의 진실

159   '증언자 장자연'을 생각하며 '증언자 윤지오'의 의미를
다시 생각한다

167   통계와 경험담이 뒷받침하는 윤지오 증언의
　　　　　 진실성과 신빙성

173   홍가혜의 투쟁과 윤지오의 투쟁

182   '윤지오 마녀사냥'이 묻어버린
　　　　　 '증언자 윤지오'의 여섯 가지 핵심증언 (2009~2019)

187   장자연 사건에서 리스트 공개 및
　　　　　 윤지오 증언의 중요성에 대해

198   진술과 이해관계 및 권력관계 문제 :
　　　　　 유장호의 진술을 어떻게 이해할 것인가?

202   유장호의 양면성의 비밀 :
　　　　　 장자연의 죽음 앞에서 유장호는 왜 어쩔 줄 몰라 했나?

206   '장자연 리스트' 논란과 그 성격에 대해

219   '성상납 강요'는 '성폭행'을 의미한다

243   덧글 3 : '성상납 강요'(성폭행)는
　　　　　 어떻게 '성상납'(뇌물)으로 되는가

247   특수강간죄 수사권고 없는
　　　　　 진상조사 보고에 대한 윤지오의 생각

253   후원금 집단반환소송에 대한
　　　　　 윤지오의 항변에 대해 생각한다

258   덧글 4 : 장자연 문건과 리스트의 필체 문제에 대하여

4장　진실혐오의 극장

261   "나는 숨어 살았다"의 의미를 이해하지
　　　　　 못하는 분들을 위한 어떤 주석

267   "숨어 살던" 시기 윤지오의 공개 활동에 대한
　　　　　 대중과 언론의 지각적 착시에 대해

276 윤지오가 "숨어 살기"를 거부하고
실명과 얼굴을 공개하기로 결심한 진짜 이유

280 피해자다움의 강제적 수용에서
피해자다움에 대한 거부의 결단으로

287 거스를 수 없는 '민중의 힘'과 '처벌'을 통한 정의

295 진실혐오 극장의 등장

303 진실에 대한 혐오

312 증언과 신변위협에 대하여

5장 증언과 증여의 공통장 : 국가 공동체의 두 얼굴과 가능한 공동체의 징후들

333 장자연 사건에서 국가 공동체는 무엇이었나?

362 증언자와 국가

405 증여 공통장의 등장 : 윤지오의 신한은행 통장의
삶정치적 성격

426 증여 공통장에 대한 범죄화 시도

439 대안 공동체의 가능성

443 덧글 5 : 환대의 새로운 조건 —
야스민과 윤지오의 차이와 유사성

6장 에필로그

448 탈진실 시대와 증언의 운명

463 수록글의 초고 작성일

증언의 위기 속에서

2019년 4월 16일까지 권력형 성폭력에 대해 증언하는 증언선證言船 윤지오호號는 나름대로 순항을 하고 있었다. 악성 댓글, 인신공격 등의 장애물이 없지 않았지만, 장자연을 죽음에 이르게 한 권력형 성폭력에 대한 그의 증언이 2018년 미투의 아우라 속에서 많은 사람을 증언에 대한 격려, 용기에 대한 감복, 진실에 대한 공명으로 직조된 진실 공통장commons 속으로 끌어들이고 있었기 때문이다. 신한은행과 국민은행에 짧은 기간 6,100여 명이 넘는 사람들이 후원금을 보낸 것은 증여를 통해 이 증언진실의 공통장을 지켜내려는 다중의 열망 이상도 이하도 아니었다.

그런데 공교롭게도 세월호 5주년을 맞는 이 날 4월 16일에 증언선 윤지오호는 뜻하지 않은 암초에 부딪힌다. 그것은 「윤지오 씨 말은 100% 진실일까요?」라는 김수민 작가의 포스팅이었다. 증언이 진실이 아닐 수 있다는 암시를 넘어 증언자의 핵심 진술을 부정하고 증언자의 인격을 의심하는 주장을 담은 글. 이 글의 주장들은 근거가 취약했음에도 불구하고 증언의 영향력이 컸던 바로 그만큼 언론과 다중의 큰 주목을 받았다.

이런 경우 통례라면 어떠했을까? 아마도 '증언이 진실인가 아닌가?'를 둘러싼 광범위한 사회적 토론이 오랫동안 지속되었을 것이다. 윤지오나 김수민이나 모두 한 권씩의 에세이집을 낸 작가이므로 문단 내에서의 토론도 기대해 볼 수 있는 상황이었다. 그러나 불과 일주일 만인 4월 23일과 26일에 그 역시 시인이기도 한 박훈 변호사가 이 쟁점을 고소·고발이라는 사법의 무대로 가져갔다. 김수민 작가를 대리하여 윤지오를 명예훼손으로 고발하고 그 자신이 윤지오를 다시 사기 혐의로 고발한 것이다. 시민사회 내에서 있었을 법하고 또 있어야만 했던 모든 토론 가능성들은 일거에 봉쇄되었다. 토론의 여지는 사법 세계로 넘어가 버리고 다중들은 그 결과를 지켜볼 수밖에 없는 구경꾼의 위치로 밀려났다. 요컨대 문화와 정치의 문제를 법률이 대체해 버린 것이다. 공자적 인치人治의 공간을 한비자적 법치의 논리가 덮쳐 버렸다고 할까?[1] 이로써 '누가 왜 장자연을 죽게 만들었는가?'라는 사회적 물음은 급격하게 '윤지오는 사기범죄자인가?'라는 사법적 물음으로 대체되었다. 이것으로 증언선 윤지오호는 항행의 동력을 잃게 되었고 전자의 물음이 찾고 있었던 장자연에 대한 가해권력들은 이 센세이셔널한 후자의 물음 뒤로 안

---

1. 조국 교수의 법무부 장관 자격을 묻는 국회 청문회 시간에 검찰이 그의 부인 정경심 교수를 기소함으로써 정치가 사법으로 대체되어 버린 것도 유사한 경우라 할 수 있다. 사법화는 오늘날 정치만이 아니라 경제 영역, 문화 영역으로까지 광범위하게 확대되고 있다. 시민사회 제 영역의 이러한 사법화 및 사법 공간으로의 전화가 나타나기 시작한 지는 꽤 오래되었다.

전하게 피신할 수 있게 되었다.

이 책 『증언혐오』, 그리고 동시에 출간하는 『까판의 문법』은 2019년 4월 16일 이후 증언선 윤지오호의 침몰이라는 사건을 이해하기 위해 기울인 수개월간의 집중적인 연구의 결실이다. 나는 꽤 오랫동안 전문지성과 구분되는 다중지성의 자율성에 관해 탐구해 왔다. 최대한 주관성을 배제하는 전문지성과는 달리 다중지성은 주관의 정동 작용을 받으면서 그것과 연동되어 움직이는 집단지성이다. 다중지성에서 정동·감정은 배제되어야 할 요소가 아니라 지성의 인지적 역량의 일부로 기능한다. 때로는 눈물을 수반하며[2] 이루어지는 윤지오의 증언을 나는 그러한 다중지성의 한 현상 형태로서 지켜보고 있었고 2019년 5월 25일로 예정된 '맑스코뮤날레' 〈다중지성의 정원〉 세션에서 이 현상을 주제로 개인 발표를 할 계획을 세우고 있었다.[3]

그런데 만약 윤지오의 증언이 김수민의 말처럼 거짓말이고 윤지오가 박훈의 고발처럼 사기범죄자라면 어떻게 되는가? 나는, 아마도 다중지성이라는 이름으로 거짓말에 진실의 위엄을 부여하고 사기가 펼쳐지는 기망의 공간을 예술인간 공통장으로 내세우는 어처구니없는 실책을 범하는 것이 될 것이다. 긴장하지 않을 수 없었다. 나는 약 일주일간에 걸쳐 윤지오의 2009년 진술서들과 언론 인터뷰들, 박훈 변호사와 김대오 기자의 페이스북,

---

2. '까판'의 계정들은 그것을 '줍짜기'로 비하하곤 한다.
3. 당일의 발표는 '공통장 감수성의 징후들과 예술인간–예술체제의 동선'이라는 제목으로 이루어졌다.

김수민 작가의 인스타그램, 윤지오의 인스타그램 등 상황을 총체적으로 판단할 수 있는 자료들을 집중적으로 검토했다. 아직 명료하게 모든 것을 파악할 수는 없었지만, 일주일 정도의 검토만으로도 김수민의 폭로 포스팅이 거짓말과 사실을 뒤섞어 놓고 있고, 박훈 변호사의 사법 고발이 그릇된 정보와 편견을 기초로 제기되었으며, 이에 대한 언론의 보도들이 어떤 동기에서 나온 것이건 증언자를 마녀사냥 하는 효과를 가져오고 있다는 인식을 갖기에 충분했다. 나는 4월 16일 전에 가졌던 발표 계획을 변경 없이 지속하기로 하고 2019년 4월 23일 나의 블로그[4]에 이 문제를 바라보는 나의 가설[5]을 올린 후 사건에 대한 본격적 연구에 착수했다.

이 연구를 위해 나는 약 7개월간에 걸쳐 다양한 경로에서 내가 입수할 수 있었던 자료들을 데이터베이스로 정리하고 면밀하게 검토했다.

첫째로 가장 기초적인 자료는 증언 진실성과 관련하여 2009~2010년에 이루어진 관련자 진술조서 수천 쪽이다. 이 자료에 근거하지 않은 모든 분석과 보도, 그리고 의견은 대부분 허구라고 볼 수 있다.

둘째로 『한국일보』가 공개한 이 진술조서 자료에는 윤지오의 16번의 증언 중 단 3건만이 포함되어 있다. 나는 그 이외의

---

4. 〈Autonomous Commoning Machine〉, http://amelano.net.
5. 이 가설은 이후 나의 연구를 규정하는 중요한 그림이기 때문에 덜 가다듬어진 그대로 이 책의 모두(冒頭)에 실어 두었다.

13번의 증언 중 입수 가능한 여러 건의 진술조서들을 면밀히 검토했다.

셋째로 윤지오가 수사 및 조사 당국 밖에서 국내외 언론과 행한 24건의 인터뷰도 중요한 자료로 검토했다.

넷째, 김수민과 윤지오의 카톡 대화록의 선별되거나 편집되지 않은 원문도 핵심 쟁점들을 풀기 위한 일차 자료로서 검토했다.

다섯째, 그 외 검찰 과거사위원회, 검찰, 변호사, 언론사 기자, 극장주 등과 증언자가 나눈 소통자료도 이 사건의 진실을 규명하는 일차 자료로 검토했다.

여섯째, 박훈과 최나리의 고발에서 사기의 증거로 제시되고 있는 신한은행(윤지오)과 국민은행(〈지상의 빛〉) 계좌의 거래 내역 전체를 상세히 검토했다.

일곱째, 박훈과 최나리에 의해 제출된 고소장·고발장 외에 입수 가능한 여러 건의 고소·고발장들도 고소·고발자들의 논리를 이해하기 위해 중요한 자료로 검토했다.

여덟째, 고소·고발에 대한 경찰과 검찰의 처분결과통지서도 수사기관의 시각을 파악하기 위한 중요 자료로 검토했다.

아홉째, 2018년 이후 사태의 경과를 고스란히 기록하고 있는 윤지오 인스타그램과 그 댓글들도 중요한 일차 자료로 검토했다.

열째, 박훈·김대오·김수민·justicewithus를 비롯한 윤지오 반대자 측의 페이스북·유튜브·인스타그램 등의 SNS 기록들과 댓글들도 힘닿는 데까지 자세하게 검토했다.

이차 자료로서 가장 중요한 것은 물론 과거사진상조사단의 보고서일 텐데, 자료를 입수할 수 없어 검찰 과거사위원회의 심의 결과 자료만을 검토하게 된 것은 정말로 안타까운 일이다.[6]

언론의 보도들은 자료 가치가 있을까? MBC 〈PD수첩〉을 비롯한 몇 개 방송사의 탐사보도 방송과 『미디어오늘』을 비롯한 몇몇 신문사의 신문 보도는 중요하게 참고할 삼차 자료이다. 하지만 2019년 4월 16일 이후 언론 보도의 상당 부분은 상업적 가치나 정치적 가치를 사실이나 진실의 가치보다 앞세우면서 이루어졌다. 드러난 입장들을 공정하게 보도한다는 식의 공정 가치 입장은 고립되고 궁지에 몰려 입장조차 내놓을 수 없었던 "나약하고 힘없는" 증언자를 공격하는 무기로 활용되었다. 그렇기 때문에 방대한 양의 언론 보도 대부분은 앞의 일차, 이차 자료에 근거하여 비판적으로 읽혀야 할 상업적·정치적 주변 자료로 다룰 수밖에 없었다.

이 자료들에 대한 검토 끝에 증언자 윤지오의 증언이 큰 흐름에서 일관되고 진실되다는 가설이 증거들에 의해 뒷받침되는 진실명제라고 확신하게 되었다. 그래서 나는 2019년 5월 25일 '맑스코뮤날레'에서 애초 계획했던 주제의 발표를 했고, 이후로도 거의 매일 이 주제를 연구하여 나의 블로그에 글을 올렸다. 이 글들을 기초로 2019년 11월부터 약 4개월여의 수정과 보완

---

6. 이 자리를 빌려 진실규명을 위해 과거사진상조사단의 보고서를 공개해 주기를 바란다.

작업을 거쳐 출판하는 것이 『증언혐오』와 『까판의 문법』이다. 이 두 책은 하나의 사건의 두 얼굴을 보여준다. 『증언혐오』는 증언과 증여에 의해 형성된 진실 공통장을 중심에 놓고 이에 대한 혐오 경향이 발생하는 모습을 그렸다. 이에 비해 『까판의 문법』은 공통장에 대한 반동으로 까판, 즉 반反공통장이 형성되어 그것이 사회 전체의 지배 담론으로 발전하면서 공통장을 해체하는 과정과 여기에 사용되고 있는 다양한 영역의 담론 테크놀로지를 분석한다.

다중지성의 범죄화

증언자가 거짓말쟁이로 내몰리는 경우는 윤지오 전에도 있었다. 이와 매우 유사한 것이 홍가혜의 경우이다. 2014년 4월 16일 세월호 침몰 직후에 홍가혜는 해경의 구조 소홀에 관한 인터뷰 증언을 했다가 언론에 의해 허언증 환자로 매도된 후 "해경 명예훼손"이라는 죄목으로 구속되었다. 나는 증언자에 대한 놀라울 정도로 빨랐던 이 사법 처리 과정이 부당하다고 판단해, 당시 「홍가혜를 위한 변명」이라는 글로써 홍가혜의 증언을 옹호했지만, 홍가혜에 대한 언론의 비난 소용돌이에 휩쓸려 버렸던 기억이 있다.[7] 그로부터 4년 반이 지난 2018년 11월 29일 대

---

7. 이에 대한 좀더 상세한 서술로는 『까판의 문법』(갈무리, 2020) 2장에 실린 「김용호의 거짓말」 참조.

법원이 1, 2심에 이어 최종적으로 홍가혜에 대해 무죄를 선고했다. 이날은 홍가혜가 아니라 도리어 해경이 허언증 환자로 드러나는 순간이었으며 증언자가 권력에 의한 피해자임이 확인된 순간이었다. 이로써 해경과 언론이 홍가혜에 대한 가해의 공범들임이 드러났다. 이후 김용호 기자와 『조선일보』에 대한 손해배상 소송에서 홍가혜가 승소하여 각 1,000만 원, 6,000만 원의 배상 판결을 받은 것은 다시 한번 이 점을 확인해 준다.

증언자 윤지오를 허언증 환자로 만들어 증언을 무력화하려는 권력의 마녀사냥 과정에서 내가 눈을 떼지 않고 모든 쟁점을 따라가며 분석하려고 노력했던 것은 이 사건의 경험과 교훈 때문이다. 사실들과 다중의 공통정념에서 눈을 떼는 순간 허구가 덮친다는 것. 이런 의미에서 『증언혐오』와 『까판의 문법』은 일종의 '윤지오를 위한 변명'으로서 「홍가혜를 위한 변명」의 연속이다. 2019년 말에 이르러 나는 이 작업을 "권력에 의한 다중지성의 범죄화"라는 좀더 큰 스펙트럼 속에 위치시킬 수 있었다.[8] 권력을 고발하는 증언의 힘을 무력화하는 가장 효과적인 방법으로 권력이 애용하는 것은 증언을 두고 진위 논란을 벌이는 것보다 증언자를 범죄자로 만들어 사법 처리하는 방법이었다. 경찰과 검찰은 이 과정에서 가해권력과의 공모 유혹에 빠져

---

8. 2019년 12월 15일 조정환 특강, 「맑스 탄생 200주년 『자본을 어떻게 읽을 것인가』 출간 기념 조정환 선생님 특강 : 자본/권력은 다중지성 공통장을 왜, 그리고 어떻게 범죄화하는가?」, 〈다중지성의 정원 유튜브〉, https://youtu.be/AE3TzqWh4w8 참조.

든다. 2008년 이명박 정부에 대항한 촛불집회 당시 권력의 금융 정책에 대한 예리한 비판을 제시했다가 구속되었고 역시 대법원에서 무죄판결을 받은 '미네르바'도 다중지성 범죄화의 희생자였다. 당시 검찰의 수사권과 공소권 남용에 대한 비난 여론이 드높았던 것은 바로 이 공모에 대한 비판이다.

탈진실, 객관진실, 공통진실

이 책에서 나는 다중지성의 범죄화 문제를 탈진실 현상이라는 미디어철학의 문맥 속에 위치 짓고, 이것을 증언혐오라는 정치심리학적 맥락과 결부시켰다. 윤지오의 증언을 거짓말로 만들고 증언자를 혐오하는 데로 나아가는 과정은 탈진실 현상의 하나이다. 그런데 탈진실 현상은 한덩어리의 과정이 아니라 여러 경향과 동력이 뒤섞여서 만들어 내는 현상형태이다.

첫째로 탈진실 현상은 근대의 훈육사회가 만들어온 진실체제에 대한 거부를 함축한다. 이는 근대의 진실체제가 권력 동기에 의해 규정되어 왔다는 것에 대한 비판에 기초한다. 진실권리를 독점한 전문가·지식인이 법학으로 범죄자를 규정하면 권력은 그들을 감옥에 가둔다. 전문가·지식인이 정신병리학으로 정신병자를 규정하면 권력은 그들을 정신병원에 가둔다. 이 독점적 진실주체들은 자신들이 규정하는 진실을 누구에게나 보편타당한 진실이라는 의미에서의 객관적 진실로 주장하기를 좋아했다. 하지만 그것이 누구에게나 타당한 것이 아니라 권력자들의 필요에 부합하는 진실일 뿐이라는 점은, 소위 그 객관 진실이 권력으로 인해 피치자의 위치에 놓인 다수의 사람들을 고통 속에서 살게 하는 권력의 무기라는 사실에 대한 아래로부터의 자각을 통해 비로소 드러났다. 객관 진실 체제에 깊이 포섭되면 될수록 삶이 더 고통스러워진다는 사실을 발견한 사람들은 각자의 특이한 진실을 말하는 비전문가·비지식인 다중으로 형성되기 시작했다.[9] 이처럼 진실과 권력의 근대적 동맹체제는 지식인·전문가의 진실독점권을 거부하고 그 스스로 진실주체로 나서고자 하는 탈근대적 다중의 출현에 의해 흔들리게 되었다. 탈진실 현상의 첫 번째 동력은 이것이다.

탈진실 현상의 두 번째 동력은 다중 주체의 탈진실 경향에 대한 위로부터의 대응 과정에서 출현했다. 객관진실·보편진실로부터의 탈주라는 다중의 운동은 실험실이나 연구실에서의 냉정한 분석과는 다른 진실장치와 진실공간을 필요로 했다. '지성에서 정동으로!'라는 기치로 표현되는 **정동적 전환**은 이 필요를 충족하는 하나의 과정이었다. 이것은 객관진실의 체제가 진실구축 과정에서 정동을, 배제해야 할 불순물로 간주해 왔던 것에 대한 저항이었다고 볼 수 있다. 정동은 신체의 감각기관으로 유입된 외부자극 중에서 행동의 필요에 따른 취사·선택이 이루어진 후 운동으로 표현되지 않고 신체 내부에 남은 잔여로서의 고통이다. 그러므로 정동적 전환이란 신체의 고통에

---

9. 푸코는 이러한 현상을 '보편지식'과 구별되는 '특수지식' 현상으로 파악했다.

주의를 기울이려는 노력으로 나타난다. 여성, 흑인, 난민 등 다양한 유형의 소수자들이 이러한 전환을 주도했음은 주지의 사실이다.

'지성에서 정동으로!'의 전환 운동이 상대적으로 근대 진실 체제에서 중심적 역할을 수행한 지성에 대한 경계, 비판, 거부의 경향을 갖는 것은 필연적이었다. 지성에 대한 이 부정적 분위기를 역이용한 것이 바로 권력이다. 권력은 구래의 '진실 = 권력' 체제 대신 거짓을 선동하여 그것을 권력 유지와 재창출의 도구로 삼는 방향으로 나아갔다. 진실에 대한 부정이라는 방향에서 첫째의 탈진실 현상과 유사하지만, 이러한 탈진실은 진실과 대립하는 거짓을 진실의 자리에 놓고(반辰진실) 정동이 아니라 선동을 반진실의 대안진실 체제의 무기로 삼는 것이다. 오늘날 우리가 속한 광범위한 가짜뉴스 상황은 첫 번째의 탈진실 운동에 대한 권력의 반동적 흡수가 가져온 부정적 결과이다. 그리고 전前다중적인 군중과 대중은 권력의 이 반진실적 선동의 지지대로 소환된다. 트럼프로 대표되는 탈진실의 이 두 번째 동력에 대해 새로운 유형의 파시즘이라는 비판이 제기되는 것은 이 때문이다.

탈진실 현상의 세 번째 동력은 바로 이러한 문제 상황에 대한 의식적 대응 속에서 나온다. 그것은 객관진실에서 벗어나고자 한 첫 번째의 탈진실 동력을 두 번째의 탈진실 동력인 반진실 = 가짜진실 = 대안진실 흐름에 맞서 발전시키는 것이다. 나는 그것을 다중의 공통진실 동력이라고 부르고 싶다. 한국에 소개된 탈진실 관련 문헌들[10]은 다시 전문가·지식인의 권위를 회복시키려는 복고적 노력을 탈진실 현상에 대한 대안으로 내세우는 경향이 있다. 이를 위해 이 문헌들은 첫 번째의 탈진실 경향의 동력이었던 정동적 전환과 다중을 공격한다. 이러한 문헌들은 두 번째의 탈진실 경향의 위험성을 지적하고 진실에 대한 관심을 환기하는 것으로는 유효하지만 탈진실 현상 속에 깃들어 있는 혁명적 힘을 거세한다는 점에서는 반동적이다. 고통에 주의를 기울이면서 그것을 새로운 행동의 동력으로 삼으려는 정동적 전환은 끊어내야 할 질환이 아니라 안고 가야 할 에너지이다. 또 다중은 전문지식인이 어떻게 생각하느냐에 상관없이 이미 명확한 진실 주체로 부상했다. 문제는 지금까지 진실 문제에 대한 일정한 방관을 보였던 정동적 전환을 정동-진실의 운동으로 발전시키는 것이다. 이것은 감각에 따르는 다중의 특이한 정동들을 행동적 필요에 따르는 지성과 연합하여 객관진실 체제도 반진실 체제도 아닌 공통진실 체제로 발전시킴으로써 가능해질 것이다.

고통에 대한 무관심과 멸시

장자연이 "저는 나약하고 힘없는 신인배우입니다. 이 고통에

---

10. 『포스트트루스』(두리반, 2019), 『진실 따위는 중요하지 않다』(돌베개, 2019), 『가짜 뉴스의 시대』(반니, 2019), 『무기화된 거짓말』(레디셋고, 2017) 등.

서 벗어나고 싶습니다"라고 썼을 때 그가 주의를 돌린 것도 고통이었다. 고통에 대한 앎은 결코 객관적일 수 없다. 그것은 당사자나 그 고통을 공동으로 경험한 사람들, 또 주의를 기울여 그 고통과 함께하고자 하는 사람들만이 알 수 있는 것이다. 그것이 객관적으로 알려질 수 없는 것이라고 해서 그것이 결코 주관적이거나 비실재적 혹은 허구적임을 의미하지는 않는다. 고통은 엄연히 실재하는 것이다. 요컨대 고통에 대한 앎은 객관적인 것이 아니라 주의 기울임을 통해서만 획득할 수 있는 실천적인 것이다.

이 사건을 주의 깊게 연구하면서 이 사건에 대한 주요한 발언자들에게서 발견한 것은 고통에 대한 무관심이었다. 주로 박준영, 박훈, 최나리, 김대오, 서민 등 변호사·기자·교수 등의 직함을 가진 이 전문가들은 증언자들이 겪는 고통에 주의를 기울이지 않았다. 장자연의 위 문구는 증언 그 자체가 고통에서 생성되어 나오는 진실진술임을 보여준다. 윤지오의 증언도 장자연을 죽게 만든 사람들을 밝혀 처벌받게 해달라는 분노의 정서를 수반한다. 분노는 고통의 정동이 표현되는 한 방식이다.

박훈이 윤지오가 있지도 않은 신변위협을 과장한다면서 신변위협의 실재성을 부정할 때, 고통에 대한 무관심이 뚜렷이 나타난다. 신변위협이란 긴장, 싫음, 떨림, 두려움, 공포 등으로 나타나는 고통의 감각이다. 이것은 결코 객관적으로 검증될 수 있는 것이 아니다. 주의를 기울임을 통해 실천적으로만 알 수 있는 것이기 때문이다. 박훈은 신변위협을 알고자 하는 방향으로 주의를 기울이는 것이 아니라 그것을 모르고자 하는 방향으로, 무시하고자 하는 방향으로 주의를 기울인다. 신변위협을 모르고자 하는 마음이 표현되는 방식이 '신변위협은 없었다'라는 명제이기 때문이다.

김대오는 사실과 실재 그 자체에 대한 무관심을 통해 고통에 대한 무관심을 표현한다. 고통에 대한 무관심을 표현하는 김대오의 방식은 적나라하지 않고 복잡하게 꼬여 있다. 그는 고통에 대한 관심을 때때로 언표한다. 하지만 실제로는 그렇지 않다. 나는 이것을 고통에 대한 위장된 관심으로 이해한다. 그는 누가 봐도 유서 형식이 아닌 장자연의 문건을 "유서 성격의 심경고백" 글이라고 거짓 보도함으로써 고통으로 작성한 장자연의 증언을 왜곡하고 오랫동안 장자연의 증언문건이 유서로 인식되도록 만들었다. 윤지오가 두려움을 무릅쓰고 행한 장자연 리스트에 대한 증언을 그는 "장자연 리스트는 없었다"는 거짓말[11]로 덮어버린다. 이처럼 그는 사실에 대한 무관심과 왜곡, 그리고 거짓 사실의 발화를 통해 고통에 대한 무관심을 표현한다. 이런 방식으로 그는 가짜뉴스와 반진실의 흐름에 가담한다.

윤지오를 여권 정치권력의 꼭두각시로 바라보는 박준영·서민의 정치공학적 음모론의 시선은 애초부터 증언하는 사람의 신체, 고통, 자율성에 대한 부정에 근거하고 있는 엘리트주의 시선이다. 그것은 장자연이나 윤지오와 같은 여성, 소수자, 다중에

---

11. 이것이 왜 거짓말인지에 대해서는 『까판의 문법』 1부 3장 참조.

대한 멸시를 담은 권력 행동의 시각적·언어적 발현과 다름이 없다. 그들의 몸, 그들의 감각, 그들의 고통, 그들의 언어를 그저 권력이 갖고 노는 인형 놀이일 뿐이라고 멸시하는 것이다.

이 전문가들에게서 나타나는 고통에 대한 무관심과 실재에 대한 무관심은 언론이 두루 공유한 특징이었다.『조선일보』와 TV조선이나 SBS처럼 이 사건에 이해관계를 갖고 있는 언론이 유독 고통이나 실재에 대한 무관심을 드러냈음은 물론이다. 이들은 오히려 실재에 반하는 반진실을 유포하고 증언자를 고통스럽게 만드는 보도와 방송을 좋은 보도, 좋은 방송으로 보는 듯한 태도를 보였다. 이외에 많은 다른 언론도 10년 전의 진술조서 등 손쉽게 확인할 수 있는 증거자료들조차 직접 조사하기를 외면한 채, 전문가나 경찰이 하는 이야기들을 센세이셔널한 방식으로 받아써 내는 것이 보도의 당연한 윤리인 것처럼 행동했다. 이로써 언론은 자기 자신을 진실의 기관이 아니라 풍문의 기관, 대안진실 기관으로 자리매김했다.

책의 구성

이 책의 1장「예술인간 공통장」은 윤지오의 증언을 둘러싼 일련의 사태를 어떤 입장, 어떤 시각에서 바라볼 것인가의 문제를 다룬다. 한 사람이 고통을 호소하다 죽어간 사건에서 가해권력의 입장과 피해자 및 증언자의 입장이 갈라지는 것은 필연적이다. 이것은「장자연 사건을 보는 두 종류의 눈, 두 종류의 전략」의 주요 주제이다. 사건을 과거의 것으로 바라보는 시각과 현재적인 것으로 바라보는 시각 사이의 차이도 중요한 문제이다. 이것은 「'과거사 조사'를 둘러싼 두 가지 시간성의 투쟁에 대해」의 핵심 주제이다. 이어지는 두 편의 글은 이러한 입장을 초월해 있는 것처럼 간주되는 가족주의와 순수주의가 가해자의 입장, 가해자의 시선과 동조同調될 수 있는 위험성에 대해 살핀다. 「윤지오 증언에 대한 반발 공세의 역사적 위치와 성격」이 권력형 성폭력에 대한 장자연과 윤지오의 증언을 촛불항쟁과 촛불혁명, 그리고 미투로 이어진 21세기 한국의 아래로부터 봉기의 역사 속에 위치시킨 후, 「공통장 감수성의 징후와 예술인간-예술체제의 동선」에서 그 흐름을 예술인간 공통장의 형성 운동의 일환으로 자리매김한다.

"영리하게"라는 단어는 김수민이 맥락에서 잘라낸 카톡 대화 캡처를 공개한 후 윤지오의 증언을 의심하는 키워드로 이용되었다. 2장 「공통장 다중과 영리함의 문제」에 실린 글들은 이 말이 전체 대화 맥락에서 무엇을 의미하는지를 규명하고 그 말이 갖는 긍정적 의미가 무엇인지를 밝히는 데 집중한다. 많은 사람들이 김수민이 토막토막 절취切取한 카톡 캡처에 고의적으로 부여한 이미지에 따라 윤지오가 영리하게 돈을 벌려고 했다고 오해하곤 하지만 윤지오가 말한 "영리하게"의 의미는 그와 정반대이다. 그것은 10년간의 노력에도 불구하고 진실이 드러나지 않고 가해자가 처벌되지 않는 현실을 타개하기 위해서 어떻게 하는 것이 "영리하게" 증언하는 것인가, 라는 증언 전술의 맥락 속에 분명하게 위치 지어져 있다. 이러한 설명을 보충하기 위해 나는 30여 년 전 내가 겪었던 유사한 경험을 덧글로 덧붙여 독자들의 이해를 돕고자 했다.

3장 「장자연 리스트의 진실」은 이 사건을 이해하는 데 가장 핵심적인 장이라고 할 수 있다. 이 장은 먼저 장자연 리스트가, 장자연이 피해자이기 전에 먼저 그리고 윤지오에 앞서, 권력형 성폭력에 대한 증언자였음을 보여준다는 것에서 시작한다. 이어지는 「통계와 경험담이 뒷받침하는 윤지오 증언의 진실성과 신빙성」은 장자연과 윤지오의 증언이 말하고 있는 내용이 여러 사람의 경험담과 통계가 보여주는 현실과 일치한다는 점에서 상황적 진실성을 갖는다고 주장한다. 「홍가혜의 투쟁과 윤지오의 투쟁」은 진실한 증언도 거짓 보도, 가짜뉴스 등 반진실의 장치들에 의해 허언(거짓말)으로 매도되고 사법적 처벌을 받는 사례가 드물지 않음을 홍가혜의 사례를 통해 예시한다. 반진실의 장치들이 증언자의 진실을 묻어버리는 기능을 하기 때문에, 이어지는 두 편의 글은 윤지오가 마녀사냥을 당하기 전에 무엇을 증언했던가를 독자들께 상기시키고 그 증언이 장자연 사건을 이해함에 있어 왜 결정적으로 중요한지를 분석한다.

유장호는 장자연 문건과 리스트에 대해 누구보다도 잘 알고 있음이 분명한 인물이다. 장자연이 문건을 작성할 때 함께 있었고 장자연이 쓴 편지글 형식의 글을 장자연으로부터 직접 받았던 인물이기 때문이다. 그럼에도 유장호가 아니라 그로부터 문건과 리스트를 받아 읽었을 뿐인 윤지오에게 진실증언의 짐이

지워지고 있는 것은 유장호가 일관되고 신빙성 있는 진술 태도를 보여주지 않고 있기 때문이다. 유장호에 대한 두 편의 글은 진실을 말하기도 하고 또 말을 바꾸기도 하는 그의 진술과 진술 전략을 어떤 관점에서 독해하는 것이 진실 찾기에 필요한 방법인가에 대해 살핀다. 이어지는 「'장자연 리스트' 논란과 그 성격에 대해」는 유장호·윤지오·김대오의 10년 전 진술을 종합할 때 장자연 리스트는 없다는 김대오의 주장이 허구이고 "윤지오가 리스트를 봉은사가 아니라 수사기관에서 봤다고 했다"는 김수민의 말도 거짓 주장임을 논증한다. 덧글을 포함하여 이어지는 세 편의 글은 장자연 사건 재수사가 어떻게 불발되었는가를 논증한다. 그 핵심은 장자연과 윤지오의 증언에서 공통적으로 나타나는 "성상납을 강요받았다"는 말에서 강요를 삭제한 후 그것을 '성상납을 했다'는 의미로 오독하는 방법을 통해서라고 요약할 수 있다. 이것은 성범죄를 일반뇌물죄로 바꾸어 공소시효 만료를 확실히 하고 이로써 마약 주입 후 성폭행했을 가능성(즉 특수강간)에 대한 윤지오의 진술이 설 자리가 없도록 만드는 방법이었다. 이에 대한 윤지오의 반응을 후원금 집단반환소송에 대한 항변과 함께 실은 것은 이러한 사법기술에 대한 증언자의 정동적 반응을 전하기 위해서다.

윤지오가 진실이 아닌 다른 목적(돈)을 갖고 증언한다는 모함이 "영리하게"라는 단어에 집중되었다면 윤지오의 증언이 거짓말일 수 있다는 모함을 위해 사용된 단어가 "10년 동안 숨어 살았다"라는 문구다. 4장 「진실혐오의 극장」은 "10년 동안 숨어 살았다"의 주어가 장자연 사건의 증언자인 윤지오이지 생활인 윤지오가 아니며 숨어 삶의 방식이 이름과 얼굴을 대중 앞에 노출하지 않는 것(은유)이지 일상생활에서 도망자처럼 숨어지냈다(직설)는 의미가 아님을 설명하는 데 집중한다. 이를 위해 언어분석, 지각심리분석을 동원하는 외에 나의 경험에 대한 분석까지 동원해야 했던 것은 진실에 대한 혐오의 양상이 그만큼 다양하고 그것의 심도가 깊어 쉽게 납득시키기가 어려웠기 때문이다. 나는 이 장에 실린 일련의 글들에서 반진실의 장치들이 동원되기 전에 이미 진실을 부정하고자 하는 의지, 즉 진실에 대한 혐오가 먼저 가동되고 있음을 보여주고자 했다.

마지막 5장 「증언과 증여의 공통장」은 법무부 산하 검찰 과거사위원회가 불러와 증언을 시작했던 증언자 윤지오에 대해 국가가 마땅히 수행해야 했던 보호의 역할을 제대로 하지 못한 결과 시민사회가 증언자를 보호하기 위해 나설 수밖에 없었던 과정을 다룬다. 증언자에 대한 시민사회의 보호는 청와대에 증언자를 보호하라고 국민청원을 하는 것(섭정행동) 외에 증언자에게 직접 후원금을 제공하는 것(직접행동)으로 나타났다. 나는 이렇게 형성된 증언자와 증언 지지자 사이의 이 연대 공간을 증여 공통장으로 이름 부르고 그것이 1장에서 다루었던 예술인간 공통장의 한 양태임을 밝히고자 했다. 윤지오 현상이라고 불러도 좋을 법한 2019년 3월의 시공간은, 증여 공통장으로 나타난 이 예술인간 공통장이 권력형 성폭력 가해권력의 정체를 드러내고 처벌할 힘으로 작동하여, 성폭력 체제와 자본주의적 가부장제를 와해시킬 어떤 계기를 만들 수 있지 않을까 하는 기대가 고조되었던 시공간이다. 그 기대가 드높았던 만큼 반발backlash도 거셌다. 그것은 증여 공통장을 사기와 기망의 환상 공간으로 규정하여 범죄화하는 것이었다. 법 장치를 통해 저항과 운동을 범죄화하는 이 권력 테크놀로지의 구체적 작동 메커니즘이 어떠했던가에 대해서는 『까판의 문법』에서 상세하게 서술한다.

감사의 말

무엇보다도 이 책을 쓰는 데 사용한 자료를 제공해 주신 〈탈진실 시대의 진실연대자들〉[12]의 연대자 여러분들께 진심으로 감사드린다. 블로그에 올린 글에 댓글, 메일, DM 등 다양한 방식으로 피드백을 줌으로써 내용적 풍부함을 더할 수 있게 하고 표현을 더 정교한 것으로 다듬을 수 있게 해주신 흰동가리 님 외 여러 분들께도 이 자리를 빌려 감사드린다. 2019년 11월 22일 전남대 김남주기념홀에서 열렸던 '한국비평문학회 전국학술대회'는 이 책에서 서술한 증여 공통장 개념을 발전시킬 수 있었던 좋은 계기였다. 이날 나의 발표에 대해 깊이 있고 유익한 토론을 해주신 김영삼 토론자와 〈한국비평문학회〉에 감사드린다. 작성된 원고를 꼼꼼히 읽고 맞춤법, 표현, 제목에 이르기까지 여

---

12. truthcommoners.net. 자료들은 〈진실연대자들〉 발족 이전에 제공받았지만, 나는 이 분들이 잠재적 진실연대자들이라고 생각한다.

러 면에서 따뜻한 조언을 해주신 김미정·문주현·배사은·손보미·양라윤·최송현 님께 감사드린다. 편집, 디자인, 홍보 등으로 이 책이 독자들께 다가갈 수 있도록 실질적인 노력을 기울이신 갈무리 출판사 신은주·김정연·조문영·김하은 활동가님과 보이지 않는 곳에서 이 책의 제작과 배본을 위해 애써주신 인쇄소·제본소·배본소의 노동자 여러분께 감사드린다.

2020년 2월 20일

권력형 성폭력 사건(장자연의 경우)의 현 상태와 문제에 대한 4·23 메모

1

장자연 사건이라고 불리는 사건은 언론계·재벌·정치권·사법부 전반에 걸쳐 있는 권력의 여성 착취가 본질이다.

착취의 방식은 특정한 기획사/연예 기업(의 불법·탈법·사법적 실리)을 봐주는 조건으로 성상납을 받는 것.

김학의 사건, 승리-정준영 사건 등에서 확인되듯이 이것은 우리 사회에 광범위하게 퍼져 있지만 다른 곳보다도 연예 산업에 특히 집중되어 있고 연예 노동자가 주요 타깃이 된다.

연예 산업의 기획사들은 성상납을 위해 자신에게 소속된 연예인들을 성노예로 만든다.

위약금이 그 족쇄다.

윤지오는 위약금을 내고 그 족쇄에서 풀려난 연예 노동자.

장자연은 풀려나지 못했던 연예 노동자.

2

지난 10년간 권력은 검찰과 경찰의 수사가 혐의없음으로 나오도록 만드는 데 성공했다. 즉 법률적으로 권력의 여성 착취가 부재한 것으로 나타나도록 만들었다.

그런데 증언과 증거 들, 그리고 상식은 권력의 여성 착취가 실재했고 또 실재함을 보여준다.

지금까지 모든 증언, 증거들의 진실규명력은 권력 앞에서 무력했다.

3

윤지오는 장자연이 성추행을 당하는 장면을 목격했다고 실명, 실면으로 진술했다.

장자연 리스트에 쓰인 이름들을 보았다고 했다.

『13번째 증언』으로 그 진술을 공론화했다.

이것이 성폭력을 다시 쟁점화한 실명·실면 증언의 힘이다.

수사와 처벌을 재론할 수 있는 사회적 힘이다.

이 힘으로『고발뉴스』, 〈뉴스룸〉, 〈김어준의 뉴스공장〉, MBC, CBS 등을 움직여 성폭력의 실재를 사회 쟁점화했다.

검찰 과거사위원회를 움직였고 국회의원을 움직였다.

청와대가 움직일 수 있을까가 관건이었다.

4

이런 상황에서 김수민 작가는 윤지오 증언의 진실성에 대한 의심을 제기했다.

증언이 순수하지 않고 개인 영달(돈벌이, 출세)이 목적이라는 것이다.

유가족을 비난했다는 것이다.

장자연 문건 원본을 볼 수 있는 위치에 있지 않았다는 것이다.

장자연을 위해 위험을 무릅쓰고 증언을 할 만큼 장자연과 친하지 않았다는 것이다.

이것은 성폭력 문제를 재점화한 실명·실면 증언의 힘을 뺌으로써 권력형 성폭력의 실재를 의심하고 궁극적으로 사라지게 만드는 휘발 장치다.

장자연은 다시 단순한 우울증의 희생자로 규정될 위기에 처해있다.

실제로 윤지오가 2019년 4월 20일에 올린 증인보호법 청원은 무력화되고 있다.

이것은 다시 성착취 권력이 힘을 회복하고 모든 것이 원점으로 돌아가고 있다는 것을 보여주는 징후다.

5
지금까지 확인한 자료를 기초로 김수민 작가의 문제 제기에 대해 판단하건대 거기에 다시 거꾸로 질문할 수밖에 없는 몇 가지 문제가 있다고 느낀다.

·증언은 영리하면 안 되고 순수해야 하는가? 권력과 맞서는 증언일수록 영리해야 하지 않는가?

·장자연의 부모가 장자연 사망 전에 이미 사망한 상태에서 장자연의

유가족은 누구인가? 오빠를 비롯한 유가족이 오직 장자연만을 위하는 순수한 상태에 있다고 전제할 수 있는가? 때로는 (유)가족주의가 진실 규명에 걸림돌이 될 수도 있지 않은가?

· 책을 판매해서 인세를 받고 증언자를 보호할 비영리단체를 만들기 위해 모금하는 것은 해서는 안 되는 일인가? 이것은 증언의 힘을 높이기 위한 최소한의 수단일 수도 있지 않은가? 증언에는 보상받을 수 없는 큰 비용이 들지 않는가? 그것이 한국 사회에서 증언을 가로막는 장애물로 작용하고 있지 않은가?

· 가장 중요한 것으로 윤지오의 증언 내용이 실재와 부합하지 않는다는 증거가 있는가? 그것을 거짓으로 단정할 증거가 있는가?

· 왜 증언의 객관적 내용을 문제 삼지 않고 증언의 의도, 증언자의 인격 등 주관적 정황을 문제 삼는가?

· 윤지오의 증언 동기를 김수민 작가는 의심한다. 같은 의심은 김수민 작가의 반론 동기에도 주어질 수 있다. 김수민 작가는 지금 왜 윤지오의 진술에 대한 의심을 제기하는가?

· 윤지오 진술에 대한 의심과 신빙성 문제를 쟁점화함으로써 장자연이 억울하게 죽었다는 객관적 사태에 대한 수사와 진상규명은 회복 불가능한 위기에 처하게 될 것이 분명한데 이에 대한 김수민 작가의 생각과 입장은 무엇인가?

2019년 4월 23일

1장

예술인간 공통장

장자연 사건을 보는 두 종류의 눈, 두 종류의 전략

'과거사 조사'를 둘러싼 두 가지 시간성의 투쟁에 대해

윤지오의 증언을 바라보는 가족주의와 순수주의 시각에 대하여

다시 순수주의의 위험성에 대하여 :
이른바 〈지상의 빛〉 후원금 집단반환 소송'의 정치적 성격에 대해

윤지오 증언에 대한 반발 공세의 역사적 위치와 성격

공통장 감수성의 징후와 예술인간-예술체제의 동선

장자연 사건을 보는 두 종류의 눈, 두 종류의 전략

장자연 사건을 바라보는 두 종류의 눈, 두 종류의 전략이 있다. 하나는 권력자, 착취자, 가해자, 남성의 눈이다. 짧게 표현하면 자본주의적 가부장제의 눈이라고 할 수 있다. 이것은 장자연 사건을 희화화하고 즐기면서 진실을 미궁 속으로 빠뜨리는 마약에 취한 눈, 초점 잃은 눈이다. 눈의 초점이 불분명할수록 자본주의적 가부장제, 그 성폭력 체제는 흐릿해진다. 그러면 이 체제의 수혜자들은 별장과 클럽에서의 성폭력을 지속하면서 축적과 치부 그리고 명령의 오르가슴을 반복할 수 있다.

또 하나는 다중, 저항자, 피해자, 여성의 눈이다. 짧게 표현하면 생명의 눈이라 할 수 있다. 이것은 장자연의 죽음에 대한 진실규명과 재발 방지를 열망하는 눈이며 무엇이 문제인가를 실사구시적으로 응시하는 부릅뜬 눈, 두려움에 떨면서도 봐야 할것을 놓치지 않는 다초점의 눈이다. 초점이 분명해져야만 어디서 자신의 목숨을 앗아갈 수 있는 공격의 화살이 날아오고 어디에 자신을 빠뜨릴 함정이 있으며 어디로 생존의 출구가 열려있는지를 살필 수 있기 때문이다.

윤지오 증언 논란은 이 두 눈의 시선이 교차하고 부딪히는 사회적 전장이다.

첫 번째의 눈, 즉 자본주의적 가부장제의 눈과 전략은 자신에게로 다중의 시선이 모여 그 초점에 자신이 놓이는 것을 어떻게든 회피하려 한다. 그 눈과 전략은 권력자와 착취자가 장자연의 죽음의 원인일 수 있음을 가리키는 모든 증거(증언들, 물증들)를 없애는 데 집중한다. 이들의 전략은 두 차원을 갖는다.

하나는 사람들을 직접적으로 협박, 강요, 혹은 매수하는 것이다. 그리하여 개개인들이 공포 때문이건 두려움 때문이건 돈이나 이익을 얻기 위한 욕망 때문이건 자신들의 의사를 따르게 만듦으로써 그들을 매개로 자신들의 의사를 관철하는 것이다. 여기서 조직폭력, 다양한 색조의 언어·이권·돈은 전혀 구분되지 않고 같은 기능을 수행한다. 그것들은 권력의 의지를 타자들에게 관철하는 직접 폭력의 다양한 변(형)태들이다.

또 하나는 권력이 직접 움직이지 않고도 자신의 의지가 관철될 수 있는 구조와 메커니즘을 구축하는 것이다. 그것은 법, 제도, 관행, 사람들의 사고방식과 행동 및 반응 양식이 자신의 의지대로 움직이도록 구조화하는 것이다. 이것은 합법성, 정당성, 불가피성, 도덕성 등의 이름으로 불리는 다양한 논리를 통해 사람들의 영혼을 사로잡는 것이다. 권력은 그 구조와 메커니즘 안에 기생한다. 장자연 사건에서 나타난 그것의 몇몇 유형들을 살펴보자.

(1) 문장삭제 : 유장호는 장자연이 성폭행을 당한 사실을 문

건 초안에 적었지만, 자신이 삭제하도록 요구했다고 진술했다. (유장호는 "장자연 씨가 처음 작성한 문건에는 심하게 성폭행을 당한 내용도 썼는데, 그 부분은 내가 지우라고 했다"며 "장 씨가 이후 그 내용을 빼고 썼다"고 밝혔다.[1]) 내용 삭제는 이처럼 가해권력의 노골적인 압력이 없는 순간에도 준 자동적으로 자기 검열을 통해 이루어진다.

(2) 문건 소각: 가족은 봉은사 땅 밑에서 파온 문건 원본을 읽은 후 "좋지 않은 일"이니 사본과 함께 소각하자는 결정을 내리고 유장호, 윤지오가 보는 자리에서 소각한다. 여기서 "좋지 않은 일"이라는 말은 '두려운 일'이라는 뜻도 함축한다. 싸워서 이길 수 없는 대상들이니 없는 것으로 하는 것이 낫다는 판단인 것이다. 이 역시 준^{準} 자동적인 자기 검열을 통해 이루어진다.

(3) 문건 누락: 유장호는 문건의 "목록"(리스트)을 경찰에 제출하지 않을 의사를 밝혔고[2] 실제로 "목록"의 제출은 없었다. 이익을 고려한 자발적 의사결정이고 그에 따른 행동이다.

(4) 수사기관에 대한 협박:『조선일보』는 장자연 사건 TF팀을 꾸리고 조현오 당시 경기지방경찰청장을 협박했다. 조현오 청장은『조선일보』가 "자신들은 권력을 창출할 수도 있고 퇴출할 수도 있다"며 협박을 해와 당시에 수사를 엄정하게 진행할

---

1. 박병현, 「'장자연 문건' 작성 도운 전 매니저 "성폭행 피해 내용 있었다"」, 〈JTBC 뉴스룸〉, 2019년 4월 30일 수정, 2020년 2월 11일 접속, http://bit. ly/37P8r8i.
2. 윤지오가 녹음하여 수사기관에 제출한 유장호와의 통화 내용.

수 없었다고 말했다.[3] 〈PD수첩〉 방영을 앞두고 『조선일보』는 MBC에 방용훈의 실명을 거론하지 말라고 압박했다.[4]

(5) 은폐를 위한 수사 : 검경은 증인이 권력자와 기업가들의 범죄혐의를 지목할 때 그 증언을 교란해 증거력을 떨어뜨리는 다양한 수사기법을 사용한다. 실제로 윤지오가 『조선일보』 기자 조○천을 성추행 당사자로 지목해 내는 과정은 경찰의 이러한 교란기술로 인해 상당한 어려움을 겪었다. 경찰이 윤지오에게 조○천을 뺀 수십 명의 사람들의 사진을 제시하고 그중에서 가해자를 지목하도록 유도했고 사건 진상규명과 관계없는 디테일들에 대한 반복된 질문으로 증인의 기억력을 증인 스스로 의심하도록 만들었기 때문이다. 윤지오의 진술 번복이 이 때문에 발생한 것임에도 불구하고 판사는 윤지오의 진술이 그 자체로 일관성과 신빙성이 부족한 진술이라고 판단했다.

(6) 언론을 통한 교란 : 『디스패치』도 경찰과 검찰의 교란 은폐 전술이라는 문맥을 전혀 고려하지 않은 채 그 교란 은폐 전술의 효과인 윤지오의 진술 번복(실제로는 진술 정정이라 해야 할 것이다!)을 진실성과 신빙성의 결여로 평가한다. 이것은 "뉴스는 팩트다"를 기치로 내 걸고 있는 『디스패치』 기사가 전적으로 권

---

3. MBC 〈PD수첩〉과의 인터뷰 : 「故 장자연 같은 소속사 후배, 접대자리에서 봤던 이들을 지목하다!」, 〈MBC PD수첩 유튜브〉, 2018년 7월 24일 수정, 2020년 2월 11일 접속, https://youtu.be/F8WqvajeGyA.
4. 나경연, 「'PD수첩' 장자연 2부작 예고 … 방용훈 "실명 거론 말라" vs MBC "제작진 압박 부적절"」, 『이투데이』, 2018년 7월 18일 수정, 2020년 2월 11일 접속, http://bit.ly/32hkz0u.

력자와 착취자의 시선에서 왜곡된 **팩트**의 전달을 자신의 역할로 삼고 있다는 것을 보여준다.[5] 언론은 결코 진실이나 팩트를 알리는 기관이 아니다. 언론은 우리의 정신적 삶을 감싸고 있는 것, 즉 우리 정신의 피부를 구성한다. 우리의 정신 활동은 언론과 더불어 전개될 수밖에 없지만, 진실 활동은 언론에서 독립적인 영혼의 자기 활동으로 조직되지 않으면 안 된다.

(7) 폭로자를 통한 전선 교란 : 권력은 다중의 시선이 자신을 향하고 다중의 집합적 에너지가 자신에게 집중될 때 그 전선 내부를 교란하기 위해 폭로자를 찾는다. 윤지오의 협력자였음을 자처하는 김수민의 폭로 문건과 카톡 공개는, 자발적이었다 할지라도, 그 전부터 계속되어 오던 윤지오의 증언에 대한 비난 세력들의 선동에 합류하는 것이었다는 사실은 변하지 않는다. 이 고발은 가해권력자들을 향하던 진실 조사의 칼끝을 윤지오에게로 향하도록 물꼬를 돌린 모멘트이다. 이로써 가해자는 뒤로 숨고 증언은 사라지며, 짓밟혀 상처 입은 증인만이 남게 되었다.

(8) 박수 선동 부대 동원 : 초점을 흐리는 센세이셔널한 말들이 만들어지면 박수 부대를 동원하여 권력의 판을 키운다. 상

---

5. 윤지오는 『디스패치』 기사가 나간 2019년 4월 29일 그 기사에 대해 한 영화 속 인물의 말로써 응수하면서 『디스패치』의 정체를 폭로한다 : "우린 부시가 군인의 의무를 다했느냐고 물었을 뿐이다. 하지만 거기엔 아무도 관심이 없고, 다들 폰트와 위조 음모 이론만 떠들어 댄다. 왜냐하면, 듣고 싶지 않은 이야기가 나올 때 요즘 사람들은 그렇게 한다. 손가락질하며 비난하고 정치 성향과 의도, 인성까지 물고 늘어지면서 진실 따위 사라져버리길 바란다. 그리고 모든 게 끝나면 하도 시끄럽게 발을 구르고 고함을 쳐대 뭐가 핵심이었는지 다 잊어버린다."

황을 둘러보면서 스스로 생각할 능력이 부족하거나 권력과 이권을 공유하고 있는 사람들 혹은 권력으로부터 일당을 받는 사람들 등이 초점이 있는 말들을 비난하고 초점을 흐리는 말들에 손뼉을 쳐대면서 사유공간을 점령한다.『경향신문』4월 30일자에 실린 글「충격 예언, 제2의 윤지오가 나온다」[6] 같은 것이 그러한 유형에 속한다.

---

6. 서민, 「[서민의 어쩌면] 충격 예언, 제2의 윤지오가 나온다」, 『경향신문』, 2019년 4월 30일 수정, 2020년 2월 11일 접속, http://bit.ly/2HNorNE.

'과거사 조사'를 둘러싼 두 가지 시간성의 투쟁에 대해

과거사過去事는 어떤 사건이 이미 '지나간 것'임을 표현하는 말이다. 이것은 그 사건이 지금-여기의 사건은 아니라는 뜻을 함축한다. 그러므로 과거사란 말은 어떤 사건을 현실로부터 분리해 내어서 과거로 돌리는 역할을 맡는다. 과거화過去化, 이것이 과거사라는 말의 사회적 반복이 가져오는 실제적 효과이다.

그렇다면 과거사에 대한 '조사'는 무엇일까? 여기에서는 두 가지 뜻이 상충한다. 하나는 과거로 내몰린 사건을 현재로 가져온다는 뜻이다. 즉 현재화, 현실화의 뜻이 있다. 또 하나는 과거사를 두루 살펴 정리한다는 뜻이다. 이것은 불편한 점이 있는 과거사를 영구히 안전하게 과거화한다는 뜻이다.

조금 깊이 들여다 보면 이것들은 사람들이 살아가는 혹은 삶을 체험하는 두 가지 형식이기도 하다. 장자연 사건에 대한 재조사에서 우리는 이 두 시간성, 두 가지 시간 이해, 시간을 경험하는 두 가지 형식 사이의 갈등을 본다.

하나는 장자연 사건을 현재의 시간 속으로 가져와 지금-여기에서 우리가 당면한 것들과 연결함으로써 현실화하려는 흐름이다. 이것은 죽은 장자연에게 사회적 생명을 불어넣어 힘 없는 신인배우, 약한 처지의 인지노동자로서 그가 느꼈던 고통과 그것에서 벗어나고 싶다는 비원悲願을 우리 모두의 현재적 고통, 비원으로 전화하고자 하는 사람들에 의해 표현된다. 이것은, 모든 왜곡을 걷고 단언하자면, 청와대 국민청원을 통해 장자연 사건을 현재 속으로 불러온 촛불미투 운동과 그 사건을 증언해온 윤지오에 의해 대표된다고 할 수 있다.

또 하나는 장자연 사건을 더 이상 사회적으로 논란되지 않을 수 있는 안전하고 고요한 과거사로 깊이 매장하려는 흐름이다. 이것은 산 사람들로 하여금 '장자연이 왜, 어떻게, 누구에 의해 죽임을 당했는가?'라는 사무치는 물음을 되묻지 않을 수 없도록 만들면서 구천九泉을 떠돌고 있는 장자연을, 재조사를 계기로, 증언자 윤지오에 대한 타격을 통해 확실히 죽게 만들고 다시는 되돌아올 수 없는 곳에 안치安置하려는 사람들에 의해 표현된다. 이것은, 비록 재조사의 개시를 막을 수는 없었지만 그 재조사가 재수사로는 결코 발전하지 않게 하고 싶고 또 그 재조사를 이 사건에 대한 더 이상의 의문이나 문제제기를 못하도록 막는 방패로 활용하고 싶은 사람들에 의해 대표된다.

장례식이 죽은 자를 생물학적으로뿐만 아니라 사회적으로 확실히 죽게 만들어 죽은 자가 차지했던 자리와 재산에 대한 산 자들 사이의 재분배를 시작할 수 있는 터를 만드는 의식儀式이듯이, 장자연 사건에 대한 재조사가 그러한 내용을 갖는 정치적·사법적 장례식처럼 되고 말 것인가? 그래서 기왕의 가해자들과 가해 의지를 가진 자들이 두 다리를 뻗고 잠들어 원기를 회복한 후 다시 가해를 시작할 수 있는 환경을 조성하는 요식 절차로 되고 말 것인가? 요컨대 영구 과거화를 위한 과거사 조사로 귀착되고 말 것인가?

2019년 5월 20일 검찰 과거사위원회는 "새로운 증거가 나오기 전까지 재수사는 없다"는 요지의 발표를 국민들 앞에 내놓았다.[1] "활동시한을 연장하며 무려 13개월에 걸쳐 84명을 조사한 후에 이루어진" 재조사인 만큼 그 포괄성과 엄정함에 의심의 여지가 없어야 할 것이다! 이 발표에 장단을 맞추는 사람이 없지 않았다. "현실적으로 남아있는 증거와 오염되지 않은 증언 속에서 가장 합당한 조사결과라 생각합니다"[2]라고 말하는 반윤지오 트리오의 일원인 김대오가 그이다.

하지만 과거사위원회의 발표는, '장자연 사건이 그 실제가 무엇이든 국민 여러분이 이제 진정한 의미의 과거사로 받아들이도록 만들고 싶다'는 과거사위원회의 곤혹스런 정치적 욕망과 속내를 그 누구라도 눈치챌 수 있을 만큼, 난삽하게 꼬여 있고 인위적인 것이었다. 그 발표는 주요 메시지만이 아니라 세부에서도 다중 집단지성의 조사와 동떨어져 있었으며, 과거사진상조사

---

1. 김경탁, 「[전문] 검찰 과거사위 '장자연 리스트 사건' 조사 및 심의결과」, 〈newbc〉, 2019년 5월 21일 수정, 2020년 2월 19일 접속, http://bit.ly/32n26zN.
2. 김대오, 〈페이스북〉, 2019년 5월 20일 수정, 2020년 2월 19일 접속, http://bit.ly/2VaAJHG.

단의 조사와도 괴리되어 있었고, 심지어 하나의 발표문의 본론인 「의혹사항에 대한 조사결과」와 그 결론인 「심의결과」 사이에도 심한 어긋남이 있었다.

이런 치명적인 결함들 때문에 조사를 통한 영구 과거화는 이번에도 실패할 것이다. 이미 총괄팀장 김영희가 과거사위원회의 발표가 과거사진상조사단의 조사를 충실히 반영하지 않고 검찰 측 조사원의 소수 의견을 중심으로 심의결과를 내놓았다는 이견을 제시했다. 여당인 민주당에서도 국정조사와 특검이 필요하다는 목소리가 나왔다. 어떤 네티즌(lamer297)은 이렇게 말한다.

검찰 과거사위 결론은 일주일에 걸쳐 진상보고단의 결론을 축소, 삭제 시킨 결론이죠. 오래전부터 검찰은 진상조사단의 활동를 방해하고 있었으니, 검찰은 어떻게 해서든 자신들의 장자연 사건에 관한 범법 행위를 감추려 [할 것이] 확실합니다. 김영희 변호사께서 진상조사단의 보고서는 250장이라고 하셨는데, 이 250장의 보고서 내용이 과거사위 결론보다 훨씬 신빙성이 더 있을 것 같습니다. 왜냐면, 진상조사단 보고서는 13개월 동안 실제로 조사를 한 조사단원들이 만들었기 때문이죠. 어디서 진상조사단의 250장의보고서를 볼수있을까요? … 한국 검찰이 조선일보의 외압을 인정했는데 왜 조선일보는 폐간시키지 않나요? 언론은 공정성이 생명인데 자신의 이익을 위해 사실을 왜곡하고 검찰에 외압을 가하는 범법행위를 저지른 언론

기관의 보도를 어떻게 믿습니까?! 한국에도 언론 기관의 기본 자격 규정에 관한 법이 있을것이고, 조선일보의 검찰 외압과 사실 왜곡은 언론기관 자격 규정을 위반한 것일 것입니다. 공정성을 갖추지 못한 언론 기관은 당장 폐간되어야 합니다! 한국 정부와 국민을 대표한다는 국회의원들은 지금 뭐하고 있습니까? 정부와 국회가 할일을 안한다면 우리 국민들이 나서서 잘못을 바로 잡아야합니다! 한 예로, 만약 뉴욕 타임즈가 뉴욕 주 검찰이나 연방정부 검찰을 위협했다고 검찰이 인정했다고 하면 무슨일이 일어 날까요? 뉴욕타임즈는 그 사실이 밝혀진 순간 박살이 났을것입니다. 물론 관련자들이 줄줄이 체포되어 재판에 당장 넘겨졌을 것이구요. 또한 이런 사실은 대서특필로 전 세계에 번개같은 속도로 보도되었을 것입니다. 그런데, 조선일보에 관해서는 왜 한국 사람들 모두가 장님이고 벙어리가 되어 있습니까????

검찰 과거사위원회는 검찰이 국민의 뜻을 대의할 의사가 없다는 것, 검찰은 국민을 주인으로 대접하고 싶지 않고 국민들로부터 식사접대, 술접대, 성접대, 돈접대 등 (장자연에게 가해자들이 강요했던) 각종 접대를 받고 싶다는 것, 요컨대 검찰은 국민의 대의기관이 아니라 국민에 대한 지배기관이라는 것을 발표문을 통해 발표했다. 이처럼 정부와 국회와 같은 대의권력이 주권권력인 국민으로부터 이반離反될 때, "국민들이 나서서 잘못을 바로 잡"는 길 말고 다른 길이 있는가? 대한민국이 아직

"국민의 나라"가 아니라는 것을 과거사위원회가 국민을 대상으로 공개적으로 발표하는 상황에서 그 길이 촛불혁명의 길이라는 것은 이제 먼 이상이 아니라 경험적 상식이다. 그 길은 2014년 세월호 유가족들이 진실을 건져내기 위해 나섰던 길을 따라 2016년 국민들이 거리와 광장으로 나섬으로써 비로소 모습을 드러냈던 그 길이다. 여기서 현재는 영원으로서의 과거가 미래의 형태로 도래하는 첨점이 된다.

김대오는 "도대체 누가 죽은 자의 원혼을 푸는 권능을 우리에게 주었단 말인가?"[3]라며 죽은 자를 죽은 그대로 매장해 두라고 강변한다. 장자연의 고통을 자신의 고통으로 느끼고 장자연의 비원悲願을 지금 자신의 비원으로 갖고 있는 사람들이 장자연의 생명을 자신의 삶 속에 되살리려는 윤지오적 집합행동을 그는 죽은 자를 또 죽이는 부관참시라고 잘못 부른다.

이를 위해 그는 "장자연의 원혼", "장자연의 비원"을 "장자연의 죄"[4]로 바꿔치기하는 얕은 술수를 부리는데, 지금까지 김대오 외에는 그 어느 누구도 "장자연의 죄"라는 말을 입에 담지 않았다. 사람들이 묻고 있는 것이 장자연의 억울한 죽음을 가져온 가해자의 죄라는 것조차 모르는 것인가? 아니면 장자연의 죽음을 장자연의 죄 때문이라고 말하고 싶은 것인가?

---

3. 김대오, 〈페이스북〉, 2019년 5월 26일 수정, 2020년 2월 19일 접속, http://bit.ly/3bXaY3n.

4. 김대오, 〈페이스북〉, 2019년 5월 26일 수정, 2020년 2월 19일 접속, http://bit.ly/2vR5LKa.

장자연 사건에 대한 재조사를 부관참시의 순간으로, 즉 원혼과 명예조차 빼앗아 영구매장, 영구과거화하려는 것은 정확히 기존의 가해자들과 잠재적 가해자들, 그리고 수많은 김대오들이다. 그런데도 과거사위원회가 이들의 영향력을 벗어나지 못하고 여전히 가해자와 성폭력 체제에 대한 수사를 미진未盡하게 남겨두고 있는 것은, 주체의 측면에서 보면, 혁명이 너무나 미진한 탓 외에 다른 것일 수가 없지 않은가? 여기가 로두스다. 여기서 뛰어야 한다.

윤지오의 증언을 바라보는 가족주의와 순수주의 시각에 대하여

1

윤지오의『13번째 증언』전에 장자연 사건에 대한 한국 사회의 지배적 진실(사법적 진실)은 우울증-유서-자살이었다. 이 선언된 진실과 모순되는 다양한 사실들과 진술들, 기사들에도 불구하고 장자연의 죽음의 원인은 우울증이라는 지극히 사적인 질환에 있는 것으로 판결되었다.

2019년 3월 출간된『13번째 증언』은 유서는 없었으며 문건만이 있었고 그것은 이해관계 투쟁 속에서 자의 반 타의 반으로 작성되었을 수 있다고 서술했다. 그리고 그 문건과 별도로 장자연의 죽음에 원인을 제공했을 수 있는 여러 사람(대개는 재계·언론계·정치계·문화계·법조계 등의 권력자들)의 이름과 직함이 적힌 이른바 "장자연 리스트"가 있었다고 썼다. 이 증언은 이전의 지배적 진실이 잘못된 것이었고 사태를 재조사해서 참된 진실을 구성해야 한다는 것을 가리키는 것이었다.

김수민 작가·김대오 기자·박훈 변호사는 윤지오의 증언은 거짓말이라고, 즉 (1) 윤지오는 장자연 리스트를 본 적이 없으며, (2) 윤지오는 거짓말로 대중을 속여 인세·후원금·해외 펀딩으로 돈벌이를 하고 있다고 주장했다. 다른 한편으로 이들은 윤지오를 명예훼손, 모욕죄로 고소하고 또 사기죄로 추가 고소할 것이라고 예고했다.[1] 이러한 폭로 및 사법 행동은 대검찰청 산하 검찰 과거사진상조사단이 장자연의 성폭력 피해 의혹에 대해 검찰 수사가 필요하다고 법무부 검찰 과거사위원회에 요청한 시점과 일치한다. 이로써 윤지오의 증언은 진실성을 의심받기 시작했고 이 논란 여부에 따라 검찰 재수사가 이루어질 것인가 말 것인가가 좌우될 상황에 놓이게 되었다.

김수민, 김대오, 박훈의 문제 제기와 고소의 실제적 효과는 법무부 검찰 과거사위원회 내부에 이견을 낳고 국민적 여망으로 부상한 장자연에 대한 권력형 성폭력 사건 재조사 문제를 위기에 빠뜨리는 것으로 나타났다. 재조사가 없다면 우울증-유서-자살이라는 기존의 진실담론이 더욱더 공고하게 굳어질 것이고 권력형 성범죄는 없었던 것으로 귀착될 것이다. 이것은 2018년 미투 운동 이후 한국 사회 각계에서 무수히 제기되고 또 확인된 권력형 성범죄의 실재와 상충하는 진실이 장자연 사건을 이해하는 진실로 굳어진다는 것을 의미한다. 즉 이제 누구나 거짓으로 생각할 수밖에 없게 된 낡은 사법적 판단이 진실로 행세하게 된다는 뜻이다.

---

1. 이 추가 고소는 2019년 4월 26일에 박훈에 의해 행해졌다.

어쨌건 증언에 대한 의혹 제기와 고소가 있는 만큼 윤지오의 증언을 둘러싼 의문, 즉 '사실이 무엇인가?'는 조사와 판결을 기다려 봐야 할 것으로 보인다. 하지만 김대오, 김수민, 박훈은 특정한 도덕적·정치적 관점을 전제하고 있고 또 그 관점에 윤지오의 증언을 바라보는 시선을 왜곡하는 요소들이 들어 있다고 보기 때문에, 나는 '사실이 무엇인가?'가 드러나기를 기다리면서 여기서는 드러날 사실들을 어떤 관점에서 바라볼 필요가 있는가 하는 문제에 대해 살펴보고자 한다. 박훈, 김대오, 김수민의 관점에서 내가 발견하는 것은 두 가지 편향된 관점이다. 그것은 가족주의와 순수주의로 요약할 수 있다. 이제 이 두 가지 관점의 문제점에 대해 차례로 살펴보자.

가족주의 관점

김수민 작가가 『13번째 증언』 출판 과정에서 유가족과 관련해 윤지오에게 조언해 준 것은 다음 두 가지다. (1) 『13번째 증언』은 장자연에 관한 책이고 장자연 이름으로 홍보하게 될 것이며 거기에서 수입이 발생할 것이므로 장자연 유가족의 동의를 구해야 한다. (2) 유가족의 동의를 구하지 않고 책을 내는 경우에는 책에서 장자연 이름을 빼야 할 것이다.

이런 조언을 하게 되는 김수민 작가의 고유한 감성 양식이 있다. 그의 말에 따르면, 그는 유가족의 입장을 자신의 입장으로 바꿔 생각해 봄으로써 이러한 조언을 한다. 그 입장 바꾸기는 다음과 같이 요약해 볼 수 있다. (1) 내 가족이 좋지 않은 사건으로 자살을 했다면 나라도 그 기억을 가슴 속 깊이 묻어버리고 싶을 것이다. (2) 더구나 "친하지도 않은 사람"이 그 사건을 책에서 다루는 것은 나라도 원치 않았을 것이다. (3) 이에 비추어 볼 때 유가족은, 장자연이라는 이름이 사람들 입방아에 다시 오르내리는 걸 원치 않을 것이고 책의 출판을 반대할 것이다.

이 조언은 『13번째 증언』의 출판 여부를 유가족의 판단에 맡겨야 한다는 강한 판단을 표명하는 것이며, 김수민 작가 자신이 『13번째 증언』의 출판에 심정적으로 반대하고 있었음을 분명히 보여준다. 그는 "『13번째 증언』이라는 책은 고 장자연 님의 유가족들의 동의를 얻지 않고 진행되었고 유가족 측에서는 지오가 책을 내는 걸 반대했었다고 들었습니다"라고 쓴다. 누구에게서 그 반대 의사를 들은 것인지는 여기서 덮어두자.[2] 어쨌든 『13번째 증언』에 대해 김수민 작가는 가족이 책의 출판을 "반대하고" 있는 상황에서 책을 출판하는 것에 자신도 반대한다는 입장을 갖고 있었고, 이러한 입장을 "유가족의 동의를 구하라"는 방식으로 윤지오에게 "몇 차례" 표명했음이 분명해 보인다.

이것은 무엇을 의미하는가? 인간의 도리라는 거대 도덕률을 앞세우며 나타나는 김수민 작가의 고유한 감성 양식에 비추어 보면 『13번째 증언』은 출판되어서는 안 될 책이며 출판될 수도

---

2. 실제는, 책의 출판에 대해 유가족 측의 찬성도 반대도 없었다는 것이다.

없는 책이다. 왜냐하면, 유가족이 이 책의 출판에 "반대하고" 있으며 자신이 보아도 유가족 동의 없는 책은 출판되어서는 안 되기 때문이다. 김수민 작가는 윤지오의 책과 출판 이후의 언론 인터뷰 사이의 간극을 느낀 후에 "인연을 끊어야겠단 결심"을 할 정도의 위선과 환멸을 느꼈다고 서술했다. 하지만 책이 출판되기 전에 책의 출간 여부를 둘러싸고 이미 둘 사이에 감성과 생각의 차이가 벌어지고 감정적 갈등이 커가고 있었다고 봐야 할 것이다. 왜냐하면, 윤지오는 『13번째 증언』의 출판을 강하게 원하고 있었고 김수민 작가는 그것에 반대하고 있었기 때문이다. 그렇다면 그 갈등의 성격은 무엇인가?

김수민 작가의 조언에 대한 윤지오 배우의 반응은 무엇이었을까를 먼저 살펴보자. 김수민 작가는 "장자연 유가족들은 돈밖에 모르는 인간들이다. 이 사건 덮으려고 했던 건 장자연 유가족들이라며 유가족을 모함했"다고 쓴다. 어떤 관점에서 이런 비난이 나오게 된 것일까? "모함"은 사전적으로 "나쁜 꾀로 남을 어려운 처지에 빠지게 함"이라는 뜻을 갖고 있다. 윤지오 배우의 말은 왜 김수민 작가에게 "모함"으로 해석되었을까? 김수민 작가가, '유가족이 어떤 말을 하고 어떤 행동을 하였건 비난당하여서는 안 된다, 유가족의 아픔은 그 무엇보다 우선하여 고려되어야 할 사항이다, "좋지 않은 사건"이 공개되는 것이 싫어서 유가족이 장자연 문건의 소각을 요구하고 실행한 것도 무조건 정당하다'는 가족 중심적 사태 이해를 하고 있기 때문이 아닐까?

유 대표가 봉은사에 묻어두었던 장자연 문건과 리스트(와 그 복사본)의 소각을 강력하게 요구한 것이 유가족이었다는 데에는 증언들이 일치한다. 『13번째 증언』 111쪽에는 이 문건의 소각에 이르는 유 대표와 유가족 사이의 팽팽한 논란 과정이 자세히 서술되어 있다. 유 대표는 "이 문건을 없애면 돌이킬 수 없다", "자연이의 죽음이 헛되지 않게" 언론에 공개해야 한다고 주장한다(그가 문건의 공개를 요구하는 동기가 전적으로 장자연의 아픔에 대한 관심 때문으로 보기 어렵다는 점은 여기에서 무시한다). 유가족은 "왜 내 동생 이름이 또 세상에 나와야 해? 좋은 일도 아닌데 ⋯ 죽은 애가 살아 돌아오는 것도 아닌데!"라며 소각을 주장한다. 그 문건에 무엇이 담겨 있었는가? 김종승 사장의 협박, 드라마 촬영비를 배우에게 전가함, 어떤 감독의 술접대·골프접대 요구, 김종승 대표의 술접대 요구, 김종승 사장의 접대 강요 및 반복되는 욕설과 구타, 잠자리 강요, 『조선일보』방 사장의 잠자리 요구, 그 아들의 술접대 ⋯ 등등이다.[3]

김수민 작가가 장자연 사건을 "좋지 않은 사건"이라고 부르는 것처럼 유가족도 "좋은 일이 아닌" 것으로 바라본다. 이것은 누구의 시선일까? 장자연 문건의 작성 맥락이 이해관계 투쟁이었음을 이제 우리는 어느 정도 알고 있다. 하지만 문건에 서술된 것이, 장자연이 차마 말 못 하고 있었던 억울함과 한의 기록이었다는 사실이 이 맥락 때문에 지워지는 것은 아니다. 여기에

---

3. 윤지오, 『13번째 증언』, 가연, 2019, 126, 127쪽. 이 책에는 K 사장, B 사장 등으로 표기되어 있다.

서 유가족에게 선택지가 주어진다. 분노할 것인가 부끄러워할 것인가? 장자연과 공감할 것인가 장자연을 대상화할 것인가? 다시 말해, 장자연 입장에 설 것인가 나(의 가족)의 입장에 설 것인가? 아니, 사회적 존재로서의 장자연 입장에 설 것인가 개인적 존재로서의 장자연 입장에 설 것인가? 권력자들이 잘못이라는 입장에 설 것인가 장자연이 잘못이라는 입장에 설 것인가? 궁극적으로 "좋지 않은 것"은 권력자인가 장자연인가? 권력자가 책임져야 하는가 장자연이 책임져야 하는가? 이것이 문제로 주어진다.

내가 보기에 가족들은 후자의 관점을 받아들였고 김수민 작가도 후자의 관점에 공감하는 것으로 보인다. 만약 전자의 관점을 받아들였다면 문건은 소각되어서는 안 되었을 것이다. 왜냐하면, 그것이 권력자들에게 책임을 묻고 권력형 성폭력을 억제하는 장자연의 소중한 증언이자 "인간의 도리"를 지시하는 안내판으로 기능할 수 있었을 것이기 때문이다. "이 사건 덮으려고 했던 건 장자연 유가족들이라며 유가족을 모함했다"는 김수민의 말을 이런 맥락에서 재해석하면, 윤지오는 장자연의 증언문건을 소각하려 한 유가족의 태도에 대해 윤지오 자신의 고유한 사태이해를 표현한 것일 뿐이다. 그러므로 여기서는 오히려 김수민이 윤지오의 말을 왜곡하여 윤지오를 모함하는 것이라고 볼 수 있다. 왜냐하면, 윤지오는 『13번째 증언』의 맨 마지막 문장을 "나는 말한다. '내 잘못이 아니야, 네 잘못도 아니야' "[4]로 끝맺으면서 "죽음으로 말하려 했던 언니의 고통이 다시는 또 다른 누군가에게 반복되지 않아야 한다는 생각으로 나는 그 기억을 피하지 않고 다시 마주했다"라고 쓰고 있기 때문이다.

가부장주의, 가족주의, 개인주의는 한 묶음

장자연의 죽음을 부끄러운 것으로, 좋지 않은 일로 독해하는 것은, 책임을 죽은 장자연의 것으로 돌리는 것이고, 성폭력을 행사한 권력자들을 면책하는 것이며, 여성이 남성 권력자들의 성적 노리개로 취급되어도 어쩔 수 없는 것이라는 가부장주의를 받아들이는 것이다. 유가족들이 이러한 관점을 받아들이는 것은 가부장주의가 한국 사회, 아니 본질적으로 세계 자본주의 전반의 지배 체제이고 지배 이데올로기라는 점을 고려하면 이해될 수 있는 일로 보인다. 페미니스트 마리아 미즈는 말한다.

여성에 대한 직접 폭력의 다양한 양상은 시대와 무관한 남성의 타고난 가학성 때문이 아니다. 이는 남성이 부와 생산적 자본을 경제적 힘이 아니라 직접적인 폭력과 여성에 대한 가부장적 통제를 통해 축적하고자 하는, 지금도 계속 진행되고 있는 '원시적 축적' 과정의 메커니즘 때문이다.[5]

---

4. 같은 책, 245쪽. 나는 여기서 '네'를 '자연 언니'로 해석한다.
5. 마리아 미즈, 『가부장제와 자본주의』, 최재인 옮김, 갈무리, 2014, 43쪽.

고 장자연의 유가족이 가부장제 이데올로기를 받아들이고 있는 것은 자연스럽고 이해 가능하다. 그렇기 때문에 유가족에 대한 윤지오의 태도도 한편에서는 '유가족은 대개 그러니까'라는 이해와 그 아픔에 대한 공감, 그리고 다른 한편에서는 '장자연보다 가해권력자들에게 책임을 물었으면 좋았을 텐데'라는 희망 사이에서 동요하고 있다. 그런데 언론을 통해 자·타칭 페미니스트로 소개되고 있는 김수민 작가가 가부장주의(의 일부인 가족주의)에 공감하고 동조한다는 것은 이해하기 어려운 일이다.

가족주의의 성격과 한계를 문제 삼는다고 해서 유가족의 말은 일반적으로 귀담아들을 필요가 없다고 말하는 것이 결코 아니다. 세월호 유가족들은 2014년 4월 16일 이후 지금까지 자신의 가족들이 왜 죽었는가 진실을 밝히라고 수년 동안 온갖 비난, 조롱, 냉대를 무릅쓰고 질문하고 항의하고 탐사하고 있는 주체들이다. 나는 『절대민주주의』에서 이들이야말로 우리 사회의 대의 정부보다 더 실제적인 생명 정부로 기능해 왔다고 쓴 바 있다.[6] 이것은 그 누구보다도 유가족에게 실재와 진실로 육박해갈 강력한 잠재력이 있고 그것이 또 현실화할 수 있음을 말해준다. 세월호를 탔던 사람 중 304명은 선사, 선주, 선장, 선원들 그리고 정부의 차가운 무관심 속에서 침몰하는 배에 갇힌 채 들을 수도 없는 비명을 지르면서 죽어갔다. 장자연은 소속

---

6. 조정환, 『절대민주주의』, 갈무리, 2017의 10장 참조.

기획사 대표와 권력자들이 쳐놓은 야합과 착취의 거미줄에 걸려 청춘을 빨리면서 발버둥 치다 죽어갔다.

윤지오는 『13번째 증언』 15장 「끔찍한 제안」에서 자신의 경험에 관해 이야기한다. 드라마 제작사이면서 엔터테인먼트 대표인 아버지뻘 되는 남자로부터 "잠자리를 같이하면 자신이 제작하는 드라마에서 큰 역할을 주겠다"는 제안을 받고 거절한 이야기다. "아버지로서 혹시 따님이 밖에서 이런 이야기를 듣는다면 어떠실 것 같으세요?"라는 윤지오의 물음에 그 남자는 화를 내며 "내 딸은 내 딸이고 너는 너다", "빨리 갈 수 있는 길이 있는데 왜 사서 고생하며 긴 시간을 삥삥 돌아가려 하냐? …이런 제안을 받고 싶어서 나를 만나려는 배우들이 얼마나 많은지 아냐?"라고 답한다.

대들지 말라, 대들지 않고 시키는 대로 하면 잘 살 수 있다는 말이다. 이것이 수많은 사람을 죽음으로 내몰았던 "가만히 있으라"는 세월호 선내방송과 무엇이 다른가? 장자연과 윤지오는 작은 세월호를 타고 있었다. 그중 한 사람은 구조되었고 또 한 사람은 구조되지 못했을 뿐이다. 김수민 작가는 촛불 국민의 여망으로 겨우 점화된 장자연 사건 재조사의 움직임에 대해서도 윤지오에게 이렇게 조언한다. "조사단인지 뭔지 공식적인 그런 거 아니면 하지 마 도와주지 말고. 네가 해줄 필요 없잖아. 네가 손해 보면서까지 해줄 필요가 뭐있어?" 이것은 사회의 이익과 개인의 이익이 충돌할 때는 개인의 이익을 선택하라는 개인주의를 설교하는 것이다. 그런데 윤지오는 적어도 지금까지는 장자연 사건에 대해 진실을 증언할 의지를 가진 유일한, 즉 대체 불가능한 증언자이다! 김수민 작가는 가족의 동의가 필요하다면서 출판을 통한 증언을 막으려 했다. 그리고 나아가 과거사진상조사단에서 증언하는 것까지 막으려 한 것으로 보인다. 왜 그는 갖가지 방식으로 증언을 막으려 함으로써 증언을 하려는 윤지오와 갈등하는 길을 선택했던 것일까? 그것이 고인을 위한 길이었을까?

민중/다중을 무장해제시키는 순수주의라는 무기

유가족이 원치 않는 증언 행동(그것이 『13번째 증언』 출판 증언이건 과거사진상조사단 출석 증언이건)은 해서는 안 된다는 것이 김수민이 윤지오에게 준 메시지였고 그 메시지는 진실을 규명하기보다 진실규명을 오히려 가로막는 가족주의라는 덫이었다는 것이 지금까지 이야기의 논지이다.

이후에 김수민은 카카오톡 대화 공개를 통해 윤지오의 증언 내용(메시지)이 아니라 윤지오의 인격이 문제라는 방식으로 인신공격을 시작했다. "유가족을 비난하면서" 증언을 한 증언자(메신저)가 문제라는 것도 그것에 속하는데, 이것은 윤지오가 장자연과 "친하지도 않았다"는 근거 없는 비난으로까지 발전했다. 여기에도 가족주의의 덫이 포함되어 있는데, 장자연과 윤지오의 관계를 가족주의적 친밀성 관점에서 부정적인 것으로 평가하는 것이기 때문이다.

또 하나의 공격은 윤지오가 순수하지 않다는 비난으로 나타난다. 윤지오는 믿을 수 없는 사람이므로 그 증언도 진실성이 없다는 것이다. 김수민은 윤지오의 증언 목적이 돈벌이에 있었다고 비난했고 박훈 변호사는 이 주장을 무비판적으로 받아들였다. 창작에서 작가의 의도가 작품의 실재와 구분되어야 하듯이, 증언자가 어떤 의도로 증언에 임했는가는 증언과 구분되며 증언의 본질적 구성요소가 아니다. 김수민은 자신의 주관적 의심을 윤지오 증언자에게 덧씌움으로써 증언에 대한 의심을 자극했다. 그런데 이 비난은 증언자는 순수해야 한다(순수주의)는 대전제를 깔고 전개된다.

김수민 작가는 이렇게 쓴다.

윤지오의 순수성을 믿었고 옳은 일을 한다고 하는 대다수의 국민이 생각하시듯 저도 그렇게 믿었습니다만… 시간이 지날수록 지오가 하는 행위는 장자연이 안 보이고 윤지오가 부각되는 행동들이었습니다. 국민청원을 하고 경호비 써야 한다며 후원계좌를 열고 그 이후 비영리재단을 만든다며 후원을 요청하며 인터뷰를 이어가고 있습니다. 이런 윤지오의 행보를 보면서 제 자신도 속았다는 것을 느끼게 되었고….

이미 살펴보았듯이 기록들은 김수민 작가가 유가족 동의 없는 『13번째 증언』의 출판을 반대하고 과거사진상조사단 증언에 반대하는 방식으로 윤지오의 증언 행동에 부정적인 태도를 갖고 있었음을 보여주었다. 나아가 위의 인용은 그가, 윤지오의 증언만이 아니라 윤지오의 국민청원 행동에도 반대하였음을 보여준다. 그리고 후원계좌 개설에도 반대하였음도 보여준다. 후원계좌 개설이 증언 행동에 수반되는 위험으로부터 신변을 보호하기 위한 것인데도 말이다. 이 모든 것을 종합하면 김수민 작가의 조언 방향은 궁극적으로는 윤지오가 증언 행동을 중단하라는 것, 다시 말해 증언 없이 캐나다로 돌아가라는 쪽을 향해 있다.

윤지오가 옳은 일을 한다고 김수민 작가가 믿었음을 지지할 수 있는 어떠한 자료도 발견할 수 없다. 윤지오와 나눈 카톡 대화 전체를 살펴보면 김수민은, 페미니스트라는 이름에는 어울리지 않게, 윤지오가 가부장주의 권력자들을 고발하는 증언을 하는 것이 잘못하는 일이라고 보고 있거나 적어도 그 증언에 진정한 관심을 전혀 보이지 않는다. 김수민이 이러한 태도를 보였음에도 불구하고 윤지오가 김수민이 반대하는 모든 것들을 실행했기 때문에 양자 간의 갈등은 필연적이었다.

윤지오는 정부가 자신에게 제공하는 보호조치의 부실함에 대해 문제를 제기했고 자비 경호가 필요한 상황에 대해 말했다. 증언자가 한국에서 겪는 이 난감한 경험을 기초로 비영리단체 〈지상의 빛〉을 조직함으로써 증언자들을 비롯하여 보호조치가 필요한 사람들에게 실질적으로 도움이 될 수 있는 기관을 만들고자 했다. 박훈이 사기로 의심한 고펀드미Gofundme 7 펀드 계좌의 개설 동영상을 보면, 이 계좌는 과거사진상조사단에서

이미 증언한 자신이 대한민국의 공익제보자에 대한 보호 기간
(2019년 4월 30일)이 끝나 보호가 해제된 상태에서 캐나다로 돌
아갔을 때 필요한 자구 보호조치를 이유로 개설한 것이었다.

김수민 작가는 이러한 행위가 순수성을 벗어난 것이라고 비
난한다. 이미 『13번째 증언』이 출판되고 과거사진상조사단에서
증언을 한 뒤의 일이다. 이것은, 어떤 동기에서든 증언을 막는 데
실패한 사람이 증언자를 비난함으로써 증언의 진실성을 흔드는
최후의 공격 방식으로 해석될 수 있는 일이다.[8] 그 공격에 사용
되는 것이 순수주의다. 정치적인 행동(정치적 영향력의 행사)이
나 경제적인 행동(소득 행위)은 순수하지 못하며 증언자가 그런
행동을 하는 것은 옳지 못하다는 주장이 그것이다.

이것은 권력자들과 자본가들이 교육자, 종교인, 문필가 등
을 동원하여 민중/다중의 두뇌와 가슴 속에 주입하는 아편이
다. 이것은 민중/다중을 무력하게 하며 권력과 부의 소수 독점
을 가능케 하는 정신적 장치다. 지주들은 소작료를 낮추어 달
라는 소작인의 요구를 추잡하게 쌀 몇 되를 가지고 소란을 피
우냐고 비난한다. 기업주들은 임금을 올려 달라는 노동자들의
요구를 돈 몇 푼 더 달라고 싸움을 하는 것이 창피하지 않냐고
비난한다. 권력자들은 문학이 정치나 참여를 주장하지 말고 자
연을 노래하는 순수성을 보일 것을 요구한다. 전두환 군부는

---

7. https://www.gofundme.com/.
8. 실제로 윤지오는 자신을 거짓말쟁이요 돈벌이 꾼으로 모는 공격을 맞받아 그
   것은 "마지막 발악"일 뿐이라고 대응했다.

계엄군의 학살 행위에 맞서 방어무기를 든 광주 시민들을 순수하지 못한 폭도라고 불렀다. 순수주의는 권력과 돈은 내가 다 갖겠으니 너희들은 무(기)력과 가난을 사랑하라는 명령이며 압제와 착취에 이용되는 정신적 장치다.

　김수민 작가는 윤지오에게 영리하지 말고 영악하지 말 것을 요구하면서, 요컨대 돈이 있어야 하는 일이나 정치적 영향력을 행사하는 일은 하지 말라고 요구하면서, 윤지오의 증언 행동을 무너뜨리는 데 총력을 기울인다. 처음에는 증언을 막으려 했고 그것이 실패하자 증언자를 도덕적으로 무너뜨림으로써. 김대오 기자는 이러한 김수민 작가의 노력을 100% 지지한다고 배서背書를 하고, 박훈 변호사는 해외 펀딩이 사기라고 주장하면서 고발을 준비한다. 이것은 권력형 성폭력에 대한 증언을 반대하는 문필-언론-법조의 연합전선이다. 침묵하는 극소수의 언론을 제외한 온갖 언론들이 윤지오는 거짓말쟁이며 그의 한국행이 돈을 쓸어 담기 위한 사기행각이었다는 식의 선정적 주장을 기정사실로 보도함으로써 이 연합전선의 정치적 의도를 여론화하는 데 가담한다. 이것은 진실을 밝히기 위해서는 거짓을 걸러내야 한다는 말로 정당화된다. 이들은 이미 자신들의 진실을 갖고 있는데 그것은 윤지오의 증언과는 반대되는 것이다. '장자연에 대한 성폭행은 없었다. 장자연 리스트는 없었다. 『조선일보』는 피해자이지 가해자가 아니다. 죄가 있다면 장자연의 소속사 사장일 뿐이다. 그러므로 윤지오의 증언은 거짓말이다.' 이러한 담론 구성을 통해 가장 큰 이득을 보는 것은 윤지오의 증언으로 인해 재수사 대상이 될 수 있는 사람들이다.

『13번째 증언』에서 윤지오는 자신이 순수한 사람이라고 주장하지 않는다. 그는 오히려 자신은 배우가 되기 위해 누구나와 마찬가지로 열심히 경쟁해온 사람임을 밝혔다. 최후의 자존심이 짓밟히지 않는 한에서는 목표를 위해 냉대와 수모, 노예계약까지 무릅쓰고 노력한 입지전적 인간임을 밝혔다. 그 결과는 무엇이었는가? 600만 원의 합의금을 물고 소속사와의 계약을 해지한 후 소속사 없이 고군분투해야 했던 엑스트라 단역배우.

그런데 동료 배우 장자연이 세상 사람들이 그의 이름을 막 알기 시작할 무렵 죽음을 맞는다. 윤지오는 그 죽음의 진실을 밝히려는 증언자이다. 장자연의 죽음에 관해 왜 증언을 하려 합니까, 라는 질문에 윤지오는 이렇게 답한다.

진실규명과 명예회복, 그리고 저 자신의 삶에서 창피해지고 싶지 않아서였어요. 평생을 10년 넘게 연기만 하고 싶었던 아이인데 그게 좌절되면서 좀 무너졌었어요. 안 좋은 제안을 언니(故 장자연 씨) 나이 때가 되면서 처음 듣게 된 거죠. 저는 성상납을 한 번도 한 적이 없지만 그런 제안 자체를 받았다는 게 살면서 가장 수치스러웠던 기억이고…….[9]

9. 우철희, 「윤지오 "故 장자연 진실규명·명예회복 위해 증언 결심"」, 〈YTN〉, 2019년 4월 14일 수정, 2020년 2월 21일 접속, http://bit.ly/37Jkiok.

단역배우였던 10년 전에 권력자들에게 청춘과 명예를 빼앗긴 그는 이제 촛불 국민과 정부의 요구로 증언자로 불려온 후 거짓말쟁이, 사기꾼, 영악한 마녀로 내몰려 캐나다로 강제 추방당했다. 이로써 재계-정계-언론계-법조계로 짜인 가부장적 성폭력 체제는 촛불과 미투 이후에도 자신의 힘이 건재함을 다시 한번 보여주었다.

보론 : 「윤지오의 증언을 바라보는 가족주의와 순수주의 시각」의 댓글들에 대한 응답[10]

R1 : 2009년 당시 윤지오 증언 때문에 장자연 사건의 가해자들이 처벌받지 않았던 것에 대해서, 윤지오 씨가 제대로 된 증언자라면 사과는 하고 시작했어야 했지요. 무슨 사과를 했나요? 장자연 씨 죽음의 진실을 알리고 싶다기보다 본인 이름을 알리고 싶었던 사람이었다고 봅니다. 고 장자연 사건의 목격자이자 증언자라는 분이, 하루에 한 시간씩만 자고 목숨에 위협을 느낀다는 분이…! 인스타라이브로 협찬 화장품 파는 거 보고 경악.

R1에 답합니다.

---

10. 「윤지오의 증언을 바라보는 가족주의와 순수주의 시각에 대하여」를 블로그에 발표한 후, 이에 대한 댓글(Response : R)들에 대한 보충 설명이다.

1. 장자연 사건 재조사는 권력형 성폭력이 있었는지 없었는지, 누가 범죄자인가, 어떻게 해야 이러한 범죄를 방지할 수 있는가를 살피기 위한 조사이지 증언자 윤지오가 정직한 사람인가 부정직한 사람인가, 선한 사람인가 악한 사람인가 등 증언자의 인격에 대한 조사가 아닙니다.

2. 윤지오가 개인 방송(인스타라이브)에서 협찬 화장품 파는 것에 경악하신다면[11] JTBC 방송에서 자동차를 파는 것을 보실 때는 어떤 느낌이신지요?

3. 윤지오의 증언 때문에 가해자들에 대한 처벌이 미미했고 유가족이 보잘것없는 피해 보상만 받았다는 박훈 변호사의 논변은 우선 사실과 다릅니다.[12] 또 그것은 사법 판결이 증언 하나에 좌우된다고 보는 소박한 생각이라고 봅니다. 특히 장자연 사건처럼 권력자들이 판결의 향방을 뒤흔드는 정치적 사건에서, 만약 윤지오가 다르게 증언했으면 가해자에 대한 처벌이 엄중했을 것이라고 보는 것은 판결의 책임을 이제 갓 스물두 살의 단역배우인 증인 여성에게 뒤집어씌우고, 성폭력 체제와 그 권력의 전략 전술을 전혀 고려하지 않는 자학적 사고 방법이라고

---

11. 윤지오는 "인스타라이브로 협찬 화장품 파는 것 보고 경악"이라는 구절과 관련해, 자신은 개인 방송에서 협찬을 받은 적이 전혀 없을 뿐만 아니라 화장품을 방송에서 판매한 적이 전혀 없으므로 이 구절 자체가 사실 자체와 다르고 말이 되지 않는다고 말했다.(필자와의 메신저 인터뷰, 2020년 2월 11일 오후 9시)

12. 이에 대해서는 『까판의 문법』(조정환 지음, 갈무리, 2020)의 1장 두 번째 절 「박훈 변호사는 어떻게 윤지오의 진실을 가려버렸나?」 참조.

봅니다. 윤지오가 강요를 인정했다면 어떤 방법으로도 가해자를 면책할 구실을 만들어냈을 것이라고 보는 것이 지난 10년간 이 사건을 둘러싼 사법사를 고려할 때 정황상 더 합리적인 추론일 것이라고 봅니다.

4. 그런데 윤지오는 『13번째 증언』에서도 자신의 경우에 강요가 없었다고 말합니다. 이것은 윤지오가 당시 (아니 어쩌면 지금도) 강요를 직접적 강요나 폭력으로만 인식하고 있음을 보여줍니다. 그는 장자연 배우와 자신을 옥죄고 있는 구조적·계약적 폭력과 강요를 당시에는 강요로 인식하지 못했습니다. 현재 한국의 사법체제도 이 구조적 강요를 강요의 범죄(강요죄)로 인정하지 않습니다. 그런데 이 땅에 사는 사람들 대부분은 바로 이 구조적 강요의 포로입니다. 2009년 재판과 관련하여 한 가지 고려사항을 더 추가한다면, 윤지오 씨는 장자연 씨의 죽음 이후에도 살아야 했고 또 배우로서 살고자 했으며, 연예계는 바로 그 가해자들이 쥐고 흔드는 권력 무대였다는 점입니다. 만약 R1 님이 윤지오 씨와 같은 경우의 증인으로 법정에 선다면 어떻게 증언하시겠는지요? 이 두 가지 사항을 고려하고서도 윤지오 씨가 사과해야 할까요?

5. "장자연 씨 죽음의 진실을 알리고 싶다기보다 본인 이름을 알리고 싶었던 사람이었다고 봅니다"는 R1 님의 주장은 첫째 항에서 말씀드린 것처럼 이번 사태의 본질과 무관한 주장을 하는 것입니다. 이런 주장으로 화살을 윤지오에게 돌릴 때 성폭력의 당사자들과 성폭력 체제는 쾌재를 부를 것입니다. 윤지오

를 증언자로 한국으로 부른 것은 다른 사람이 아닌 바로 우리들, 즉 촛불 국민입니다. 증언자가 선인, 영웅, 투사여야 할 이유가 있는지요? 증인은 사실에 대해 증언을 하는 사람이고 있는 그대로의 사실에 대한 증언을 해줄 사람이라면 평소에 거짓말쟁이거나 사기꾼이거나 도둑이거나 강도거나 심지어 살인자라 할지라도 우리에게는 소중하므로 그가 사실에 대한 증언만을 해주는 것으로 충분하지 않을까요? 왜 그 증언자가 그 증언 때문에 여론의 심판을 받아야 하는지요? 게다가 촛불 국민의 여망을 받들어 자신이 다칠 위험을 무릅쓰고 국민에게 필요한 사실을 증언해 준다면 (그가 증언 외의 삶에서 무엇을 하건) 그 증언만으로 국민들이 고마워해야 하지 않을까요?

R2: 진정성을 갖고 재수사를 준비하는 거였다면, 그때의 판결문으로 공격받을 수 있다는 것도 알 수 있었을 테지요. 사과를 하고 출발하는 것이 옳았을 것 같고. 순간순간의 거짓말이라든지 태도 논란, 돈이 먼저인 듯한 행동들은 결국 고인이 된 장자연 씨를 이용한 자기 정치일 뿐, 재수사와는 거리가 멀어 보여요. 책을 내기 전에 고인 가족들에 최소한의 협의는 해야 했다고 봅니다. 절차는 생각보다 중요한 것이니까요 … 재수사에 방아쇠를 당긴 사람들이 윤지오에게 놀아난 꼴처럼 되어버린 상황이 황망하고 당황스러워서 … 더욱 화가 나네요.

R2에 답합니다.

1. 윤지오 씨는 "진정성을 갖고 재수사를 준비하기 위해" 온 것이 아니라 한국 정부의 요청으로 캐나다에서 한국으로 왔습니다. 물론 한국 정부의 그 요청은 촛불 국민의 재수사 요구에 수동적으로 응한 것이고요. 윤지오 씨는 초기에 한국 정부의 증언 요청에 "증언이 자신을 더 위험하게 하므로 오고 싶지 않다"는 거절 의사를 표했으나, 거듭된 요청에 부득이 오게 된 것입니다. 증언자 윤지오 씨에게 진정성의 자격을 요구하는 것은 부당하며 필요하지도 않습니다. 만약 윤지오 씨에게 진정성이 없다고 느껴 환멸을 느끼신다면, 그것은 윤지오 씨의 책임이 아니라 환멸을 경험하는 R2 님 자신의 문제일 것입니다.

2. 윤지오 씨의 말 중에 거짓말로 확인된 것이 있다면 무엇인지요? 많은 사람이 윤지오 씨의 증언을 이미 거짓으로 단정하고 있는데, 그 증언이 진실인지 거짓인지는 조사와 수사를 통해 확인해야 할 문제입니다. 우리가 언론에 "놀아"나서는 안 됩니다. 윤지오의 증언은 거짓이라는 말은 적어도 아직은 선동이지 진실과는 거리가 있습니다. 윤지오 씨의 증언이 유효하다는 것은 윤지오 씨 논란이 터진 이후에도 과거사진상조사단과 검찰 과거사위원회에서도 확인해준 사실입니다.

3. 윤지오 씨를 비난하는 사람들은 윤지오 씨의 그 사나워 보이는 표정과 기자들 앞에서의 오만한 태도가 역겹다고 말합니다. 나는 윤지오 씨가 남성 기자들 앞에서 취한 그 오만해 보이고 사나워 보이는 표정과 태도야말로 권력에 굴종하는 팬시 여성상과는 다른 새로운 여성상을 보여준 백미라고 생각합니다.

4. 돈이 먼저인 듯한 행동들이 있었던가요? 인세 12%?[13] 『13번째 증언』 같은, 이슈 파이팅하면서 많은 판매 부수가 예상되는 도서에 대해서는 결코 높은 인세가 아닙니다. 후원계좌, 해외 펀딩? 무엇이 돈이 먼저인 듯한 행동인지요? 답해 주신다면 그에 대해 제 생각을 말씀드리겠습니다.

5. 유가족이 사건과 관련한 일체의 소통을 원치 않고 연락을 단절하고 있는 상태에서 윤지오 씨는 가족들과 협의할 수 없었습니다. 김수민 작가는 "『13번째 증언』 출판에 대한 가족들의 반대가 있었다는 말을 들었다"고 하고 있지만 사실이 아닙니다. 유가족과의 소통이 이루어지지 않은 상황에서 윤지오 씨가 유가족이 출판에 반대했다는 말을 할 수는 없기 때문입니다. 사건에 관한 정보를 윤지오 씨로부터 간접적으로 듣는 입장인 김수민 작가가 윤지오 씨도 모르는 가족의 뜻을 '들어알고 있다'는 듯이 말하는 것은 부당한 태도라고 판단됩니다.

6. 재수사에 방아쇠를 당긴 사람들은 촛불 국민과 미투 운동입니다. 윤지오 씨는 이들을 뒤흔들 수 있을 만큼 힘 있는 사람이 아닙니다. 촛불 국민과 미투 운동의 재수사 요구를 뒤흔들고 있는 것은 윤지오 씨가 아니라 윤지오 씨의 인격에 대한 공격을 통해 그의 증언을 무력화시키고 재수사를 방해하고 있는 가부장적 성폭력 체제와 그 파수꾼들입니다.

---

13. 김수민의 말과는 달리 실제 계약서상의 인세는 1부에서 5,000부까지 11%, 5001부 이상 12%였다.

7. "황망"과 "당황"이야말로 그들이 우리들 속에 불러일으키려는 바로 그 심리적 효과입니다. "화"를 윤지오 씨가 아니라 가부장적 성폭력 체제와 그 작전 세력에게 돌려야 할 때입니다.

다시 순수주의의 위험성에 대하여

이른바 '〈지상의 빛〉 후원금 집단반환 소송'의 정치적 성격에 대해

2019년 6월 6일 자 대한민국의 신문들은 윤지오가 창립한 비영리단체 〈지상의 빛〉 후원금에 대한 집단반환 소송 준비에 대한 보도로 요란했다. 『중앙일보』 백희연 기자는 아예, 「윤지오에 등 돌린 후원자들, 결정타는 거짓 증언. 작품표절 의혹」이라는 제목으로 윤지오의 후원자들이 모두 윤지오에게 등을 돌린 것처럼, 또 윤지오의 증언이 거짓인 것처럼 제목을 뽑아놓았다.[1]

미디어 이데올로기

알튀세르는 이데올로기를 인간과 그 자신의 존재 조건에 대한 체험된 관계들의 표상이라고 했는데, 인간과 존재 조건 사이

---

1. 백희연, 「윤지오에 등돌린 후원자들, 결정타는 거짓증언·작품표절 의혹」, 『중앙일보』, 2019년 6월 6일 수정, 2020년 2월 21일 접속, https://news.joins.com/article/23490110.

에 깊숙이 개입하여 우리들의 체험을 매개하는 것은 미디어이
다. 체험이 미디어에 의해 매개되면서 미디어가 우리가 존재 조건
을 직접 맛보고 체험할 여지를 뺏어가는 것이다. 우리는 미디어
가 끊임없이 쏟아내는 시끄러운 소리에 눌려 우리 마음의 고유
한 진동을 느끼고 들을 수 있는 여유와 시간을 갖지 못한다. 잡
음이 고요를 압도하기 때문이다. 나는 조용히 물어본다. 사람들
이 왜 지금 자신이 낸 후원금을 돌려달라고 말하기에 이르렀을
까? 그 이유가 무엇일까?

후원의 목적 자체가 거짓이라는 폭력

후원자들의 법률대리인인 변호사 최나리는 윤지오를 상대
로 한 손해배상 청구 소송을 제기하는 이유가 "윤지오가 말한
후원의 목적 자체가 거짓"이며 "후원자들을 기망해서 후원금을
모은 것"이라고 말한다. 주관적 단정만 있을 뿐 소송 사유를 보
도한 『동아일보』에도 윤지오가 설정한 목적이 어떤 근거에서
거짓이라고 단정하는지 그 이유는 밝혀져 있지 않다.

최나리 변호사는 이제 증언자 보호를 위한 비영리단체 설립
이라는 목적이 왜 거짓인지를 입증해야 하는 매우 어려운 과제
에 직면한 것으로 보인다. 대한민국처럼 증언자 보호장치가 미
흡한 나라에서는, 어려움 속에서 증언한 증언자가 자신의 체험
에 기초하여 증언자 보호를 위한 비영리단체를 설립하는 것은
자연스러울 뿐만 아니라 또 소중한 것으로 여겨지기 때문이다.

이 목적이 거짓임을 과연 입증할 수 있을까? 이 사건을 지켜보고 연구해온 나로서는 변호사 최나리의 주장이 인간 윤지오에 대한 부당한 폭력으로 느껴진다.

후원자는 채권자가 아니다

후원받는 목적이 거짓으로 입증되지 않는 한, 이미 낸 자발적 증여로서의 후원금을 답례가 아닌 방식으로, 즉 법률에 따라 강제적으로 돌려받을 수는 없을 것이다. 후원금은 후원을 받는 쪽이 일정한 채무를 부담하는 부담부 증여가 아니기 때문이다. 후원자는 채권자가 아니다.

그런데 이처럼 승소 가능성이 커 보이지 않는 소송에 왜 439명의 후원자들이 참가하게 되었을까? 이후 6명이 소송을 철회하여 433명이 남았다. 참가의 조건을 살펴보면 우선은 변호사 최나리가 무료 소송을 진행해 준다는 김수민 측의 홍보가 작용한 때문이겠지만, 참가의 원인은 윤지오의 진실성에 대한 의심인 것으로 보인다.

후원자 김모 씨는 채널A와의 인터뷰에서 "모금 진행 중 윤씨의 말이 조금씩 번복되는 모습을 봤고 진실성에 의심을 품게됐다"라며 "모금된 후원금이 얼마인지, 어디에 썼는지 알려주지않고 있다"라고 주장했다.[2]

---

2. 박민지, 「경찰 "'후원금 소송' 윤지오, 필요시 소환"…카톡으로 수사중」, 『국

우리들은 때로는 친구, 애인, 자녀, 부인, 남편 등의 진실성조차 의심하는 경우에 빠질 수 있다. 하지만 그런 의심으로 인해 이 관계가 깨지는 경우는 드물다. 그것은 대개 진실 대 허위의 양자택일의 문제가 아니라 서로의 관계를 새로운 차원으로 발전시킴으로써 풀어야 할 실천적 문제일 때가 많기 때문이다. 윤지오의 진실성에 의심을 품게 되었다는 것은 너무 추상적인 말이다. 그것은 윤지오에 대한 막연한 의심이다. 그 의심이 사실 근거에 기초한 것이 아니라 마녀사냥 선동에 의해 만들어진 이데올로기적 생산물이기 때문에 더욱 그러하다.

후원금 반환소송의 정치재판적 성격

만약 위와 같은 의미의 추상적이고 막연한 진실성이 후원금 반환소송을 결정하는 요인이 된다면 후원금을 받는 모든 개인이나 단체는 항상 소송에 휘말릴 준비를 하고 있어야 할 것이고, 이런 상시적 불신의 조건에서라면 후원행위는 사회적으로 가능하지 않게 될 것이다. 그렇지 않고 장자연 사건에 대한 윤지오의 증언의 진실성이 문제라면, 나는 적어도 윤지오의 증언을 신빙성 없도록 만든 주도자였던 김대오의 진술보다는 윤지오의 진술이 훨씬 더 신빙성이 있다고 증거를 갖고 말할 수 있다. 이미 10년 전의 진술들이 객관적 증거로서 남아 있기 때문이다.

민일보』, 2019년 6월 10일 수정, 2020년 2월 11일 접속, http://bit.ly/2Pf1h70.

이 증거들은 지금 윤지오가 아니라 김대오가 거짓말을 하고 있음을 분명하게 보여준다.

이런 점에서 나는 후원금 집단반환소송이 어떤 실효적(즉 돈을 돌려받기 위한) 사법행위라기보다는 수개월간 지속한 윤지오 죽이기의 일환으로서 윤지오의 이미지를 회복 불가능할 만큼 훼손하기 위한 정치재판으로 준비되고 있을 가능성이 높다고 판단한다. 장자연에 대한 가해자들의 입장에서는 윤지오의 향후 있을 수 있는 증언 투쟁을 예방하기 위해 이런 위협적 소송이 필요할 것이며, 윤지오에 대한 가해자들에게는 윤지오에 의한 사법 투쟁을 미연에 저지하기 위해서 필요한 것이 이런 소송일 것이다. 이 소송이 후원자들에 의해 자발적으로 준비된 것이 아니라, 비후원자인 김수민의 인스타그램을 통해 지속해서 촉구되고 홍보된 인위적 소송이라는 점도 이런 판단을 하게 만드는 이유이다.

순수주의의 환상과 그 위험성

이 소송 준비를 지켜보면서 나는 다시 한번 순수주의의 위험성을 강조하고 싶다.

증언자는 어떤 보호장치도 없이 희생을 무릅쓰고 목숨을 내걸면서 할 때만 그 증언이 진실한 것인가?

증언자가 개인으로서건 단체로서건 후원을 받으면 그의 증언은 진실성을 잃는 것인가?

증언자가 놀고자 하는 욕망, 성적 욕망, 사치와 쾌락에 대한 추구를 갖지 않을 때만, 즉 성자聖子이고 성녀聖女일 때에만 그의 증언이 진실한 것인가?

증언자는 증언 이외의 것에서도 오직 진실만을 말하고 일절 거짓을 말하지 않을 때만 그의 증언은 진실한 것인가?

증언자의 삶은 모든 부면에서 일관되고 통일되어 있어야 하며 어떤 부분에 카메라를 갖다 대도 모두가 아름답게 보일 때에만 그의 증언은 진실한 것인가?

요컨대 증언자는 순교자일 때에만, 혹은 인간이 아닌 신일 때에만 그의 증언이 진실한 것인가?

우리가 증언자에게 강한 순수성을 요구하면 할수록, 증언자는 보호받을 수 없고 상처 입기 쉽고 위험해지게 되는 것이지 않은가? 우리가 증언자에게 기대하는 순수주의의 환상이 우리의 삶을 개혁하는 데 꼭 필요한 증언 행동을 불가능하게 만들고 결국 범죄자들을 보호하도록 만들지 않는가? 순수주의는 언제나 다중을 무력하게 만드는 지배자들의 무기였다. 「윤지오 씨의 말이 100% 진실일까요?」라는 김수민의 최초 폭로 글의 제목이 바로 순수주의의 위험성을 적나라하게 표현하는 구호가 아니었을까? 우리가 정말 '김수민 씨의 말이 100% 진실일까요?'라는 방식으로 물어도 되는 것일까?

윤지오 증언에 대한 반발 공세의 역사적 위치와 성격

1987년 시민항쟁과 노동자 투쟁을 포함한 1980년대의 운동은 사회변화의 수단으로 권력투쟁(국가권력을 둘러싼 투쟁)을 지향했고 권력장의 재구성에 참여하는 것으로 나아갔다. 1990년대 사회운동에서 정당 건설과 의회 활동이 초점에 놓이게 된 것은 이러한 지향성의 체제 내적 현실화와 구체화라고 볼 수 있다. 2000년대의 사회운동은 행정 참여 및 의회 활동을 통한 권력장 재구성 운동이 드러내는 한계 속에서 발생한다. 2008년 촛불항쟁은 권력장에서 독립적인 촛불 공통장을 구성하는 방향으로 전화했다. 대의민주주의에 대한 거부와 강한 직접민주주의 열망이 그것이다. 2014년 세월호 촛불투쟁은 '가대위'(세월호희생자가족대책위원회)를 중심으로 하는 시민연대를 통해 아래로부터 촛불 공통장을 구축하는 한편 대의권력에게 이 공통장의 힘에 의지하여 세월호 침몰과 구조 소홀의 진상과 책임을 규명하라고 명령했다. 말하자면 자기조직화와 제도화의 이중운동을 전개했다. 분명한 한계가 있었지만, '세월호특조위'는 그것의 성과였다. 이것은 사회의 에너지를 아래로부터 끌어낼 뿐만 아니라 위로부터 조직하는 것, 즉 사회 전체를 아래로부터의 힘으로 재조직하는 촛불 섭정 운동의 모델을 제공했다. 2016년의 박근혜 퇴진 및 탄핵 촛불은 이 선례를 따라 아래로부터 촛불의 박근혜 퇴진 운동과 촛불 공통장의 구축을 지속하면서 의회가 박근혜 탄핵에 나서도록 촉구하고 헌법재판소의 판결 과정을 감시하는 이중 전선을 구축했다. 2017년 3월 박근혜의 파면은 이 이중운동의 성과였다.

2018년의 미투 운동은 촛불의 제2국면으로서 촛불정부를 자임한 문재인 정부의 한계를 극복하려는 투쟁이다. 그것은 촛불운동과 촛불정부에서도 강하게 지속하는 자본주의적 가부장제에 대한 도전이었다. 그것은 자본주의적 가부장제의 핵심축의 하나인 성폭력을 고발하는 운동으로 개시되어 성차별, 인종차별, 난민차별, 계급차별에 반대하는 운동으로 확대되었다. 문재인 정부의 검찰 과거사위원회가 장자연 사건 재조사에 나선 것은 미투촛불의 자본주의적 가부장제에 대한 투쟁을 적폐청산 프레임 속에 수용하고 흡수한 것이다. 장자연 사건은 김학의 성폭력 사건과 더불어 이명박–박근혜 정권 시기 성폭력 체제의 실태와 그것에 대한 사법적 정당화 메커니즘의 청산되어야 할 문제점을 보여주는 것이었기 때문이다.

윤지오는 장자연의 동료 배우로서 장자연이 겪은 성폭력을 곁에서 지켜보았을 뿐만 아니라 그 자신도 그 성폭력 체제의 피해자로 노출되었던 경험이 있는 중요한 인격이었다. 미투촛불의 청원에 의해 시발된 장자연 사건 진상 재조사에 윤지오가 호출

되었던 것은 지난 10년간 그가 장자연의 억울한 죽음의 진실규명을 위해 증언할 의지를 갖고 실제로 증언해온 유일한 인물이었기 때문이다. 이러한 유일성은 사건 관련자 중에서 유가족은 처음부터 이 사건이 사회적 쟁점으로 되는 것을 원치 않았고 나머지 관련 당사자들은 모두 여러 의미에서 가해자 집단에 속해 있어서 진상규명 그 자체가 자신들의 범죄사실에 대한 소명과 처벌로 귀착될 위험을 갖고 있었던 사정에서 연유한다.

윤지오는 증언자로 귀국하여 이 사건에 대한 자신의 기억과 생각을 『13번째 증언』을 통해 책으로 증언하고, 과거사진상조사단 조사에서 진술로 증언하고, 또 각급 언론매체들에서는 대담으로 증언했다. 그는 이 다양한 유형의 증언들이 출판, 국가기관, 언론 등을 통해 장자연의 죽음의 억울함을 알리고 부실 수사로 종결된 이 사건에 대한 재수사를 요청하기 위한 것임을 여러 차례 밝혔다. 이것은 촛불다중의 진실규명 의지를 받아 안으면서 언론과 같은 사적 대의기관들과 행정·사법과 같은 공적 대의기관을 통해 그 진실 의지를 제도 속에 관철하려는 시도로 이해할 수 있다. 2014년 세월호 '가대위' 중심의 촛불투쟁이 선도했고 2016년의 퇴진 및 탄핵 촛불이 성공시킨 바 있는 아래로부터의 섭정의 방법론, 즉 자기조직화를 기초로 한 제도 개혁의 이중운동의 논리를 장자연 사건 진상규명 투쟁에서 구현하고 있는 것이다. 그가 말하는 "지금까지 못 해본 것을 해봄에 있어서의 영리하게"는 다른 것보다 이것을 함축한다. 그것은 권력 밖에 독립적으로 존재하면서 그 독립된 공통장의 힘으로 생명

권력을 섭정할 수 있는 지성적·기술적·조직적 삶정치biopolitics의 능력을 의미한다.[1] 공통장의 다중지성은 서로에 대해 공통적인 지성이면서 권력장과 영리하게 관계 맺고 그것을 자신의 의지에 복속시키는 섭정의 지성이다. 윤지오가 수행하는 섭정 운동 속에서 다중은 윤지오의 생존 방송에 청취와 댓글로 참여하고 그의 자생적 조직화 기획(비영리단체 〈지상의 빛〉)을 지지하고 후원함으로써 섭정 정치의 공동주체로서 활동했다.

윤지오는 권력형 성폭력에 대한 자신의 증언들이 수반할 위험성을 자각하고 있었고 생존 방송, 자비 경호, 증언자 신변보호 요청, 그리고 증인보호법 제정 청원 등의 방식으로 이 위험에 대처했다. 과거사진상조사단 증언을 위해 귀국하기 전부터 이미 증언을 막으려는 압력 행동들이 협박성의 온라인 DM 및 댓글의 형태로 나타나고 있었지만, 그것이 거대한 반발 공세 형태로 제도 수준에서 본격화되기 시작한 것은 귀국 후 한 달여 만인 4월 7일, 홍○근 회장이 대표로 있는 머니투데이 계열사인 『뉴시스』에 실린 최지윤 기자의 보도 기사 이후부터다.[2] 열흘 뒤인 4월 16일 김수민 작가의 폭로를 계기로 윤지오는 모든 언론이 총출동된 반발 공세를 겪었다. 그것은 물리적 테러가 아니라 근거

---

1. 『예술인간의 탄생』(갈무리, 2015)에서 나는 이러한 능력을 가진 주체성을 예술인간으로 부르고, 『절대민주주의』(갈무리, 2017)에서는 예술인간적 능력의 민주주의적 발현을 절대민주주의로 정의했다.
2. 최지윤, 「[기자수첩] '증인' 윤지오와 장자연 사건」, 『뉴시스』, 2019년 4월 8일 수정, 2019년 4월 8일 접속. (이 기사는 현재 삭제된 상태이다.)

를 제시하지 않고 자행되는 언론테러와 언어폭력의 형태로 나타난다.

그것이 언론테러의 형태를 취한 이유는, 윤지오가 개인 차원의 SNS 생존 방송을 하고 있었을 뿐만 아니라 세간의 주목이라는 일종의 사회적 생존 방송이 동시에 진행되고 있었기 때문일 것이다. 이렇게 물리적 테러가 불가능한 상황에서 전개된 저 언어적 테러를 윤지오는 "마지막 발악"이라고 불렀다. 윤지오가 캐나다로 돌아가 자신의 입지를 방어하면서 진실규명을 위해 혼신의 노력을 다하고 있는 이 위기의 시간에 다중은 제도언론의 테러에 맞서 윤지오의 상처를 위로하고 그의 노력을 보조하며 검찰 과거사위원회가 진상규명과 엄정한 사건 재조사를 통해 책임자를 처벌하고 필요한 개혁을 수행하라고 명령하는 섭정주체로 나타난다. 이들은 성폭력 체제의 해체라는 전략적 방향을 추구하는 지킴이들이다. 반발 공세를 통해 성폭력 권력 체제는 촛불미투 공통장에 대한 재식민화와 재종속화를 추구하고 있지만, 그 공통장의 독립 역량은 그렇게 간단하게 점령될 만큼 취약하지는 않은 것으로 보인다. 성폭력 가부장제에 대항하는 촛불공통장의 반성폭력 투쟁이 윤지오에 대한 대대적 반발 공세 이후에도 윤지오를 방어하면서 장자연 사건을 재점화하려는 잠행운동을 계속하고 있기 때문이다.

공통장 감수성의 징후와 예술인간-예술체제의 동선

장자연 사건 재조사의 정치적 배경

2002년 월드컵 서포터즈(응원부대) 레즈는 대한민국이라는 국가 권력장을 대~한민국이라는 국민 공통장commons으로 재구성하려는 다중의 욕망을 표현했다. 2008년 촛불봉기는 공통장으로서의 대~한민국이 헌법 1조에 어렴풋이나마 이미 규정되어 있는 형상임을 발견한다. "대한민국의 주권은 국민에게 있고 모든 권력은 국민으로부터 나오는 민주공화국"이라는 규정이 그것이다. 이 헌법 규정은 주권이 자본에 있고 모든 권력이 자본으로부터 나오는 자본 공화국의 현실과 상충하는 상태에 있었다. 수개월간 메트로폴리스를 중심으로 전개된 촛불봉기는 국가가 자본의 이익(자유무역)을 위해 광우병이라는 반생명적 질병을 도입하는 것에 무심하다는 사실을 고발하면서 이 상충과 모순을 줄이고 공통장 대~한민국을 회복하려는 투쟁이었다.

2014년 세월호 참사는 현실의 대한민국의 행정·입법·사법·언론 등의 권력 부府들이 국민의 생명을 보호하기는커녕 수장시키는 기관이며, 이것들이 이윤 중독적 자본주의 체제를 떠받치고 있는 정치적 기둥이라는 사실을 똑똑히 보여주었다. 이때 다중들의 공통장 감수성은 미안함, 즉 '지켜주지 못해 미안해'로 나타났다. 그것은 자신들도 그 체제에 한 발이 묶여 있다고 느끼는 사람들의 공감의 정동이었다. 2년여에 걸친 세월호 진실규명 투쟁에도 불구하고 2016년에 이르러 정부가 국민 다중에 의해 섭정攝政되고 있는 것이 아니라 대자본에 의해 비선秘線 통제되고 있음을 발견한 촛불 국민들은 생명 공통장을 자본에 갖다 바치는 박근혜 대의 정부를 퇴진시키고 대~한민국을 다중의 촛불 공통장으로 재구성하기 위해 다시 일어섰다. 그 최초의 성과가 국회와 헌법재판소에 대한 촛불 섭정을 통해 달성한 대통령 박근혜에 대한 파면이고, 그 두 번째 성과는 차기 정부가 촛불 정부로서의 역할을 하도록 압박하는 것이었다. 문재인 정부가 자신을 촛불정부라고 말하게 된 것은 이 때문이다.

2018년, 내가 겪은 성폭력을 고발하면서 법조계·정치권·문화예술계 등 각계에서 터져 나온 미투 운동은 사회 및 생활 곳곳에 보편적으로 확산되어 있는 성폭력 체제를 가시화했다. 그것은 이른바 촛불정부가 남북관계·한미관계·적폐청산·권력기관 혁신·소득분배 등 몇몇 영역에서 거둔 일정한 개혁 성과에도 불구하고 가부장적 성폭력 체제를 온존하고 있다는 사실에 대한 폭로이고 그것에 대한 도전이었다. 촛불혁명 이후의 대한민국이 여전히 성차별과 성폭력으로 분단된 현실에 대한 여성들의 이 대중적 폭로와 거부는 가부장적 성폭력 체제에 대한 전면적 여성 대중봉기의 형태로 나타났다. 미투me-too(나도)는 미me라는 특이점의 성폭력 체험과 그에 수반되는 아픔을 공통의 것으로 만들어 반-성폭력 공통장을 구축하려는 투쟁이었다. 이것은, 여성에게 보편적인 체험을, 사적이고 개인적이며 특수한 수치羞恥 체험으로 만들어 온 권력장의 분할지배 테크놀로지에 대한 집단적 거부를 표현했다. 위드유with-you(당신과 함께) 운동은 이 미투 봉기 공통장에 대한 연대 감수성의 표현방식이었다.

미투-위드유 봉기가 다중의 섭정 정치의 형태로 표현된 것이 2018년 2월 장자연 사건 진상규명 청와대 국민청원이었다. 가부장적 성폭력 체제를 적폐로 규정하고 국가기구가 그것을 청산하도록 명령하는 것이 이 섭정 운동의 본질이었다. 문재인 정부는 공약으로 내건 적폐청산의 틀 속에서 미투 위드유 운동으로부터 제기된 장자연 사건 재조사 국민청원을 받아들여 2018년 4월 2일 장자연 사건을 검찰 과거사위원회의 사전 조사대상으로 선정하고 5월 28일 검찰에 이 사건의 재조사를 권고했다. 이것은 미투-위드유를 통해 구축된 반성폭력 공통장이 권력장의 성폭력적 구조를 개혁하도록 압박하는 섭정 사례이다.

윤지오의 증언 투쟁

윤지오는 장자연과 함께 연예기획사 더콘텐츠에 소속되어 일했던 계약직 연예 노동자였다. 그의 꿈은 훌륭한 배우가 되는 것이었지만, 그의 꿈과 달리 계약 기간에 그의 노동력은 다중을 위한 연기가 아니라 권력자들을 위한 서비스노동(이른바 '술접대')으로 이용되었다. 그런데 윤지오는 더콘텐츠와 체결한 계약서가 그러한 노동을, 연예 활동 기회를 얻기 위한 프로모션·이벤트·인터뷰로 해석할 수 있도록 규정하고 있다는 것을 뒤늦게 깨닫게 되었다. 이러다가는 이미지만 실추되고 영영 배우가 되기는 어렵겠다고 판단한 그는 기획사 대표에게 연예 활동을 하지 않겠다는 약속과 계약 중도해지에 대한 반성문 및 600만 원의 합의금을 지불한 후 계약을 해지했다.

2009년 3월 7일 장자연의 사망과 장례식 후 장자연이 남긴 문구 "저는 나약하고 힘없는 신인배우입니다. 이 고통에서 벗어나고 싶습니다"가 언론에 보도되면서 윤지오는 '나의 언니 장자연이 왜 죽어야 했나?'라는 의문을 품게 된다. 그것은 세월호의 침몰과 승객들의 난망難忘한 죽음 앞에서 사람들이 느꼈던 지켜주지 못해 미안해 감수성의 한 걸음 진전된 발현이었다. 그는 진실이 밝혀져야 한다는 생각에서 유장호와의 통화들을 녹취하여 수사기관에 제출하는 한편, 봉은사에서 본 문건 및 리스트의 사본과 원본에 대해 진술했다. 이후 그의 삶은 윤지오 자신으로서보다는 장자연의 동료 배우로서, 그리고 장자연의 문건과 리스트에 대한 증언자로서 더 많이 규정되었다. 여러 차례의 경찰·검찰·법정 증언에도 불구하고 장자연과 자신이 겪었던 부당한 대우와 노예계약은 초점으로 되지 못했고, '장자연 문건'에 등장하는 '힘센 자들'인 『조선일보』 방 사장 일가'는 무혐의 처분되었다. 문건과 별도였던 '리스트'는 수사조차 제대로 되지 않았으며 처벌은 겨우 기획사 대표들인 김종승·유장호를 가볍게 처벌하는 것에 그쳤다. 이 경험은 윤지오에게, 언론기관이나 사법기관이 진실을 밝히기보다는 진실을 흐지부지 덮고 가해자를 보호하는 것을 업으로 하는 기관들이라는 것을 깨닫게 한 각성의 시간이었다.

9년 후인 2018년에 한국에서 일어난 미투 봉기와 위드유 운동의 물결은 그에게 성폭력 체제와 장자연 사건의 진실을 밝히는 것이 이제 혹시 가능하지 않을까, 라는 기대를 주었다. 이 기대 때문에 그는 2018년 여름 〈PD수첩〉「故 장자연」의 인터뷰에 응했고 검찰 과거사위원회 진상조사단의 증언자 요청을 계기로 마침내 장자연 사건 재조사의 증인으로 나갈 결심을 하게 되었다. 이로써 윤지오는 권력이 장자연의 죽음에 대해 지난 10년간 구축해온 지배적 이미지(우울증-유서-자살)에 도전하는 특이점으로, 반성폭력 공통장의 첨점尖點, cusp으로 부상했다. 그는 한국으로 건너와서 먼저 『조선일보』 기자였던 조○천의 성추행 현장에 대해 증언했다. 윤지오의 증언을 근거로 조○천은 기소되었다. 이것은 윤지오의 증언이 실제적 힘을 발휘하기 시작한 시발점이었다. 2019년에 윤지오의 증언은 장자연 리스트의 일부 내용을 증언하는 것으로 이어졌다. 그것의 존재에 대해서는 유장호, 장자연 오빠, 윤지오가 10년 전에 거의 유사하게 진술한 바 있지만 2019년까지 그 내용에 대해서는 아무도 구체적으로 진술한 바 없던 리스트다. 그것이 장자연에게 "성상납을 강요한" 사람들을 고발하는 리스트였기 때문에 성폭력 체제의 권력장과 은폐된 가해권력자들의 반발과 보복이 충분히 예상되는 상황이었다. 그 반발과 보복은 아마도 재계·정치권·언론계·법조계·연예계 등의 저 "힘센 사람들"(장자연), "법 위의 사람들"(윤지오)로부터, 그리고 그 체제와 인물에 의존하고 있는 익명의 다수의 사람으로부터 가해져 올 것이었다. 이것은 은밀한 성격의 것이기 때문에 증언자가 아닌 사람들은 경험하기도 실감하기도 힘든 것이지만, 증언자에게는 너무나도 실제적인 압력이었다.

2019년 3월 4일부터 윤지오는 이것을 회피하기보다 정면으로 맞서는 길을 택했다. 지금까지 그는 수사기관 진술 증언과 언론 인터뷰에서 가명과 모자이크 혹은 블러 처리된 가면을 사용했지만, 이제 그는 가림을 통해 자신을 방어하는 방법 대신 실명과 실면을 공개하고 증언하는 방식을 택했다. 이것이 가져올 위험으로부터 자신을 지키기 위해서는 지금까지와는 다른 보호장치가 필요했다. 첫째로 그는 생존 방송(라이브방송)을 통해 자신의 신체를 대중의 시선에 드러내 그 시선이 자신의 신체를 보호할 수 있도록 배치하는 한편, 다수의 사람과의 집단적 이동 및 회견을 통해 신체를 집합화함으로써 물리적 반발로부터 자신을 보호하고자 했다. 둘째로 그는 국가에 대해 자신의 개인행동 시간에 대한 경호를 요청하고 이를 제도화할 수단으로 '증인보호법' 제정을 국민 청원했다. 이것은 진실규명을 위한 법률적 장치를 도입함으로써 진실증언자에 대한 국가 보호를 확고히 하려는 아래로부터의 섭정 노력의 표현이었다. 또 그가 "5

대 강력범죄에 속하지 않는 범죄의 증언자, 목격자, 제2의 피해자들이 실질적으로 보호를 받을 수 있는 시설과 24시간 경호를 받을 수 있는 시스템"으로서 비영리단체 〈지상의 빛〉[1]을 조직했는데, 이것도 반권력 공통장을 튼튼하게 하기 위해서는 진실을 말하려는 사람이 두려움 없이 그것을 말할 수 있어야 하고 그것을 위해서는 국가 지원의 부족함을 보충할 수 있는 시민들의 자구노력이 필요하다는 인식에 근거한다. 이것은 체험한 사람만이 구체적으로 느낄 수 있을 필요였고 그 필요를 충족할 수 있는 장치를 마련하기 위한 실천이었다.

그는 증언의 범위와 대상도 넓혔다. 지금까지는 주로 수사기관과 사법기관에서의 진술 증언의 형식 속에서 수사관, 법관, 기자가 그 증언의 대상이었다. 하지만 경험을 통해 그들이 진실의 사회화를 가로막는 행위자들일 수 있다는 인식을 하게 되었기 때문에 그는 JTBC, 〈다스뵈이다〉,『고발뉴스』를 비롯한 여러 매체를 통한 실시간 인터뷰 증언, 세종문화회관 앞에서의 기자회견 등을 통해 다중들이 장자연 사건에 대해 좀 더 직접적으로 알 수 있도록 노력했다. 그는 유튜브 채널과 인스타그램 라이브방송도 다중들에게 이 사건에 관해 직접 증언할 기회로 이용했다. 가장 중요한 것은 2019년 3월 7일 장자연 10주기를 맞아『13번째 증언』을 출판한 것이다. 이것은 자신의 증언에 확고부동한 물질적 실체를 부여했고, 그 물질성을 통해 다양한 유언비

---

1. 〈지상의 빛〉, http://light.ddokd.com/.

어들을 잠재울 수 있는 실효적 장치로 기능했다. 이러한 것들은 지금까지 경찰, 검찰, 법관, 과거사진상조사단 등 엘리트의 수중에서 검토되고 자신들의 계급적·신분적·정치적 필요에 따라 인용되어온 그 증언을 다중이 직접 읽고 검토하면서 아래로부터 장자연 사건의 진실을 밝힐 다중적 에너지가 분출될 수 있도록 만들기 위한 노력이었다. 이것들이 윤지오가 권력장 가해자들에 맞서 실명·실면의 증언을 하기 위해 영리하게smartly 선택한 물질적이고 실천적인 장치들이었다.

성장하는 반성폭력 공통장을 해체하려는 반발의 방향과 양상들

진실 공통장을 확대하고 아래로부터 다중의 참여를 불러내기 위한 윤지오의 이러한 영리한 시도가 반발backlash을 가져오리라는 것은 권력장과 공통장의 적대라는 우리 사회의 배치구조를 고려할 때, 그리고 다중지성 공통장의 특이점들(2008 촛불의 '미네르바', 2014 세월호의 '홍가혜', 2016 촛불의 '@08_hk-kim')이 범죄자로 낙인찍혀 고초를 겪은 역사를 고려할 때 충분히 예상될 수 있는 것이었다. 권력장의 반발 공세는 윤지오의 증언 자체를 흔들기에는 역부족이었다. 많은 사실이 그 증언을 뒷받침하고 있었을 뿐만 아니라 김학의 사건, 버닝썬 사건에서 구체적으로 드러나고 있었던 권력형 성범죄는 장자연의 죽음이 어떤 구조 속에서 전개된 것인지를 간접적으로 짐작하게 하는 살아 있는 물증으로 되고 있었기 때문이다. 이 때문에 반발은 증언보다는 윤지오라는 증언자/메신저를 겨냥해서 주로 이루어졌다. 증언자를 관종, 패륜아, 거짓말쟁이, 사기꾼으로 만드는 여론몰이가 그것이었다.

3월 4일 전후로 이미 상당수의 악성 댓글 형태의 반발이 윤지오를 괴롭혔지만, 이것을 내면화하여 윤지오에게 직접적으로 증언을 하지 말도록 가로막은 것은 가부장제 권력이었다. 가부장제는 자신의 가족 구성원이 권력자들로부터 술접대를 강요당했을 경우, 그것을 수치로 받아들일 수밖에 없는 사고 구조를 강요한다. 가부장제 권력은 보통 가족 구성원을 자신의 재산으로 또 노예(실제로 가족의 영어표현인 family의 어원 famulus는 '하인, 노예'라는 뜻이다)로 간주하고 그 재산/노예를 보호하고 지킴으로써 유지되는 권력이기 때문이다. 수치는 충실히 보호하지 못했음에서 오는 슬픔의 감정 형태이다. 이 보호의 이면이 처벌이다. 가부장제 권력은 가문의 보존과 안녕安寧을 위해 자신의 모든 것을 무릅쓰기 때문에 가족 구성원이 자기 뜻에 거스르면 강권을 통한 처벌에 나선다. 이것은 제도에 내재적인 강권 행사이며 가부장제 질서를 유지하는 방법이기도 하다. 국가는 가정에서 가부장제 권력의 이 사적 처벌 행동에 최대한 덜 관여함으로써 가부장제를 돕고 그것과 동맹하는 방식으로 가부장제 가족을 자신의 세포기관으로 포섭한다.

두 번째 공세는 권력자들과 깊게 결부된 미디어들로부터 가해져 왔다. 예컨대 윤지오의 증언이 사회적 설득력을 강하게 얻어서 국회에서 윤지오가 여야 국회의원들과 간담회를 가진 날 (2019년 4월 7일)『뉴시스』는 이후 지속할 반⎯윤지오 공세의 밑그림과 가이드라인을 기사(「'증인' 윤지오와 장자연 사건」)의 형태로 권력장 행위자들에게 제공했다. 그것은 다음 다섯 가지의 내용을 포함하는 것이었다. (1) 윤지오는 장자연과 친하지 않았다. (2) 윤지오는 고비용의 과도한 경찰 보호를 받으며 생활 중이다. (3) 윤지오는 옛날부터 유명해지는 것이 꿈이었는데 이제 장자연을 이용하여 팔로워 76만 명이 넘는 SNS 스타가 됐다. (4) 윤지오는 장자연을 이용하여 후원계좌를 열어 돈을 벌고 있다. (5) 윤지오는 거짓 증언을 했으며 그의 진술은 신빙성이 없다. 이것들은, '윤지오가 친하지도 않았던 고인에 대한 거짓 증언을 이용하여 유명세와 돈을 버는 사기행각을 하고 있다'는 한 문장으로 요약할 수 있는 것으로 윤지오를 제2의 왕진진(전준주)으로 만들어 추락시키기 위한 포석이었다.

　세 번째 공세는『13번째 증언』의 북콘서트가 국회에서 열린 (2019년 4월 14일) 직후에 박훈-김대오-김수민 반윤지오 트리오로부터 가해져 왔다. 이들은 변호사, 기자, 작가라는 전문가 지위를 윤지오를 무너뜨리는 무기로 이용했다. 이들의 주장은 크게 보면 이미『뉴시스』에 의해 생산된 반윤지오 가이드라인을 자신들의 입지에서 확대재생산하는 내용이었다. 박훈은 2010년 유가족의 손해배상 청구 소송을 예로 들며 윤지오가 가해자의 편이지 장자연과 그 유가족의 편이 아니라고 주장했다. 김대오는 장자연 문건 "원본"에는 "리스트"가 없다고 주장했다. 김수민은 공적으로 알려진 윤지오는 자신이 사적으로 알고 있는 윤지오와는 다른 위선적 윤지오라고 주장했다. 이 주장들은 윤지오를 관종, 위선자, 거짓말쟁이로 만드는 것으로 수렴되었다. 실제로는 가해자 편이면서 장자연을 위하는 것처럼 연극을 하여 사적 실리를 챙기고 있다는 공세였다.

네 번째 공세는 가부장, 미디어, 전문가로부터 가해진 앞의 세 유형의 공세를 유튜브, SNS를 통해 다른 형태로 무한 재생산할 뿐만 아니라 그것을 언어폭력과 결합해 윤지오의 인스타그램과 라이브방송에 퍼붓는 극/우 세력들의 연합적이고 집중적인 디지털 테러 공세로 나타났다. 이것은 justicewithus와 같은 디지털 저격수, 무수한 댓글로 공격하는 디지털 소총부대, 심지어 윤지오 지지자인 것처럼 행세하면서 은밀히 공격을 퍼붓는 이른바 '지능안티' 등을 포함하는 다방면의 조직적 공세였다. 이것들은 한결같이 윤지오를 여자-왕진진으로 만드는 것에 집중되었다.

이 떼몰이 공세에 사용되는 언어들은, 곰곰이 살펴보면, 어떤 근거도 없는 거짓말, 지어낸 소문, 모욕 등이다. 하지만 그것들이 사실의 편린들과 결합하여 폭발성 있는 디지털 화약으로 기능함으로써 이 공세는 지배계급이 필요로 하는 낡은 감정 질서 및 인지 프레임을 선동적으로 재생산하면서 반성폭력 공통장을 해체하고 권력장의 영토를 넓혀 나가는 역할을 했다. 이 언어 화약들은 사실의 편린들과 낡은 도덕 감정, 그리고 가짜뉴스를 마구 버무려 만들어 낸 폭발물이었는데, 이것들이 기술적으로 조직되고 반복적으로 사용되면 여론에 실질적인 영향을 미친다는 것이 재확인됐다. 그것의 효과는 미투-위드유 운동 이후에 윤지오의 증언에 의해 성장하고 있던 반성폭력 공통장이 균열되어 그 일부가 권력장에 재포섭되는 것이었다. 이것은 장자연 사건을 다루는 과거사진상조사단 내부의 갈등으로도 나타났다. 어떤 언론은 이것을 "국론 분열"이라고 표현하기도 했다.

예술인간-예술체제의 특이점과 그 동선

반발 공세로 나타난 권력장의 이러한 재포섭 전략에 대항하는 투쟁들은 어떠했는가? 권력장의 수복을 위한 반윤지오 공세가 개시된 후 그 전에 윤지오의 증언 행동을 지지하고 뒷받침했던 언론들과 인사들의 상당 부분은 방어를 하기보다 뒤로 물러나 관망하는 태도를 취했다. 그 결과 윤지오에 대한 최종적인 법률적·정치적 조력은 윤지오를 증언자로 부른 정부 쪽이 아니라 비정부조직인 〈정의연대〉로부터 나오게 되었다. 또 윤지오 증언의 힘을 살려내고 지키는 투쟁은 제도권의 도움을 거의 받지 못하는 상태에서 거의 전적으로 비제도 영역의 성폭력 공통장 다중으로부터 주어져야 했다. 이 투쟁은, (1) 반발 세력들의 주장의 허구성에 대한 사실 검증 투쟁, (2) 반성폭력 공통장의 특이점인 윤지오를 지키기 위한 투쟁, (3) 장자연 사건 재수사와 특검 요구 투쟁, 그리고 (4) 윤지오의 자기방어 투쟁 등을 포함하는 것이었다.

반발세력의 주장들의 허구성에 대한 사실검증 투쟁은 그 주장들이 근거 없는 풍문이나 사실에 대한 편협한 해석과 오판, 혹은 과잉된 비난 욕구 등에 의해 조작된 것들임을 비판하는 것으로 나타났다. 반발세력의 주장들은 특히 "장자연 리스트가 없었다"는 주장에 집중되었다. 이것은, 장자연의 죽음이 개인적 문제이거나 기껏해야 소속 기획사의 문제이지 성폭력 권력체제나 권력자들의 문제가 아니라고 강조하여 그 체제와 가해권력자들을 방어하는 효과를 낳는다. 따라서 이 주장에 대한 사실검증 투쟁은 장자연 리스트가 실재했음을 확인하는 투쟁으로 나타났다. 이민석 변호사와 JTBC 이호진·임지수 기자 등의 노력은 이 문제를 다룸에 있어 중요한 역할을 했다. SBS 〈그것이 알고 싶다〉에서 방송된 장자연의 녹취육성도 장자연 리스트가 실재할 가능성이 높다는 방향에서 조사를 수행할 수 있는 중요한 동력을 제공했다. 이처럼 장자연이 "힘센 사람들"로부터 받는 압력을 육성으로 표현한 것, 윤지오가 유장호와의 통화내용을 녹취하여 검찰에 제출한 녹취록에서 명단과 목록이 거론된 점, 2009~10년 사이의 수사와 재판 과정에서 이루어진 진술서(유장호, 윤지오, 장자연 오빠)에 "조심해야 할 사람들"의 명단이 있었음이 진술된 점 등이 장자연 리스트의 실재성을 증거하는 물질적 근거로 사용될 수 있었다.

윤지오 지키기 투쟁은 반윤지오 반발 공세를 성폭력 체제의 자기방어와 재생산을 위한 마녀사냥으로 규정하고 그러한 탈근대적 마녀사냥 공세에 대한 방어를 수행하는 한편, 마녀사냥에 의해 입게 된 윤지오의 심리적·정신적 상처를 정서적·인지적 유대를 통해 치유할 수 있도록 도움을 주는 것, 그리고 윤지오가 청원한 증인보호법에 동의 서명하고 증인보호법 제정을 촉구하는 1인 시위에 참여하는 것 등으로 나타났다.

장자연 사건 재수사와 특검 요구 투쟁은 〈정의연대〉와 〈녹색당〉 등에 의해 수행되었다. 이들 시민단체와 원외 정당은 지난 10년간의 수사가 부실 수사로 드러났고 『조선일보』 등에 의한 수사 방해 외압이 실재했던 만큼 철저한 재수사가 요구되며 이를 위해서는, 이미 장자연 사건에 연루된 기존 검찰이 아니라 특검이 필요하다고 주장했다.

무엇보다도 중요한 것은 윤지오의 자기방어 투쟁이었다. 윤지오는 2019년 4월 24일 반발 공세가 폭발하던 시점에 캐나다로 돌아간 후, 인스타그램 포스팅과 라이브방송을 중심으로 방어 투쟁을 전개했다. 이것은 배우 지망 신인 예술가였던 윤지오가 증언자 윤지오를 거쳐 예술인간 윤지오로 변모하는 계기를 제공했다. 이것은 성폭력 체제가 자신을 관종으로 이미지화하려는 시도에 맞서 자신을 예술인간으로 내세우고 예술인간 공통장을 구축하려는 시도였기 때문이다. 그 시도들은 다음과 같은 요소들을 포함한다.

첫째는 권력장과 그 파수꾼 및 십자군들을 향한 것으로 이들의 인신공격 마녀사냥과 디지털 테러의 범죄성을 고발하는 것이었다(선처 없는 처벌).

둘째는 거짓말쟁이, 사기꾼이라는 공세에 대해 증언자로서 자신의 존엄함과 떳떳함을 주장하는 것이었다(나는 증언자일 뿐이다).

셋째는 누구나의 특이성과 존엄성(당신들은 놀랄 만한 존재이다. 스스로 자신을 믿는 존재는 자신의 존재를 타인에게 증명하려고 애쓸 필요가 없다)을 주장하고, 연합한 특이자들의 힘(시민의 힘)을 강조하는 것이었다.

넷째는 요리·식사·잡담 등과 같은 생활시간을 투쟁과 연합의 시간으로 만드는 것이었다(라이브방송).

다섯째는 투쟁을 음악, 만화, 일러스트, 시, 에세이 등의 예술형식들과 결합하는 것이었다(인스타그램 포스팅).

여섯째는 투쟁을 유머와 결합하는 것이었다.

일곱째, 이러한 예술인간적 투쟁 속에서 윤지오는 증인보호법의 필요성을 지속해서 역설했고 증인 보호를 위한 비영리단체 〈지상의 빛〉의 구상을 구체화했다.

이 투쟁 속에서 윤지오는 고펀드미의 펀딩을 해제하여 펀더들에게 모두 되돌려줌으로써 박훈의 사기죄 고발을 무력화시키고, 후원금을 착복했다는 비난에 대해 사적 사용이 없었다고 반박하고, 디지털 댓글 테러에 대한 처벌을 통해 받을 벌금을 〈지상의 빛〉 후원금으로 돌리겠다고 말하고, 자신의 증언을 뒷받침하는 다양한 기사·에세이·자료들을 지지자들과 공유하여 장자연 리스트가 없었다는 친권력적 담론의 영향력을 차단하고, 라이브방송을 통해 시민들과의 정서적 교감을 지속하고, 좋아하는 음악의 공유를 통해 취향 공통장을 확대해 나갔다. 또 과거사진상조사단의 행보나 발표 등 장자연 사건 조사 관련 발언들에 대한 자신의 입장을 피력하여 지지자들과 공유하는 것도 중요한 예술인간적 실천이었다. 가족을 욕되게 한다는 비판에 맞서 그는 가부장제 전통이 말하는 혈연적·제도적 가족이 아니라 오직 현실에서 삶을 함께 나누는 특이자들의 모임assemblage만이 우리 시대에 필요한 가족일 수 있다는 새로운 가족 형상을 제시함으로써 전통적 가족주의의 후진성과 억압성을 고발했다. 또 고인을 욕되게 한다는 비난에 맞서 그는, 살아생전에 장자연을 알지도 못했고 고인이 된 장자연의 진실규명을 위해 삶의 단 한 조각도 나누지 않은 자격 없는 자들이 장자연을 수탈한 권력자들에게 고인을 다시 갖다 바칠 목적으로 '고인을 이용하지 말라!'는 자가당착적 구호를 이용하고 있다고 맞섰다.

자신을 관종으로 왜곡하고 사기꾼으로 범죄화하려는 성폭력 체제와 가해의 권력장에 대항하는 이 자기방어 투쟁의 과정 속에서 윤지오는 권력장의 영토를 해체하여 공통화하는 투쟁의 예술인간 특이점으로, 삶예술의 비전문가 배우/행위자actor로 나타난다. 아이러니하게도 역사에서 공통장을 가시화하고 지키고 확장해온 것은 지금까지 권력이 폭도(광주의 항쟁 시민들), 허위사실 유포자(미네르바), 허언증 환자(홍가혜) 등으로 불러, 죽이고 가두고 고립시켰던 사람들의 예술인간적 행동들이었다. 윤지오의 이 예술인간 증언 행동도 이러한 역사적 비운을 피할 수 없을 것인가? 아니면 이 역사적 비운을 비스듬히 비껴가는 동선을, 사선斜線의 도주로를 열 수 있을 것인가?

2장

공통장 다중과 영리함의 문제

영리한 다중 : 윤지오의 경우

윤지오가 "영리하게" 해보려고 했던 것

"당당하게"의 교활성과 "영리하게"의 진실성

덧글 1 : 윤지오의 "영리하게"와 관련하여
1987년 서울구치소의 봄에 대해 생각한다

덧글 2 : 신자유주의 이행 이후 진실 범죄화 방식의 변화양상 ―
〈민중미학연구회〉와 〈지상의 빛〉의 비교

장자연 사건에서 국정원의 역할이라는 수수께끼

영리한 다중

윤지오의 경우

　『참여 군중』[1]이라는 한국어 제목으로 번역되어 나온 하워드 라인골드의 유명한 책의 원제목은 *Smart Mobs*다. 직역하면 "영리한 군중".『다중』[2]의 저자 빠올로 비르노는 포스트모던 시대에 새로이 출현한 주체성을 "다중"Multitudes이라 불렀고 안토니오 네그리와 마이클 하트는 다중의 특징으로 'swarm intelligence'를 꼽았다. 이 용어를 나는『다중』[3]에서 "떼 지성"으로 번역했던 것으로 기억한다. 뒤집으면 지성 떼인데 이는 영리한 군중이라는 말과 상통한다. 나는『절대민주주의』[4]에서 다중이 직접민주주의적 자기 조직력을 바탕으로 대의민주주의 기제들을 영리하게 섭정함으로써 민주주의를 절대화할 섭정주체라고 주장했다. 떼 지성, 절대 민주주의적 다중, 영리한 군중 등의 용어들

1. 하워드 라인골드,『참여 군중』, 이운경 옮김, 황금가지, 2003.
2. 빠올로 비르노,『다중』, 김상운 옮김, 갈무리, 2004.
3. 안토니오 네그리·마이클 하트,『다중』, 조정환·정남영·서창현 옮김, 세종서적, 2008.
4. 조정환,『절대민주주의』, 갈무리, 2017.

은 21세기 세계사회에서 움직이는 주체성의 주요한 변화와 특질을 인식하는 데 도움을 준다. 이런 의미의 변화를 집약하는 것으로 우리 사회에 널리 알려진 용어는 아마도 피에르 레비의 책 제목에서 비롯된 "집단지성"일 것이다.[5]

하워드 라인골드는 영리한 군중이 네 가지 특징을 갖는다고 말한다. (1) 오프라인에서 적극적으로 활동한다. (2) 정치 사회 경제 등 각 분야의 주요 이슈에 관한 토론에 적극적으로 참여한다. (3) 신기술을 통제하거나 독점하려는 시도에 반대하면서 신기술을 적극적으로 이용한다. (4) 확고한 윤리관과 예의를 바탕으로 네트워킹한다. 영리한 다중은 똘똘 뭉쳐 있는 공동집단(전통적 공동체)과는 달리, 느슨하고 또 이질적으로 살아가면서도 특정한 계기에 떼를 이루며, 그 이질적 삶들 사이의 공통장을 구성할 수 있는 지성적이고 정동적인 능력을 발휘한다. 우리는 21세기 대한민국에서 간헐적으로 반복된 촛불봉기들과 그것의 역량에서 떼 지성, 섭정 다중, 영리한 군중의 실례實例를 목도하고 또 체험했다.

영리함이라는 단어와의 관련 속에서 인터넷을 통해 한국 사회(와 아마도 세계사회)에 널리 퍼진 몇 장의 카톡 캡처 이미지가 있다. 이 이미지들 속의 글귀에서 나는 윤지오와 김수민이 주고받은 다음과 같은 말들에 주목하고자 한다. 그것이 더 나은 삶을 향한 개혁의 충동과 그것에 대한 반동 사이의 갈등을 매

---

5. 피에르 레비, 『집단지성』, 권수경 옮김, 문학과지성사, 2002.

우 일상적인 구어들 속에서 예민하게 보여주기 때문이다.

윤지오 : 난 책도 책이지만 그후 내 행보가 더 중요하고 할 수
있는 일들이 많다고 판단되서, … 하지만 분명히 이슈는 되니
까/그 이슈를 이용해서 영리하게/그 동안 못했던 것들을 해
보려고/그래서 출판하는 거고.
김수민 : 니가 니욕심이 없다고 장자연만을/위해서라고 니 모
든 걸 걸고 말할 수 있어??/사람이 가식이 느껴지는 건 어쩔
수가 없더라.
윤지오 : 언니? 말 앞뒤 자르고 그렇게 인식하는 것 아니예요.
저는[언니는 – 인용자] 누굴 위해 단 한 번이라도 증언하신적 있
나요?
김수민 : 가식이나 그만 떨어라/못봐주겠다
윤지오 : 위에 말한 것은 그 이슈를 이용해서 영리하게 그간 못
했던 말을 한다고 했고 그러고 있어요…글 캡처해서 올리면 누
가 옳고 그런지 평가받을 수 있겠네요
김수민 : 어린 것이 영악하네

김수민이 맥락으로부터 잘라와 인용한 카톡 문구의 전체
맥락은 이러하다. 길지만 매우 중요한 대목이므로 필요한 부분
을 모두 다시 인용해 보자.
첫째는 '사기꾼'의 영리함을 표상하는 말로 악명 높아진 윤
지오의 말 "영리하게"라는 말이 당시에는 화기애애한 협력의 분

위기 속에서 등장하는 맥락이다. 이 말이 어떤 의미로 사용되는
지 주의하면서 읽어보자.

회원님[6] : 아 언니 / 출판 계약금은 따로없는거야? / 인세만 퍼센
테이지 나누는거야? / 나머지 부수적인 미디어는 책관련만 배
분하는거구?

김작가님 : 계약금있어 / 근데 얼마안될거야 / 아직 계약서안썼
지? / 계약금은 백만원도안될거야

회원님 : 아 / 응 아직안썼어 /

김작가님 : 계약서쓰고나면계약금줄거야 / 그리고 인세보다는
다른것들은더잘따져봐야할거야

회원님 : 계약금에대한것도 명시해야하니까 / 웅웅 / 고마워 언
니 / 다른거? / 행사나 인터뷰?

김작가님 : 다른 부수입적인것들 홍보비용에관한것들도 잘 따
져봐야할거야

회원님 : 아 웅 / 근데 홍보는 솔직히 자동으로 될거라 / 내가 고
생하는부분이고 ㅜㅜ / 나는 걱정이 / 매체인터뷰나 추후에 그
런 미디어노출건은 / 나한테 어차피 들어오는건데 책출판을 안
한다해도 / 굳이 나눌필요가 ㅜ

김작가님 : 계약서항목에그런게다있을거야

회원님 : 웅웅 / 수정할건 수정하고하려구

---

6. 이하의 대화에서 '회원님'은 윤지오, '김작가님'은 김수민이다.

김작가님 : 유투브활동이나 강연 공연 티비방송출연등등

회원님 : 어차피 체류비며 경비 주는것도아니고 / 응, IPTV나 언론은 내가 다 가져가려고 / 강연 공연도 조율해보고

김작가님 : 출판사에서 서점 매대를사서

회원님 : 퍼센테이지분배도

김작가님 : 니 책을홍보해주는거니까 / 각 지역 어느서점에 얼만큼 어느기간동안

회원님 : 응응

김작가님 : 매대를사는지가중요한거지 / 거기에 니책이깔리는거니까

회원님 : 그정도 능력이 있으실려나 / 모르겠네 / 교보문고가서 한번 직접봐보려구

김작가님 : 처음에바싹 물탔다가 금방식어버리는경우많아

회원님 : 응 / 난 책도 책이지만 / 그후 내 행보가 더 중요하고 할 수 있는 일들이 많다고 판단되서

김작가님 : 응

회원님 : 지금 만나고다니는 다른사람들도 그렇고

김작가님 : 응

회원님 : 책은 그냥 출판자체에 의미를 두는거라 / 많이 안팔려도 나는 별로 감흥이 없을거같아 / 많이팔려도 그렇고

김작가님 : 응 책 판매가 그렇게중요한게아니라면 큰 신경안써도될거야

회원님 : 하지만 분명한건 이슈는되니까 / 그 이슈를 이용해서

영리하게 / 그동안 못했던 것들을 해보려고 / 그래서 출판하는
거고 / 응응

김작가님 : 그래 너가 알아서잘할거라믿어

회원님 : 아녀 ㅜ / 그냥 하는거지 뭐

김작가님 : 이제 첫걸음하는건데뭘

회원님 : 어차피 인생이 계획한바대로 되는것도아니고

김작가님 : 뭐든다해봐야지

회원님 : ㅋㅋㅋ기대치가 애초에없어 / 후음

김작가님 : 다 잘될거야 걱정하지마

회원님 : 고마우여

둘째는 두 사람 사이에 갈등이 발생하여 언쟁을 하면서 "영
리하게"가 "영악함"으로 해석되는 대목이다.

김작가님 : 고생했어 지오야

회원님 : 고마워 언니

김작가님 : 책 온라인판매시작한거야? / 8시뉴스 인터뷰한거봤
어 한국나오자마자 계속 인터뷰하고다니느라 진짜지겠다

회원님 : http://www1.president.go.kr/petitions/553263 / 글 올
려주면 많은 도움이될거같아 / 근데 서명해도 나 귀굴일정7은
이달이고 / 종료일은 다음초라

---

7. 원문대로. '귀국일정'의 오기로 보인다.

김작가님 : 너는 언니 연락을 두번이나 계속 씹더니 니할말만 딱 하러 나한테 톡 보내니?? 그리고 글에 페미 저격글을 그대로 올렸던데 너 나보라고 쓴 글이야?? 너는 니가 필요하고 뭔가 궁금할땐 신나게 연락하더니 너 다른 사람한테도 이런식으로 연락하니?? 니할말만 딱 내뱉어?? 내가 너 부탁들어주고 모른거있음 알켜주고 그런 사람이야? 나한테 글 올려주란 부탁을 참 쉽게도한다 너 ㅎㅎ 일 잘봐라

회원님 : 언니 말을 좀 너무 쉽게하시네요. 언니가 유일하게 글 올려주신분이고 다른분들은 단 한명도 없었습니다.

저는 잠한숨 못잔체 인터뷰 7개를 했고요. 언니야 말로 제 신상을 올리기도전에 제 얼굴을 올리시고 응원글을 올리겠다고 하셨었고 이번에 제 동의도 없이 글이 아닌 함께 찍은 사진도 올리셨는데 기분이 내키지 않았지만 아무말하지 않았습니다. 말씀 그렇게 함부로 하시는거 아닙니다. / 절 전혀 배려하시지 않음을 잘 알게되었고요. 지금 제가 처한 상황을 한번이라도 생각하셨더러면 저런 말씀은 안하셨으리라 생각됩니다.

김작가님 : 그리고 너가 10년동안 계속 숨어지냈다고 말하는거 좀 웃기지않니 너랑 나랑 나눈 대화들이 있는데 책 홍보도 좋다지만 너 나한테 장자연이랑 그렇게 깊이 친하지는않았다고 말했는데 그냥 너가 어려서 널 애기야라고 불렀다고 넌 위약금 내고 나간후에는 모른다고 말하더니 너 방송에서나 인터뷰에서나하는말들보니 좀 가식이 많이느껴지더라너 그리고 니 신상을 올리기도전에 니 얼굴을 올렸다고 이미 너 인스타 프로필

네이버에 다 떠있는거 보고올린거다 내가 사진밑에쓴말은 안읽었니? 그리고 방송은 니욕심에서 하는거아냐?? 솔직해져라

회원님 : 절 생각하는 지인들은 함부로 연락조차하기 어려워하고 상황이 정리될때 연락을 달라고합니다. 언니가 변호사의 도움을 필요하다고 말씀한 순간에 제가 어떤상황이었는지 알고도 계셨고 제 상황도 버거웠지만 도움드렸고요

김작가님 : 니가 니욕심없다고 장자연만을 위해서라고 니모든걸걸고 말할수 있어?? 사람이 가식이느껴지는건 어쩔수가없더라 일보고가라 그리고 니 사진은 지울란다

회원님 : 언니? 말 앞뒤 자르고 그렇게 인식하시는거 아니에요. 저는 [언니는 – 인용자] 누굴 위해 단한번이라도 증언하신적있나요? 법적인 공방과 지난 사건으로 언니가 함부러 말하는 바람에 언니는 스트레스 많이 받고 함구했고 저는 그런 경솔한 행동에도 도우려했습니다 / 제발 지워주세요

김작가님 : ㅎㅎㅎ / 가식이나그만떨어라 / 못봐주겠다 / 너랑나랑 지금껏 나눴던대화들 톡 공개하면 볼만하겠네ㅎㅎ죽은사람가지고 니 홍보에 그만 이용해라

회원님 : 위에 말한것은 그 이슈를 이용해서 영리하게 그간 못했던 말을 한다고 했도 그러고 있어요

김작가님 : ㅎㅎㅎ

회원님 : 죄송한데 똑바로사세요

김작가님 : 너나~

회원님 : 당당하신가본데 글 켑쳐해서 올리면 누가 올고 그런지

평가받을 수 있겠네요

김작가님 : 어린것이 영악하네 / 응 / 당당해 / 올려줄게

회원님 : 네 켑쳐했고 차단할게요. 언니로 인해서 페미니스트에 대한 인식이 변질되네요

김작가님 : 오냐 / 언니랑 말다툼한건 잊어버리고 너 볼일들 다 잘보고 갈때도 좋은 기분으로 들어가 이런저런거 신경쓰지말고 앞으로 너랑 연락할일도 얼굴볼일도 없겠지만 그래도 내가 너보다 나이 더먹고 너를 더 이해해줘야하는게 도리가맞는거니까 언니가 못난언니라 생각해. 사람은 끝이 좋아야하는데 너도 나도 역시나 이렇게 되는구나.. 그래도 이젠 얼굴이 많이 알려져서 신변보호에는 걱정안해도될거야 밤늦게 돌아다니지말고 너가 하는일들 별탈없이 잘 마무리되길 바란다. 아프지말고 잘 지내

이 대화의 일부가 김수민에 의해 메신저에 대한 공격의 형태로 선별되어 공개되면서, 그리고 그것이 가로세로연구소(김용호), 김대오, 박훈의 주장과 연합하면서 윤지오의 증언 행보 전체를 의심하도록 만드는 효과를 가져왔다. 이미 왕진진 사태를 겪은 바 있었던 탓에 "또 사기!"라는 이들의 고발에 대한 한국 사회의 반발심리는 더욱 컸던 것으로 보인다. 지금까지 촛불＋미투＋윤지오 연합의 공통지성과 공통정동의 힘에 밀려 어쩔 수 없이 윤지오에 대한 비판적 지지나 중립으로 이끌려 왔던 제도언론의 상당 부분이 빠르게 반윤지오 진영으로 돌아섰고

네트 다중의 일부도 심각하게 동요하면서 반윤지오로 돌아서기도 했다. 윤지오를 중심으로 구축되었던 다중의 자율적 공통장의 큰 부분이 와해되고 그 밀도가 낮아진 것이다. 그 자리를 대중의 상호불신에 기초한 권력장이 점령했다. 이 무렵 장자연 리스트의 실재 가능성, 유장호의 성폭력 진술 등에 대한 JTBC 보도, SBS 〈그것이 알고 싶다〉에서 협박당하는 장자연의 육성 공개, 과거사진상조사단의 윤지오 진술 가치 인정 등에 의해 일정하게 다중의 진실규명 공통장이 만회되었지만, 제도언론에서는 역량의 비대칭이 심각하게 나타났다.

이미 말했지만 권력장과 공통장은 질적으로 다르다. 공통장이 이질적 다중들의 네트워킹·연합·연대·공통되기에 기초한다면, 권력장은 다중을 사적이고 공적인 방식을 통해 상호 불신하게 하는 것에 기초한다. 제도언론이 윤지오에 대한 불신을 퍼뜨리는 속도가 빠르고 강도가 높을수록 다중 내부의 상호불신은 커지고, 그 불신의 깊이만큼 다중의 자율성은 약화하여 다중이 복종적 국민으로, 반ㄨ예술인간적 군중으로 전화되었다

이 과정에서 권력과 제도언론이 효과적인 무기로 훔쳐 사용한 것이 바로 윤지오의 저 "영리하게"라는 말의 왜곡이었다. 제도언론에 앞서 김수민이 그것을 계산적 "영악함"으로 굴절시켰고 윤지오의 증언 실천을 "가식"의 프레임 속에 집어넣었다. 그 프레임은 "네가 네 욕심 없이 오직 장자연만을 위해서 증언한다고 모든 걸 걸고 말할 수 있어?"라는 식으로 나타났다. 순수주의, 순결주의를 척도로 내세우고 '당신은 순수하지 못하다, 순

결하지 못하다'고 선동하는 순수주의적 혐오 프레임이었다. '증언자는 순결해야 한다. 증언자의 실천은 희생과 헌신이어야 한다. 순수한 자만이 증언할 수 있다'는 프레임.

이 순수주의＝순결주의는 남성이 여성을 착취하기 위해 여성에게, 자본이 노동을 착취하기 위해 노동자들에게 씌워온 굴레이면서 동시에 그 착취를 비판하고 그것에 대항해온 운동들이 스스로 내면화해 온 거울 이미지다. 국민이 영웅을 기대하고 민중이 지도자를 기대할 때 그 국민과 민중은 그 영웅과 지도자에게서 순수를 기대하는 만큼 오히려 자기 자신이 순수하고 가진 것 없는 가난한 백성이 되어버린다. 이것이 근대의 과정이다. 탈근대화의 과정에서 국민/민중과는 다른 다중이 출현하지만, 그것은 민중의 자기 전화이며 그 마음 깊은 곳에 근대적 백성의 습성은 유전자처럼 여전히 살아 숨 쉬고 있다.

이 순수/순결주의의 정동은 영리함을 견디지 못한다. 이것은 다중이 자율 공통장을 구축하고 그것을 기초로 새로운 질의 군주, 섭정 군주로 되는 것을 가로막는 낡은 유습이다. 이 순결주의 유산과 순수성의 정동을 자극하면서 김수민은 윤지오의 영리함이 돈벌이의 영악함이라고 단정한다. 출판도, 경호도, 비영리단체 구성도, 그리고 증언도 오직 돈을 영리하게 버는 방법이라는 초상화가 그것이다. 윤지오도 별수 없는 돈벌이 인간(호모에코노미쿠스)이라는 고발이 사회 전체에 퍼져갔다. 이로써 "영리하게 전에 못 했던 일을 해보려 한" 윤지오의 계획에 금이 가기 시작했다.

물론 윤지오는 "인생이 계획대로 되는 것"이 아님을 잘 알고 있다. 그렇다면 우리는 영리하게 계획을 세우는 일을 중지해야 할까? 우리의 사업계획을 포기해야 할까? 그리하여 자신은 호모에코노미쿠스이면서 타자에게 순수한 신神인간 즉 호모데우스일 것을 요구하는 근대인의 자기 모순, 자기 분열을 반복하며 살아야 할까? 한 인격 내부에서 호모데우스와 호모에코노미쿠스의 분열은 바로 권력장의 구조(통치-피치, 전위-대중, 왕-신민, 신-인간 등등)를 반영한다.

권력장의 구조, 그 구조적 폭력 기제에서 벗어나려면 어떻게 해야 할까? 이 질문 속에서 다시 한번 윤지오의 계획을 참조해보자. 이 참조 속에서 호모에코노미쿠스도 호모데우스도 그 양자 사이에서의 어떤 내적 분열도 아닌 어떤 영리함을 찾아보자. 김수민과 박훈은 "윤지오의 영리smartness는 영악이고 가식이며 사기다"라면서 윤지오의 영리함을 호모에쿠노미쿠스의 영악함으로 환원한다. 나는 윤지오의 영리함에 대한 이러한 경제주의적 환원이 두 사람에게서는 책략이라기보다 체질에, 기술이라기보다 세계관에 더 가깝지 않을까 생각해 본다. 그것은 새로운 인간으로 나아가려는 충동에 대한 자기 분열적 반동이며 우리 내부의 낡은 것의 강력한 복귀(백래쉬)로 보이기 때문이다. 그것이 생산하는 것은 우리 자신에 대한 불신, 우리의 무력함에 대한 고백, 권력에의 종속의 불가피성에 대한 무의식적 승인, 권력은 무혐의하다(혐의 없다)는 사법적 인정의 인격적 반복이지 않은가?

이 상황에서 우리가 윤지오의 영리함에 대한 김수민-박훈식의 왜곡을 피하면서 그것에 다르게 접근해보는 것이 가능할까? 그것은 우선 윤지오의 그 영리한 계획, 지금까지 못 해왔지만 『13번째 증언』을 계기로 해보고자 하는 일/사업이 무엇이었는지를 돈벌이라는 경제주의적 시야 속에서 단순화하지 않고 오늘날의 포스트모던 주체 상황 속에서 있는 그대로 직시하는 데서 시작하는 것이 좋을 것으로 보인다.

윤지오가 "영리하게" 해보려고 했던 것

가부장주의 성폭력 체제는 자본주의와 거의 동의어다. 양자는 자연·여성·노동을, 요컨대 다양한 유형의 공통장들을 강탈하는 체제이기 때문이다. 장자연을 죽음에 이르게 한 사건에서 이 체제의 수익 행위자들, 즉 가해자들이 지금[1] 가장 원하고 있는 것은 무엇일까? 일차적으로 대검 과거사진상조사단을 무력화하고 법무부 검찰 과거사위원회가 이 사건에 대한 재수사를 결정하지 않도록 만드는 것일 것이다. 나는 지금 과거사진상조사단 내부의 갈등을 이 맥락에서 이해한다. 가해자들의 이 욕망에 맞서 재수사의 동력을 비축하려면 무엇이 필요할까? 여러 가지가 필요하지만, 가장 긴급한 것은 윤지오가 "영리하게 해보려던 것"이 무엇인지를 이해하는 것이라고 생각한다.

1. 윤지오의 촛불-기업심entrepreneurship

---

1. 시점은 2019년 5월 초이다.

우선 장자연 사건 재조사가 왜, 어떻게 시작되었는지에 대한 이해가 필요하다. 그리고 여기에 두 가지 흐름이 겹쳐 있음을 이해하는 것이 중요하다.

하나의 흐름은 2016년 촛불혁명과 그것을 잇는 흐름이다. 촛불혁명은 대통령이었던 박근혜를 비롯한 행정·입법·사법 전반의 대의기관들이 국민-다중들이 위임한 것과는 동떨어진 관료 중심적 측근inner-circle 정치를 함으로써 대의 책임을 배반하는 것에 대한 주권자들의 봉기였다. 이것은 반성폭력 미투 운동과 재벌개혁 운동으로 이어졌다. 장자연 사건 재조사는 반성폭력 미투 운동이 없이는 시작되기 어려웠을 것이다. 이 조사의 가장 중요한 증언자인 윤지오가 『13번째 증언』 17장 「미투 운동」과 18장 「청와대 국민청원」에서 장자연 사건 재조사 국민청원을 미투 운동의 흐름 속에 위치 짓고 자신이 증언에 임할 용기를 "민중의 힘"에서 얻었다고 쓰고 있는 것은 중요한 의미가 있다. 여기에 그 대목을 옮겨보자.

사전조사 대상에 포함되어 있었다고 해서 재수사가 보장되는 것은 아니었다. 한 언론은 재수사 결정이 녹록지만은 않은 상황임을 관계자의 입을 빌어 전했다. 검찰 내부에서 재수사 가능성은 작다고 생각한다는 것이었다. … 리스트를 작성한 장자연이 사망한 데다 리스트도 온전히 확보하지 못했고 공소시효가 대부분 지나버렸기 때문이라고 했다. … 하지만 국민청원에서 이미 증명된 민중의 힘을 거스를 수는 없었던 것 같다. 전 국민이 그 이름을 알 정도로 떠들썩한 '장자연 사건'은 그만큼 재수사의 염원이 담긴 사건이었고 검찰은 재수사에 착수할 수밖에 없는 외통수에 몰린 것 같았다.[2]

국민청원, 민중의 힘, 전 국민의 재수사 염원 등이 촛불혁명의 정동이고 행동이다. 재조사 그리고 재수사는 이 미투로 이어진 촛불혁명의 새로운 흐름을 빼놓고는 결코 이해할 수 없다.

또 하나의 흐름은 촛불혁명의 흐름과 연관되어 있으면서도 그것과는 구별되는 촛불정부의 정책이다. 촛불혁명이 자치적 권력조직을 꾸려 직접 장자연 사건을 재수사하고 책임자를 처벌하지 않는 한에서 그것은 대의 구조의 메커니즘을 따라 진행되게 된다. 문재인 정부는 촛불정부를 자임하고 있지만, 촛불다중이 촛불정부와 동일한 것은 결코 아니다. 대의제 속에서 문재인 정부는 대의정당의 하나인 민주당이 지배하는 정부이다. 그 정부의 정책은 (모든 체제가 그렇듯이) 아래로부터의 촛불의 열망과 요구를 일면에서 수용하지만, 다른 일면에서 그것을 통제하고 통치 질서 속에서 순화시킨다. 검찰 과거사위원회는 행정부에 속하는 법무부의 검찰에서 전개되는 것이고 촛불다중의 직접민주주의적 관여가 불가능하다. 이것은 검찰 과거사위원회가 계속 촛불다중의 눈치를 볼 수밖에 없으면서도 제도 속에서는 여야 정파 투쟁의 맥락에서 굴절될 수밖에 없는 정치적 조건에

---

2. 같은 책, 231쪽.

놓여 있음을 의미한다.

그러므로 아래로부터 촛불혁명의 흐름(공통장)과 위로부터 촛불정부의 흐름(권력장)을 구별한 후 이 두 장 사이의 관계를 이해하는 것은 중요하다. 박훈은 장자연 사건 재조사의 이 두 흐름 중에서 전자의 흐름을 보지 못한다. 그는 후자의 맥락, 즉 제도 내 권력투쟁에서만 재조사를 이해한다. 시야의 이 협소함으로 인해 그는 윤지오가 문재인 정권이 휘두르는 방망이에 지나지 않는다고 해석한다. 안민석(국회), 손석희(텔레비전), 김어준(유튜브), 김영희(과거사진상조사단)에게 정치적으로 이용당하는 희생물이라고 생각하는 것이다. 권력장에서 자율적인 윤지오의 공통장적 위치를 이해할 수 없기 때문에 박훈은 윤지오를 권력의 꼭두각시로 이해한다. 그리고 그 꼭두각시가 꼭두각시답지 않은 어떤 내실을 보여줄 때 아무런 거리낌 없이 그것을 사기라고 단정해 버린다. 그것은 박훈의 시각이 가진 여러 약점이 중첩되어서 나타나는 사각死角 현상이라고 볼 수 있다. 그중 하나는 여성을 간사[3]한 존재로 보는 누천년 된 가부장적 남성주의의 시선이다. 또 하나는 스스로 "사회주의자"라 자처하면서도 대중의 아래로부터 힘을 보지 못하는 제도권력 중심의 관점이다.

박훈의 생각과 달리 윤지오는 (자신이 의식하고 있건 아니

---

3. 奸詐 : 간 자가 계집 女변으로 되어 있듯이 이 말 자체가 어원적으로 '사기'는 여성(女)의 것이라는 의미를 함축한다.

건 상관없이) 박훈보다도 더 뚜렷한 자율성의 관점과 태도, 그리고 성정을 보여준다. 그것을 우리는 그의 증언에서 분명하게 확인할 수 있다.

첫째는 사법권력으로부터의 독자성이다. 윤지오의 당시 증언이 남긴 가장 큰 효과는 검경의 수사가 부실하고 법원의 판결이 부당하다는 인식을, 즉 재조사와 재수사의 여지와 가능성을 남긴 것이다. 10년 전인 2009년 3월 15일의 진술과 2010년 6월 25일의 그의 진술은 장자연의 죽음에 포함된 사회적 내용을 축소하고 적절한 선에서 마무리 짓고자 하는 경찰과 검찰에 맞서 윤지오가 수행한 자생적이고 독자적인 투쟁을 표현한다. 오직 그만이 문건과 별개의 리스트의 존재와 그 형식, 그리고 그 내용의 기억나는 일부를 일관되게 증언했다. 유장호와 장자연의 오빠도 리스트의 존재를 초기에 증언했고 그 내용의 일부도 진술했지만, 시간이 흐를수록 그 진술을 흐리거나 부인했다. 한 가지 분명한 것은 가장 기억이 선명하고 오염되지 않았던 시간인 초기 수사에서 리스트의 존재와 그 형식 및 부분 내용에 관한 세 사람의 진술이 공통된다는 것이다. 그럼에도 불구하고 그 리스트에 관한 수사를 전혀 하지 않고[4] 경찰과 검찰이 오직 네 장짜리 언론공개 문건만을 대상으로 수사를 마친 것은 『조선일보』 방 씨 일가에 대한 수사를 부실하게 한 것과 결합하여 장자연 사건 전체가 부실하게 수사되고 또 판결되었다는 인식을

---

4. 이것이 그 유명한 '덮어주기' 수법이다.

대중적 상식으로 남겨 두었다. 이것은 검경과 사법부에 대한 윤지오의 투쟁이 갖는 독자성의 효과이다. 이 독자성은 윤지오가 경찰, 검찰, 법원에 대한 불신을 여러 차례 표현하는 것에서도 나타난다. 그것들은 윤지오의 시각에서 볼 때 사건의 진실을 파악하는 데에는 진지한 관심을 갖지 않는 기관들로 보였기 때문이다.

둘째는 언론권력으로부터의 독자성이다. 윤지오는 증언 과정에서 자신의 발언이 선정주의적으로 왜곡되거나 핵심이 누락되는 누차의 과정을 경험했다. 이를 통해 그는 언론이 진실을 알리고 국민의 알 권리를 충족시키는 기관이 아니라 오히려 사람들을 선동하고 무지하게 만드는 기관이라는 것을 알 수 있었다. 그가 얼굴을 공개하기로 결심한 이후 제도언론에만 의지하지 않고 이 사건에 관한 유튜브, 인스타그램 라이브방송 등 독자적 언론 행동을 시작한 것은 제도언론에 대한 이 불신과 무관하지 않을 것이다. 그가 2019년 3월 4일 이후 약 한 달 반에 걸친 한국 체류 과정에서 『뉴시스』, 『머니투데이』, YTN 등 여러 언론과 끊임없이 부딪히고 그들에게 "똑바로 보도하세요", "그러니까 기레기라 불리지"라고 거침없이 이야기할 수 있었던 것은 그의 증언투쟁 과정에서 언론에 대해 느꼈던 실망, 좌절감, 적대감의 적나라한 표출로 이해해야 할 것이다.

셋째가 가장 중요하다. 이러한 경험적 앎을 토대로 윤지오는 자신의 고유한 증언 투쟁의 장을 확보하고자 했다. 그는 장자연 사건의 진실이 검경이나 사법부에 의해 규명될 수 있다고 보지 않았다. 과거사진상조사단이 지금까지의 검경 조사와는 달라질 수 있음에 일정한 기대를 걸고 있지만 그것마저 확신할 수 있는 것은 아니라고, 즉 "흐지부지될 수 있다"고 보았다. 이 때문에 그는 이 불확실성을 고려한 독자적 증언 투쟁 공간과 그 경로를 확보해 두고자 했다. 생존 방송, 출판, 인터뷰, 증언자 보호에 대한 국민청원, 증인보호법 국민청원, 증언자 목격자 피해자를 지원하는 비영리단체 구성, 기자회견, 대중강연 등이 그것이다. 증언 투쟁의 확산과 성공을 위해서는 진실을 필요로 하는 사람들의 독자적 자기 조직화와 직접행동, 그리고 수많은 다중과의 직접적 만남이 필요하다는 인식을 갖게 되었다. 이런 인식에 따른 실명 행동은 윤지오가 많은 사람에게 지도자로 느껴지도록 만들었다. 윤지오가 캐나다로 돌아간 이후에도 어떤 사람은 "한국으로 돌아와 우리가 힘을 낼 수 있게 우리를 이끌어달라"는 댓글을 달기도 했다. 나는 이것이, 대개의 사람이 권력장의 사건 축소와 은폐 기획에 휘둘리고 영합하는 순간에도 윤지오가 그 권력으로부터의 독자성을 잃지 않고 싸우는 것에 대한 자연스러운 반응이었다고 생각한다.

2. 그릇된 해석들

김대오와 김수민은 물론이고 박훈도, 윤지오가 가진 그 촛불-에너지를 읽을 수 있는 감각이나 안목, 그리고 무엇보다 그러한 마음을 갖고 있지 못했다. 젠더 감수성gender sensitivity만큼

이나 공통장 감수성commons sensitivity이 부족했다. 이들은 윤지오의 투쟁을 정파 투쟁의 프레임 속에서 해석하거나 사적 경쟁심 혹은 출세욕이라는 맥락 속에서 해석했다. 윤지오가 "지금까지 못 했으나 이제 영리하게 해보려는 것", 그것은 직접적으로 조직된 다중의 경제적·정치적 힘으로 진실 증언의 공통장을 구축하고 그것의 힘으로 제도 대의기관들을 통제하여 그 기관들이 조금이라도 더 진실에 접근하도록 압박하려는 실천 사업이었다.

이 진실증언의 공통장은 생명의 소중함을 증언하는 것이며 네크로폴리틱스necropolitics(죽음 정치) 권력으로부터 생명을 지키는 안전의 장이다. 윤지오는 라이브방송과 자비 경호를 기본으로 대의기관이 증언자를 보호하도록 압박하는 국민청원 운동을 전개했다. 김용호는 물론이고 김수민, 김대오, 박훈은 이것을 위험-쇼로 해석함으로써 결과적으로는 스스로가 권력으로부터 보호받고 있는 존재임을 고백했다.

진실증언은 조사나 수사기관을 통해서만 할 수 있는 것이 아니라 대중에게 직접 할 수 있다는 것, 아니 그래야만 한다는 것이 윤지오가 10년의 증언 경험을 통해 얻은 깨달음이다. 『13번째 증언』의 출판은 대중에게 사건을 직접 보고하는 수기이자 보고문학 작품으로서 강력한 힘을 발휘했다. 『13번째 증언』을 읽은 사람들은 윤지오에 대한 온갖 마타도어matador의 광풍에도 불구하고 흔들리지 않을 수 있었다. 그것은 윤지오의 최후 보루로 기능했다. 그것은 그 어떤 단편적 가짜뉴스도 흔들 수 없는 체계적이고 일관된 진실 진술의 진지였기 때문이다. 김수민, 김대오, 박훈은 책 『13번째 증언』을 돈벌이의 도구로밖에 보지 못한다. 그렇기 때문에 이들은 "이 책이 어떻든 이슈가 될 것이고 그 책이 얼마나 팔리든 상관없이 그것을 바탕으로 영리하게 지금까지 못 해본 것을 해보려 한다"는 윤지오의 촛불-기업심을 이해할 수 없다.

인터뷰는 육성으로 진실을 증언할 수 있는 강력한 수단이다. 그것은 체계성과 일관성의 차원에서 증언에 무게를 주는 책과는 달리 목소리, 표정, 호흡, 제스처, 눈빛, 눈물과 함께 말의 힘을 발휘할 수 있는 수단이다. 이 증언 투쟁은 의상, 헤어, 분위기, 컬러 등을 총동원하는 진실의 공연일 때 가장 효과적이다. 이것을 아는 것이 영리함이다. 김수민·김대오·박훈은 진실증언이 무엇인지를 이해하지 못하고 증언의 경험도 없기 때문에, 그리고 이 진실의 공연을 이해할 수 없기 때문에, 윤지오가 외모만을 중시한다거나 장자연보다 자신을 돋보이게 하려는 허영심에 사로잡혀 있다고 독해한다. "당신은 타인을 위해 한 번이라도 증언해 봤나요?"라는 윤지오의 외침은 이들에게 마이동풍馬耳東風이 되고 만다. 증언자 후원단체(〈지상의 빛〉) 구성이 이들에게 돈을 긁어모을 사기 수법으로밖에 보이지 않는 것은 이때문이다. 이런 사람들의 눈에 증인보호법이 필요하거나 의미가 있을 수 있겠는가?

이런 감각과 시야 속에서 박훈은 해외기금모금(고펀드미)을 사기로 고소했다. 나는 이것이 박훈의 자칭 "전승全勝의 이력을 누추하게 만드는 결정적 패착이 되리라 생각한다. 모금은 돈을 모으는 것이기도 하지만 동시에, 생각을 모으고 마음을 모으고 궁극적으로는 힘을 모으는 실천적 과정이다. 돈을 내는 사람들은 그 실천의 구체적 행위자가 된다. 모금이 의지의 결집과 진실의 조직화에 중요한 수단이 되는 것은 이 때문이다. 이것은 증여를 통해 아래로부터 연대의 공통장을 구축하는 행동이다. 박훈이 기금 모금을 사기로 보는 것은 그가 윤지오의 장자연 사건 증언 투쟁에 동의하지 않는다는 것을 의미한다. 또 이것은, 그가 촛불 국민과 세계 시민이 원하는 반성폭력 성평등 투쟁에 동의하지 않는다는 것을 의미한다. 그러므로 윤지오에 대한 그의 사기 고발은 반성폭력 공통장 구성을 위한 이 집단적 노력에 대한 반대를 천명하는 정치적 의사 표현 외의 다른 것이 아니다.

"당당하게"의 교활성과 "영리하게"의 진실성

　박훈은 2019년 4월 20일 페이스북에 윤지오에게 "님이 열어 놓은 모든 계좌를 닫고 다음 주 내로 출국하고, 다시는 장자연 언니 사건을 언급하지 않겠다고 약속하면 불문에 부치겠습니다"라고 썼다. 후원계좌를 무기로 한 출국 협박이다. 여기에는 장자연 사건에 대한 증언권을 박탈하겠다는 의지가 분명히 표명되어 있다. "장자연 언니 사건을 언급하지 않겠다고 약속하라"는 요구가 그것이다.

　다른 목격자들이 증언을 회피함으로 인해 유일한 증언자가 된 그 증언자로부터 증언의 권리를 박탈한다면 누가 장자연 사건을 증언할 것인가? 장자연 문건을 본 적도 없고 장자연 사건을 이제 막 연구하기 시작하며 사건의 본질을 "윤지오 사건"이라고 명명하는 박훈인가? 수사기관만이 아니라 법정에서도 자신은 장자연 문건 전체를 "본 적이 없다"고 진술한 후 10년이 지나 갑자기 "자기가 본" 문건에 리스트는 없었다고 말하는 거짓말쟁이 김대오인가? 윤지오를 통해 장자연 사건을 알게 된 깜깜이 김수민인가? 장자연과 함께 문건을 작성했지만, 문건을 임의로 유통함으로써 장자연을 죽음으로 몰고 가는 데 한몫을 한 것으로 보이는 호야의 대표 유장호인가? 장자연을 폭행하고 착취하면서 권력자들의 먹잇감으로 장자연을 내놓았던 더콘텐츠의 대표 김종승인가? "나는 아무것도 모릅니다"의 이○숙인가? 봉은사에서 문건과 리스트를 꺼내오고 불태웠던 그 국정원 직원인가? 병원에서 유장호를 감시하던 그 국정원 직원인가?

누군가에 의해 증거들이 빼돌려져 사실들이 스스로 말할 수 없도록 구멍이 난 상태에서 윤지오 외에 대체 누가 증언하여 장자연 죽음의 진실을 밝힐 것인가? 박훈은 자신이 "진실을 밝히겠다"고 공언하고 있지만, 그 진실이 장자연 사건의 진실일 수 없다는 것은 너무나 분명하다.

윤지오가 박훈의 이 요구에 대해 "헛소리하는 변호사"라는 말로 일언지하에 거절하자 박훈은 으르렁거리며 2019년 4월 23일 김수민을 대리하여 윤지오를 명예훼손과 모욕으로 고소하고, 이어 고펀드미Gofundme로 본인이 직접 윤지오를 사기 혐의로 고발한다. 그는 진실증언의 시간을 사법의 시간으로 뒤덮어 문질러 버렸다. 증언자를 범죄자로 만들기, 그리하여 유일한 증언자를 증언 자격 없는 자로 만들어 역사 무대로부터 끌어내리고 영원히 퇴장시키기, 이것이 사법 기술자 박훈의 역사적 역할이었다.

이 역할을 위해 그가 사용한 방법이 무엇이었는가? 2019년 4월 23일에 그는 윤지오에 대한 출국 금지 요청을 하고 윤지오가 캐나다로 떠난 4월 24일에는 다음과 같은 글을 올린다.

[윤지오 출국에 대한 입장]

… 제가 이런 점을 우려하여 출국 금지 요청을 하였던 것인데 사건이 성숙되지 못하다 보니 고소한 것만으로는 출국 금지할 수 없다는 경찰의 입장을 충분히 이해합니다. 그러나 윤지오에 대한 법적 대응은 계속할 것이며 윤지오에게 후원금을 입금했던 여러분들이 윤지오에 대한 사기 고소에 동참하겠다고 하여 작업을 하고 있습니다. … 윤지오 씨는 캐나다로 출국하였지만, 경찰 소환 통보에는 당당하게 응하기 바랍니다.[1]

이제 나는 말할 수 있다. "사건의 성숙", 그것은 부단한 고소·고발을 통한 증언자 흠집 내기와 기자회견을 통한 여론조작, 그리고 SNS 등을 통한 집요한 마녀사냥이다. 이것은 우리들의 사회적 뇌腦와 눈을 마비시키고 혼을 교란해 사물들을 거꾸로 보이게 만드는 환등상phantasmagoria 놀이다. 법적 대응, 그것은 법 올가미에 마녀를 포획하고 화형 터로 끌고 가는 가학성 놀이다. 그런데 바다 멀리 캐나다로 몸을 옮긴 그 마녀가 순순히 올가미를 받아들이지 않으면 어떻게 할 것인가?

방법을 찾지 못한 박훈은 마지막 문장에서 여론도 법도 아닌 도덕적 호소에 의지한다. "당당하게" 경찰소환 통보에 응하기 바란다는 호소가 그것이다. 그것은 무엇을 의미하는가? 총을

---

1. 박훈, 「윤지오 출국에 대한 입장」, 〈페이스북〉, 2019년 4월 24일 수정, 2020년 2월 21일 접속, http://bit.ly/37QtMOu.

겨누는 사냥꾼이 표적인 사슴에게 숲으로 숨지 말고 "당당하게" 나오라고 소리칠 때의 그 "당당하게!"다. 사법의 부족한 힘을 도덕적 기만술로 보충하여 기필코 윤지오를 포획하고야 말겠다는 적의가 표현되는 교활한 방법이다.

박훈의 이 도덕적 호소는 박훈의 사법적 앵무새가 된 김 작가의 인스타그램에서 "당당하게 한국으로 돌아와 구속되라!"는 도덕(당당함) + 사법(구속)의 짬뽕 스타일로 변형되더니, 각종 벌레 무리의 디지털 합창으로 변용되어 고발이라는 이름으로 증언자를 성적으로 학대하는 디지털 성폭력 산업의 일환으로 편입되었다.

이 산업이 바로 "가슴 까고 춤출 시간은 있고…"(윤지오 이모부)의 저 "가슴 까고"의 포르노그래피 시선, 여성을 관음 산업의 생산수단으로 보는 시선을 낳는 공장이다. 이것은 justicewithus가 하얀 종이에 하얀 글씨로 썼기 때문에 실제로는 보이지 않는 글귀, 'sexually violent'의 시선이다. 이들의 정의는 SVJ(Sexually Violent Justice), 성폭력적 정의이다.

이런 시선 앞에서 "당당하게"의 도덕심이란 사나운 포획자들에게 잡혀 날로 뜯어 먹히는 순진한 희생犧牲양의 도덕심 이상이 결코 아니다. 그러므로 우리에게는 마키아벨리가 군주에게 요청했던 두 가지 덕이 필요하다. 사자의 심장과 여우의 두뇌, 용맹함과 영리함이 그것이다. 나는 노태우 정권의 추적을 피해 도피한 후 3당 합당으로 등장한 보수 김영삼 정부 내내 숨어 살고 1997년 전후 최초의 노동자 총파업의 위력 덕분에 등장한 김대중 정부 2년째에 수배에서 풀려날 수 있었다. 나는 당당하게 나타나 조사받으라는 도덕적 당당함의 호소, 그 기만술에 귀 기울이지 않았다. 진실을 자유롭게 하는 것, 우리를 실제로 당당하게 만드는 것은 아래로부터 다중의 봉기와 항쟁, 그리고 혁명뿐이다. 도덕을 포획의 기술로 사용하는 교활한 사법적 사냥꾼들과 성폭력 체제의 파수꾼들에게는 재난일 수 있겠지만 말이다.

윤지오의 "영리하게"와 관련하여 1987년 서울구치소의 봄에 대해 생각한다

안기부에서 서울구치소로 넘어오니 지옥에서 천국으로 건너온 느낌이었다. 안기부보다 구치소는 혹독하게 추웠지만, 고문과 취조가 없었기 때문이다. 여전히 고통스러운 것은 좁은 독방의 천장에 밤새 켜져 있는 형광등이었다. 간수들이 각 방을 밤에도 감시하기 위해 켜놓은 그 형광등은 안기부에서의 밤샘조사처럼 잠을 방해했다. 구치소에서의 하루는 군사훈련을 받던 사관후보생 시절처럼 점호로 시작하여 점호로 끝났다. 큰 식당에서 집단 배식을 받는 대신에 좁은 식구 통으로 개인 배식을 받는 것, 그리고 군사훈련 대신 강제로 정좌를 하고 앉아 있거나 폭이 채 일 미터가 되지 않아 앉은 자세에서 무릎 끝이 앞 벽면에 닿고 등이 면에 닿는, 비좁디 비좁은 밀폐공간에 감금된 채 몇 시간을 기다렸다가 검찰 조사를 받고 돌아오는 것 등이 차이였다. 그 좁은 공간에서 기다리는 것의 지루함을 견딜 수 없어 벽면에 "군사독재 타도하자!"고 손톱으로 쓰고 〈그날이 오면〉, 〈솔아 솔아 푸르른 솔아〉 등의 노래를 반복해 부르며 그 시간을 견뎌야 했다.

　얼마 뒤부터 구치소 안이 조금씩 술렁이기 시작했다. 지금 생각해보면 박종철이 고문을 당하다가 죽었다는 소식이 면회 온 사람을 통해 소 내에 전해졌던 것으로 보인다. 그러나 서울구치소 10사⌂하 각 방 재소자들의 소통은 금지되어 있었기 때문에 정확한 상황을 파악할 수 없었다. 뒤에 알게 된 것이지만 박종철은 1987년 1월 14일 치안본부에서 물고문으로 죽었다. CA(Constituent Assembly, 제헌의회 그룹) 조직원의 은신처를 대라는 요구를 거부하던 중이었다. 돌아보면 그날에 나도 남산 안기부에서 고문 수사를 받고 있던 중이었다.

　교도관들의 태도가 위압적인 것에서 관리적인 것으로 다소 부드러워진다고 느끼던 어느 날, 젊은 대학생이었던 〈구학련〉(구국학생연맹)의 은재형이 저 멀리 끝 방에서 소리를 지르며 투쟁을 시작했다. 옷이 찢어졌으니 바느질을 할 수 있게 바늘과 실을 달라는 요구였던 것으로 기억된다. 교도관들이 몰려가 독방 문을 따고 소리를 지르는 은재형을 구타하며 진압한 것에 대한 항의가 1987년 초 서울구치소 재소자 인권투쟁의 시작이었다. 항의가 거세지면서 여기저기서 세수 시간을 늘려라, 신문을 읽을 수 있게 하라 등 재소자 인권 보장을 요구하는 목소리가 들리기 시작했다. 각방에 강제로 정좌하고 앉아 있던 사람들이 갑자기 한꺼번에 일어서서 감시구 창살에 얼굴을 내밀기 시작했다. 내 정면 방에 있던 김성식의 얼굴을 감시구 창살 사이로 뚜렷이 볼 수 있었다. 다른 방에 있는 사람들의 얼굴은 비스듬히만 볼 수 있거나 아예 볼 수 없었지만 정말 가슴 벅찬 순간이었다. 안기부에서 신체적으로 고통받고 심리적으로 짓눌린 후 구치소에 와서도 위축되어 한동안 펼 수 없었던 기氣가 확 펴지는 느낌이었다. 1987년 봄, 31세의 나에게는 이 순간이 생의 전환점이었다. 스피노자의 용어로는 슬픔에서 기쁨으로의 전환이었다. 몸은 갇혀 있었지만, 다시 자신감이 생기고 힘이 솟았다.

우리는 누구랄 것 없이 빗자루로 감시구의 창살을 두들기거나 긁어 소음을 일으켰다. 10사하 전체가 드르륵드르륵하고 쾅쾅거리는 소리로 진동했다. 사방에서 구호가 들려왔다. 이 소요를 진압하러 중앙복도로 교도관들이 떼 지어 몰려들었지만, 그들은 벌써 엄청난 소음투쟁에 위축되어 주춤거렸다. 그럼에도 불구하고 직분 때문에 마지못해 중앙복도로 들어온 간부급 교도관들에게 우리들은 사식으로 받은 계란을 던졌다. 서울구치소의 하얀 회벽들에 계란 노른자위가 터져 여기저기 누렇게 흘러내렸다. 날계란 세례 앞에 두려움을 느낀 교도관들은 황급히 중앙복도 문을 잠그고 바깥으로 도망쳤다. 모두가 아직은 여전히 독방에 갇혀 있었지만, 10사하 사동이 반은 점거된 것이나 다름없었다.

다음 날부터 우리는 점호를 거부했고 식사를 마친 후에는 통방 투쟁을 시작했다. 단절되어 있는 각 방 재소자들이 몇 방 몇 번 식의 번호존재에서 이름을 가진 인간으로, 투사로 나타나기 시작한 것이다. 우리는 각자 저 멀리 끝 방까지 들리게 큰 소리로 돌려가며 자기소개를 했다. 이름이 무엇인지, 어떤 사건으로 구속되었는지, 구속 전에는 무얼 했는지 등등에 대해 말했다. 〈민중미학연구회〉 관련자로는 나와 정남영이 그 사동에 있었고 〈구학련〉 핵심 활동가들, 그리고 CA 활동가들도 있었다. 김성식과 김찬도 CA 중앙위원이거나 간부였다. 그러니까 대략 반은 NL, 반은 PD인 셈이었다. 정치적 경향과 전망은 달라도 재소자 인권투쟁에서는 하나였다.

당시는 소내에서 신문도 텔레비전도 볼 수 없었기 때문에 재소자는 사회로부터 신체적으로뿐만 아니라 정보적으로도 완전히 격리되어 있었다. 반입되는 책들에는 검열 딱지가 붙어 있었고 편지들은 교도관들이 가위로 위를 잘라 내용물을 본 후 통과되는 것만 우리에게 전달했다. 신문 구독 허락을 요구하는 동시에 우리는 면회 시간을 정보투쟁으로 조직하기 시작했다.

면회를 할 때 면회 온 사람에게 최대한 사회면, 정치면 소식을 물어 그 내용을 서로 공유하기로 결의한 것이다. 면회 오는 사람들도 이 질문에 답해야 하기 때문에 신문을 읽고 와야만 했다. "잘 지내냐? 먹을 것이 뭐가 필요하냐?"식의 형식적 면회 방식으로부터 "어떤 시위가 있었다. 어디에서 파업이 있었다. 어떤 사건이 벌어져 누가 구속되었다. 어떤 정당이 어떤 행동을 했다" 등을 공유하는 정치적 면회 시간으로 면회 시간의 내용이 바뀌었다. 면회 시간이 면회자들 서로의 학습 시간이 된 것이다.

연필도 종이도 사용할 수 없었기 때문에 갇힌 우리는 매직 보드[1]에 꼼꼼히 메모를 해 와서 통방 투쟁을 통해 큰 소리로 다른 사람들에게 그것을 읽어주었다. 면회를 통해 입수한 사회적 사건에 대한 정보를 공유함으로써 불충분하지만 바깥 사회의 투쟁과 호흡을 함께할 수 있었다. 이 정보투쟁 덕분에 우리는 4·3 호헌선언 이후 전두환 정부에 대한 투쟁이 고조되어 가는 것을 체감할 수 있었다. 그에 맞춰 재소자 인권투쟁도 더 활기를 띠었다. 정보투쟁은 정치토론으로 발전했다. 아침 식사 후 점심 식사까지, 점심 식사 후 저녁 식사까지 우리들은 수시로 정치토론을 했다. 때로는 마주한 방들끼리 국지 토론을 했고, 때로는 모든 방이 참가하는 전체토론을 했다.

투쟁은 소내 생활도 좀 더 자유롭게 만들었다. 세수 시간에는 한 사람 한 사람 차례로 세면대로 가서 세수를 하고 돌아와야 했는데 이제 그 시간도 길어졌고 교대하며 마주치는 동지들에게 목례도 하고 말도 건넬 수 있었다. 운동 시간도 더 길고 자유로워졌다. 담요를 터는 시간에는 두 사람이 잡고 털어야 하므로 다른 방 동지를 만날 수 있었는데 이때도 교도관이 옆에 있든 말든 좀 더 자유롭게 이야기할 수 있었다. 정서적 교감과 지적 교류를 통해 우리는 각방에 나눠 가둬진 분할된 존재로부터 함께 싸우는 지성적 집합존재로 변형되어 갔다. 점점 영리한 개인으로, 점점 공통적인 집합으로 발전해 간 것이다.

내게 무엇보다 소중했던 것은 각 방에 가두어진 사람들의 공소장을 읽을 수 있었던 것이다. 누구나가 재판 준비를 위해

---

1. 플라스틱 펜으로 쓰면 글자가 나타났다가 털면 사라지기 때문에 텍스트를 보관할 수는 없지만 반복해서 글자를 쓸 수 있다.

자신의 공소장을 갖고 있었지만, 인권투쟁 이전에는 방들 사이의 소통이 금지되어 있어 공소장 역시 유통될 수 없었다. 재소자 인권투쟁은 이 금지의 벽을 허물었다. 공소장을 앞방, 옆방으로 전달하는 일은 소지[2]가 도와주었다. 소지가 유단포[3]에 뜨거운 물을 채워주러 올 때나 편지를 전달하러 올 때, 우리는 "이것 XX방으로 전달해 줄래요?"라고 부탁한 후 감사의 표시로 과자 같은 것을 선물로 줬다.

나의 공소장은 앞부분에 으레 들어가는 구절, "반국가단체인 북한 괴뢰를 이롭게 하고 어쩌고 …"하는 부분을 빼면 거의 대부분이 언제, 누구와 무슨 책을 읽었고 그 내용은 이러하다는 식으로 맞줄표 다음에 책 내용이 한 줄 한 줄 요약된 독서노트 같은 공소장이었다. 기억나지는 않지만, 그 요약문 끝에는 아마도 "그래서 프롤레타리아 혁명으로 자본주의를 전복하고 어쩌고" 하는 구절들이 적혀 있었을 것이다.

그런데 내가 읽은 CA 중앙위원들의 공소장은 달랐다. 거기에는 독서 내용이 아니라 구체적 행동이 적혀 있었다. 몇 날 몇 시 어디에서 누구누구와 만나 무슨 이야기를 나누었다. 정보경찰을 따돌리기 위해 어떤 조치를 취했다. 모임이 발각되어 위험이 있을 때는 창가에 컵을 내놓아 위험신호를 알리며 그것을 본 사람은 모임에 참석하지 않고 피신하기로 한다. 레닌의 『무엇을

---

2. 같은 수감자지만 소내에서 노동을 하는 사람들로 국가보안법 위반자가 아닌 소위 '일반사범' 재소자들이 이 노동을 담당했다.
3. 플라스틱 보온물주머니.

할 것인가』와 『일보전진 이보후퇴』를 독서 내용으로 요약하는 것이 아니라 글귀 그대로 행동으로 옮기고 있었다.

차이는 사회적 적대성에 대한 지각방식에 놓여 있었다. 〈민중미학연구회〉의 나는 사회적 적대성을 이론적으로 인식하고 있었지만, 몸으로 그것을 느끼고 체화하지는 않았다. 학문 사상의 자유가 기본권으로 보장된다는 미신에 사로잡힌 채, 나는 엉겁결에 안기부 요원에게 붙들려 구속되고 범죄혐의를 쓰게 된 것이다. 당시 CA 조직원들은 그 적대성을 몸으로 느끼고 몸으로 체현하고 있었다. 나는 순진했지만(순수주의), 그들은 (비록 불철저했다 하더라도) 영리하게 움직이고 있었다.

나는 맑스주의가 연구건 실천이건 전두환 정권 아래에서 불법의 조건에 있다는 것을 확실하게 인식하는 영리함을 갖추는 것에서 시작되어야 한다는 것을 깨달았다. 노동자와 자본가는 서로 적대적 관계에 있다는 것을 머리로만 아니라 몸으로까지 인식하고 그 생각과 감각을 삶 속에 체현하고 있어야 한다는 깨우침. 학문과 사상의 자유에 따른 공부는 합헌적이므로 두려워하거나 회피적이어서는 안 된다는 생각은, 혹은 연구행위는 당당한 것이라는 생각은, 이윤을 위해서라면 지구 끝이라도 달려가며 이윤체제에 저항하는 것이라면 생각이건 행동이건 그 어느 것도 용납하지 않는 자본주의에서는 순진무구한 생각일 뿐이라는 깨우침.

우리는 우리 자신이 순수하다고 생각할 것이 아니라, 자본가계급이 음모와 술수를 통해 착취와 수탈을 수행한다는 사실에 기초하여 그에 적합하고 효과적인 대응행동을 해야 한다. 이를 위해서는 진실(당당함)을 기술(영리함)과 결합해야 한다. 승리하는 혁명을 위해서는 강령(진실성)만으로는 부족하고 전략과 전술(영리함)이 필요하다. 이것이 1987년 봄 서울구치소에서 공소장들에 대한 독서를 통해 얻은 교훈이었다. 이때 검찰이 작성한 각자의 공소장들은 나의 진정한 교과서였다.

이것은 내가 교회·학교·대학·대학원에서 목사·교사·교수로부터 배울 수 없었던 가르침이었고 친구·가족으로부터 얻을 수 없던 교훈이었다. 이런 의미에서 나는 1987년의 서울구치소가 나에게는 진정한 학교였고 그곳의 동지들이 나의 진정한 교사였다고 생각한다. 내가, 『노동해방문학』이 출간되면 수배될 것을 예상하고 예방적으로 집을 나와 은신했던 1989년 3월 7일부터 1999년 12월 말까지 10년 8개월의 장기 수배 기간을 견딜 수 있었던 것은 이때 얻었던 깨달음이 아니었으면 아마도 불가능했을 것이다.

신자유주의 이행 이후 진실 범죄화 방식의 변화 양상

〈민중미학연구회〉와 〈지상의 빛〉의 비교

진실을 범죄화하는 사회

장자연은 배우가 되려다가 30세가 채 되기도 전에 비통한 죽음을 맞이했다. 윤지오는 배우의 꿈을 안고 살았지만 30대 초에 그 장자연의 증언자로 나섰다가 거짓말쟁이, 사기꾼으로 내몰렸다. 동료 배우 두 사람 중 한 사람은 죽었고 한 사람은 범죄자가 될 위기에 처해 있는 것이다. 그런데 나도 정확히 30세에 처음으로 범죄자로 내몰렸다. 국가보안법 위반자, 반공 사회의 언어로 빨갱이가 된 것이다.

박사과정 수료를 앞두고 〈조선프롤레타리아 예술동맹〉(KAPF)과 임화를 주제로 한 학위논문 준비에 한창이던 1986년 12월 31일 오후 나는 봉천동 집으로 찾아온 건장한 체구의 세 사람에게 연행되었다. 안기부(전 중앙정보부, 현 국정원)에서 나왔는데 참고인 조사라면서 잠깐만 시간을 내 협조해 주면 좋겠다고 말해 그들의 승용차에 올라탔는데 어디쯤에서인가 옆 좌석의 요원이 갑자기 고개를 숙이라고 소리를 지르더니 손으로 뒷머리를 눌러 창밖을 보지 못하게 했다. 도착한 곳이 남산 안기부라는 것은 나중에 알게 되었다.

약간 어두운 지하 방이었다. 어디선가 비명소리가 들리고 있었다. 두려움으로 바짝 긴장한 상태의 나에게 옷을 갈아입으라고 했다. 군복 상·하의였는데 바지에 허리띠가 없었다. 바지가 계속 흘러내리기 때문에 일어서서 움직일 때는 허리춤을 두 손으로 움켜쥐어야 했다. 허리띠가 무기나 자해수단으로 될 수 있다는 이유였을지 모르나 실제로는 성적 수치심을 불러일으키고 무력감을 심화시키는 수단이었다고 생각된다.

약간의 심문이 진행된 후 구타가 시작되었다. 내가 들어오면서 들었던 그 비명을 내가 내지르게 되었다. 몽둥이질이 끝나고 나서 수사관들은 따뜻한 표정으로 달래듯이 말을 걸어왔다. 야식도 주었다. 냉탕과 온탕을 왔다 갔다 하면서 자존감을 무너뜨리는 방식이었다. 가장 괴로운 것은 밤샘 조사였다. 나는 한 사람인데 수사관들은 돌려가면서 수사했다. 졸면 "여기 자러 왔냐?!"면서 몽둥이질을 했다. 이러기를 20일. 나는 해를 넘겨 기억건대 1987년 1월 19일에 서울구치소로 이송되었다. 구속기소였다. 내가 왜 구속기소 되었을까?

대한민국에서는 공부가 유죄가 되듯 증언도 유죄가 된다.

대학 초년 시절에 나는 시를 쓰고 소설을 쓰고 문학에 관해 토론하면서 대부분의 시간을 보냈다. 학교는 어차피 군인들이 지키고 있었고 분위기가 살벌했기 때문에 가고 싶지 않았다. 두 번의 학사징계를 받고 퇴학당할 위기에 처하기도 했다. 「손」, 「이등변삼각형의 꼭짓점은 밑변을 시기한다」 등 초현실주의와 실존주의 경향의 작품을 쓰던 내가 사회문제를 주제로 습작을 한 첫 작품이 『율도국에서 생긴 일』이다. 대학 4학년 그러니까 1978년이었는데 홍길동의 이상도시의 모습을 그려보려 했던 것 같다. 이 무렵 나왔던 조세희의 『난장이가 쏘아올린 작은 공』 에 영향을 받은 작품으로 조세희가 메타포 방식으로 그린 노동도시 "은강"과는 다른 도시의 모습은 무엇일까를 상상을 통해 그려본 것이었다. 학사학위 논문으로는 일제강점기인 1930년대에 요절한 두 작가 이상과 김유정의 작품을 비교한 연구를 제출했다.

교사생활을 하면서 대학원에 다니던 첫해인 1979년 10월 26일에 박정희 정권이 부마항쟁과 김재규가 쏜 총에 붕괴했다. 서울의 봄에 이어졌던 1980년 5월 광주민중항쟁 전후에 나는 국문학, 영문학, 독문학을 공부하는 대학원생들의 비공개 모임에 합류했다. 헤겔, 루카치, 맑스의 독일어 원전을 강독하는 것이 주요한 학습 내용이었다. 독문학을 공부하면서 독일어 교육과 조교를 하고 있던 조만영이 독해를 이끌었고 모임 장소도 수업이 없는 주말 독일어교육과 조교실을 주로 사용했다. 독문학을 하는 사람으로 조만영 외에 정재경, 영문학을 하는 사람으로 정남영과 김명환, 미학을 하는 사람으로 이영욱, 국문학을 하는 사람으로는 김종철과 임규찬, 그리고 내가 포함되어 있었다.

독일어 원전강독을 통해 확보한 관점(지금 회상해보면 헤겔리언 맑스주의 관점이라고 부를 수 있을 것이다)을 기초로 이 모임에서 정치경제학, 제3세계론, 한국 근대사, 민중론, 민족문학론 등을 두루 공부하는 데 6년의 시간이 흘렀다. 이 기간 동안 나는 공군사관학교에서 생도들에게 한국어문학을 가르치면서 대방동과 신림동 사이를 왔다 갔다 하는 나름대로 열정적인 연구시간을 보냈다. 1985년경에 우리는 신림동에 독립연구실을 마련하고 우리를 〈민중미학연구회〉(민미연)로 부르기 시작했다. 28세의 나이에 대학 전임강사가 된 정남영 외에는 대부분이 대학에서 강사로 학생들을 가르치면서 독일어, 영어로 된 맑스주의 저작 번역을 사회실천이자 부업으로 삼고 있었다. 나는 이 무렵부터는 호서대 강사로 나가면서 게오르크 루카치의 책 『변혁기 러시아의 리얼리즘 문학』을 독일어에서 한국어로 번역했다. 조만영은 『역사와 계급의식』을 공역했고, 이영욱은 『역사소설론』을 번역했으며, 정남영과 김명환도 프레데릭 제임슨을 비롯한 영미권 주요 맑스주의 문헌들을 번역했다. 한국 사회 문예미학 담론에서 우리 나름의 독자적 경향성을 확보했다고 믿은 우리는 1986년에 〈민중미학연구회〉를 공개모임으로 전환하여 회원을 공개 모집하기 시작했다. 이를 통해 〈민중미학연구회〉는 신두원, 진중권 등 젊고 진취적인 신진연구자들이 모여서 미학의 민중적 재구성의 방향을 연구하는 활기찬 공간으로 발전했다.

그러니까 우리가 제도 대학원 밖에서 행한 것은 한국 사회

의 민중적 재구성에서 미학이 무엇을 할 수 있는가를 주제로
한 공부, 즉 진실탐구였다. 윤지오가, 장자연의 죽음 전후에 자신
이 어떤 일을 경험했는가에 대해 증언한 것이 전부였듯이, 나[우
리]의 경우는 어떻게 사회와 삶을 좋게 만들 수 있을까를 알기
위해 맑스주의 문헌을 공부한 것이 전부였다. 증언과 공부는 진
실을 규명하는 행위라는 점에서 공통된다. 그런데 나[우리]는 바
로 이것이 이유가 되어 범죄자로 만들어졌고 구속되었고 반년간
의 수감 생활을 해야 했다. 전두환 정권을 굴복시킨 1987년의 6
월 항쟁이 없었다면 수감 생활은 아마도 훨씬 더 길었을 것이다.

이 경험 덕분에 나는 대한민국에서는 증언이 유죄가 될 수 있
다는 것을 안다. 30여 년 전인 1980년대에는 나의 공부가 권위주
의적이고 반공적인 자본주의 권력에 의해 유죄로 낙인찍혔다. 이제
2010년대의 가부장주의적이고 성차별적인 자본주의 권력에 의해 윤
지오의 증언이 유죄로 낙인찍히고 있다.

〈민중미학연구회〉의 경우

서울구치소에 구속된 후에야 나는 내가 어떤 정치적 그물
에 먹잇감으로 걸렸는지 알 수 있었다. 안기부가 강철 김영환의
〈민족해방노동자당〉을 반국가단체로, 〈민중미학연구회〉를 대
학 강사들로 조직된 그 배후지도 세력으로 그린 기소 의견을 검
찰에 제출했던 것이다.

한국의 언론은 〈민족해방노동자당〉이 "김일성의 혁명이론

을 토대로 「민족해방 인민민주주의 혁명」 이론(NLPDR)을 정립하여 「강철 시리즈」 등 지하 유인물을 학원가와 노동계에 확산시켜 전방 입소 거부·부산 미문화원 점거·건대 점거 농성 등을 배후 조종해 온 '친북과 반미공산혁명 음모조직'"이라고 보도했다. 〈민중미학연구회〉는 졸지에 이 무시무시한(?) 성격의 조직을 배후지도한 이적단체로 만들어졌고 나는 그 이적단체를 구성한 주범(대표)으로 몰렸다.

〈민중미학연구회〉의 목적은 미학의 민중적 재구성이었지 북한이나 〈민족해방노동자당〉을 이롭게 하려는 것이 아니었다. 실제로 나는 〈민족해방노동자당〉이 존재하는지 않는지 당시에 전혀 알지 못했으며 지금도 그것이 실제 존재했던 조직인지 아닌지 알지 못한다. 그 존재를 알지도 못하는 조직을 우리가 어떻게 배후에서 지도하는가? 또 조금만 운동에 대한 상식을 가진 사람이라면 맑스주의를 공부하는 사람들(PD 경향)이 김일성주의 조직(NL 경향)을 지도할 수 있다는 생각을 갖지는 못할 것이다. 양자는 경쟁적인 노선이었기 때문이다. 상식을 벗어나는 억지 기소 의견이었다.

게다가 안기부 기소 의견에는 〈민중미학연구회〉가 〈민족해방노동자당〉에 105만 원(현재 화폐로는 2,000만 원 정도는 되지 않을까 싶다)을 지원했다는 혐의도 포함되어 있었다. 대표인 내가 모르게 어떻게 이런 거액이 지원되었다는 것인가? 그날 벌어 그날 먹고사는 대학원생과 강사들의 연구모임이 회비를 모아 이런 거액을 마련하는 것이 가능하기는 한가? 게다가 안기부 수사 과정에서 내게는 이러한 내용에 대해 일언반구 묻지조차 않았다. 안기부는 우리들의 조직에 그들이 필요로 하는 목적을 기입하고 우리들의 행동을 날조했다. 무엇을 위해서였을까? 이제 알 수 있지만 그것은 1986년 말 전두환 군사정권이 간선제 헌법을 계속 유지하기 위한 1987년 4월 13일 "호헌선언"을 앞두고 이에 저항할 것으로 예상되는 운동권 세력의 뿌리를 뽑아 간선제 호헌과 장기집권을 위한 사전정지 작업을 해 두려는 것이었다.

〈지상의 빛〉의 경우

지금 윤지오를 기소하라고 의견을 내놓는 사람들이 비영리 단체 〈지상의 빛〉의 증언자 보호라는 목적을 지우고 돈벌이를 위해서라는 목적을 기입하고, "국민들을 기망하여 최소 1억 5천만 원 이상을 갈취했다"는 확인되지 않은 정보를 윤지오의 행동으로 여론 조작하는 것은 내가 30여 년 전에 겪은 것과 본질적으로는 동일한 과정이다. 조작과 음해이기 때문이다. 나는 이러한 목적 조작과 행동 조작의 동기가 증언, 즉 진실말하기의 억압을 통해 진실을 은폐하고 자본주의적 성폭력 체제를 지속해서 재생산하는 것에 있다고 본다. 성폭력 체제는 가족 제도와 국가 제도를 기초로 수십 세기 지속하여왔고 오늘날 기업, 교회, 군대, 정당, 학교 등에 널리 뿌리박고 있는 일종의 물질적 헌법 material constitution이고 구체제ancien régime다. 이런 의미에서 윤지오 마녀사냥의 목적도 낡은 헌법을 지키는 것, 즉 일종의 호헌에 있다고 볼 수 있다.

두 경우의 차이와 그 사회정치적 의미

그런데 두 가지 점이 다르다.

하나는 사건을 조작하는 방법과 방향의 차이다. 학술조직인 〈민중미학연구회〉는 이적利敵 정치조직으로 조작되었음에 반해 비영리단체인 〈지상의 빛〉은 사기를 위한 유령조직으로 조작된다. 앞의 경우는 빨갱이라는 이름으로 정치사상범을 만드는 테크놀로지고 후자는 사기꾼이라는 이름으로 경제적 파렴치범을 만드는 테크놀로지다. 한국을 포함한 전 세계의 신자유주의화 과정과 더불어 범죄조작의 경제화가 뚜렷한 경향으로 나타나고 있는 것이다. 한국의 경우 노동운동 탄압의 주요 무기가 집시법을 이용한 정치적 탄압이었다가 1990년대 중반 이후 손해배상 청구를 중심으로 하는 경제적 탄압으로 바뀐 것이 대표적 사례이다.

또 하나는 사건을 조작하는 주체의 차이다. 이 점은 조금 자세히 살펴봐야 한다. 〈민중미학연구회〉의 이적단체 조작은 명백히 일방적으로 안기부가 전면에 나서 수행하는 정보공작이었다. 주체는 중앙집중화되어 있었고 권력 집중적이었으며 단독적이었다. 그것이 중앙 국가권력의 소행이라는 것은 누구나의 눈에도 확연히 보이는 것이었다. 전두환의 장기집권 구상의 실패는 이러한 중앙집권적 방식의 한계를 보여주는 것이었다.

그런데 1987년 항쟁 이후 한국 사회에서도 시민사회의 뚜렷한 성장이 있었다. 1990년대에는 디지털 테크놀로지에 기초한 가상공간과 디지털 시민사회도 크게 성장했다. 이 변화의 흐름 속에서 1999년 1월 21일 국가안전기획부(안기부)도 국가정보원(국정원)으로 개조되었다. 국정원은 점점 단독으로 정보공작을 할 수 없게 되고 시민사회와 협력해야 했다. 정보공작의 민영화라고 부를 수 있는 과정이 전개되었다. 이것은 사회운동의 탈집중화, 탈정당화, 시민화, 다중화 과정에 대응하기 위한 것이기도 했다.

그 결과 사회적 갈등은 점점 국가 대 시민의 투쟁이 아니라 시민 대 시민의 투쟁, 즉 내전civil war의 성격을 갖기 시작했다. 여전히 중앙집권주의는 살아 있었지만, 그것의 위치와 성격이 바뀌었다. 중앙집권적 국가기관이 전면에 나서 공작하는 것이 아니라 경향을 달리하는 시민들 사이의 전쟁의 배후에서 그 전쟁에 특정한 방향으로 은밀하게 영향을 미치고 그 전쟁의 결과를 정치적으로 수렴하고 종합하는 기관으로서의 성격을 띠어 갔다. 2008년 촛불봉기 당시 사람들은 '아고라'에서 정보기관을 위해 일하는 거대 규모의 알바들이 있는 것으로 보인다고 판단했는데 그것은 이명박-원세훈 국정원의 댓글 조작 사건을 통해 확인되었다. 지금은 권력으로부터 대가를 받고 일하는 사람들(알바)보다 낡은 시민사회 구조(현재의 장자연-윤지오 쟁점에서는 가부장적 성폭력 체제)를 지키기 위해 자발적으로 나서고 있는 정보 의용병들(이른바 '벌레')이 댓글 흐름을 주도하고 있는 것으로 보인다. 즉 정보 전쟁info war에서 수구 세력은 정규군(다양한 권력기구의 기관원), 비정규군(알바), 의용병(벌레)의 세 구성 부분을 갖고 있고 세 번째 의용병의 자발적 움직임이 더 위협적이라는 것이다. 물론 우리는 이 세 부분들이 의식적·무의식적으로, 가시적·비가시적으로 협동하는 구조를 놓치지는 말아야 할 것이다.

〈민중미학연구회〉에 대한 이적단체 조작이 하향적(위에서 아래로) 구도로 진행되었음에 반해 윤지오와 〈지상의 빛〉에 대한 사기꾼–사기단체 조작은 벌레에서 시작하여 알바, 정규군으로 향하는 상향적(아래로부터 위로) 구도로 진행되고 있는 것으로 보인다. 〈민중민학연구회〉가 장기집권을 획책하는 군사정권의 먹잇감이 되었다면, 윤지오를 사기꾼으로 만들어 권력의 먹잇감으로 던져주려 하는 것은 성폭력 체제를 지지하는 시민사회 구성원들 자신이다. 여기에는 비제도 다중지성multitude intelligence의 등장이 자신의 지성 지위를 위협할지 모른다는 불안감을 가지는 변호사·기자·작가·교수 등의 전문가들, 신자유주의 경제 위기에 불안감을 느끼면서 가족에서 최후의 피난처를 찾는 소시민들, 그리고 비정규직화와 실업 등 신자유주의가 만들어낸 삶의 재난 속에서 미투 등 아래로부터 여성 권력의 대두에 불안을 느끼면서 여성과의 연대를 통해 신자유주의적 자본주의를 극복하는 공통장 촛불혁명의 길이 아니라 인종차별과 여성차별을 통해 성폭력적 기득권을 내려놓지 않으려는 남성들

등 복잡한 요소들이 포함된다.

성찰과 선택의 시간

이제 장자연 사건을 넘어 거대한 사회적 쟁점이 된 윤지오 논쟁 속에서 우리는 어떤 선택을 할 것인가? 어떤 세계, 어떤 삶을 그려나갈 것인가? 윤지오를 사기꾼으로 만들고 장자연의 절규를 묻어버리면서 차별과 폭력을 통해 성폭력 체제를 유지하는 삶을 만들어나갈 것인가? 아니면 장자연의 절규와 윤지오의 증언을 소중히 받아 안으면서 성폭력 가해자들을 단죄하고 남성과 여성, 정규직과 비정규직, 노동자와 소시민, 전문가와 다중이 서로 협력하여 공통장을 다듬어 내는 민주공화적인 삶을 만들어나갈 것인가? 우리가 성찰하고 선택해야 할 시간이다.

장자연 사건에서 국정원의 역할이라는 수수께끼

2019년 6월 초에 있었던 〈정의연대〉의 '김대오 기자 고발과 장자연 사건 국정원 개입 증거 기자회견'의 요지를, 짧은 동영상을 기초로 정리해 본다.[1]

1. 오늘 우리는 장자연 사건 당시 봉은사, 유장호 입원 병원에 나타났던 국정원 박 팀장을 포함한 국정원 직원 전화번호 두 개를 공개한다.[2]

2. 국정원 직원은 윤지오 어머니에게 "따님을 훌륭하게 잘 키우셨어요. 국정원에서 김종승 대표 잡으려고 몇 년 전부터 계속 관찰하고 있습니다"라고 했다. 김종승으로부터 연락 오면 국정원에 알려 달라고도 했다.

3. 윤지오가 과거사진상조사단에서 국정원이 장자연 사건에

---

1. 「윤지오 김대오기자 고발 / 장자연 국정원개입 증거」, 〈미디어 펀치 유튜브〉, 2019년 6월 10일 수정, 2020년 2월 11일 접속, https://youtu.be/ LJ6twEYjYng.
2. 위 링크의 동영상 속에 전화번호가 포함되어 있다.

개입되어 있는 상황과 정보에 대해 아는 바를 진술한 후 박훈 김대오 김수민 등이 앞장선 윤지오 마녀사냥과 음해공작이 시작됐다.

4. 이것은 2014년 4월 해경이 구조 활동을 제대로 하지 않고 있다고 비판한 후 명예훼손으로 고소되어 구속까지 되었던 홍가혜 사건과 완전히 닮은꼴이다.

5. 국정원이 장자연 사건 관련 자료를 모두 가지고 있을 것으로 본다.

6. 오늘 공개하는 두 전화번호의 당시 소유주를 수사하면 장자연 사건의 실체를 분명히 파악할 수 있을 것이다.

7. 특검을 구성하여 전화번호가 드러난 두 사람의 국정원 직원을 수사하라.

8. 〈정의연대〉는 홍가혜 씨가 해경, 『조선일보』, 『스포츠월드』 등을 상대로 싸워 5년이 지난 지금 사과와 손해배상 판결을 받아내고 있는 것처럼 윤지오를 음해 공작한 한 사람 한 사람을 찾아내 얼마의 시간이 걸리든지 반드시 처벌할 것이다.

9. 오늘 그 출발로서 윤지오에 대한 음해를 시작한 김대오를 고발한다.

동영상을 보고 나니 여러 가지 생각이 스쳐 지나간다. 세월호 침몰 사건에서도 국정원 개입의 윤곽이 드러났으나(세월호의 실질 소유주라는 의혹) 결국 유병언의 책임으로 정리되고 말았다. 그런데 장자연 사건에서도 국정원의 자취가 뚜렷이 보인다. 그런데 윤지오는 10년 전 수사 과정에서 자신의 핸드폰 통화 내역이 제출되었고 그 속에 국정원 관련 내용이 담겨 있었음에도 국정원 이야기를 묻는 수사관은 없었다고 말한다. 2019년 3, 4월에 윤지오는 국정원 개입 가능성에 관해 명확하게 진술했지만, 검찰 과거사위원회 심의 결과에 국정원에 관한 언급은 단 한마디도 등장하지 않는다. 10년 전이나 오늘이나 국정원은 풀어야 할 수수께끼로 남는다. 무엇이 문제일까?

1. 유장호의 경호원을 자처하며 봉은사의 차량 속에 유장호와 동승했던 사람은 국정원 직원이었다. 왜 신인배우 장자연이 죽었는데 국정원 직원이 유장호와 함께 나타난 것일까? 무엇을 위해 그 자리에 참석했을까? 언론들은 봉은사에서 문건을 불태운 사람이 장자연의 오빠였다고 쓰지만, 윤지오는 문건을 땅 밑에서 꺼내온 것도, 불을 붙인 것도, 구둣발로 문건을 비벼 끈 것도 모두 그 국정원 직원의 소행이었다고 진술했다. 그렇다면 사례증언조서(문건)와 리스트증언조서(리스트)를 (유장호와 함께) 땅 밑에 묻은 것도 국정원 직원일 가능성이 높다. 국정원 직원은 유장호가 문건/리스트를 꺼내오라고 말했을 때, 이미 그것이 묻힌 장소를 알고 있었고 그곳으로 가서 문건/리스트를 꺼내왔다.

2. 봉은사에서 문건/리스트가 소각된 자리의 흙을 감식한 결과 인주 성분이 검출되지 않았다. 그렇다면 그때 태워진 것들이 원본이 아니고 원본처럼 만들어진 사본 혹은 의제본일 수도

있을 것이다. 그렇다면 〈정의연대〉가 시사하듯이 원본은 지금도 국정원에 보관되어 있을 가능성도 있다. 유장호는 이 사건과 관련하여 이미 국정원의 지시를 따라 움직이는 꼭두각시로 이해할 수도 있기 때문이다.

3. 국정원 직원이 유장호가 입원한 병원에도 나타났던 것은 이미 알려져 있었지만, 윤지오의 어머니에게 "따님을 훌륭하게 잘 키우셨어요. 국정원에서 김종승 대표 잡으려고 몇 년 전부터 계속 관찰하고 있습니다"라고 말한 사실은 처음 알려진 사실이다. 왜 국정원이 김종승을 잡으려 했을까? 당시 김종승의 범죄 혐의는 마약과 성추행이었는데 이것들이 당시 국정원이 수사를 맡는 범죄 영역이었는가?

4. 장자연 사건에 대한 국정원 개입설을 지속적으로 제기해온 사람은 이상호 기자다. 그런데 장자연 죽음 이후 국정원 직원에 관한 구체적 진술을 한 후 갑자기 윤지오는 메신저 공격과 마녀사냥, 그리고 음해의 파도에 휩쓸렸다. 그런데 그 선두에 섰던 것이 김광석 사건과 관련하여 이상호 기자와 다투고 있었던 박훈 변호사라는 사실이 새삼 주목된다. 그 후 이상호 기자는 뇌경색 재발로 입원했으며 이 상태에서 김광석 부인에게 5,000만 원의 손해배상금을 지급하라는 판결을 받은 것으로 보도되었다.[3] 박훈이 윤지오를 고발하기 약 한 달 전인 2019년 3월 28일 박훈의 페이스북 포스팅은 이러하다.

---

3. 2심에서는 1억으로 상향 판결.

고 김광석 부인 서해순을 남편 살해범으로 몬 이상호가 윤지오 배우를 통해 장자연 사건을 폭로한다면서 이미숙을 공격하던 데 또 다른 참사를 저는 목도하는 바입니다. 서로들 맘대로 씨 부린 뒤에 무슨 재가 남는지 알아봅시다. 난 이상호가 하는 일은 나의 일이라 봅니다. 어이 자네 좀 있다 보세.[4]

참사가 기다리고 있고 재만 남을 것이라는 경고다. 그 무기가 **법률**이라는 것은 이제 우리가 잘 알고 있다. 박훈의 이 자신감은 어디서 나오는 것일까?

5. 검찰 과거사위원회는 "최초로 받은 통신자료를 경찰관이 통화 내역 파일을 수정, 편집하여 유통할 수 있어서 통신자료에서 특정 통화 내역을 삭제하는 것이 가능했던 구조"이었음을 지적한다. 얼마든지 증거조작이 가능한 상황이었음을 인정한 것이다. 이 역시 국정원이 충분히 개입할 수 있는 구멍일 수 있지 않을까?

6. 또 검찰 과거사위원회 심의발표문 중에서 주목할 점으로 "압수 수색의 부실함과 증거자료의 기록편철 누락" 항목이 있다. 즉 압수해야 할 기초자료를 압수하지 않아 누락되거나 증거로 확보되었는데도 지금 사라지고 없는 자료들에 관한 항목이다. 도대체 누가 왜 고의로 증거자료를 누락했는가? 또 확보된

___

4. 박훈, 〈페이스북〉, 2019년 3월 28일 수정, 2020년 2월 21일 접속, http://bit. ly/32bPvzs.

증거자료들 중에서 결정적인 것은 누가 빼돌렸는가?

오늘 기자회견 내용에 비추어 국정원 개입이라는 관점에서 검찰 과거사위원회의 심의발표 관련 항목들을 꼼꼼히 살펴보는 것은 중요한 작업일 것 같아 아래에 참고자료로 옮겨둔다. 모두 중요한 것이지만 국정원과 관련해서 직접적으로 중요한 것은 고딕체로 표시한 부분이다. 특히 ㉠은 국정원 직원의 음성이 녹음되어 있을 것으로 보이는 증거자료이다. 그런데 누군가가 빼돌려서인지 사라지고 없다. 맨 마지막 (고딕체로 강조된) 결론 부분에서 검찰 과거사위원회도 이러한 경우가 매우 "이례적"이라고 말하면서 장자연 사건이 수수께끼로 남아 있음을 인정하고 있다. 그 이례성의 정도는 경찰이나 검찰조차 "있을 수 없는 일"이라고 말하는 수준이다. 장자연 사건은 끝나지 않았다. 어쩌면 이제 시작인지도 모른다.

〈부실한 압수 수색 및 주요 증거자료의 기록편철 누락 등〉
ㅇ 이 사건 수사 초기인 2009. 3. 15. 경찰은 장자연의 주거지 등을 압수 수색하여 장자연의 자필 기재 다이어리와 수첩, 휴대폰, 컴퓨터 등을 압수하였고, 압수한 휴대폰 3대 및 컴퓨터, 메모리칩 2개는 디지털포렌식을 의뢰하여 분석을 완료하였음
ㅇ 그러나 수사기록에 있는 것은 '장자연의 컴퓨터에 대본, 기획안, 프리토킹 동영상, 골프 여행 사진 216장이 있었다'는 간략한 수사보고와 '메모리칩 3개 중 2개는 닌텐도 게임팩이며, 1개는 2003.3.경 촬영한 사진 9매 있음'이라는 경기청의 중간회신

이 유일하며, 디지털포렌식 결과물인 엑셀파일을 저장한 CD가 기록에 첨부되어 있지 않음. 또한, 경찰은 2009. 3. 31. 장자연의 개인 신상에 관한 내용을 적어 둔 싸이월드 미니홈피에 대하여 압수 수색을 할 계획을 세웠으나, 이후 이 부분에 대한 압수 수색이나 내용 확인 등이 이루어졌다는 기록이 전혀 나타나지 않음

— 휴대폰, 컴퓨터 등의 디지털포렌식 분석 자료는 현재 경기청 및 분당서에 보관되어 있지 않으며, 장자연의 싸이월드 미니홈 피 등도 남아 있지 않음

○ 이 사건의 압수 수색 및 검사의 수사 지휘에서 다음과 같은 부실함과 업무 소홀이 발견됨

① 경찰의 부실한 압수 수색

— 장자연의 지인 이○○이 조사단에서 한 진술에 따르면, 당시 경찰은 장자연의 침실 위주로 압수 수색하고 침실과 별도로 있 던 옷방을 수색하지 않았고, 침실 여기저기에 수첩, 메모장이 많았음에도 '조선일보 방사장' 등이 적힌 다이어리(압수한 다이 어리와 다른 것임)를 압수하지 않았으며, 화장대 위 및 핸드백 에 보관된 명함도 압수하지 않았고, 장자연이 들고 다니던 가 방도 열어보지 않았음. 기록에 의하면, 경찰이 장자연의 주거지 및 차량을 압수 수색한 시간은 2009. 3. 14. 19:35경부터 20:32 경까지 불과 57분이었음

— 2009. 3. 13. KBS에서 장자연 문건이 보도되어 사회적으로 크게 이슈가 되었는데, 매우 중요한 증거가 될 수 있는 장자연

의 수첩, 다이어리, 명함 등을 거의 가져가지 않았고, 옷방과 가방을 열어보지도 않았다는 것은 초동수사에서 가장 중요한 압수 수색에서 결정적인 잘못을 저지른 것임. 결국, 경찰이 압수물의 중요도나 사건 관련성을 제대로 파악하지 아니한 채 성급하게 압수 수색을 하였음을 알 수 있음

② 디지털포렌식 결과와 압수된 휴대폰이 상이함

― 지인 이○○은 조사단 면담에서, 경찰이 장자연의 핑크색 모토로라 휴대폰을 가져갔다가 돌려주었는데 기록에 남아 있는 압수물 사진에는 보이지 않는다고 진술하였고, 기록상 압수물 사진에 나타난 3대의 휴대폰 중에는 장자연이 사용하였다는 핑크색 모토로라가 없는 것으로 확인됨

― 장자연의 또 다른 휴대폰에 대한 디지털포렌식 결과에는 해당 휴대폰에 저장되어 있었을 통화기록의 추출 여부에 대한 언급이 없으나(SMS와 MMS 착발신, 음성녹음, 동영상, 사진, 스케줄 기록의 개수만 기재되어 있음), 해당 휴대폰의 전화번호에 대한 통신사의 통신자료에는 해당 휴대폰 전화번호의 통화내역이 다수 있는 등 디지털포렌식 결과가 석연치 않음

③ 수사검사의 압수물 처리 지휘의 부적정성

― 수사검사는 김종승이 검거되기 전인 2009. 5. 15. 압수품인 장자연의 개인 다이어리, 수첩 등을 유족에게 가환부하도록 경찰에 지휘하면서 그 사본을 만들어 기록에 첨부하도록 지휘하지 않았는바, 이로써 다이어리 등에 어떤 내용이 담겨 있는지 확인할 수 없게 되는 등 부적절한 압수물 처리를 하였음(가환

부된 다이어리 등은 유족에 의해 소각되었음)

④ 수사검사의 통화내역 기록편철 누락

─ 당시 경찰은 장자연, 김종승 등 주요 인물에 대한 1년 치 통화내역을 조회하였으나 현재 보존된 수사기록에는 통화내역이 편철되어 있지 않음. 이 사건이 국민적 관심이 큰 사건이었던 점, 이 사건으로 인해 명예훼손 사건도 발생하는 등 추가적인 형사적 분쟁도 예상되었던 점, 피의사실 대부분이 불기소 처분되어 재수사의 가능성도 있었던 점 등을 고려하면, 통화내역 원본을 기록에 보존했어야 했음

⑤ 디지털 압수물 자료 편철의 누락

─ 경찰이 장자연의 휴대폰, 컴퓨터와 메모리칩을 압수한 후 디지털포렌식을 의뢰하여 담당자로부터 그 결과를 받았음에도 이를 기록에 편철하지 않았으므로, 수사검사는 이를 확인한 후 해당 포렌식 결과물을 기록에 편철하도록 지휘해야 했음

⑥ 인터넷 자료 현출의 누락

─ 수사기록상으로는 경찰이나 검찰에서 장자연의 '싸이월드 미니홈피'의 내용을 확인하였는지 알 수가 없으나, 기록상 경찰이 압수 수색 필요성까지 검토할 정도였으므로, 수사검사는 경찰이 '싸이월드 미니홈피'를 확인한 내용을 기록에 남기도록 지휘하여야 했음

⑦ 유족 장○○이 2009. 3. 12. 봉은사에서 장자연 문건을 받을 당시 상황을 녹음한 녹음파일 및 녹취록의 누락

─ 유족 장○○은 2009. 3. 12. 유족들이 유○○, 윤○○를 봉은사에서

만나 유○○로부터 장자연 문건의 원본 및 사본을 받아 소각하는 과정을 녹음하였음. 유족 장○○은 2009. 3. 15. 경찰에서 참고인조사를 받을 당시 이 사실을 "당시 무슨 일이 생길까 봐 녹음기를 가지고 갔는데 당시 상황이 다 녹음되어 있으니 수사에 참고하세요"라고 진술하였고, 진술조서에는 "이때 봉은사에서 녹음된 녹음기를 제출하여 보관하다"라고 기재되어 있으나, 장○○이 제출한 '봉은사에서 녹음된 녹음파일' 또는 녹취록은 수사기록에 남아 있지 않음

⑧ 문건을 본 유족 장○○이 작성한 '장자연 문건의 내용 및 형식'을 진술조서에 첨부한다고 되어 있으나 누락됨

― 장○○ 참고인 진술조서에는 장○○이 본 '장자연 문건의 내용 및 형식'을 장○○이 자필로 기재하고 기록에 첨부한다고 기재되어 있으나 수사기록에는 장○○이 작성한 '장자연 문건의 내용 및 형식'을 쓴 문서가 첨부되어 있지 않음

⑨ 장자연 사망 직전 발송한 문자메시지 3통 삭제 의혹

― 장자연의 휴대폰, 장자연 문건 작성에 관여한 유○○의 휴대폰에 대한 디지털포렌식 결과를 기재한 보고서에 의하면, 사망 당일인 2009. 3. 7. 15:29~15:34 사이에 장자연이 유○○에게 보낸 문자메시지 3통이 장자연의 휴대폰과 유○○의 휴대폰에서 모두 '문자 내용 복구 불가'로 나왔지만, 유○○가 2009. 3. 7. 15:27~15:34 장자연에게 보낸 문자메시지 3통은 복원되었음. 복구 불가 원인에 대해 장자연의 휴대폰에 대해서는 별다른 설명이 없고, 유○○의 휴대폰에 대해서는 '장자연이 보낸 문자메시지 10건은 유○○가 삭제한 것으로 판단되고 삭제 공간에 다

른 메시지를 덮어씀'이라고 하였음

— 장자연이 유○○에게 보낸 문자메시지 3통이 장자연 휴대폰에서 삭제, '복구 불가' 된 점이 석연치 않으나, 각각 다른 분석기기를 이용하여 포렌식이 이루어졌고 휴대폰 포렌식을 할 때 삭제된 문자메시지가 복구되지 않고 그 원인을 알 수 없는 때도 있어서, 현재로서는 해당 문자메시지의 내용이 무엇인지, 제3자에 의해 의도적으로 삭제된 것인지를 추단할만한 구체적인 자료는 없음

○ 위와 같이 통화내역, 디지털포렌식 자료, 압수물 등 객관적인 자료들이 모두 기록에 편철되어 있지 않은 이유가 석연치 않으나, 자료가 누락된 것에 어떤 의도가 있었는지, 외압이 있었는지는 확인할 수 없었음. 그러나 통화내역, 디지털포렌식 자료, 수첩 복사본 등이 모두 기록에 누락된 것은 당시 수사에 참여한 경찰이나 검사도 '있을 수 없는 일'이라는 반응을 보일 정도로 이례적임[5]

---

5. 법무부 검찰 과거사위원회, 「『장자연 리스트 사건』 조사 및 심의결과」, 〈법무부〉, 2019년 5월 20일 수정, 2020년 2월 21일 접속, http://bit.ly/3bXD4f6.

3장

장자연 리스트의 진실

'증언자 장자연'을 생각하며
'증언자 윤지오'의 의미를 다시 생각한다

통계와 경험담이 뒷받침하는 윤지오 증언의 진실성과 신빙성

홍가혜의 투쟁과 윤지오의 투쟁

'윤지오 마녀사냥'이 묻어버린 '증언자 윤지오'의
여섯 가지 핵심증언(2009~2019)

장자연 사건에서 리스트 공개 및 윤지오 증언의 중요성에 대해

진술과 이해관계 및 권력관계 문제 :
유장호의 진술을 어떻게 이해할 것인가?

유장호의 양면성의 비밀 :
장자연의 죽음 앞에서 유장호는 왜 어쩔 줄 몰라 했나?

'장자연 리스트' 논란과 그 성격에 대해

'성상납 강요'는 '성폭행'을 의미한다

덧글 3 : '성상납 강요'(성폭행)는 어떻게 '성상납'(뇌물)으로 되는가

특수강간죄 수사권고 없는 진상조사 보고에 대한 윤지오의 생각

후원금 집단반환소송에 대한 윤지오의 항변에 대해 생각한다

덧글 4 : 장자연 문건과 리스트의 필체 문제에 대하여

'증언자 장자연'을 생각하며 '증언자 윤지오'의 의미를 다시 생각한다

"죽은 장자연을 위해서는 윤지오를 죽여야 한다"는 것이 박훈·김대오·김수민 트리오의 리토르넬로, 즉 하염없이 반복되는 후렴구다. 이들은 "윤지오는 가고 장자연만 남으라"고 말한다. 이들의 말을 받아 익명의 악플러들은 윤지오를 향해 "죽어버려라. 죽이겠다"는 말을 하기를 서슴지 않는다. 마치 죽은 자를 추모하고 애도하는 듯이 보이는 그 말이 실은 죽은 자를 영원히 죽어 있도록 하기 위해 산 자를 죽여야 한다는 것을 의미한다는 것을 모르는 사람이 있을까?

온갖 왜곡·부인·날조 등에도 불구하고 지난 10년간 누적된 조서들·증언들·증거들이 의문의 여지가 없을 만큼 분명하게 보여주는 것은 2009년 2월 28일 장자연이 유장호의 감독하에 4장의 문건을 작성해 유장호에게 넘기고, 다음 날 장자연이 김종승의 배후에 있는 조심해야 할 사람들의 이름을 담은 3장의 편지글을 유장호에게 따로 넘겼다는 것이다.

장자연 문건과 리스트는 증언조서다

이 문건과 리스트는 무엇이었을까? 유서가 아니었다는 것은 이제 분명해졌다. 그렇다면 그것은 무엇인가? 증언자 윤지오가 지금 겪는 경험을 보면서 나는 이제 그것을 증언조서deposition라고 불러야 한다는 것을 깨닫게 되었다. 지금까지 우리는 이것을 "재판에 사용할 목적으로 작성한 내용증명 같은 것"이라고 어중간하게 불러왔다. 그런데 이러한 표현은 장자연이 증인·증언자이고 그가 남긴 것이 증언이라는 사실을 감춘다. 증언조서란 증인이 재판에서 사용할 목적으로 법원 밖에서 진술을 기록한 문서를 지칭하는바, 장자연이 남긴 문건과 리스트는 정확하게 이 증언조서에 해당한다.

우리는 증인 장자연이 무엇을 증언했는가에 대해 이미 어느 정도 알고 있다. 문건의 경우 부당계약을 기초로 혹은 그 범위를 넘어서 소속사 대표 김종승이 행했던 폭행, 협박, 강요와 언론 권력자들을 위한 술접대 및 잠자리 강요가 주로 서술되어 있다. 사례 형식으로 된 이 사례 증언조서는 연예계 문화자본의 한 행위자인 김종승 대표의 착취행위와 구조적 폭력에 대한 증언이다. 이와 달리 리스트 증언조서에는 『조선일보』 방 씨 일가를 비롯하여 이 폭력적 착취구조에 기생하면서 돈 접대와 성접대를 향유하는 재계, 법조계, 정치권, 언론계, 연예계 등의 권력자들에 대한 증언이 포함되었던 것으로 보인다.

2009년 이후 국정원, 경찰, 검찰, 법원 등을 거치면서 이 두 종류의 증언조서는 분리해서 관리된 것으로 판단된다. 약소 자본가 김종승이 주요 행위자이자 책임 당사자로 나타나는 장자연의 사례 증언조서는 유가족의 공개 반대에도 불구하고 결국 언론에 공개되었다. 하지만 강력한 권력자들이 책임 당사자로 기록된 장자연의 리스트 증언조서는 그 내용이 공개되지 않았다. 그뿐만 아니라 유가족, 유장호, 윤지오가 초기수사 과정에서 이것이 실재한다고 증언했음에도 불구하고 검경의 수사는 이 진술을 무시했고 리스트에 대해 수사하지 않았으며, 결국 그 존재가 시간 속에서 사라지도록 만들어 왔다.

장자연이 유장호의 감독과 통제 없이 작성했던 권력자들에 대한 리스트 증언조서가 이런 방식으로 인위적으로 실종됨으로써, 장자연이 육성녹음에서 "힘센 사람들"이라고 불렀고 윤지오가 "법 위의 사람들"이라고 불렀던 권력자들, 사실상 장자연을 죽음에 이르게 한 그들은 실체가 잘 잡히지 않는 유령 같은 존재로만 남게 되었다.

증언자 장자연은 증언조서 작성으로 인해 생명을 잃었다

장자연의 이 리스트 증언조서의 실종은 어쩌면 최초의 실종이 아닐지 모른다. 그 문서는 분명히 이명박 정권 취임 일주년이 막 지난 2009년 3월 12일까지는 대한민국 수도 서울의 한 사찰인 봉은사에 온전한 형태로 있었던 반면, 그 닷새 전인 3월 7일에 장자연의 생명이 실종되었기 때문이다. 증인의 죽음이 최초의 실종이었다. 증언은 증인이 수행하는 언어활동이기 때문에 증인이 죽는다는 것은 증언 가능성이 소멸한다는 것을 의미한다. 이런 의미에서 『한국일보』가 장자연 사건 진술조서 전문을 공개하면서 "누가 그녀를 죽였나"라고 제목에서 묻고 있는 것은 의미심장하다.

대한민국의 국민이고 주권자인 우리는 같은 국민이었던 장자연이 어떻게 해서 죽게 되었는지 아직 알지 못한다. 경찰이 그 죽음을 단순 변사로 처리하고 부검을 하지 않음으로써 죽음의 진실을 은폐했기 때문이다. 2009년 3월 13일 KBS가 (누가 봐도 유서라고 할 수 없는) 장자연의 사례 증언조서(문건)를 공개한 후에도 경찰은 그것이 유서라고 주장하고 언론은 경찰이 제시한 그 관점에서 장자연의 죽음에 접근한다.[1] 주권자인 국민은 장자연이 증언조서로 인한 막다른 궁지에서 스스로 자신의 생명을 거둔 것인지 아니면 누군가가 그 생명을 훔쳐 간 것인지 알 수 없게 되었다. 장자연의 죽음이 일종의 비밀상태(의문사)에 놓이도록 만든 직접적인 행정주체는 경찰과 검찰이다. 이 기관들의 공작정치적 수사 때문에 장자연의 죽음을 밝혀줄 증거들이 사라졌고 우리가 그 죽음의 진실에 접근하기 어렵게 되었기 때문이다. 하지만 한 가지 분명한 것이 있다. 그것은 장자연이 증언조서에 기록한 내용 때문에 원치 않는 죽음을 강요당했다는 것이다.

그런데 장자연의 죽음의 진실을 가려버린 그 행정주체의 인근 혹은 배후에서 어떤 세력들이 이 사건에 대한 국민의 무지를

---

1. 예컨대 2009년 3월 13일 이른바 '국가기간뉴스통신사' 『연합뉴스』의 보도는 「분당 경찰 "故 장자연 유서내용 조사"」(https://www.yna.co.kr/view/AKR20090313236000061)라는 제목을 달고 있다.

위해 움직이고 있었는지는 아직 온전히 가시화되지 않고 있다. 태스크포스를 꾸리고 경찰에 수사외압을 행사하고 수사 혼선을 획책했던 것이 백일하에 드러난 『조선일보』를 제외하면 말이다. 그렇지만 엄정 수사에 반드시 필요한 통화기록 조회를 규정을 어겨가며 짧게 제한하고, 확보된 통화기록을 없애거나 편집하고, 제출된 녹취록을 빼돌리는 등 장자연의 리스트 증언조서를 숨기기 위한 누군가의 공작행위들의 자취는 곳곳에서 확인되며 검찰의 과거사위원회조차 이 점을 인정하지 않을 수 없었다.

증언자 윤지오는 살아 있는 장자연이다

장자연이 증언조서를 작성하지 않았다면, 즉 자본과 권력의 간악한 횡포·폭력·착취에 대해 증언하지 않았다면 생명을 잃지는 않았을 것으로 추정할 수 있다. 물론 증언하지 않는 것은 개인적으로 자본과 권력으로 인한 고통의 시간을 무한정 연장하는 길이었을 것이며 그것에 저항하고 싶은 사람들에게 용기를 주지도 못했을 것이다.[2] 그런데 우리가 주목해야 할 점은, 그가 자본과 권력의 성착취와 성폭력에 대해 증언하자마자 그를 결국 죽음으로 이르게 한 감당할 수 없는 집단폭력이 그에게 행사되기 시작했다는 것이다. 생전 그의 절규는 이 거대한 집단

---

2. 이매리는 장자연과 윤지오 때문에 증언에 나설 용기를 얻게 되었다고 말한 바 있다.

폭력의 실재에 대한 명확한 증언이기도 하다.

장자연의 사례를 통해 우리는 왜 지금 윤지오가 집단 괴롭힘을 당하게 되는지 그 이유를 알 수 있다. 진실을 증언하고 있기 때문이다. 윤지오가 장자연 리스트 증언조서의 유일한 증언자이기 때문이다. 사회적으로 살해당한 증언자의 증언을 이어받아 증언하는 것, 이것이 윤지오가 떠맡은 역할이다. 그는 과거사진상조사단·방송·신문·인터넷방송 등의 증언 무대에서 조○천의 성추행에 대해, 언론계와 정치권 인사를 포함한 장자연의 리스트 증언조서의 내용에 대해, 장자연이 마약을 이용한 특수한 성폭행을 당했을 가능성에 대해, 유장호의 경호원 행세를 한 국정원 직원에 대해 증언했다. 또 그는 장자연을 누가 죽게 했는지에 대해 조사해 달라고 요청했다.

그것은 언론계, 정치권, 행정부, 사법부, 재계 등이 진실을 알린다거나 국민의 뜻을 대의 한다거나 정의를 실현한다거나 국민의 경제적 삶을 향상한다는 등의 표면구호 뒤에서, 실제로는 여성들을 착취하고 폭행하는 거대한 범죄집단으로 기능하고 있고 그들의 범죄 행위들 하나하나가 여성들을 죽음으로까지 내모는 살해행위에 연루되어 있음을 증언하는 것이었다. 이처럼 윤지오는 스스로 의식했건 않았건 간에 증언 행동을 통해 지금의 성폭력적 가부장주의 자본 체제에 맞서게 되었다.

윤지오가 위험하다

익명의 아이디로 윤지오의 인스타그램에 욕설과 악성 댓글을 달고, 살인적 DM을 발송하고, 코엑스에 전시를 방해하는 전화를 걸고, 유튜브와 SNS에서 갖은 거짓말과 선정적 콘텐츠로 조회 수를 올리고 있는 것은 일개미들일 것이다. 여왕개미 계급은 모습을 드러내지 않은 채 개미들을 생산하고 또 재생산한다. 문제는 이들이 2017년 9월 대한민국 감만부두에서 처음 발견되었다고 하는 유독성의 붉은불개미를 닮았다는 것이다. 붉은불개미 종이 어떤 개미 종일까?

붉은불개미는 지역 개미들을 상대로 경쟁하여 승리한다. … 이들이 해충이라고 규정된 이유는 침입종이고, 우리에게 입히는 신체적 고통뿐만이 아니라 그들의 둥지가 식물의 뿌리를 약하게 만들고 기계로 농사를 지을 때 이들의 둥지가 방해되기 때문이다. 이들의 둥지가 갑자기 나타나는 것은 그다지 놀라운 일이 아니다. 이들은, 큰 동물은 보통 죽이지 않지만 작은 동물, 예를 들어 새 등은 이들에 의해 쉽게 죽는다. 송아지 등도 충분히 민첩하지 못하면 죽게 된다. 이들의 침에는 솔레놉신이 포함되어 있으며, 인간에게 고통스럽고 쏘인 뒤 하루 정도 지나면 찔린 부위가 하얗게 뜬다. 붉은불개미는 적응력이 뛰어나, 박멸하기가 쉽지 않다. 이들은 홍수나 가뭄에서도 살아남을 수 있는 생존력을 지녔다. 개미들이 자신들의 둥지 둘레의 수위가 높아지는 것을 느끼거나 홍수를 감지하면, 곧 일개미들이 구를 형성하여 물에 뜬다. 이때 구의 밖에는 일개미, 안에는 여왕개미가 자리 잡는다. 그 구는 어떤 물체에 접촉하는 순간, 일개미들이 그리로 올라가고 홍수가 끝날 때까지 기다린다. 가뭄 때에는 굴을 깊게 뚫어 지하수층까지 내려간다. 또한 이들은 겨울잠을 자지 않지만, 섭씨 영하 9도의 기온에서도 살 수 있다. 현재, 붉은불개미의 개체 수는 어느 정도 통제할 수 있지만, 지역에서 완전히 멸종시키는 것은 어렵다.[3]

붉은불개미는 살인 개미라고도 불린다. 자본은 경쟁하여 승리하는 해충이고 침입종이다. 이것은 우리의 삶의 뿌리를 약하게 만들고 사람들을 착취하여 죽게 만든다. 노동력의 폐절화라는 말은 이것을 가리킨다. 자본은 이윤이라는 독성을 갖고 있어 이것이 체내에 주입되면 사람들이 정신을 잃고 날뛰거나 쓰러진다. 자본은 웬만한 위기에서도 살아남을 수 있는 생존력을 지녔다. 자본은 처음부터 끝까지 끊임없이 타인의 생명력을 먹고 사는 포식자이다. 먹힐 것인가, 멸종시킬 것인가? 당신은 어떻게 할 것인가? 인간 생명력의 포식(살인)을 내버려 둬도 되는 것일까? 체제의 진실에 대한 증언자, 국민의 부름을 받아 증언에 나섰던 윤지오를 포식자 불개미들 앞에 내버려 둬도 되는 것일까? 진실을 살해하는 권력 앞에서 침묵해도 되는 것일까?

3. 「붉은불개미」, 〈위키피디아〉, 2019년 10월 26일 수정, 2020년 2월 21일 접속, http://bit.ly/37NO5MK.

통계와 경험담이 뒷받침하는 윤지오 증언의 진실성과 신빙성

지금으로부터 6년 전인 2013년 4월 10일 자 『일요신문』 제 1091호 김다영 기자의 기사는 「연예인이 직접 전하는 성상납 실태」라는 제목을 달고 있다. 부제는 "병아리 땐 '데뷔'가, 뜨면 '스폰'이 미끼"로 되어 있다. 이미지로는 고 장자연 씨 사건을 배경으로 한 영화 〈노리개〉의 스틸 사진을 제시하고 있다.

이 기사의 첫 문장은 이렇게 시작한다.

여성 연기자의 45.3%가 술시중요구를 받은 경험이 있고, 60.2%는 성상납 제의를 받았다고 한다. 또한 31.5%는 성추행, 6.5%는 성폭행 피해를 당한 경험이 있는 것으로 드러났다. 이 같은 수치는 지난 2010년 국가인권위원회 한국여성정책연구원에 의뢰해 여성 연기자 111명과 지망생 약 240명, 연예 산업 관계자 11명 등을 상대로 조사한 결과다. 여성 연기자의 절반 이상이 성상납 제안을 받았다는 사실은 그리 놀라운 일이 아니다.[1]

---

1. 김다영, 「연예인이 직접 전하는 성상납 실태」, 『일요신문』, 2013년 4월 10일

윤지오는 술 시중이 본인과 장자연이 직접 그리고 여러 차례 강요당했던 경험이라고 진술했다. 이것은, 여성 연기자의 거의 절반(45.3%)이 이런 강요를 겪는 것으로 나타난다는 위 기사의 서술 내용을 뒷받침하는 진술이다. 윤지오는 『13번째 증언』에서 자신이 성상납 제의를 받은 바 있다고 서술했다. 15장 「끔찍한 제안」에서 어떤 드라마 제작자로부터 성상납 제안을 받은 경험을 서술하면서 그는 그것이 자존감을 파괴하는 제안이었다고 말한다.

빨리 가는 길이 있는데 왜 사서 고생하며 긴 시간을 빙빙 돌아가려 하냐? 신호를 어긴다고 뭐라고 나무랄 사람 하나 없다. 너는 기회를 잡은 거다. 이런 제안을 받고 싶어서 나를 만나려는 배우들이 얼마나 많은지 아냐? 얼마나 유명한 배우들이 날 만나고 싶어 하는데. 계속되는 그의 이상한 제안은 너무나 불쾌했다. 집으로 돌아오는 내내 불쾌감을 넘어 이런 일을 당하면서까지 이 일을 해야 하는지 회의가 들었다. 자존감이 바닥으로 추락하는 기분이 들었다. 그러면서 나는 자연 언니 생각이 났다. "애기야, 넌 정말 발톱의 때만큼도 모른다."[2]

여성 연기자 60.2%가 이런 유형의 성상납 제안을 받는다는

수정, 2020년 2월 11일 접속, http://bit.ly/2wuGSnF.

2. 윤지오, 『13번째 증언』, 183쪽.

통계는 여성 연기자들의 자존감이 구조적으로 파괴되고 있는 현실을 보여준다. 연기 노동자들은 자본주의 먹이사슬에서 가진 자들, 힘센 자들의 먹잇감으로 위치 지어져 있다.

윤지오는 『조선일보』 기자였던 조○천이 장자연을 성추행하는 장면을 목격했다고 증언했다. 윤지오의 증언 덕분에 조○천에 대한 기소가 이루어지기까지 10년 가까운 세월이 흘러야 했고 전국적인 촛불과 미투 봉기가 있어야 했으며 정권이 교체되어야 했다. 그런데 그런 성추행을 여성 연기자의 31.5%가 겪는 것으로 나타난다.

윤지오는 취할 만큼 술을 마시지도 않은 상태에서 장자연의 눈이 풀려 있었던 것을 본 경험을 토대로 장자연이 자신도 모르는 상태에서 마약을 섭취당하고 성폭행까지 당했을 가능성에 대한 조사를 요구했다. 2009년 2월 28일 문건을 작성할 당시에 장자연이 "성폭행을 당했다"고 썼는데 자신이 지우라고 했다는 유장호의 비공식면담 진술, 이○숙이 자신에게 전화를 걸어 장자연이 쓴 A4 용지에 "술에 약을 탔다는 얘기가 있다"고 말하면서 김종승을 혼내 달라고 자신에게 압박했다는 감독 정○호의 진술 등이 윤지오의 증언을 뒷받침해준다. 검찰 과거사위원회는 "이들의 진술만으로는 구체적인 가해자, 범행 일시, 장소, 방법 등을 알 수 없음으로 수사를 개시할 수 있는 객관적 혐의가 확인되었다고 보기에는 부족한 점이 있"다는 식의 기묘한 변론술로 드러난 문제를 회피했지만, 통계는 여성 연기자의 6.5%가 성폭행 피해를 보고 있음을 객관적으로 보여준다.

그렇다면 여성 연기자들의 성을 누가 착취하고 여성 연기자들을 누가 폭행하는가? 윤지오는 장자연의 리스트 증언조서에 정계·재계·법조계·언론계·연예계 권력자들의 이름이 쓰인 페이지들이 있었다고 증언했다. 위의 『일요신문』 기사는 연예인들의 경험담을 통해 이 증언을 뒷받침해 준다.

김현아는 매니저로부터 애인이 되는 조건으로 스폰서를 붙여 주겠다는 제안을 받았다고 말했다. 여기서 스폰서가 돈과 권력을 가진 사람을 지칭한다는 것은 두말할 것 없을 것이다. 가수 아이비는 "만나만 줘도 3억을 주겠다"는 제안을 받은 적이 있다고 말한다. 함소원은 백지수표를 제안받았다고 말했다. 정세희도 재계 인사로부터 하룻밤 대가로 백지수표를 제안받은 적이 있다고 폭로했다. 전 대기업 법무팀장 출신인 어떤 변호사는 해당 대기업 특정 부서 관계자들이 비자금을 가지고 연예인 윤락을 한다고 고발했다. 돈이 아니면 신인 데뷔, 배역(캐스팅)이 미끼가 된다.

이 경험담은 잠입 취재를 통해서도 확인되었다. 2013년 3월 29일 방송된 연예계 성접대 실태에 대한 한 종합편성채널의 취재방송은 이렇게 요약되고 있다.

제작진은 연예기획사 연습생으로 활동했던 한 여성을 통해 실태에 대해 파헤쳤다. 해당 여성은 "당시 미성년자였지만 술자리에 나오라는 제의를 수차례 받았다. 실제로 연습생을 스폰서에게 제공하는 브로커로 전락한 기획사도 있다"고 충격적인 사실을 폭로

했다. 또한 연예기획사에 소속된 모델과 연예인, 연습생을 스폰서와 연결 시켜주는 브로커도 존재하고 있는 것으로 드러났다. 이런 역할을 하는 한 브로커는 "연예인 지망생, 예술대학 재학생은 물론 유명 홈쇼핑이나 대형기획사 소속 연습생의 프로필도 확보하고 있다"고 토로했다. 또 "이들과의 만남은 1회에 평균 25만 원 선이며 나이가 어리거나 대형기획사 소속인 경우 80~100만 원 정도"라고 덧붙였다. 이어 "하루 전 예약은 필수며 자신들의 고객리스트에 저장돼 있어야만 만남이 가능하다"고 설명했다.[3]

연예 노동자와 자본가/권력자를 브로커와 기획사가 매개하는 성착취와 성폭력의 구조가 구축되어 있다는 것이다. 버닝썬 사건이 보여주는 것처럼 마약은 이 구조를 가동하는 윤활유다. 이것이 인지자본주의의 핵심 분야인 연예 산업의 적나라한 실태이다. 이 연예 산업은 한류라는 이름의 준 국책산업으로서 세계시장에 자신을 자랑스레 내놓고 있다.

윤지오는 장자연의 죽음을 가져온 조건과 원인에 대한 증언자이면서 한류로 유명한 대한민국 연예 산업의 민낯에 대한 증언자이다. 윤지오의 증언들은, 장자연의 죽음 이후에도 아무런 변화 없이 어쩌면 더 심각하게 계속되고 있는 성착취와 성폭행 실태에 대한 국가인권위원회 통계에 의해, 그리고 연예인들의

3. 뉴스속보부, 「유명 女배우 성접대 현장 잠입해보니 '충격'」, 『매일경제』, 2013년 3월 31일 수정, 2020년 2월 11일 접속, http://bit.ly/3914ZZq.

직접 경험담에 의해 그 진실성과 신빙성이 모두 객관적으로 확인되는 것들임이 분명하다. 증언과는 무관한 인신공격을 통해 그 증언의 신빙성을 떨어뜨림으로써 이득을 보는 것은 성착취와 성폭행을 수행한 과거의 가해자 집단, 지금도 성착취와 성폭행을 자행하고 있는 현재의 가해자 집단, 그리고 성착취와 성폭행의 의지나 욕망을 가진 예비 가해자 집단이며 대개는 재력이나 권력 혹은 생산과정에서의 지위를 이용해 다른 생명을 착취하는 자들[4]이다. 이들을 위해 일선에서 증언 신빙성을 격하시키는 행위를 직접 수행하는 자들은 그 가해자 집단에 물질적·정신적으로 예속된 끄나풀 집단이라고 보는 것이 옳을 것이다.

---

4. 학술 용어로는 '부르주아지'.

홍가혜의 투쟁과 윤지오의 투쟁

2014년 9월 10일 '똘레랑'이라는 필자가 쓴 한 칼럼이 있다. 제목은 「내가 김용호의 정체를 공개한 이유」. 김용호는 윤지오를 거짓말쟁이로 만든 장본인이며 가로세로연구소라고 불리는 유튜브 방송의 단골 출연자이다. 5년이 다 된 지금 똘레랑의 그 칼럼을 다시 한번 읽어보는 것은 분명히 유익한 일이 될 것이다. 이 글이 윤지오에 대한 작금의 음해에 기시감(데자뷔)을 줄 뿐만 아니라 역사의 중요한 특징 중의 하나가 반복이라는 것을 알려 주기 때문이다. 그래서인지 이 글에 쓰인 홍가혜라는 이름 대신에 윤지오라는 이름을 넣고 읽어도 전혀 이상하지가 않다. 그런데 역사의 또 다른 특징은 누적이다. 2014년과 달리 2019년에는 김용호라는 이름에 더하여 김대오, 김수민, 박훈이라는 이름이 덧붙여진다.[1] 그래서 이 글의 김용호 대신 **김용호와 김대오·김수**

---

1. 이후에 "고발계정"을 자칭하며, 주목되는 인물을 집중적으로 비난하는 데 총력을 쏟으며 서로 경쟁하는 이른바 까판의 계정주들을 덧붙여야 할지도 모른다. 이들은 윤지오에 대해 누가 더 심한 상처와 모욕을 줄 수 있는가를 놓고 게임을 벌이는 것처럼 보인다. 그런데 그 게임의 명분이 정의였고 그 정의의 목

민·박훈 트리오라는 이름을 넣고 읽어도 전혀 이상하지가 않다.

"엇! 김용호가 세계일보에 왜 있지?"

안타까운 마음으로 트위터에서 홍가혜에 대한 마녀사냥을 보고 있던 나는 의심할 수밖에 없었다. 김용호는 자신을 연예 전문기자라고 소개하며 "홍가혜는 드라마 '리플리'의 이다혜[해]의 삶과 비슷한 여성"이라며 과거에도 홍가혜는 기자에게 정체가 들통난 후 눈물을 흘리며 "다시는 거짓말을 하지 않겠다"고 "약속"했다고 주장했다.

김용호의 말은 마녀를 찾아서 배회하던 사냥꾼들에게 먹잇감을 안겨줬다. 김용호의 거짓말이 트위터와 스포츠월드를 통해 확산되면서 구조 작업이 더뎌지는 것에 대한 안타까움을 홍가혜에 대한 분노로 바꿔 쏟아내는 이들에게 빌미를 제공해줬다. 홍가혜가 허언증이나 연극성 인격장애라는 마녀사냥의 불길을 키웠다. 무엇보다 김용호는 실종자 가족들에게 지푸라기 같은 도움이라도 되고 싶어한 간절한 마음에 씻을 수 없는 상처를 안겼다.

김용호는 저널리스트가 아니다. 나는 10년 전 안재욱 사건 때 그의 정체를 확실히 알았다. 당시 변희재가 발행하는 브레이크뉴스에서 일하던 김용호는 인터뷰하기 힘든 안재욱에 대해 거론하며, 그가 목격하였다는 안재욱의 오만함에 대해 논했다. 거

표는 투옥이었는데, 그것은 이 게임의 내기가 표적 사냥에 있음을 보여준다. 마녀사냥이 여기서는 하나의 게임으로 나타난다.

기에 더해 김용호는 저널리스트 행세를 하며 안재욱의 키에 대한 분노의 글을 쏟아내고 있었다. 또한 그는 수준 미달의 안티 기사를 배설해내는 유명 연예인들의 기피 대상으로 연예인 팬클럽 사이에서도 유명했다.

제프 다니엘스가 주연한 드라마 '뉴스룸'을 기억하는가? 김용호의 삶은 이 드라마에 나오는 가십 전문기자와 비슷하다. 드라마 속 가십전문기자처럼 김용호도 기사가 아닌 소설을 쓴다. 저널리스트 코스프레를 하던 김용호는 자신의 성공을 위해서 계속해서 거짓말을 했고 다른 사람의 인생을 모함했다.

김용호의 삶을 이렇게 자세하게 적는 이유는 지금도 그의 거짓말을 믿는 사람들이 적지 않기 때문이다. 사건의 진실을 모르는 사람에게 지면에 실린 김용호의 거짓말은 진실처럼 느껴진다. 또 내가 김용호의 실체를 공개한 것에 대해서도 정치적 음모가 있다는 등 음모론을 들이미는 사람들이 있을지도 모른다.

이런 상황에서 김용호는 또 어떤 거짓말로 자신을 변호할지 모른다. 김용호는 홍가혜의 법정에서 검찰 측 증인으로 출석하여, 자신의 거짓말이 들통 난 후, 홍가혜의 정체를 폭로 한다면서 올린 트윗들이 대부분 '이름을 밝힐 수 없는 누군가의 한두 마디에서 나온 말들의 짜깁기였음'을 시인했다. 눈물을 흘리며 용서를 구했다던 홍가혜는 김용호와 일면식도 없었다. 그런데 밖에 나와서는 또 천연덕스럽게 입을 다물더라.

과거 김용호의 거짓말에 제대로 활동을 하지 못할 정도로 타격을 입은 연예인들이 한둘이었나? 이를 용서해줬더니 지금 김용호의 거짓말은 더 커져서 이젠 자원봉사를 하려는 일반인까지 흔들고 있다. 법원은 변희재의 김광진 의원 모욕 사건에서 사회적으로 상당히 큰 영향력을 가진 기자들의 명예훼손에 대해 엄벌하겠다고 밝혔다. 지금 김용호는 자신이 얼마나 큰일을 저질렀는지 알고나 있을까.[2]

이로부터 5개월여 전이며 세월호 침몰 사흘 뒤이고 홍가혜의 MBN 인터뷰가 있던 바로 당일인 2014년 4월 18일, 『조선일보』는 신속하게 「김용호 기자가 밝힌 홍가혜 "日 술집 출신에 10억대 사기까지"」라는 제목의 기사를 싣는다.

18일 오전 MBN과의 인터뷰에서 "정부 관계자가 (민간잠수부)에게 대충 시간이나 때우고 가라", … 등의 발언으로 홍가혜가 화제를 모은 가운데, 연예부 기자인 김용호 기자가 입을 열었다. 김용호 기자는 해당 인터뷰가 전파를 탄 후 오전 10시 20분쯤 자신의 트위터에 "MBN이 홍가혜한테 낚였구나!"라는 글을 남기며 MBN의 오보를 암시했다. 이어 4시 40분쯤 스포츠월드에 "내가 홍가혜의 정체를 공개한 이유"라는 제목으로 칼럼을 게재했다. … 김용호는 홍가혜가 과거 일본 아카사카에 있었다고 말하

2. 똘레랑, 「내가 김용호의 정체를 공개한 이유」, 블로그 〈똘레랑스는 칼이다!〉, 2014년 9월 10일 수정, 2020년 2월 11일 접속, http://19dominic74.blogspot.com/2014/09/blog-post_10.html. 대괄호 속은 인용자.

며, 홍가혜가 성공을 위해서 계속해서 거짓말을 일삼고 있다고 전했다. 김용호는 이 같은 홍가혜의 과거를 그녀를 수사한 형사에게 들었다고 출처를 밝히며, 홍가혜가 10억 대 사기 혐의로 조사를 받았다는 사실을 밝혔다.… 네티즌은 "김용호 기자 … 전적이 화려하네", "홍가혜 세월호 침몰 인터뷰 듣고 희망을 가졌는데 김용호 칼럼 보니 허탈하네요", "… 홍가혜 정체가 이거라니" 등의 반응을 보였다.[3]

이처럼 『조선일보』가 추켜세우는 김용호는 형사와 선이 닿아 있고 댓글들은 교언영색巧言令色으로 김용호의 거짓말을 기정사실로 만든다. 이런 식의 기사를 약 열흘에 걸쳐 27건 게재함으로써 『조선일보』는 세월호 침몰에 대한 해경 및 박근혜 정권의 구조 태만에 대한 홍가혜의 증언을 범죄로 조작하는 데 결정적 기여를 했다. 이 때문에 홍가혜는 무려 20일간의 독방생활을 포함한 3개월의 구속 생활을 홀로 감당해야 했다. 이것이 행정권력-사법권력-언론권력-'기레기'-댓글부대의 위계적 네트워크 행동이 주권자 국민을 사냥하는 방법이다. 정치경제학적 시각에서 보면 이것은 이들이 도덕적으로 악해서라기보다 행정, 사법, 입법, 언론 등 국가권력의 4부가 자본주의 체제에서 자본의 머슴과 시녀로 기능할 수밖에 없는 체제적 조건 때문이다. 자본이 이들에게 사냥만을 요구하는 것은 아니다. 자본체제는 절대

---

3. 조선닷컴, 「[세월호 침몰] 김용호 기사가 밝힌 홍가혜 "日 술집 출신에 10억대 사기까지"」, 『조선일보』, 2014년 4월 22일 수정, 2020년 2월 11일 접속, http://bit.ly/2T8236y.

적으로 노동에 의존하는 체제이기 때문에 그 체제가 어떨 때는 이들 권력 기관들로 하여금 노동하는 국민들에게 착한 모습을 보이길(즉 인간의 얼굴을 하길) 요구하는 때도 있다. 이런 역사적 조건은 대개는 국민들이 체제와 권력에 대항하는 강력한 저항, 분노의 봉기에 나설 때 조성된다. 이럴 때 권력 기관들은 복지를 시혜적으로 베푼다거나 국민이 나라의 진짜 주인이라고 말한다거나 하는 식의 아양을 떨기도 한다.

이른바 "기레기들"과 댓글부대를 활용해서 국가권력이 수행하는 국민에 대한 이러한 사냥질은 대한민국의 주권은 국민에게 있고 모든 권력은 국민으로부터 나온다고 규정한 헌법을 정면으로 위반하는 행동이며 국민을 자본의 노동 노예로 만드는 폭력 행동이다. 홍가혜의 경우, 그것은 국가가 바다에 침몰한 국민의 생명을 방기하여 죽게 만들더라도 국민은 이에 항의해서는 안 된다는 흉포한 메시지로 나타났다. 홍가혜가 이 순간에 무엇을 느꼈을까?

> 너무 씁쓸했어요. 그런데 처음이 아니잖아요. 제가 언론의 외면을 받는 일이. 사실 세월호 참사 당시 그 인터뷰를 하고 나서도 바른 말을 해주는 언론, 없었거든요. 시민사회도 없었거든요. 그 많은 여성단체며 시민 언론단체며 많잖아요. 대한민국에. (그런데) 하나 없었어요. 성명 하나, 그 쉬운 성명 하나 내주는 곳이 없었는데 그런 언론과 시민단체의 외면을 받는 일이 익숙해져서 그런지 그냥 '아, 너희들 그냥 하던 대로 하는구나' 이런 생각이 들

더라고요. 씁쓸한 거죠.[4]

홍가혜는 사법권력-경찰-『조선일보』-김용호-댓글부대가 만들어낸 이 불법적 폭력에 항의해 단신으로 5년여에 걸친 투쟁을 벌였다. 대법원은 2018년 11월 29일 4년 7개월, 1,687일 만에 홍가혜에 대한 무죄를 확정 선고했다. 이에 대해 홍가혜의 공익변론을 맡았던 양홍석은 "법리상 국가기관인 해양경찰청장은 명예훼손 대상이 될 수 없고, 당시 팽목항에서 벌어진 국가의 구조실패, 구조방기, 구조방해에 대해 국민의 입장에서 비판한 것을 허위라고 규정한 것은 형사사법을 정치적 목적으로 악용하는 전형을 보여준 것"이라고 평가했다.[5]

홍가혜는 대법원 판결 직후 "모두를 위한 진짜 싸움은 이제 시작"이라며 김용호를 고소했고 1심 재판부는 김용호에게 1,000만 원의 배상을 하라고 판결했다. 김용호는 형사고소 당해 기소 의견으로 검찰에 송치되었다. 『조선일보』를 상대로 한 소송에서 서울중앙지법은 2019년 1월 24일 『조선일보』가 홍가혜에게 "6,000만 원을 배상"하고 이 금액에 대해 "2014년 4월 24일부터 2019년 1월 24일까지 연 5%, 그다음 날부터 다 갚는 날까지

---

4. 하성태, 「'조선일보 파산 펀딩' 진행하는 홍가혜, "혼란 자초한 건 朴정부"」, 『고발뉴스』, 2019년 2월 11일 수정, 2020년 2월 11일 접속, http://bit.ly/3bXLcMq.

5. 정철운, 「국가폭력 피해자 홍가혜, 1687일 만에 무죄 확정」, 『미디어오늘』, 2018년 11월 29일 수정, 2020년 2월 11일 접속, http://bit.ly/3a5NQyf.

연 15%의 각 비율로 계산한 돈을 지급하라"고 판결했다. 이외의 여러 언론도 손해배상을 판정받거나 홍가혜에 대한 사과문을 게시해야 했다. 물론 『조선일보』는 2019년 2월 8일 항소했다. 하지만 홍가혜는 이에 맞서 국민에게 호소하며 "여기까진 혼자 달려왔으나 이젠 함께 하는 겁니다"라며 "『조선일보』 파산펀딩"을 개시했다.

> 여러분들이 마음 보태 주신 금액만큼 항소심에서 증액을 요청할 것이고, 1심 판결금 이상 항소심에서 판결 날 경우(변호인들과 약정한 승소금 50%를 뺀) 나머지 금액은 모두 조선일보 파산을 위한 공익적 활동에 쓰입니다. 물론 항소심에서 조선일보가 파산당할 만큼 판결이 난다면 그 공익 활동은 필요 없어지겠지요.[6]

국민을 개돼지나 종으로 아는 반국민적 권력과의 싸움은 끝나지 않았을 뿐만 아니라 이제 막 시작인 셈이다. 전쟁이나 혁명도 그렇지만, 정의의 싸움도 조직이나 집단에서 시작되지 않는다. 전위나 투사만이 투쟁하는 것이 아니다. 오히려 우리 시대에는 평범한 개개인들이 삶 속에서 겪는 작은 경험들에서, 그 경험들에 대한 자신 나름의 고유하고 특이한 느낌에서, 자신

---

6. 하성태, 「'조선일보 파산 펀딩' 진행하는 홍가혜, "혼란 자초한 건 朴정부"」, 『고발뉴스』, 2019년 2월 11일 수정, 2020년 2월 11일 접속, http://bit.ly/3bXLcMq.

만의 그 특이한 느낌을 평균 속에 묻어버리지 않고 살려 나가는 집요함에서, 작은 불의에 대한 관용이 아니라 선처 없는 처벌을 바라는 노력에서 투쟁이 시작된다. 그래서 작은 불의를 용납하지 않으려는 의지가 큰 불의를 꺾게 된다. 조직이나 집단은 이 싸움을 승리로 이끌기 위해 꼭 필요한 조건일 뿐이다. 그리고 그러한 조직과 집단은 기존의 조직들을 승계하여 그대로 사용할 수 있는 것이 아니고, 개개인의 그 고유하고 특이한 느낌·생각·판단을 유통하여 이끌어낸 공감을 기초로 해서 늘 새롭게 만들어져야 한다. 장자연의 절규와 항의를 이어받은 윤지오의 증언 투쟁과 방어 투쟁, 그리고 다양한 유형의 가해자들에 대한 처벌 투쟁은 하나의 투쟁의 다른 장들이다. 이 투쟁은 어려울 수밖에 없다. 하지만 그것은 어려운 만큼 드물겠지만, 드문 만큼 고귀한 것이다.

'윤지오 마녀사냥'이 묻어버린 '증언자 윤지오'의 여섯 가지 핵심증언 (2009~2019)

첫째는 착취와 초과착취 문제에 대한 진술이다. 윤지오는 소속사 대표가 배우들과 체결한 부당 노동계약과 부당한 노동을 강제하는 행위를 통해 젊은 연예 노동자들을 착취한 것에 대해 진술했다.

윤지오의 증언에 따르면, 김종승 대표는 출연 기회를 얻고 싶어 하고 또 출연 기회를 얻어야 살 수 있는 배우들의 욕망과 약한 처지를 이용하여 자신에게 일방적으로 유리한 계약을 체결하고 그 계약에 대한 해석권리까지 독점함으로써 소속 배우를 술자리에 불러내 술접대를 시키는 등의 부당한 노동을 강제하는 행위를 했다. 이에 불만을 느낀 소속 배우들이 계약을 중도에 해지하려고 해도 막대한 위약금(1억 원) 때문에 중도해지를 할 수도 없는 노예 상태를 강요했다. 이 증언을 바탕으로 김종승 대표는 유죄선고를 받았다.

둘째는 자신이 목격한 성추행에 대한 진술이다. 윤지오는 김종승 대표를 매개권력으로 연예 노동자들에게 술접대를 강제하고 심지어 그들을 성추행한 언론인에 대해 증언했다.

윤지오에 따르면, 자신도 참석했던 술접대 자리에서 일본어를 유창하게 하는 한 언론인이 장자연을 성추행했다. 이 언론인은 이후 전 『조선일보』 기자로 밝혀졌고 윤지오의 증언을 근거로 기소되었다. 1심에서 무죄선고를 받았으나 검찰이 항소했다.[1]

셋째는 장자연 리스트의 존재에 대한 진술이다. 윤지오는 연예계, 언론계, 정치계, 재계, 법조계의 권력자들이 김종승 대표를 매개로 힘없는 신인배우 장자연의 신체를 이용한 것에 관해 진술했다.

윤지오에 따르면, 자신은 2009년 3월 12일 봉은사에서 유장호가 넘겨준 장자연의 글을 읽었는데 거기에는 KBS를 통해 보도된 바의 피해사실이 적힌 4장의 문건 외에 편지형식의 글 3장이 별도로 있었고 거기에는 "성상납을 강요받았습니다"라는 문구 아래에 무슨 사의 누구라는 식으로 기재된 명단이 있었다.

넷째는 장자연 리스트의 내용에 대한 진술이다. 윤지오는 장자연 리스트에 기록된 그 권력자들의 이름 중에서 기억에 남아 있는 사람들에 대해 진술했다.

윤지오는 방 씨 성의 세 사람과 이름이 특이한(〈꽃보다 남자〉의 구준표와 이름이 흡사한) 국회의원의 이름이 기억난다고 증언했다.

---

1. 2심에서도 무죄선고되었으나 검찰이 자유심증주의의 한계를 넘는 판결이라는 이유로 상고를 결정했다.

다섯째, 특수강간 가능성에 대한 진술이다. 윤지오는 누군가 장자연에게 마약을 주입하고 장자연을 특수강간했을 가능성에 대해 진술했다.

윤지오는, 장자연이 술 반 잔도 채 마시지 않은 상태에서 온몸에 힘이 풀리고 동공에 초점이 없는 모습을 본 기억이 있다고 말했다. 이 모습을 보고 당시에는 언니가 술이 약한가 보다고 생각했는데 캐나다에서 마약에 취한 사람들의 모습을 보고 나니 그 모습이 언니가 마약에 자신도 모르는 새에 주입당한 모습일 수 있지 않은가 의심된다는 것이다.

여섯째는 국가권력의 부당이용 혹은 남용에 대한 진술이다. 윤지오는 국가기구인 국정원이 신인배우 장자연 사건에 개입한 사실에 대해 진술했다.

윤지오에 따르면 2009년 3월 12일 봉은사에 유장호와 동행한 사람이 있었는데 유장호는 이 무렵 국정원이 자기 뒤를 봐주고 있다고 자랑하고 다녔다. 다음 날인 3월 13일 유장호가 입원한 병원에도 자신을 국정원 직원이라고 소개한 한 남자가 있었다.

착취, 수탈, 국가권력 남용 등 우리 사회의 모순과 권력 집단의 주요 문제를 고발하는 이 증언 내용 중 아직 어느 것도 증거에 의해 반박되지 않았으며, 오히려 사법부에 의해 사실로 인정되거나 여러 증언에 의해 뒷받침되거나 새로운 증거에 의해 보강되어 왔다. 문제는 권력자들의 폭압이, 그리고 사람들의 눈을 혼탁하게 하는 센세이셔널한 매스미디어의 선정적 보도들이 증언이 던지는 진실의 메시지를 시민사회 관심사의 후경後景으로 밀어내고 있다는 점이다. 폭압자들의 목적이 윤지오의 진술을 무력화하고 그 증언으로 인해 위기에 처할 수 있는 권력 질서를 옹호하며 훼손된 질서를 재구축하는 것임은 분명하다. 이 증언들은 어떻게 판명되었고 어떤 효과를 가져왔는가?

첫 번째와 두 번째의 증언을 바탕으로 피고가 유죄선고를 받거나 기소되었으므로 이것들은 그 신빙성이 뒷받침된 셈이다.

세 번째 증언, 일명 '장자연 리스트'의 존재에 대해 과거사 진상조사단은 "수사기록에 편철된 문건 외에 피해사실과 관련하여 작성된 것으로 보이는 '명단'이 기재된 문건, 즉 '리스트'가 있었을 것"이라는 의견을 검찰 과거사위원회에 제시하였다. 따라서 리스트의 존재에 대해서는 사법적 수준에서도 일정한 인정이 이루어진 셈이다.

네 번째의 증언과 관련해 초기 수사에서 경찰과 검찰은 방씨 성의 사람들에 대한 수사를 충분히 하지 않았다. 또 관련자인 『조선일보』는 수사 무마를 위한 외압을 행사했다. 이 외에 『조선일보』는 윤지오 증언의 신빙성을 떨어뜨리는 여러 건의 보도를 했다. 또 자신이 그 이름이 특이한 국회의원으로서 검찰로부터 출두하여 조사받으라는 전화 연락을 받았다고 유튜브 방송을 한 홍준표는 자신의 실명을 거론했다며 〈정의연대〉를 형사 고발하는 것으로 대응했다. 이것은 증언자의 진술을 훼손시키기 위한 여러 유형의 폭압들로 볼 수 있을 것이다. 그러나 폭압이 진실을 대체할 수 있는 것은 아니다.

다섯 번째 증언은 어떠한가? 이 증언은 장자연이 문서를 처음 작성할 때 "성폭행을 당했다고 적은 적이 있다"는 유장호의 면담 전 진술, "장자연이 쓴 A4 용지에 '술에 약을 탔다는 얘기가 있다'"고 들었다는 정 감독의 진술[2] 등에 의해 일정하게 교차 검증되었다.

여섯 번째 진술과 관련하여 〈정의연대〉는 '국정원', '국정원 박 팀장'이라는 이름으로 윤지오의 옛 핸드폰에 저장된 두 개의 전화번호를 공개했다. 이로써 윤지오의 증언은 물증을 갖게 되었다.

이렇게 윤지오의 증언이 이미 사법적 뒷받침을 받거나 교차 검증되거나 물증을 갖고 있음에도 불구하고 『조선일보』를 비롯한 일부 언론들은 그의 증언이 거짓 증언이라고 집요하게 주장하고 있다. 이제 우리가 관심을 갖고 풀어야 할 문제는 윤지오의 증언보다 오히려 증언이 거짓이라는 주장이다. 다시 말해 밝혀져야 하는 것은 정황들과 배치되는 이러한 주장이 왜 이토록 집요하게 제기되는가이다.

---

2. 2011년 8월 1일 진술조서, 2019년 과거사진상조사단 진술.

장자연 사건에서 리스트 공개 및 윤지오 증언의 중요성에 대해

2009년 3월 7일에 있었던 장자연의 죽음은 3월 9일에 단순 변사로 처리되었다. 지금 논란이 되는 '장자연 리스트'는 물론이고 '장자연 문건'조차 공개되지 않은 상태였다. 그런데 이 사건은 이후 왜 단순 변사를 넘어 전 사회적 파장을 일으키는 역사적 사건으로 전환되었을까?

이것은 전적으로 장자연 문건의 공개 때문이었다고 할 수 있다. 여기서 혼란을 막기 위해 장자연이 남긴 문서가 두 종류임을 분명히 해 두자. 하나는 피해사실을 담은 문건이고 또 하나는 가족과 친지의 안전을 당부하는 편지글 형식 속에 이름들의 목록이 들어 있는 리스트이다.[1]

장자연의 죽음 직후 대부분의 사람들은 경찰의 발표와 언론의 보도대로 우울증으로 인한 자살로 정리하고 넘어가는 분위기였다. 그런데 이러한 사망 처리 방식에 반대하는 하나의 힘이

---

1. 이 책에서는 일관되게 전자를 '문건'이라고 부르고 후자를 '리스트'라고 부른다. 이 둘을 모두 지칭할 때는 '문서'라고 부른다.

물밑에서 계속 작동하고 있었다. 그것은 유장호의 움직임이다.

1. 문건의 대인 공개

(1) 유장호는 3월 7일 오후 스타일리스트 이○○에게 3~4장의 문서를 보여주며 어떻게 해야 좋을지 모르겠다고 말했다. 이것이 문건을 최초로 타인에게 공개한 것이다. 이 대인 공개에서 유장호는 리스트는 빼고 문건만 보여주었던 것으로 보인다.

(2) 스타일리스트 이○○ 및 『노컷뉴스』 기자 이지현과 함께 장례식장으로 가는 차 속에서 유장호는 혼잣말로 장자연이 남긴 문서가 있다는 말을 한 것으로 나타난다. 이것은 세 사람이 있는 공간에서의 문서 존재의 불명확한 공개라고 할 수 있다.

(3) 장례식장에서 사무실로 다시 돌아와 스타일리스트 이○○에게 유장호는 다시 한 번 더 그 문서를 보여준다. 이것은 (1)의 행위를 조금 더 구체적으로 반복하는 대인 공개이다.

(4) 유장호는 자신의 미니홈피에 장자연이 단순히 우울증을 앓아 자살했다고 비쳐지는 것은 억울한 일이라는 취지의 글을 올린다.

하지만 이 네 단계의 공개는 아직 불명확한 대인 공개에 머물렀으며 사회적 공개라고는 할 수 없고 사회의 주목을 받지도 못한 물밑 공개 차원의 것이었다.

2. 문건의 언론공개

(5) 유장호는 3월 8일 밤 다시 스타일리스트 이○○를 부르고 『노컷뉴스』의 김대오·이지현 기자와 『조선일보』 박은주 기자가 참석한 자리에서 문건의 마지막 문구("저는… 싫습니다")를 사진 찍게 했다. 김대오는 이 문구에 "유서 분위기"도 있으니[2] 이런 정도는 공개하면서 문건의 존재를 알리자고 했다.

(6) 두 언론사는 3월 10일 동시에 해당 문구의 이미지를 포함한 장자연 문건의 존재를 보도한다. 이것이 최초의 언론공개이다. 여기에 특이한 점이 두 가지가 있다.

하나는 이 두 기자가 자신들이 본 문건의 출처를 모두 유장호가 아닌 것처럼 쓰고 있다는 것이다. 『노컷뉴스』 김대오 기자는 출처를 밝히지 않음은 물론, 자신이 입수한 문건이 유장호가 갖고 있는 것과 일치하는지를 유장호에게 전화로 확인했으나 유장호가 확인해 줄 수 없다고 답했다고 썼다. 이런 방식으로 문건의 보도 출처가 유장호가 아닌 것처럼 서술한다. 그리고 『조선일보』 박은주 기자는 아예 유장호와 별도의 "장 씨 지인 A 씨"로부터 문건을 본 것처럼 서술한다. 이 두 기자의 기사에 따르면 문건에 관한 정보의 출처는 유장호가 아닌 것으로 된다. 이후의 진술자료들에 비추어 보아, 출처와 관련된 두 기자의 이

---

2. "저는 나약하고 힘 없는 신인배우입니다. 이 고통에서 벗어나고 싶습니다"라는 문구는 유서 분위기를 전혀 갖고 있지 않다. 살려고 하는 의지의 표명이기 때문이다.

런 상황서술이 사실과 다르고 꾸며낸 것임은 분명해 보인다.

또 하나는 두 기자가 위의 문구 외에 문건의 장 수, 형식, 간인, 지장, 볼펜 글씨, 친필 등에 관해 언급하고 있다는 것이다. 이것은 유장호, 스타일리스트 이○○, 김대오의 진술조서와 배치된다. 진술조서에 따르면 두 언론의 기자는 문건의 장 수나 형식 등에 관해 알 수 없도록 되어 있다.

그러므로 이들(스타일리스트 이○○는 제외)이 입을 맞춰 정보 출처에 대해 거짓말을 하는 것이거나 아니면 문건의 소지자가 유장호 외에 최소 한 사람이 더 있고 문건도 두 본 이상임을 의미한다.[3]

(7) 첫 번째 언론공개에 이어 3월 13일 KBS가 타다 만 문건의 내용을 공개하면서 출처를 유장호 사무실의 쓰레기통이었다고 말한다. 이것이 문건 내용에 대한 본격적인 언론공개이다. 하지만 그것 역시 리스트가 빠진 문건만의 공개이며 그것마저 타다 만 문건, 중요한 이름들이 지워진 불완전한 문건이었다.

3. 에피소드 : 윤지오, 유가족, 경호원에 대한 문건 및 리스트 공개와 그것의 소각

(8) 3월 10일 유장호는 윤지오에게 전화를 걸어 여러 사람의 이름을 한 사람 한 사람 거명하며 윤지오가 그들의 명함을 가

---

3. 이 문제에 대해서는 뒤에 다시 서술한다.

졌는지를 확인한다. 그러면서 이름들의 **목록**(리스트)은 경찰에게 넘겨주지 않을 생각이라고 이야기한다. 즉 유장호가 문건과 리스트 둘 중 문건만 경찰에게 넘길 것임을 시사한다. 이것은 유장호가 리스트를 모호한 방식으로지만 처음으로 윤지오에게 공개한 것이라고 볼 수 있다.

(9) 3월 12일 유장호는 경호원("국정원 직원")을 대동하여 봉은사의 차 안에서 윤지오에게 문건과 리스트 사본을 보여준다. 이것은 최초의 대인 리스트 공개이다. 그런데 그 경호원의 정체는 아직 정확히 밝혀져 있지 않고 조사가 되었는지조차 알 수 없다. (정황으로 보면 경호원은 이미 그 문건과 리스트를 보고 또 숙지하고 있었을 것으로 추정할 수 있다.) 이 인물의 정체와 장자연 사건에서의 역할 문제는 앞으로 규명해야 할 점이다.

(10) 같은 날 봉은사에서 유장호는 봉은사 땅 밑에 파묻어 두었던 비닐봉지 속의 문건과 리스트를 유가족들에게 보여주고 유가족의 결정에 따라 소각한다. 이때도 유장호는 문서를 태우지 말고 그것[4]을 언론에 공개할 것을 강력히 주장한다.

(11) 이 맥락에서 보면 유장호는 문건의 존재를 넘어 그 내용까지 공개하는 것을 자신의 목적으로 추구했다. 문건의 소각으로 그 목적이 실패하는 듯했지만, 바로 다음 날 KBS가 유장호 사무실 앞에서 입수한 문건 4장의 내용을 언론에 공개함으

---

4. 그의 의도대로라면 리스트를 포함한 문서 전체가 아니라 문건만 공개대상에 포함될 것이다.

로써 문건의 내용은 유가족의 의사에 반해 강제적으로 공개되었다. 유장호의 입장에서 볼 때 문건의 존재 공개에서 문건의 내용 공개에 이르는 과정은 지난한 것이었다. 결과적으로 유장호는 비록 합법적 공개에는 실패했지만, 자신의 의도대로 문건의 존재와 그 내용을 언론에 공개하는 것에 성공한 셈이다.

4. '리스트'는 어디로? — 윤지오 증언의 중요성

그런데 10년이 지난 지금까지 아직도 리스트는 대중에게는 비공개 상태이다.

(12) 리스트는 김대오, 이지현, 박은주 기자에게는 공개되지 않았고 스타일리스트 이○○에게도 공개되지 않은 것으로 보인다.

(13) 리스트는 유장호가 윤지오와의 전화 통화에서 여러 사람의 이름과 윤지오가 소지한 명함을 대조하는 과정에서 처음 시사되었고 "목록"이라는 말로 확인되었다.[5] 유장호가 (아마도 장자연의 문서에 등장하는 것이었을) 사람 이름들과 윤지오가 가진 명함들의 목록을 대조하고자 했던 것은 장자연과 윤지오의 행동반경이 유사하다는 것에 착안했기 때문일 것이다.

(14) 봉은사에서 유장호는 윤지오에게 처음으로 리스트를 보여줬다. 이미 전화 통화에서 그 리스트에 대한 대조 작업을 윤

---

5. 이 통화는 녹음되어 경찰에 증거물로 제출되었다.

지오와 한 다음이기 때문일 것이다. 이후 리스트는 문건과 함께 유가족에게 전달되었고 이를 읽은 유가족의 결정에 따라 모두 소각되었다.

이후 리스트는 공식적으로 시야에서 사라졌다. 경찰이나 검찰의 수사도 리스트가 없는 문건 4장의 타다 만 사본6을 대상으로 이루어졌다. 윤지오와 유장호, 그리고 유가족이 리스트의 존재를 시사하는 진술이 있었음에도 검경은 이에 주목하지 않고 수사 없이 넘어갔다.

윤지오의 증언이 중요한 것은 그가 2009년 3월 10일 전화로 유장호로부터 들었던 이름들, 전화 속에서 유장호가 사용한 "목록"이라는 말, 그리고 이틀 뒤인 3월 12일 봉은사 부근 차 안에서 문건과 함께 사본으로 봤던 리스트의 존재를 증언하는 것이고, 그중 기억 속에 남아 있는 그 리스트 내용의 일부를 증언하는 것이기 때문이다. 이것은 실종된 증거를 찾아 지금 이곳으로 되가져오는 것이다.

이런 맥락에서 볼 때 윤지오 증언을 부정하는 김수민, 김대오, 박훈 등 반윤지오 트리오의 등장과 그것의 언론과의 결착을 통한 윤지오 진술의 신빙성 떨어뜨리기는, 지금까지 비공개 상태로 남아 있었던 리스트의 존재를 그대로 비공개 상태로 묻어두고 그 내용의 공개를 추호도 용납하지 않으려는 필사적인 시도의 일부로 볼 수 있다. 누가 그러한 시도를 하는 것일까? 그

---

6. 이것은 봉은사에서 소각된 것과는 전혀 별개의 판본이다.

것이 우리가 모두 함께 풀어야 할 문제이다.

5. 김대오, 박은주 기사의 정보 출처에 대해

박은주가 쓰고 있는 "장 씨 지인 A 씨"가 누구일까 하는 의문을 풀기 위해서는 유장호, 김대오, 스타일리스트 이○○의 진술서를 이 관점에서 꼼꼼히 다시 읽어보는 것이 필요하다. 진술들을 종합해보면 김대오·박은주 기자가 정보 출처를 유장호가 아닌 다른 사람, 예컨대 "장 씨 지인 A 씨"라고 쓴 것은 유장호가 유족과의 상의 없이 문건을 공개하지 않았음을 공식화하기 위한 연극적 가림막이었을 가능성이 높은 것으로 보인다. 즉 문건의 두 출처가 있는 것이 아니라 유장호가 출처임을 감추고 유장호 아닌 다른 출처로부터 문건을 입수했다는 인식을 유족에게 줌으로써, 정보원을 보호하기 위한 장치였을 가능성이 높다는 것이다.

그 이유는 유장호의 행동에서 찾아볼 수 있다.

(1) 유장호는 3월 7일 장자연이 사망한 당일 스타일리스트 이○○에게 "문서가 있는데 어떻게 하면 좋은가" 물었고, 장례식장에 갔다 온 후 똑같은 질문을 이○○에게 반복했다. 이것은 이○○의 힘을 빌려 문건을 언론에 공개하려는 의도로 읽을 수 있다.[7]

---

7. 타인의 힘을 빌려 문건을 공개하려는 작업은 아래에 서술하듯이 윤지오를

(2) 유장호는 스타일리스트 이○○에게 유가족에게 전화해서 문건을 태우겠다고 말해달라고 부탁한다. 하지만 이 과정에서 이○○는 장자연의 언니에게 유장호의 의사를 전달하는 데 실패한다. 언니가 3월 10일의 보도내용을 믿을 수 없다는 식으로 나왔기 때문에 이○○는 유장호의 의사를 유가족에게 전달하는 데 어려움이 있었다고 말한다.

(3) 유장호는 이제 방법을 바꿔 3월 10일에 윤지오에게 문건을 "윤지오 네가 공개한 것으로 해줄 수 없느냐"고 부탁한다. 윤지오는 이것을 거절한다. 여기까지 유장호는 문건의 언론공개(사회적 공개)를 합법화하는 데 실패한다.

(4) 3월 12일 유장호는 유가족을 만나 문서를 경찰에 제출할 것을 주장하지만 유가족의 거부로 문서는 소각된다.

(5) 이런 맥락을 고려하면 KBS의 문건 보도는 유장호 자신이 문건의 공개 주체가 되지 않으면서 문건의 내용을 공개하는 무리한(즉 유가족 동의 없는) 방법으로 선택된 것이었다고 해석할 수 있다. 그리고 이 문건이 경찰에 제출되었고 이후 수사 과정을 지배하게 되었다.

(6) 유장호는 보도가 나간 후 병원에 입원하는데 이때에도 스타일리스트 이○○에게 "내가 한 것[8] 아닌 것을 너도 알잖니"라고 말한다. 이 말은 "내가 문건의 내용 공개의 책임자가 아님

대상으로도 시도되었다.
8. 여기서 "한 것"이란 '문건이 공개되도록 한 것'을 의미한다.

을 가족(장자연의 언니)에게 좀 이야기해줘!"라는 말로 새겨서 읽어야 맥락에 맞는다.

6. 결론

유장호는 자신이 언론공개 주체로 되지 않으면서 어떤 형태로든 (리스트를 제외한) 문건을 공개하려고 지속해서 노력했다. 그는 『노컷뉴스』와 『조선일보』의 기자들을 이용해서 문건의 존재를 공개하는 데 성공했다. 하지만 이때까지도 문건의 내용을 공개하는 데에는 실패했다. 봉은사에서의 소각은 실패를 최종적인 것으로 만드는 것으로 보였다. 소각으로 인해 자신이 내용 공개의 책임자로 되지 않으면서 유가족의 동의를 얻어 합법적이고 순리적인 방식으로 문건 내용을 공개하는 것이 불가능해졌기 때문이다. 이런 상황에서 문건 내용을 무리한 방식으로 공개한 것이 (유가족 동의 없이 이루어진) KBS의 보도였던 것으로 추정된다. 물론 리스트는 제외하고서다. 이 일련의 과정은, 유장호 측이 원한 것은 리스트 공개 없는 문건 공개였음을 보여준다. 이후의 사법적 과정은 이것을 공식화해 왔으며 문건 내용에 드러나 있는 가해 책임자조차도 불철저하게 처리하는 방식으로 리스트 없는 문건 내용에 대한 사법적 진실을 만들어 왔다. 이것은 리스트에 대한 권력의 봉인이 그간 성공적이었음을 보여준다. 그런데 촛불혁명과 미투 운동의 힘으로 검찰 과거사위원회와 과거사진상조사단이 출범하고 아래로부터의 이 섭정의 흐름에 윤지오가 증언자로 결합하면서 그것의 힘이 지금까지 안전했던 리스트에 대한 봉인을 제거할 순간에 이른다. 그것은 이 봉인을 파열시키는 대지진과 같은 것이었다. 촛불혁명을 진원지로 하는 이 지진을 막지 못하면 리스트가 드러날 위험에 처한다. 가해자들에게 그 악몽은 장자연 사건의 재수사로 나타날 것이었다.

이런 상황에서 2019년 4월 7일 윤지오가 국회의원들의 초청으로 국회에서 간담회를 연 것을 분기점으로 가해자들의 반격이 본격화되었다. 『뉴시스』가 윤지오 증언의 허구성과 사기성이라는 주장을 들고나온 것이 그 신호탄이다. 『뉴시스』가 치고 빠진 이 반격은 이후 다른 행위자들에게 배턴을 넘겨주면서 릴레이 형식으로 지속되었다. 이것이 현재의 장자연 사건을 둘러싼 사회적 갈등의 정체라고 나는 생각한다.

이 갈등을 해결할 유일한 방법은 강제수사권을 갖는 특검이 리스트의 존재와 그 내용을 확인하기 위한 철저한 재수사에 나서는 것이다.[9] 긴 역사적 시야에서는 이것이 마지막 기회라고 단정할 수는 결코 없겠지만 지금이 진실을 규명할 절호의 기회이고 가해자의 처벌과 제도 개혁에 이를 유의미한 기회로서는 마지막 기회라고 하는 것이 옳을 것이다.

---

9. 하지만 검찰 과거사위원회는 이 사건에 대한 재수사 권고 없이 조사를 종결 지었다.

진술과 이해利害관계 및 권력관계 문제

유장호의 진술을 어떻게 이해할 것인가?

유장호가 여러 가지 의미에서 장자연 사회적 타살 사건의 열쇠를 쥐고 있는 인물이라는 것은 부인할 수 없다. 그런데 유장호의 진술이 시간 속에서 계속 동요하고 있는 것으로 보인다. (1) "장자연 씨가 처음 작성한 문건에 심하게 성폭행당한 내용도 썼는데 그 부분은 내가 지우라고 했다"에서, (2) "장 씨가 그간에 피해에 관해 이야기하는 것을 듣고 있는 상황에서 정확히 성폭행이라는 단어를 사용하지는 않았지만, 성추행 혹은 그와 유사한 단어를 사용하며 '그런 일이 있었다'고만 했을 뿐, 추가적인 대화가 오가지 않았다"로, 그리고 다시 (3) "[장자연의] 피해가 언제, 어디서, 누구에 의해 야기된 것인지 장 씨로부터 전혀 들은 바가 없고, 아는 바도 없다"로.

이것은 진실에 대한 기억의 동요라기보다 어떻게 진술하는 것이 더 유리할 것인가에 관한 자기 검열의 과정과 진술 방향의 조정이 나타나는 방식이라 해야 할 것이다. 조사 과정에서 과거사진상조사단은 유장호가, 있는 그대로의 사실에 따라서가 아니라 직접적인 이해관계 및 세력 관계에 따라 진술할 가능성이 높은 위치에 있음을 충분히 고려하면서 그의 진술에 대한 판단을 내려야 할 것이다. 그는 장자연으로 하여금 문건을 작성케 하여 그것을 기획사 간의 이해 다툼에 이용하려 한 이해당사자이기 때문이다.

그는 '장자연 리스트'에 대해서도 부인하는 진술을 한 것으로 SBS는 보도하고 있다. 그러나 이것은, 경찰에 "목록"은 제출하지 않으려 한다는 윤지오와의 통화 녹취에서 그 자신이 한 말에 의해 스스로 부인된다. "목록"을 제출하려고 하지 않는 그 의도만으로 이미 사실보다 이해관계/세력관계를 우선시하는 그의 태도를 엿볼 수 있기 때문이다. 이 점에 관해서는 권력자들이 자신의 범죄혐의를 감추기 위해 진술을 어떻게 짜 맞추는지를, 가령 「장자연 강제추행 부인 유력인사들, 어떻게 진술 짜 맞췄나」[1]에 서술된 내용을 참조할 수 있을 것이다.

SBS는 리스트의 존재를 부인하는 또 하나의 증거로 유가족의 진술이 있다고 보도한다. 그러나 이것이 윤지오 증언의 신빙성을 낮추는 증거로 사용되기는 어렵다. 유가족은 2009년 3월 12일 봉은사에서부터 문건의 실체 규명이 아니라 문건의 소각을 주장했다.[2] 이 문제에 대해 윤지오는 자신의 생각을 이렇게 밝힌다.

---

1. 강성원, 「장자연 강제추행 부인 유력인사들, 어떻게 진술 짜 맞췄나」, 『미디어오늘』, 2018년 11월 7일 수정, 2020년 2월 11일 접속, http://bit.ly/32fKrdn.
2. 이 책 38쪽 참조.

3월 18일에는 자연언니의 유족들이 Y와 문건을 보도한 기자, 문건 관련자들을 사자명예훼손 혐의와 강요 등으로 고소했다. 성상납 강요 등 진위를 알 수 없는 내용을 유족의 뜻에 거스르며 언론에 공개해서 고인의 명예를 훼손했다는 것이었다. 언론 인터뷰에서 유족 측은 K와 Y, 두 사람 사이의 갈등으로 자연언니가 희생양이 된 것이라며 문건의 실체 규명보다 누가 어떤 목적으로 문건을 작성하고 유출했는지에 대해 더 큰 분노를 드러냈다.[3]

문건의 실체규명보다 작성 동기와 유출 책임 추궁. 이것은 문건의 소각에 이어 유가족이 문건에 대해 보여준 두 번째 태도이다. 그런데 지금 과거사진상조사단을 통해 국민과 세계 시민들이 알고 싶어 하는 가장 중요한 측면은 문건의 작성 동기나 문건의 유출책임보다는 문건의 실체규명이다. 현재까지 문건의 이 실체규명 문제에 대해 신뢰성 있는 증언을 하고자 하는 사람이 윤지오 외에는 나타나지 않고 있다는 것은 안타까운 사실이며 이 사건의 비극적 측면이다. 그가 권력을 가진 남성들에 포위된 채 온갖 협박과 조작에 맞서 증언하고 있는 유일한 여성 증언자라는 사실에 대한 고려 없이 이 사건의 실체에 접근하는 것은 사실상 불가능하다. 윤지오의 증언 신빙성을 공격했던 『뉴시스』의 4월 7일 보도 이후 이 사실을 삭제하기 위한 총

3. 윤지오, 『13번째 증언』, 122쪽.

력전이 전개되고 있는 것으로 보인다. 이 보도 기사는 지금 삭제되었는데, 『뉴시스』가 그 계열사인 『머니투데이』 그룹의 홍○근 회장이 장자연과의 술자리에 합석한 바 있는 인물임을 윤지오가 폭로하면서 언론을 통한 명예훼손을 하지 말 것을 항의했기 때문이다.[4]

---

4. 강성원, 「'증인' 윤지오와 홍선근 머니투데이 회장」, 『미디어오늘』, 2019년 4월 9일 수정, 2020년 2월 11일 접속, http://bit.ly/32ld5Ke.

유장호의 양면성의 비밀

장자연의 죽음 앞에서 유장호는 왜 어쩔 줄 몰라 했나?

나는 앞에서 유장호가 리스트 공개 없는 문건 공개를 끈질기게 추진한 인물이라고, 그리하여 문건의 존재만이 아니라 (리스트를 제외한) 문건의 내용까지 언론에 공개하는 데 성공한 인물이라고 말했다. 그런데 유가족으로부터의 제소 위험까지 무릅쓴 유장호의 지략적이고 끈질긴 움직임은 어디서 나왔을까? 그 정도의 끈질김은 분명한 목적, 구체적 전략, 실질적인 상황 통제력을 가지지 않고서는 나올 수 없는 끈질김이다. 그런데 유장호가 실제로 그런 능력들을 갖추고 있었던가? 전혀 그렇게 보이지 않는다.

유장호에 대한 여러 사람의 진술조서들은 2019년 3월 7일 장자연이 주검으로 발견된 직후 그가 보여주었던 심리상태와 태도에 대해 상당히 일관되고 통일된 그림을 보여준다. 그가 상황 통제력을 보이기는커녕 어쩔 줄 몰라 하고, 어쩌면 좋으냐고 묻고, 당황해하고, 난감해하고, 힘을 잃고 쓰러져서 스타일리스트 이 모 씨와 『노컷뉴스』 이지현 기자의 부축을 받고, KBS 보도 후에는 급기야 병원에 입원하기에까지 이른다. 스타일리스트

이 모 씨의 진술조서에는 유장호의 이러한 심리상태가 특히 구체적으로 서술되어 있다. 윤지오도『13번째 증언』에서 조문을 거절당한 유장호가 여러 차례 전화해서 화를 내고 욕을 퍼부었다고 쓴다. 3월 10일의 유장호는 윤지오에 의해, 자신에게 "문서를 공개한 사람이 나[윤지오]라고 하면 안 되겠냐는 이상한 부탁"을 한 사람으로 그려진다. 3월 12일의 유장호는 오후 6시 봉은사에서 보자고 했다가 "아니야, 너 위험해질라. 그냥 봉은사 앞에서 5시 반에 보자"며 "횡설수설"하는 문자메시지를 보내는 사람으로 그려진다. 3월 14일의 유장호는 어떤가? "유장호로부터 연락이 왔다. 자연 언니의 심경 고백 문건이 세상에 공개되면서 충격을 받아 병원에 입원해 있다는 것이었다…. 나는 엄마와 함께 입원실로 갔다. Y[유장호]는 나에게 '내가 너무 힘들어, 네가 좀 도와줘'라고 말했다."

끊임없이 누군가의 도움을 요청하는 유장호의 이러한 심리상태는 동료, 후배, 지인들의 죽음 앞에서 보통 사람들이 보이는 태도와 확연히 다르다. 또 장자연의 전 매니저로서 장자연의 죽음 앞에서 보일 수 있는 상식적 태도로서도 이해할 수 없는 것이다. 슬픔이나 안타까움이나 미안함이나 분노함과 같은 정동과는 거리가 먼 당황과 난감, 그리고 혼란의 심리상태를 보이는 것이다. 이것은 그가 상황 통제력을 잃고 있음을 의미한다. 그렇다면 이것은 유장호가 끈질기게 "리스트를 제외한 문건의 언론공개"라는 자신의 목적에 충실했고 그것에 성공한 인물이라는 나의 앞의 글의 주장과 모순되지 않는가? 상황 통제력을 잃은 인물이 어떻게 자신의 목적을 일관되고 끈질기게 추진할 수 있는가?

유장호가 그 혼란된 심리상태에도 불구하고 문건 내용의 언론공개를 끈질기게 추진할 수 있었던 것은 그 끈질김과 일관됨의 힘이 유장호의 바깥에서 주어지고 있었다고 가정할 때에만 설명될 수 있다. 즉 유장호 아닌 누군가가 유장호를 하나의 방향으로 통제할 때, 유장호의 심리가 붕괴하고 있다 할지라도 그를 목적 달성의 도구로 사용할 수 있는 것이다. 아니 유장호는 동갑내기 장자연에 대한 인간적 정의情誼와 누군가로부터의 실리 추구적 통제 사이에 놓여 있었고 그것이 그의 혼란과 심리적 붕괴를 가속했다고 나는 추정한다. 그렇다면 유장호를 외부에서 통제하는 그는 누구인가? 어떤 힘인가? 무엇을 위해 유장호를 통제했는가?

강제수사력 있는 특검을 구성해서 꼭 밝혀내야 할 것이 이 문제이다. 이것을 밝혀야만 '사라진 리스트'의 비밀로 한 걸음 접근할 수 있다. 이것이 '애초부터 리스트는 없었다'는 식으로, 10년 전의 진술들과 녹취자료들 속에 물질적으로 명확히 새겨져 있는 리스트의 자취를 외면하고 삭제해 버리려는 김대오-박훈의 상황인식의 편리함, 나태함, 그리고 위험함을 극복할 방법이다. 이들은 "내가 못 본 것[리스트]은 없는 것이다"라는 유아론唯我論 위에서, 음모론에 대한 자신의 반대를 "권력의 음모는 없다"는 권력 변호론으로 발전시키고, 장자연 사건만이 아니라 김학의·버닝썬 사건에서도 뚜렷이 확인되는 성폭력 권력과 그에 대항하는 아래로부터의 투쟁을 "거짓말"과 "사기"로 몰면서 윤지오를 구속하겠다고 목소리를 높였다. 이것은 이들의 내적 심경이나 의식과는 무관하게, 오래전부터 시작되어 이제 꽤 큰 힘으로 결집한 촛불에 대항하는 반혁명 흐름의 불쏘시개로 기능한다.

'장자연 리스트' 논란과 그 성격에 대해

현재 '장자연 리스트'가 경찰이나 검찰의 수중에 없는 것은 분명해 보인다. 장자연 문건 사본을 보도한 KBS도 리스트를 입수하지 못한 것이 분명하다. 장자연 문건의 존재를 처음 알린 사람 중의 한 사람이고[1] 2019년에 와서 그 "원본"을 보았다고 주장하는 김대오 기자가 "목숨을 걸고 리스트는 없었다"고 주장하는 것을 보면 김대오 기자가 "리스트"를 보지 못한 것은 일단 사실로 보인다.

하지만 리스트를 못 본 김대오 기자와는 달리, 리스트를 본 두 사람이 있다. 그것은 윤지오와 전 호야엔터테인먼트 대표 유장호다. 윤지오가 "리스트"를 보았음을 입증하는 자료들은 다음 네 가지다.

(1) 십 수차례에 걸친 수사기관 및 과거사진상조사단 증언들에서 그리고 무엇보다도 대중 앞에 공개적으로 내놓은 증언인

---

1. 또 한 사람은 『조선일보』의 박은주 기자다.

『13번째 증언』의 11장에서 윤지오는 봉은사에서 유장호 대표로부터 문서의 사본을 넘겨받아 읽어 보았고 봉은사 땅 밑에서 꺼내온 원본을 장자연 씨의 친언니가 읽을 때에 함께 보았고 소각하는 것도 보았는데 그 문서들 중에는 문건과는 별도의 리스트가 있었다고 말했다.

(2) 유장호의 수사기관 초기 진술 : 여기에서 유장호는 4장의 문건과 3장의 편지글, 도합 7장의 문서를 윤지오에게 보여주었다고 말한다.

(3) 고 장자연 배우 오빠의 진술 : 이 진술에서 장자연의 오빠는 문서의 원본과 사본을 보고 태운 현장에 윤지오가 있었다고 말한다.

(4) 유장호와 윤지오 사이의 통화 녹취록 : 이 통화기록에서 유장호는 경찰에 자료를 넘길 때 장자연이 술접대한 사람 "목록"은 넘기지 않을 셈이라고 윤지오에게 말한다.

1년 넘게 장자연 사건을 취재해 왔다는 KBS 이지윤 기자는 「'장자연 리스트'는 실재했나? 기록으로 살펴본 '장자연 리스트'의 모든 것」에서 이 자료들을 종합적으로 분석한 후 다음과 같은 결론을 내린다. "이런 모든 정황을 종합해보면 윤(지오) 씨가 최소한 장자연 문건을 봤다고 추정하는 것이 합리적일 겁니다."[2]

---

2. 이지연, 「'장자연 리스트'는 실재했나? 기록으로 살펴본 '장자연 리스트'

그럼에도 불구하고 김수민-김대오-박훈 트리오는 우파 유튜브 채널인 가로세로연구소의 강용석-김용호-김세의와 보조를 맞추면서 "장자연 리스트는 없었다"고 주장해 왔다. 그리고 이러한 주장은 제도언론들을 통해 무차별적으로 보도됨으로써 강력한 여론의 하나로 자리잡았다. 리스트는 없었다는 이들의 주장은 윤지오는 아무것도 모르면서 거짓말하고 있다는 인신공격 주장으로 발전되었고 다시 그것은 윤지오는 돈벌이를 목적으로 증언자로 나섰다는 음해와 모욕 주장으로까지 발전되었다. 그 주장이 주장을 넘어 사법행동으로까지 발전한 것이 박훈 변호사의 윤지오에 대한 고소와 고발이다. 이것의 정치적 효과가 윤지오 증언자의 증언 자격을 박탈하는 것이고, 그 증언을 무력화시키는 것이며, 재수사의 사유를 제거하는 것이고, 궁극적으로 가해권력자들을 보호하는 것임은 두말할 필요가 없다.

그렇다면 이들이 "장자연 리스트가 없었다"고 주장하는 핵심적 근거는 무엇인가?

(1) 술자리에서 윤지오에게서 들었다는 김수민의 말 : "윤지오가 리스트를 봉은사가 아니라 수사기관에서 봤다고 했다."

(2) 김대오 기자의 말 : 유장호를 만나서 본 문건에는 리스트가 없었다.

(2)부터 살펴보자. 김대오 기자가 "장자연 리스트는 없었다"

의 모든 것」, 〈KBS NEWS〉, 2019년 4월 24일 수정, 2020년 2월 11일 접속, https://news.kbs.co.kr/news/view.do?ncd=4187063. 여기서 '문건'은 '문건＋리스트'를 의미한다.

고 주장하는 것은 유장호의 위 통화기록을 통해 간단히 해석할 수 있다. 유장호가 보여주었다는[3] 문건에서 김대오 기자가 보지 못했으니 없다고 주장하는 것이다. 하지만 보지 못한 것은 없는 것과 다르다. 우리가 공기 중의 세균을 보지 못한다고 해서 공기 중에 세균이 없는 것은 아니다. 통화기록을 보면, 유장호는 경찰에게 "목록"(리스트)은 보여주지 않으려 했다. 기자인 김대오에게 유장호가 "목록"(리스트)을 보여주지 않은 것은 한국 사회에서 경찰과 기자의 사회적 위치와 역할을 고려하면 지극히 상식적인 수준에서 이해된다. 그러므로 김대오 기자가 "(이름이) 일목요연하게 (나열된) 리스트는 원본 속에 없었다"고 말하면서 자신의 **목숨**을 담보로 내놓는데 이것은 목숨을 너무 값싸게 내놓는 일이라 하지 않을 수 없다. 증거물들이 너무 명확한 만큼 자신의 착오와 지나침에 대해 시민들께 사과하고 "내가 본 문건에서 리스트를 본 적이 없다"라고 발언을 사실대로 정정하는 것이 좋을 것으로 보이기 때문이다.

윤지오는 정말 수사기관에서 처음 리스트를 봤을까?

장자연 리스트가 없었다는 주장의 또 하나의 논거는 앞의

---

3. 유장호는 한 구절 외에는 김대오 기자에게 문건을 보여준 적이 없다고 진술했고 김대오도 유장호가 자신에게 그 한 구절 외에는 문건을 보여준 적이 없다고 진술했으므로, 유장호가 문건 전체를 보여주었다고 주장한다면 그 주장은 2019년에 김대오가 갑자기 하는 뜬금없는 주장일 뿐이다.

둘 중의 (1), 즉 김수민이 윤지오로부터 "봉은사가 아니라 수사 기관에서 그 리스트를 봤다"고 들었다는 것이다. 김수민은, 이 말을 들은 것이 2018년 12월 10일 윤지오와 만나 새벽까지 술을 마시던 3차 술자리에서라고 말한다.

3차째 술자리에서 지오가 장자연 님과 소속사 이야기를 꺼내기 시작했었고 솔직히 자기는 장자연이랑 친하지 않았었고 나이 차이가 워낙 많이 나서 장자연 님이 자기를 보면 이름을 부르지 않고 애기야~ 애기네~ 라고 했었다고 했습니다. 그리고 장자연 님이 그런 일을 당하고 있었는지 자기는 전혀 알지도 못했었고 친하지도 않았고 어울리지도 않았기 때문에 한국에서 일이 잘 풀리지 않아 엄마가 와서 위약금을 내주고 다시 외국으로 돌아가서 살고 있었고 외국에 있을 때도 장자연 님과 따로 개인적으로 연락을 한 적은 없었고 한국에서 그런 일들이 벌어지고 있었는지 전혀 알지도 못했었고 자살 소식을 소속사 연락으로 듣고 그 소속사에 있었던 사람들의 조사가 이뤄져야 해서 본인도 가서 조사를 받았었고 조사를 받고 진술을 하는 와중에 책상에 어떤 문서들이 놓여 있었는데 그걸 우연히 봤다. 원래 그걸 놓고 가면 안 돼는 건데 책상에 놓여져 펼쳐져 있는 부분을 봤고 그 펼쳐져 있는 부분에서 유명한 사람들의 이름을 보게 됐다. 그때 장자연 언니 자살과 이 사람들과 관계가 있다는 걸 알게 됐다고 저에게 말했었습니다.

이 진술 내용은 얼마든지 의사 소통상의 오해가 생길 수 있는 술자리 환경에서의 대화에 대한 기억이다. 이 진술 중에 사실과 다른 것들이 너무 많다는 점은 그것을 뒷받침한다. 예컨대 김수민의 진술과는 달리, 윤지오는 더콘텐츠를 나온 후에도 한국에서 활동했으며 심지어 장자연이 출연했던 〈꽃보다 남자〉에도 단역으로 출연해 촬영장에서 서로 만나기도 했다.[4] 부정확한 내용에 기초하여 윤지오가 소설을 쓰고 있다고 부인하는 내용이므로 큰 가치를 가질 수 없는 진술인 것이다. 그런데 주목받기 어려웠을 김수민의 이 주장이 힘을 얻게 된 것은, "장자연 문건에는 리스트가 없었다"고 주장해온 김대오가 김수민의 그 말을 자신의 말을 뒷받침하는 보충증거로 채택하면서다. 김수민이 윤지오에게서 들었다는 그 말이야말로 리스트가 없었다는 자신의 주장과 리스트를 봤다는 윤지오의 말 사이의 간극을 메워준다고 생각했기 때문일 것이다. 즉 장자연 문건 원본에는 리스트가 없었으며 윤지오가 본 것은 수사기관이 만든 2차 리스트라는 것이다. 김수민의 이 말은 또 변호사 박훈과 연결되면서 더욱더 큰 대중적 힘을 얻었다. 박훈은 미투 운동 과정에서 정봉주와 김어준에게 맞서 미투를 지지한 바 있기 때문에 박훈이 윤지오를 불신하는 것은 단순히 여성에 대한 남성적 편견이 아니라 있는 그대로의 사실일 수 있다는 믿음을 주었기 때문이다.

박훈과 김대오의 개입으로 인해 김수민의 진술이 사회적 호

---

4. 이에 대해서는 뒤에서 상술한다.

응을 얻었지만, 그 진술은 전체적으로 너무 부정확하고 이미 확인된 사실과도 배치된다.

(1) 친밀성 : 윤지오는 김종승의 회사에서 나오기 전에는 장자연과 친밀했지만 나온 후에는 소원했다고 수사기관에서 진술하고 또 『13번째 증언』에서 기록한다. 그런데 김수민은 윤지오가 장자연과 일관되게 친밀하지 않았다고 말한 것으로 쓴다. 유장호가 장자연의 죽음 후에 이 문제를 다른 사람이 아니라 윤지오와 상의하는 것도 유장호가 윤지오와 장자연의 관계를 각별한 것으로 보았기 때문임을 고려해야 할 것이다. 윤지오는 김종승과의 계약해지 후 장자연과의 관계가 소원했던 것이 마음에 걸린다고 여러 차례 쓰고 있고 김수민의 말에 대해서는 "장자연과는 가족보다 더 친밀했던 때가 있었다"고 말했다. 수사기관에서 한 진술도 이 말과 유사하다. 심지어 윤지오를 참고인으로 조사한 수사관조차 "왜 윤지오를 그토록 많이 조사했는가?"라는 물음에 윤지오가 장자연과 동행한 관계라 "장자연에 대해 가장 잘 알고 있는 인물"이라고 말할 정도였다.

(2) 장자연에 대한 윤지오의 앎 : 김수민은, 장자연이 "그런 일"을 당하고 있었는지 윤지오는 전혀 알지 못했다고 말했다고 한다. 하지만 윤지오는 장자연이 당한 성상납 강요의 경험에 대해서는 사후에 리스트를 통해 간접적으로 알고 있었지만, 술접대 강요는 함께 겪고 있는 처지였다. 그리고 장자연이 겪은 성추행에 대해서는 직접 목격한 바 있다. 그 가해자로 지목된 조○천이 기소된 것은 윤지오의 증언에 의해서였다.

(3) 윤지오에 대한 김수민의 앎 : 김수민은 윤지오가 계약해지 후 캐나다로 돌아가서 살았다고 말한 것으로 쓰고 있다. 그런데 윤지오는 『13번째 증언』 14장과 15장에 상세히 서술되어 있듯이, 계약해지 후에도 오랫동안 드라마 〈선덕여왕〉·〈애자〉에 단역 출연하고 치어리더로 돈을 벌고 치킨 프랜차이즈 기업의 전속 모델선발대회에 출전하고 케이블 텔레비전 예능프로그램 〈초.건.방〉에 출연하고 메인 모델 몸 대역으로 돈을 벌고 미인대회와 뮤직비디오와 연극에 출연하는 등 배우가 되기 위한 노력을 한국에서 계속하고 있었다. 김수민의 글에 따르면 장자연이 사망했을 때 윤지오가 캐나다에서 한국으로 온 것처럼 읽히게 되는데, 윤지오는 안성에서 뮤직비디오 촬영을 마치고 전 매니저로부터 사망 소식을 듣고 자정이 넘어 장례식장으로 달려갔다.

(4) 장자연 리스트 : 김수민에 따르면 윤지오는 첫 조사를 받을 때 경찰의 책상에 놓여 있는 문서에서 유명한 사람들의 이름을 보고 그것을 장자연 리스트라고 말하고 있는 것이다. 이 말 역시 지금까지 드러난 것과는 정면으로 배치되는 말이다. 이 점은 뒤에서 다시 논할 것이다.

윤지오가 했다는 말에 대한 김수민의 재구성은 신뢰하기 어렵다. 장자연 사건 이후 수많은 진술들, 기사들, 증언들, 분석들이 있었다. 여기에는 아직 밝혀지지 않은 불명확한 부분도 있지만, 여러 가지 진술들이 일치하고 증거들(카드 내역, 통화기록 등)도 있어 객관적으로 명확한 부분도 있다. 그런데 김수민은 이 명확한 부분들조차도 사실과 다르게 재구성함으로써 그가 이 사건에 대해 너무 모르고 있다는 것을 보여준다. 그러므로 김수민이 이 복잡한 사건을 단 한 번 만나 나눈 대화에서 윤지오가 말하는 그대로 이해할 수 있는 귀를 가졌으리라 생각하기는 어렵다. 이런 점에서 윤지오의 말에 대한 김수민의 글을 읽을 때는 각별한 주의가 필요하고 카톡 대화도 그런 맥락을 고려하며 읽는 것이 반드시 필요하다.

다시 돌아와서, 수사관의 수사기록에서가 아니라 장자연이 남긴 문서들 중에서 리스트를 봤다는 윤지오의 주장은 김수민이 들었다는 그 말을 부정하는 것일 뿐만 아니라 일련의 자료들 속에서 일관성과 설득력을 갖고 있다.

(1) 윤지오는 고 장자연의 장례식장(2009년 3월 7일~9일)에 머물면서 장자연의 친언니로부터 유장호와의 통화내용에 대해 듣는다. 유장호가, 장자연이 남긴 심경 고백 문건이 있는데 거기에 "공개되지 말아야 할 내용"도 있다고 말했다는 것이다.[5]

(2) 장례식이 끝난 후 3월 10일 김대오 기자와 박은주 기자가 유장호를 통해 확인한 문건의 실재를 보도한다. 그 후 윤지오는 유장호와 통화를 한다. 그 통화에서 유장호가 이름들을 대면서 윤지오가 그 사람 명함을 갖고 있으면 그의 소속과 직위를 알려 달라고 하는 방식으로 대조 작업을 한다. 여러 명에 대한 확인이 진행되는 동안 윤지오는 이 통화가 이상하다고 생각

---

5. 2009년 3월 15일 참고인 진술.

하고 그것을 녹취하여 검찰에 증거자료로 제출한다. 우리는 이것을 유장호 바깥으로 음성을 통해 리스트가 처음 공개된 것으로 추정해 볼 수 있다.[6]

(3) 유장호가 윤지오와의 통화에서 "내가 … 자연이 이거[문건] 경찰서 넘길 때도, 목록이랑 그런 건 넘길 생각이 없었어"라고 말한다. 이것은 유장호가, 장자연 문건 중에서 리스트 부분은 제외하고 일부만 공개하려 했다는 것을 알 수 있게 한다. 이 말은 (1)에서 언급한 "공개되지 말아야 할 내용"이 바로 이 '목록'일 수 있음을 시사한다. 유장호는 김종승을 타격하는 데 목적이 있었기 때문에 "리스트"에 적힌 인물들의 명단이 모두 공개되는 것은 사실상 불필요한 일이었을 수 있다. 3월 15일 진술에서 윤지오가 "리스트"의 존재를 말하면서도 구체적으로 진술하지 않은 것은 경찰이 질문하지 않았던 것이 주원인으로 이해되지만, "리스트"는 제출하지 않을 것이라는 유장호와의 이 통화가 영향을 미쳤을 가능성도 있다.

(4) 윤지오가 "리스트"의 실재를 넘어 그 내용에 관해 질문받고 그것에 대해 명확하게 진술하는 것은 2010년 6월 25일 진술부터이다. "어떤 장에는 성함만 기재되어 있으면서 어떠한 언론사에 누구, 어디 무슨 사의 누구라는 식으로 기재되어 있는 것"

---

6. 2019년 과거사진상조사단은 장자연 리스트가 있었을 것으로 간주한 후, 그 리스트에 담겨 있었을 것으로 추정되는 최소 13인의 명단을 작성했다고 밝힌 바 있다. 이 과정에서 주요하게 참고되었을 것은 윤지오의 새로운 증언 외에 이 녹취자료 속에 담겨 있는 이름들이었을 것이다.

이 그것이다.

> 문 : 증인은 문서의 내용에 대해서 기억이 나는가요
>
> 답 : 다는 아니지만, 기억은 납니다.
>
> 문 : 문서에 사람별로 피해사실이 적혀 있었다는 것인가요.
>
> 답 : 피해사실이 적혀있는 것도 있고, 성함과 성상납 강요를 받았다고 기재되어 있는 것이 있었고, 어떤 장에는 성함만 기재되어 있으면서 어떠한 언론사에 누구, 어디 무슨 사의 누구라는 식으로 기재되어 있는 것도 있었습니다.
>
> 문 : 언론사에 누구라는 것은 접대한 사람을 가리키는 것인가요.
>
> 답 : 그것은 잘 모르겠고, 한 페이지에 이름만 쭉 나열되어 있었습니다.
>
> 문 : 증인이 문서에 기재되어 있는 피해사실 중에서 가장 기억에 남는 것은 무엇인가요.
>
> 답 : '김○○에게 페트병으로 손과 머리를 맞았다'는 부분입니다.

(5) 윤지오는 봉은사에서 유장호가 넘겨준 사본을 먼저 보았고 경호원이 봉은사 땅에서 파온 원본을 그다음에 보았다고 한다. 그 두 본에 이름만 혹은 직함과 함께 기재된 "리스트"가 있었으며 양자는 일치했다는 이 진술은 9년 뒤인 2019년 3월에 출간된 『13번째 증언』 11장 「장자연 리스트」에서도 일관되게 지속되고 있으며 유장호의 진술도 이와 부합한다.

이상의 진술들과 자료들을 종합해 볼 때, 이지윤 기자가 말

하듯이, 리스트가 있었고 그 리스트를 (수사기관이 아니라 봉은사에서) 윤지오가 보았다고 보는 것이 훨씬 합리적일 것이라고 판단된다. 김수민의 주장은 설령 자신이 생각한 바 그대로의 진술이라 할지라도 윤지오의 말을 상황의 복잡성 속에서 이해할 상황이해 능력이 전혀 준비되지 않은 상태에서 발생한 오해일 가능성이 높다. 김대오의 주장은 자기 경험의 한계 속에서 타인(윤지오)의 말을 재단함으로써 발생하는 프로크루스테스 침대형 인지認知 착오로 보인다. 유장호가 그 리스트를 윤지오와 유가족 외의 경찰이나 기자들에게는 제출하거나 보여주지 않았기 때문에 기자 김대오는 리스트가 있는지 없는지 알 수 없다. 그럼에도 리스트를 본 사람의 주장을 부인하면서 리스트가 없었다고 주장하는 것은 합리성을 벗어난다. 또 윤지오는 수사 과정에서 자신이 본 리스트의 끝에 " '지인분들과 가족분들에게 피해가 가는 일이 없었으면 좋겠습니다, 언니[친언니]에게 피해가 가지 않았으면 좋겠습니다'는 글이 작성되어 있었습니다"라고 진술한다. 김대오는 자신이 "본 문건"[7]에는 이런 내용이 없으니 윤지오가 거짓말을 하는 것이라고 단정한다. 그 단정 자체가 유아론唯我論적이지만, 거꾸로 그 단정이야말로 그가 보지 못한 리스트의 실재를 뒷받침하는 반증이 될 수 있다. 리스트의 끝에 적

---

7. 10여 년 전의 진술서들을 고려하면 김대오가 문건의 내용을 한 구절 외에는 보지 못했다고 보는 것이 합리적이다. 여기서는 그가 2019년에 와서 갑자기 '문건'을 보았다며 이전의 자신의 진술을 번복하고 있으므로 백 보 양보하여 그 번복한 주장이 사실일 때까지 가정해본 것이다.

힌 바로 그 글귀를 윤지오는 리스트를 봤기 때문에 기억하지만, 김대오는 리스트가 없는 문건(의 일절)만을 보았고 그것을 전부로 오인하고 있기 때문에 그러한 글귀가 없었다고 단정하는 것일 수 있기 때문이다. 그런데 일반적으로 사람들은 특별한 혜택이 주어지지 않는 한 그런 어처구니없는 오인과 무리한 단정을 하지는 않는다.

'성상납 강요'는 '성폭행'을 의미한다

현대 자본주의에서 매매, 접대, 상납

성접대나 성상납이라는 말은 좀 아리송한 용어들이다. '이게 뭐지?'라는 생각을 갖게 한다. 그 의미가 애매한데도 관행처럼 언론에서 널리 사용되고 심지어 법률전문가들도 이런 용어를 아무렇지도 않게 사용한다. 접대는 손님을 맞아 뭔가 시중을 드는 행위이며 상납은 윗사람에게 뭔가를 바치는 행위이다. 둘 다 시중을 든다거나 바친다거나 하는 어떤 모심의 의미를 함축한다. 하지만 손님이 반드시 윗사람은 아니다. 손님은 외지에서 온 사람을 지칭하므로 수평적 관계의 사람이거나 아랫사람일 수도 있기 때문이다. 그런데 상납은 반드시 수직적 의미의 윗사람을 전제한다. 윗사람의 으뜸은 역사적으로 늘 사회 위에 옹립된 가상의 공동체인 국가의 관료들이었다. 즉 권력자들이 윗사람으로 행세했다. 그래서 권력자들이 가는 곳에 늘 상납이 따라다녔다.

접대나 상납이라는 말 앞에 성이라는 말이 붙으면 어떻게 될까? 가부장체제에서 남성이 접대나 상납을 하는 경우는 예외적일 것이다. 대개는 여성이 접대나 상납을 하게 된다. 그러니 성접대나 성상납이란 여성접대, 여성상납과 크게 다르지 않다. 앞서 나는 접대나 상납의 목적어로 뭔가라는 말을 사용했다. 역사에서 그 뭔가의 무엇은 대체로 돈이나 재물이나 노동력이었다. 여성은 이 중 어디에 속한 것일까? 인류학자들은 여성이 돈(교환수단)이고 재물이며 노동력이었다고 말한다. 여성이 이처럼 본디 다면적이어서 가부장체제가 여성을 접대나 상납의 대상으로 삼았는지, 가부장체제가 여성을 그 체제의 수단으로 다면적으로 활용했는지에 관해서는 더 깊은 연구와 토론이 필요할 것이다. 한 가지 분명한 것은 현재까지 이어져 오고 있는 가부장체제가 여성을 인간이 아닌 돈, 소유물, 노동력으로 파악하는 인종차별주의적 관점과 관행을 유지해왔고 또 재생산하고 있다는 점이다. 접대당하고 상납당하면서 여성은 학대虐待를 경험해 왔다.

이미 당하다라는 수동 표현을 쓸 수밖에 없었듯이 성접대나 성상납의 주체가 여성 자신인 경우는 드물었다. 누가 접대나 상납의 제물로 되기를 원하겠는가? 인신공희人身供犧 설화를 소설화한 『심청전』의 주인공 여성 심청이 인당수(의 용왕)에 자신의 몸을 던지지 않을 수 없었던 것은 공양미 삼백 석이 필요해서였다. 눈이 먼 아버지의 욕망으로 인해 몸을 팔 수밖에 없는 운명이 심청에게 강요되었다. 몸을 팔 수밖에 없는 이 운명을 자발적 효의 이데올로기로 정당화하고 심미화한 것이 『심청전』이라고 쓴

소리를 하는 것도 가능할 것이다. 충이 효의 국가 버전인 것처럼 효는 충의 가족 버전과 다름이 없었다. 이런 의미에서 충효는 가부장적 상납체제를 정당화하는 이데올로기였다고 볼 수 있을 것이다.

그런데 심청의 몸이 인당수의 용왕에게 상납되기 전에 심청은 뱃사람들에게 공양미 삼백 석을 받고 자신의 몸을 이미 팔았다. 즉 공희供犧＝상납 전에 이미 인신이 매매된 것이다. 심청은 몸과 바꾼 삼백 석의 쌀을 모두 절(부처님)에 상납했다. 우리가 주의해야 할 것은 그것이 심청에게는 아버지에게 자신의 몸을 바치는 방식이었다는 것이다. 실제로 용왕에게 심청의 몸을 상납한 것은 심청이 아니라 항해의 안전을 바랐던 뱃사람들이었다. 여기서 아버지, 부처님, 용왕은 모두 상납을 받는 존재들로 나타난다.

여기서 심청의 몸을 둘러싼 일련의 행위연관들이 성상납 과정에 대한 우화적 표현이라고 말한다면 과도할 수 있을 것이다. 또 그런 독해가 우리가 심청전에 대해 갖고 있는 심미감을 깨뜨릴 수 있으며 심지어는 혐오감까지 불러일으킬 수 있을 것이기 때문에 그렇게까지 단언하고 싶지는 않다. 어떻든 심청전에 인신 매매와 인신 상납의 테마가 깊이 자리 잡고 있고 그것이 심미화, 도덕화, 정당화되고 있는 것만은 분명하다.

조선 시대에 읽힌 심청전이 21세기 현대에도 중요한 것은 인신매매와 인신 상납이 예외가 아니라 오히려 정상이 되고, 특수가 아니라 보편이 되었기 때문이다. 살아남기 위해 몸을 팖이 매춘

賣春 여성만이 겪는 예외적이고 특수한 운명이라고 생각하는 것만큼 근시안적이고 맹목적인 것은 없다. 자본주의에서는 결혼한 여성도, 남성도, 누군가에게 몸을 팔지 않고는(즉 매춘하지 않고는) 생존할 수 없다. 풀 艸와 날·해 日이 결합되어 봄을 의미하는 春은 생장력, 에너지, 잠재력, 노동력을 의미하고 그것을 노동으로 현실화하여 그 잉여가치를 이윤형태로 착취하는 것이 자본주의이기 때문이다.

우리가 우리의 몸을 팔아야 하는 그 누군가가 인격 형태를 취하는가, 비인격적 알고리즘의 형태를 취하는가는 그다지 중요하지 않다. 때로는 그 누군가가 자기 자신일 수도 있다(자영 自營의 경우). 소수의 자본가조차도 자본을 관리하는 자본의 하인으로서 살아간다. 나는 매춘하지 않는다는 생각은 보편적 매춘사회인 글로벌 자본주의 사회에서 몸을 팔아 노동하며 살아가는 우리를 내부에서 차별하고 이간하는 관념이다. 우리는 오늘날 누구나 매춘한다고 말함으로써 성별과 인종을 넘는 우리의 공동의 출발점을 확인할 수 있다.

자본주의는 낡은 인신매매를 종식시킨 사회가 아니라 과거에 강제적이었던 인신매매를 경제적 계약형식으로 혁신하여 보편화한 사회이다. 우리가 임금·급료·연봉 등의 말로 부르면서 서로 키재기를 하는 이 말들이 실제로는 우리의 인신 대금, 몸값임을 누가 모르는가? 다만 우리가 너무 비참해질까 봐 애써 감추거나 서로 감춰주고 있는 것일 뿐이다. 혹은 자본주의 체제가 자신의 낡은 정체를 가급적 드러내지 않기 위해 숨기려 해서

든가. 렌트, 지대, 수수료, 로열티, 뇌물, 세금 등은 어떨까? 적어
도 현대사회에서 그것은, 독점이나 권력에서 발생하는 것으로
합법화되었는가 불법에 머무르고 있는가의 차이가 있지만, 본질
적으로는 상납의 범주들에 가깝다.

구조적 강요의 지평

요컨대 우리는 모두 다 자본주의 체제에서 인신매매나 인
신 상납의 구조에서 자유롭지 못하다. 그것을 구조적으로 강요
당하기 때문이다. 우리들 각자가 한 사람 한 사람의 개인으로서
서로 유리되어 있고 그 개개인들이 삶을 생산하고 재생산하는 공
동의 수단들에서 분리되어 있다는 것이 이 구조적 강요의 조건
이다. 조금 구체적으로 말해, 토지, 화폐, 자본, 기계, 기술, 통신
망, 통치기구, 법체계, 학교, 미디어 등등이 우리의 삶을 생산하
고 재생산하는 수단인데 그 대부분이 국가권력을 장악한 소수
나 국제자본가들에게 장악되어 있다는 것이다. 또 대의체계는
생명 개체들의 자기조직화와 직접민주주의를 무력화하고 생명의
실존을 타자에게 위임하는 태도, 관습, 문화, 사고법, 정당화 체
계를 대규모로 재생산한다. 그것이 낳는 결과는 뿔뿔이 흩어진
신자유주의적 개인들이다. 그래서 우리는 우리를 행동하게 하
는 이 구조적 강요를 강요로서 느끼지 못하며 우리 스스로가
계약에 따라 자유롭고 자발적으로 행동한다고 믿게 된다.

그렇다면 장자연이 자신이 남긴 편지형식의 글[1]의 머리에

"성상납을 강요받았습니다"라고 썼다면 그것은 무엇을 의미하는 것일까? 성별과 직업을 떠나 누구나가 겪고 있는 이 구조적 강요에 대한 고발일까? 만약 그런 의미였다면 그 고발은 누구나가 겪고 있는 학대 체험들의 연합을 제안하고 구조적 강요의 문제를 철폐하는 행동(사람들은 이것을 사회혁명이라고 부른다)을 촉구하는 격문檄文이었을 것이다. 장자연의 고발에 이런 측면이 없다고 할 수 없다. 수많은 사람들이, 특히 촛불혁명을 이끌어낸 다중들이 고 장자연의 죽음을 애통해하고 그 억울함을 풀어내라고 요구하고 있는 것은 그 문구의 이 격문적 측면 때문이다. 우리가 고 장자연 사건을 가해권력자 대對 다중의 적대 구도 속에서 발생하게 되는 필연적 사건 중의 하나로 이해하는 것도 "성상납을 강요받았습니다"라는 말이 갖는 저 적대성의 깊이와 보편성에 공감하기 때문이다.

'성상납을 했습니다'와 '성상납을 강요받았습니다'의 차이는 누가 왜 지우나?

그런데 구조적 강요의 지평은 '성상납을 했습니다'와 '성상납을 강요당했습니다'가 잘 구분되지 않는 근원적 지평이다. 왜냐하면, 성상납을 강요당한 것이 구조적 강요를 배경에 깔고 있는 것과 마찬가지로 '성상납을 했습니다'도 구조적 강요의 산물이기 때

---

1. 여기에 이른바 '장자연 리스트'가 포함되어 있다.

문이다. 그런데 윤지오가 누차 강조해서 말하듯이 '성상납을 했습니다'는 '성상납을 강요당했습니다'와 같은 뜻이 아니다. 전자는 상납의 대가에 대한 기대가 포함되지만, 후자는 그렇지 않기 때문이다. 전자는 쌍방성을 함축하지만, 후자는 일방적이기 때문이다. 전자는 교환성을 함축하지만, 후자는 폭력성을 함축하기 때문이다. 윤지오가 증언에서 어떻게 말했는지를 살펴보자. 내가 읽고 들은 범위 속에서 윤지오는 이 둘의 차이에 대해 적어도 두 번 이상 언급한다.

한 번은 2010년 6월 25일 수원지방법원 성남지원 증인신문조서에서 판사의 질문에 답하면서이다.

문 : 문서에 사람별로 피해사실이 적혀 있었다는 것인가요

답 : 피해사실이 적혀 있는 것도 있고 성함과 성상납 강요를 받았다고 기재되어 있는 것이 있었고, 어떠한 장에는 성함만 기재되어 있으면서 어떠한 언론사에 누구, 어디 무슨 사의 누구라는 식으로 기재되어 있는 것도 있었습니다.

…

문 : 성상납과 관련하여서 구체적인 내용은 적혀 있지 않았나요.

답 : 성상납을 했다는 내용이 아니라 성상납 강요를 받았다는 것입니다.

문 : 성상납 강요를 받았다는 것은 장자연의 피해사실에만 적혀 있었나요 아니면 송○○나 이○○의 피해사실에도 적혀 있었나요.

답 : 송○○이나 이○○은 앞부분에 명시되어 있었고 뒷부분에 이름만 쭉 나열되어 있었던 것 같습니다.

문 : 송○○나 이○○에 대해서 적혀 있었던 것은 어떠한 내용이었나요

답 : 피해를 보았다는 내용들이었던 것 같은데 정확히는 기억나지 않습니다.

문 : 송○○나 이○○의 이름이 적혀 있는 페이지에는 성상납 관련 이야기는 없었나요.

답 : 예 다른 페이지에 성상납 강요를 받았다고만 적혀 있었습니다.

진행되는 문답에서 윤지오는 두 가지를 분명히 밝힌다. 하나는 피해사실과는 별도로 "성상납 강요를 받았다"고 기재되고 성함(이름)이 나열된 글이 있었다는 것이다. 또 하나는 "성상납을 했다"고 기재되어 있지 않았고 "성상납 강요를 받았다"고 기재되어 있었다는 것이다. 윤지오는 증인신문 시의 판사가 애매하게 흐리고 있는 "성상납 관련"이라는 말을 바로 잡으면서까지 "성상납을 했다"가 아니라 "성상납 강요를 받았다"가 자신이 본 정확한 문구였음을 분명하게 강조한다.

또 다른 한 번이 있다. 그것은 "성상납을 강요받았다"는 것은 성폭행을 당했다는 의미로 해석되어야 하고 (가해자가 아니라 피해자 이름으로 잘못 불리는) 고 장자연 사건은 성상납 사건이 아니라 성폭력 사건으로 다뤄져야 한다고 자신의 적극적 해석을 덧붙인 2019년 3월 19일 〈오늘밤 김제동 : 목격자 윤지오 검찰에

묻는다)[2] 프로그램에서다. 이 프로그램에서 윤지오가 김제동과 질문과 답을 주고받으면서 내놓은 메시지들은 다음과 같이 요약될 수 있다.

· 지금까지 피해자 입장에서 수사가 진행되지 않았다.
· 가해자에 대한 수사는 거의 이루어지지 않았고 피해자들에 대한 조사만 가혹하게 이루어졌다.
· [경찰과 검찰은] 가해자를 규명하지 못한 것에 대한 책임을 져야 한다.
· 장자연 씨가 쓴 문구는 "성상납을 강요받았습니다"이지 "성상납을 했습니다"가 아니다.
· 나는 경찰에서 일관되게 이렇게 말해 왔다.
· 장자연 씨는 성상납을 할 분이 아니다.
· 장자연 씨가 자의로 성상납을 한 것이 아니라 가해자에 의해 타의로 성폭행을 당한 것이다.
· 언론보도에서 성상납 사건이라고 쓰고 또 그렇게 알려지게 된 것은 언론이 장자연 씨에 대해 2차 가해를 한 것이다.
· 장자연 씨가 겪은 것은 강요에 의한 성폭행이었다.
· 그것은 물질적 거래나 동의하에 이루어진 것이 아니었다.
· 문건에는 "협박당했다", "강요당했다"는 핵심적 두 줄이 있는

---

2. 「[오늘밤 김제동] 101회 풀방송 2019.03.19.」, 〈KBS더라이브 유튜브〉, 2019년 3월 19일 수정, 2020년 2월 11일 접속, https://youtu.be/--56SyXa50I.

데 왜 이 "협박"과 "강요"에 대한 수사는 이루어지지 않는가?

이 프로그램에서 김제동은 윤지오의 이야기의 핵심을 이렇게 간명하게 정리한다. "피해자의 입장에서 이 사건을 이해하면 그것은 '성상납' 사건이 아니라 '성폭력 사건'이라는 것이죠?" 여기에 꼭 한 마디를 덧붙여야 하는데, 그것은 성상납 강요라는 말이 의미하듯이 단순한 성폭력 사건이 아니라 권력형 성폭력 사건이라는 것이다. 이러한 이유 때문에 장자연 리스트는 권력형 성폭행 리스트가 되며 성범죄 혐의자들의 리스트가 된다. 가해자들이 장자연 리스트를 없애려고 시도했다가 실패하자 무엇보다도 "성상납을 강요받았습니다"라는 문구를 지우려고 하는 동기는 바로 여기에서 찾을 수 있다. 이 구절이 없다면 윤지오가 말하듯, 그 리스트가 "같이 밥을 먹은 사람들의 리스트인지 폭행을 당한 사람들의 리스트인지" 그 성격을 알 수 없게 되기 때문이다.

장자연이 받았던 '성상납 강요'에 대한 용기 있는 증언들과 검찰 과거사위원회 심의에서의 증언 무력화

윤지오는, 편지형식의 글에 "성상납을 강요받았습니다"라는 문구가 있고 그다음에 이름들이 나열되어 있었다고 진술했다. 반면 유장호는 그 편지형식의 글에 "김종승과 만날 때 조심해야 할 사람들"이 쓰여 있었다고 진술했다. 전자는 뚜렷하지만, 후자는 모호하다. 전자는 편지형식의 글 끝에 씌어 있었다는 글귀

"가족들과 지인들께 피해가 가지 않았으면 좋겠습니다"라는 편지형식의 당부와 호응되지만, 후자는 그렇지 않다. 그래도 두 사람의 진술이 상반되는 것은 아니다. 많은 경우 김종승이 (김학의 사건의 윤중천처럼) "성상납 강요"의 공모행위자였을 가능성이 크기 때문이다.

　그런데 유장호가 자신의 진술의 그 모호함을 걷어버린 한 순간이 있었다. 과거사진상조사단과의 예비면담 때였다. 우리는 지금까지 "성상납을 강요받았습니다"가 "성폭행을 당했습니다"의 은어隱語임을 밝혀왔다. 김학의 사건에 대한 검찰 조사방식에 여성들이 항의하면서 "성상납이 아니라 성폭행이다"라는 피켓을 들었던 것은 이 때문일 것이다. 그런데 장자연 사건에서 "성상납을 강요받았습니다"라는 문구를 리스트에서 봤다고 말한 사람은 지금까지 윤지오 증언자 한 사람뿐이었다. 리스트가 있었다고 증언한 유장호나 유가족(오빠)도 리스트의 내용과 관련하여 이에 상응할 만큼 명료한 증언을 한 적이 없다. 그런데 과거사진상조사단과의 예비면담에서 유장호가 장자연과 자신이 문건을 작성할 때 "성폭행을 당했다"고 장자연이 써서 자기가 지우라고 한 적이 있다고 말한 것이다. 이 말은 윤지오가 본 "성상납을 강요받았습니다"라는 말보다도 더 선명한 말이다. 어찌 된 일일까?

　자료에 의하면 4장의 문건은 2009년 2월 28일에 유장호와 함께 작성했고 3장의 편지글은 3월 1일 유장호가 장자연으로부터 받은 것으로 나타난다. 그렇다면 우리는 유장호가 지우라고 한 그 표현("성폭행을 당했다")이 다시 장자연의 손을 거쳐 똑같은 의미의, 그러나 은어隱語화된 "성상납을 강요받았다"로 고쳐진 후 되돌아왔다고 볼 수 있지 않을까? 표현이 다르더라도 사실은 하나고 의미도 하나이기 때문이다. 이렇게 본다면, 윤지오의 증언 "성상납을 강요받았습니다"는 유장호의 증언 "성폭행을 당했습니다"에 의해 확실하게 교차 검증되는 증언이다.

검찰 과거사위원회의 심의발표는 "성폭행"과 관련된 증언들에 대해 어떻게 다루었는가? 먼저 장자연의 성폭행 피해 의혹에 대한 과거사진상조사단의 조사 결과에 대한 검찰 과거사위원회의 요약3이다.

○ 조사단의 조사과정에서 장자연이 일시, 장소를 알 수 없는 술접대 자리에서 누군가가 몰래 약을 탄 맥주를 반 컵가량 마신 후 마치 마약에 취하거나 술에 만취한 사람처럼 인사불성이 된 상태에서 누군가에 의해 성폭행을 당했을 것이라는 의혹이 제기되었음

— 장자연이 성폭행을 당했을 가능성이 있다는 근거 자료는,

① 장자연이 술자리에서 맥주 한 잔을 채 마시지 않았는데도 마치 약에 취한 사람처럼 인사불성이 된 상태가 된 것을 목격했다는 윤○○의 조사단 진술

---

3. 이것이 정확한 요약인지 아닌지는 과거사진상조사단의 보고서가 비공개라서 확인할 수 없다!

②'장자연이 처음에 작성한 문서에 심한 성폭행을 당했다는 내용을 적었는데 내가 지우라고 했다'는 유○○의 조사단 면담 전 진술. 그러나 유○○는 그 후 조사단과의 면담에서는 이러한 말을 한 사실이 없고 장자연이 하소연하듯이 처음에 그런 비슷한 말을 하기는 하였는데, 장자연에게 되묻지도 않았고, 장자연이 '당했다'고 말한 것도 아니었다"고 진술하였음

③ 드라마 감독 정○○가 작성한 2011. 8. 1.자 사실 확인서(김종승의 배우 이△△을 상대로 제기한 민사소송에서 김종승 측 증거로 제출된 것)에 배우 이△△이 전화로 "장자연이 쓴 A4 용지에 '술에 약을 탔다는 얘기가 있다'고 말했다"고 기재된 부분 및 이△△으로부터 "물에 약을 탔다고 들었다"는 정○○의 조사단 진술이 있음

우선 심의발표에서 검찰 과거사위원회는 장자연 리스트에 기재되어 있었다고 윤지오가 10년 전에 진술한 "성상납을 강요받았습니다"라는 문구를 몰각하고 있으며 그것의 의미가 "성폭행을 당했습니다"임을 전혀 이해하지 못하고 있는 것처럼 보인다.[4] 이런 몰각과 몰이해는 검찰 과거사위원회만이 아니라 변호사 박훈을 비롯하여 윤지오를 사기 프레임 속에 몰아넣은 많은 사람들이 공유하고 있는 것이었다. 이들은 "장자연이 술자리에

---

4. 아니 오히려 그것을 이해하고 있기 때문에 윤지오가 "성상납을 강요받았습니다"라는 문구가 있었다고 했다가 없었다고 했다고 진술 번복한 것으로 조작하고 있는지도 모른다.

서 맥주 한 잔을 채 마시지 않았는데도 마치 약에 취한 사람처럼 인사불성이 된 상태가 된 것을 목격했다"는 윤지오의 조사단 진술이 과거 10년 전 진술과 무관한 어떤 새로운 장면을 기억 속에 지어내고 있는 것처럼 오해했다. 그런데 윤지오는 이 진술을 통해 2009년 3월 12일 자신이 봉은사에서 본 리스트에 기재된 문구 "성상납을 강요받았습니다" 즉 "성폭행을 당했습니다"의 맥락을, 당시에는 주의하지 못했던 기억의 상기를 통해 보충하고 있을 뿐이다. 성폭행을 당하기 전에 몰래 마약을 주입당했을 수 있지 않았겠는가, 라고.[5]

윤지오가 이렇게 말하는 데에는 몇 가지 기억들이 있기 때문이다. 하나는 "애기야, 너는 발톱의 때만큼도 몰라"라는 장자연 언니의 반복된 말이다. 또 하나는 김종승이 택시비를 쥐여 주며 자신을 술자리에서 먼저 보냈던 기억들이다. 그리고 또 하나는 위에 서술된 것, 즉 "약에 취한 사람처럼 인사불성이 된 상태"에 대한 기억과 그에 대한 의문들이다. '40여 차례 이상 술접대에 동행했으면서 내가 전혀 몰랐던 그것은 무엇일까? 왜 김종승은 다른 손님들이 있는 상태에서 장자연 언니만을 남겨 두고 자기를 먼저 가라고 했을까? 왜 장자연 언니는 술을 반 컵 정도

---

5. 그러므로 뒤에서 보게 될 심의결과에서 검찰 과거사위원회가 "성폭행을 당했다"는 내용까지 윤지오의 추정으로 돌려 이중 추정 진술이라고 말하는 것은 윤지오의 진술이 장자연 리스트에 기재된 "성상납을 강요받았습니다"를 "성폭행을 당했습니다"로 되살려내고 있는 것임을 몰각하는 것이거나 아니면 은폐하는 것이다.

밖에 마시지 않았는데 인사불성의 상태에 **빠졌던** 것일까?'

이 의문들에 대한 답들이 문건의 첫줄 "김종승 사장님은 저희 언니에게 문자로 니 동생이랑 그 약 같이 했다며 협박 문자를 보내고"에 객관적 문서 증거물로 나타난다. 또 캐나다에서 본 마약에 취한 사람들의 모습에서 그 인사불성의 상태가 재인 re-cognition된다. 그리고 그것이 리스트에 씌어 있었던 문구 "성상납을 강요받았습니다"와 연결된다. 이렇게 다양한 기억들과 체험들이 증언이라는 행동의 필요 속에서 서로 연결됨으로써 윤지오의 위와 같은 진술로 엮여 나왔다.

그런데 그것은 결코 혼잣말이 아니었다. 그것은 드라마 감독 정○호가 작성한 2011년 사실 확인서 및 2019년 조사단 진술과도 일치한다. 그리고 무엇보다도 유장호의 조사단 면담 전 진술과도 일치하는 것이었다. "성폭행을 당했다"는 유장호의 진술과 관련해 후에 유장호가 그 진술을 번복했다는 것이 언론의 주된 보도방식이었다. 그런데 검찰 과거사위원회가 진술 번복의 뉘앙스를 담아 인용하고 있는 위의 구절을 놓고 보더라도 유장호가 자신의 진술을 번복했다고 볼 수는 없다.

우선 유장호가 면담 조사에서도 "그 비슷한 말을 했다"고 내용상 공식 면담 전 조사에서의 진술("성폭행을 당했다고 썼다")을 유지한다는 점에서 그렇다. 또 유장호가 장자연에게 되묻지 않았다 하더라도, 3월 1일 전달한 편지글에서 장자연은 "성상납을 강요받았습니다"라는 문구로 바꿔 성폭행을 당했음을 기재했다. 그리고 "장자연이 '당했다'고 말한 것도 아니었다"에서 부정되는 것은 동사이지 명사 성폭행은 아니다. 그런데 성폭행을 목적어로 유지하면서 당했다 말고 어떤 동사를 쓸 수 있는 것일까? "했다"일 수 없는 한에서 겪었다, 경험했다 외의 동사가 있을 수 있을까? 이 중 어떤 동사를 사용했건 성폭행을 당했다는 의미는 결코 바뀌지 않는다. 즉 유장호는 면담 전 진술에서나 면담 조사에서나 윤지오의 진술과 거의 동일한 진술을 했다. 번복은 없었다.

그렇다면 검찰 과거사위원회는 어떤 방식으로 복수 증언들의 이 놀라운 일치를 외면해 버리는가?

— 그러나 배우 이△△은 정○○에게 위와 같은 말을 한 적이 없다고 진술하였고, 매니저 등은 장자연의 성폭행 피해 여부에 대해 모른다고 진술하였으며, 유족은 문건에 성폭행 피해에 관하여 적힌 것이 없었다고 진술하였음

ㅇ 유○○의 최초 진술 및 정○○, 윤○○의 진술을 종합하면, 장자연이 성폭행 피해를 입었을 것이라는 의혹이 제기될 수 있으나, 이들의 진술만으로는 구체적인 가해자, 범행 일시, 장소, 방법 등을 알 수 없으므로 수사를 개시할 수 있는 객관적 혐의가 확인되었다고 보기에는 부족한 점이 있음

여기서 검찰 과거사위원회는 피해자의 입장과 가해자의 입장을 무질서하게 뒤섞은 후 결론적으로는 피해자의 입장을 버리고 가해자의 입장으로 갈아탄다.

이△△이 누구인가? 경찰과 검찰의 조사에서 장자연으로 하여금 문건을 쓰게 하고 그 문건을 장자연의 의사와는 무관하게, 아니 문건을 유통시키지 말고 돌려달라는 장자연의 간절한 요청을 뿌리치며 자신이 필요로 하는 사람들에게 알리고 자신의 소송에 이용하려고 했던 것이 드러났던 사람 아닌가?! 만약 경찰과 검찰이 피해자 입장에 충실했다면, 문건과 리스트를 장자연의 의사에 반해 유통시킨 2차 가해자로 기소했을 사람이다. 검찰 과거사위원회는 이렇게 신빙성이 부족한 이해관계자의 말을 교차검증되는 세 사람의 증언을 뒤집는 근거로 인용하고 있는 것이다.

그에 이어지는 "매니저 등은 장자연의 성폭행 피해 여부에 대해 모른다고 진술하였으며"는 무의미한 말이다. 누구의 매니저인지도 알 수 없으려니와 "매니저 등"이란 표현은 의미도 없는 복수의 사람들을 가져와 피해자 입장의 진술을 뭉개고 쓸어버리는 빗자루로 사용되는 말이기 때문이다. 검찰 과거사위원회는 가해자 입장의 말이나 표현으로 피해자의 진술과 증거를 덮고 삭제하려 한다.

물론 유족은 가해자가 아니다. 하지만 유족은 "문건에 성폭행 피해에 관하여 적힌 것이 없었다"고 말함으로써 가족의 명예를 지킬 수 있는 입장에 있기 때문에 이 점에서는 가해권력과 본의 아니게 공조할 수 있는 처지에 있다. 그런데 유족의 말은, 물질적으로는 사라지고 기억 속에만 남아 있는 "성상납을 강요받았습니다"라는 구절에 의해, 또 설령 그것을 제외한다 하더라도 피해사실을 적은 네 장의 문건에 물질적으로 각인되어 남아 있는 장자연의 문구들에 의해 부정된다. 아래에 그 문구가 있다.

> 김종승 대표의 접대강요 및 반복되는 욕설과 또 구타를 견뎌야 했습니다. 저뿐만 아니라 언니까지 폭언과 욕설과 협박을 당했습니다. 저는 술집 접대부와 같은 일을 하고 수없이 술접대와 잠자리를 강요받아야 했습니다.… 2008년 9월 경 조선일보 B[1] 사장이라는 사람과 룸싸롱 접대에 저를 불러서 B[2] 사장님이 잠자리를 요구하게 만들었습니다. 그 후 몇 개월 후 B[2] 사장님 아들인 스포츠조선 사장님과 술자리를 만들어 저에게 룸싸롱에서 술접대를 시켰습니다… 저는 나약하고 힘 없는 신인배우입니다. 이 고통에서 벗어나고 싶습니다.[6]

폭언, 욕설, 협박을 당하고 잠자리를 강요받은 것이 '성상납을 강요받았습니다. 성폭행을 당했습니다'와 다른 의미일 가능성이 있을까? 게다가 장자연의 이 문구에는 (검찰 과거사위원회가 없다고 말한) 2008년 9월경(범행 일시), 룸살롱(장소), 『조선일보』 B[1] 사장님과 B[2] 사장님의 아들(구체적 가해자), 방법(술접대 강요 및 잠자리 강요[성상납 강요]) 등이 모두 객관적으로

---

6. 윤지오, 『13번째 증언』, 126쪽. 숫자는 인용자 삽입. B가 '방'이라는 것은 널리 알고 있는 사실이므로 원문 그대로 둔다.

적시되어 있다. 그런데 검찰이 주축이 되었던 대한민국 법무부의 검찰 과거사위원회는 이 명백한 증거를 외면하면서 "유○○의 최초 진술 및 정○○, 윤○○의 진술을 종합하면, 장자연이 성폭행 피해를 입었을 것이라는 의혹이 제기될 수 있으나, 이들의 진술만으로는 구체적인 가해자, 범행 일시, 장소, 방법 등을 알 수 없으므로 수사를 개시할 수 있는 객관적 혐의가 확인되었다고 보기에는 부족한 점이 있음"이라고 시치미를 뗀다. 검찰 과거사위원회 종료 후 '페미시국광장' 집회에서 가장 큰 호응을 받은 피켓이 "검찰이 공범이다"였음이 과연 우연일까? 검찰은 자신들이 가해자들의 공범으로 인식되고 있다는 사실을 알고 있을까?

여기까지가 조사 결과에 대한 분석이다. "장자연의 성폭행 피해 의혹에 대한 심의 결과" 부분은 한술 더 떠 가해자들의 입장과 시선을 고 장자연 사건을 바라보는 지배적인 눈으로 만든다. 조사 결과에는 검찰(2명) 외에 교수(2명), 변호사(2명) 등이 포함되었던 과거사진상조사단의 리얼리즘realism적 관점이 어느 정도는 남아 있었다. 그런데 심의 결과는 그렇지 않다. 리얼리즘의 흔적이 지워지고 가해자의 입장을 대변하려는 실리주의utilitarianism적 조급함이 엿보인다. 조금만 자세히 들여다보면 누구나 그 의도를 간취할 수 있을 만큼 노골적이므로 간단히만 논평하고자 한다.

○ 윤○○의 진술은 이중적인 추정에 근거한 진술(술에 약을 탔을 것이라는 1차 추정, 자신이 떠난 후 성폭행이 이루어졌을

것이라는 2차 추정)이라는 점에서 성폭행에 대한 직접적인 증거로 삼기 어려움. 또 배우 이△△과의 대화 내용에 관한 정○○ 감독의 진술은 원진술자인 이△△이 진술 사실을 부인하고 있고, 술 또는 물에 약을 탔다는 내용만으로는 성폭행과의 직접적인 관련성을 판단할 수 없음. 유○○가 조사단 면담 전에 한 진술이 성폭행 의혹과 직접적인 관련성이 있으나 유○○는 정식 면담에서는 해당 진술을 번복하였음

앞에서 잠깐 말했듯 유장호는 면담 조사에서 면담 전 조사에서의 진술을 번복하지 않았다. 내가 보기에 이것은 없었던 진술 번복을 있었던 것처럼 조작해 내는 것이다. 피해자의 피해사실을 알리는 정○호 감독의 진술을 부인하는 것은 2차 가해자 이△△의 진술이다. 여기서 검찰은 피해자주의가 아니라 가해자주의를 선택한다. "술 또는 물에 약을 탔다는 내용"은 "니 동생이랑 그 약 같이 했다며 협박문자를 보내고"와 연결된다. 그리고 이것은 "폭언과 욕설 협박을 당했습니다", "잠자리를 강요받아야 했습니다", "잠자리를 요구하게 만들었습니다"라는 장자연의 피해사실 문건의 문구, 그리고 윤지오가 리스트에서 본 "성상납을 강요받았습니다"라는 장자연의 편지글 문구와 결합되어 "저는 나약하고 힘없는 신인배우입니다. 이 고통에서 벗어나고 싶습니다"라는 문구에서 비극적으로 종합되면서 "성폭행과의 직접적 관련성"을 절규하듯 표현하고 있다. 그런데 검찰 과거사위원회 심의 결과는 이것들 사이의 뚜렷한 상관성을 외면하면

서 종합적 사건을 미시적 사실들로 분해해 형해화(形骸化)한다. 그리하여 결국 피해자가 아니라 가해자에게 이익이 될 "판단할 수 없음"이라는 회피적 판단을 내리는 것이다.

과거사위원회의 조작적 판단은 여기서 멈추지 않는다. 다음 구절을 살펴보자.

○ 성폭행 의혹 부분은 장자연 사망 직후 이루어진 수사 과정에서 전혀 제기되지 않았던 사항이고 성폭행이 사실인 경우 그 혐의가 매우 중대하나, 윤○○, 정○○ 등의 진술만으로는 성폭행이 실제 있었는지, 그 가해자, 범행 일시, 장소, 방법을 알 수 없음

과연 그런가? 2009년 3월 15일 윤지오는 피해사실 문건 외에 이름이 나열된 별도의 편지형식의 글이 있었고 거기에 "가족과 지인에게 피해가 가지 않았으면 좋겠다"는 문구가 있었다고 말했으며 2010년 6월 25일 그 별도의 편지형식의 글에 "성상납을 강요받았습니다"라는 문구가 있었다고 분명하게 진술했다.

지금까지 우리가 분석한 바에 따르면 "성상납을 강요받았습니다"는 "성폭행을 당했습니다" 이외의 다른 것을 의미할 수가 없다. 유장호가 편지형식의 글에 "김종승을 만날 때 주의해야 할 사람들"의 이름이 적혀 있었다고 한 것도 실제로는 이 내용을 에둘러 표현한 것임을 이제 우리는 알 수 있다. "성폭행을 당할" 우려가 있는 사람들을 "주의해야" 하는 것은 당연하기 때문

이다. 그러므로 "성폭행 의혹 부분은 장자연 사망 직후 이루어진 수사 과정에서 전혀 제기되지 않았던 사항이고"라는 구절은 명백한 거짓말이다. 윤지오가 분명하게 "제기"했으나 경찰, 검찰 수사 과정에서 수사관들이 엉뚱한 질문들로 회피하고 덮어버림으로써 그 실체를 감춘 "사항"인 것이다.

검찰 과거사위원회는 또 이렇게 심의 결과를 발표한다. 자신이 알아내야 할 내용을 더 알아내기는커녕 이미 알려져 있는 내용조차 감추는 구절이다.

○ 추가 조사를 통해 구체적인 사실과 증거가 밝혀질 가능성이 있다 하더라도, 단순 강간, 강제추행 혐의에 대하여는 공소시효가 완성되었으므로 현시점에서 수사가 개시되기 위해서는 특수강간 또는 강간치상의 혐의가 인정되어야 하나, 현재까지의 조사 결과로는 2인 이상이 공모, 합동하였는지, 어떤 약물을 사용하였는지, 장자연이 상해를 입었는지 등 특수강간 또는 강간치상 혐의를 인정하고 수사에 즉각 착수할 정도로 충분한 사실과 증거가 확인되지 않았음

이 말이 과연 상황에 맞는 말인가? 문건에서 장자연은 구타가 반복되었다고 쓰면서 술집 접대부 같은 일을 하고 잠자리를 강요당했다고 쓴다. 구타에 상해가 따르지 않을 수 없다. 이 구타가 성폭행과 이어졌을 가능성은 김학의 사건의 A 씨 경우를 보면 충분하다고 할 수 있다. 그리고 성접대 및 성상납 강요에는

장자연 문건만으로도 적어도 두 사람 이상의 공모 협동 관계가 의심된다(형법 297조 및 성폭력범죄의 처벌 등에 관한 특례법 제4조 특수강간). 김종승과 B[1] 사장 혹은 B[2] 사장의 아들의 공모 말이다.

김종승과 두 B 사장의 관계는 윤중천과 김학의의 관계와 다르지 않다. 그런데 공모의 의심조차 들지 않는 것일까? 아니면 검찰 과거사위원회는 대한민국 국민들을 넘어 세계 시민들이 이미 읽어 알고 있는 이 장자연의 문건조차 읽지 않은 것인가? 또 마약의 경우 마약의 종류까지 밝혀져야 재수사에 대한 착수가 가능한 것인가? 차라리, 마약의 성분이라거나 제조처라거나 유통경로라거나 유효기간까지 확인되어야 수사에 착수할 수 있다고 하는 편이 낫지 않았을까?

내가 보기에는 심의 결과 발표의 한 구절 한 구절이, 드러난 사실들을 분절시켜 사실들의 가루로 만들어 버림으로써 종합적인 사건으로서의 성폭행을 시야에서 사라지도록 만들 용도로 조직되어 있는 것으로 읽힌다. 그래서 저 행간들 너머로 가해권력들의 흐뭇한 미소가 『이상한 나라의 앨리스』의 저 체셔 고양이 Cheshire Cat의 저 기이한 미소처럼 감돌다 어디론가 사라지는 것을 환각처럼 보게 된다.

어쨌든 2019년 6월, 검찰 과거사위원회는 이런 말을 남기고 사라졌다.

성폭행 피해 증거의 사후적 발견에 대비한 기록의 보존 권고

○ 성폭행 피해 의혹에 관해 현재까지의 조사 결과로는 2인 이상이 공모, 합동하였는지, 어떤 약물을 사용하였는지, 장자연이 상해를 입었는지 등 특수강간 또는 강간치상 혐의를 인정할 만한 자료가 발견되었다고 보기는 어려움. 다만 조사단의 권한상 의혹을 철저히 규명하는 데 한계가 있었고 제기된 의혹 상 범죄혐의가 중대하며, 공소시효 완성 전에 특수강간, 강간치상 범행에 대한 구체적인 진술 등 증거가 확보될 경우가 있을 수도 있으므로, 이를 대비하여 성폭행 의혹과 관련하여 최대한 상정 가능한 공소시효 완성일인 2024. 6. 29.까지 이 사건기록 및 조사단조사기록을 보존할 수 있도록 보존사무 관련 법령에 따라 조치할 것을 권고함.

아마도 이것이 검찰 과거사위원회의 마지막 남은 양심일 것이다. 나는 이 구절을 가해자의 입장을 옹호할 수밖에 없었던 자신의 조건에 대한 변명으로서 다음처럼 고쳐 읽고 싶다: "제기된 범죄혐의는 성폭행, 특수강간, 강간치상이므로 중대하다. 그런데 검찰 과거사위원회가 이미 드러나 있는 증거들을 있는 그대로 증거로서 직시하고 인정하기에는 말 못 할 어려움이 있다. 지금 드러난 증거들을 증거로서 직시할 수 있는 더 강력한 기관이 출현하거나 새로운 증거가 나타나 공소시효 완성 전에 이 사건이 재수사될 수 있도록 사건기록 및 조사기록을 보존하는 것이 검찰 과거사위원회가 지금 할 수 있는 최선이다." 이렇게 해서 고 장자연 사회적 타살 사건의 진상규명 문제는 다시 다중과 국민의 수중으로 되돌아왔다.

'성상납 강요'(성폭행)는 어떻게 '성상납'(뇌물) 으로 되는가

2019년 6월 검찰은 전 법무부 차관 김학의를 뇌물 혐의로 기소했다. 오랫동안 세상을 떠들썩하게 만들었던 김학의의 성범죄 혐의는 소리 소문도 없이 사라지고 증거불충분으로 무혐의 처분되었다. 어떤 마술로 검찰이 그 들끓던 여론을 잠재운 것일까? 김학의에 대한 특수강간 혐의를 "무죄" 처분하기 위해 검찰이 사용한 핵심 기술이 바로 "성폭력"(성접대 강요, 성상납 강요)에서 강요를 제거하여 성접대, 성상납으로 바꿔치기함으로써 그것을 "뇌물"로 간주하는 것이었다.

분명히 김학의에 대한 구속영장 범죄 일람표에는 피해를 주장한 A 여성의 진술을 토대로, 16개월간 주 2~3회씩 관계를 가졌고 신원미상의 다른 여성들과의 성접촉 내역도 포함됐었다. 하지만 이제 검찰은 여기에서 김학의에 대한 성범죄 혐의를 입증할 증거가 부족하다고 말한다. 더 기묘한 것은 2007년 서울 역삼동 오피스텔에서 윤중천이 이 씨를 성폭행한 것은 성폭행으로 인정한 반면 그와 동시에 이루어진 김학의와 이 씨의 성관계는 성폭행이 아닌 성접대로 판단한 것이다. 사람들의 공분을 산 장면, 즉 강원도 원주 별장에서 이뤄진 성관계도 성접대로 판단해 성범죄 혐의가 아니라 뇌물 수수 혐의에 포함시켰다. 폭행과 협박, 즉 강요가 없었다는 것이다. 성상납 강요에서 강요만 지울 수 있다면 얼마든지 성폭행도 뇌물로 둔갑될 수 있고 성범죄가 증발될 수 있다는 것이 검찰의 김학의 기소 방식이 남기는 교훈이다.

그런데 정말 김학의 사건에 강요가 없었을까? 검찰 수사단의 논리는 다음 세 가지이고 그 결론의 특징이 강요가 없었다는 판단이다.

(1) A 씨에 따르면, 김학의가 직접 폭행·협박한 사실이 없다.
(2) A 씨는 김학의에게 자신이 윤중천의 폭행·협박으로 (김 전 차관과의) 성관계에 응해야 하는 처지를 알리지 못했다고 진술했다.
(3) 윤 씨도 자신의 폭행·협박 사실을 부인하면서 구속 이후 수사에 협조하지 않고 있어 김 전 차관의 성범죄 혐의를 입증할 증거를 발견할 수 없었다.

어떻게 이런 식의 논리, 이런 식의 판단이 나왔을까? 단적으로 말해 수사단이 피해 여성의 진술을 배제한 결과이다. 피해 여성 지원 조력인단의 이찬진 변호사에 따르면 "피해자 A 씨는 '김학의는 윤중천이 A에게 고함·욕설·위협하고 힘으로 제압하는 과정을 지켜보다 간음했다'고 진술했다. 이 진술은 2013년 A 씨가 처음 경찰에 진술한 뒤 지금까지 일관적이다. 김학의는 윤중천이 A에게 성관계를 강요한 인사 가운데 가장 많이 A를 간음했다"고 한다.[1]

피해자의 말에 의하면, 김학의가 지켜보는 가운데 윤중천이 피해자를 위협하고 강요하여 제압했고 그 과정을 지켜본 후에 김학의가 피해자를 "간음"했다는 것이다. 즉 공범이었다는 것이다. 이러한 정황임에도 불구하고 검찰은 김학의가 직접 폭행, 협박한 사실이 없다는 것에 기초하여 성범죄에 대한 무혐의를 도출한다. 고함·욕설·협박 후 성관계한 윤중천은 성폭행(강간치상)으로 기소했음에 반해 그 고함·욕설·협박을 지켜본 후에 성관계한 김학의는 성상납을 받은 것으로 간주했다.

이런 방식을 통해 성폭행이 뇌물로 둔갑한다. 기가 막힌 연금술이다. 검찰의 논리대로라면 피해자는 윤중천의 고함·욕설·협박으로 주눅이 들고 공포에 휩싸였다고 하더라도 김학의가 그것을 지켜본 후 간음하려 할 때 용기를 내어 "지금 당신이 행하는 것은 강간인데 내가 윤중천의 위협과 욕설 때문에 두려워서 이것이 강간이라고 당신에게 차마 말을 못 합니다"라고 알려주고 또 그것을 어떤 유형의 증거로 남겼어야만 했다! 그럴 때만 그것은 성폭행에 해당한다! 만약 당신이 그 상황에서 그런

---

1. 김예리, 「김학의·윤중천 성폭력 "무죄여야만 하는 건가"」, 『미디어오늘』, 2019
년 6월 11일 수정, 2020년 2월 11일 접속, http://bit.ly/2T4VaD5.

용기를 낼 수 없고 지략을 발휘할 수 없다면 당신이 경험한 것은 성폭행이 아니라 성상납(뇌물)이다!

이것이 검찰의 법 논리학이다. 이런 방식으로 권력자들에게 성폭행을 할 자유를 폭넓게 열어주는 검찰 앞에 2009년의 3월 7일 이전의 장자연이 "성상납을 강요받았습니다"라는 문구를 적은 리스트를 내밀고 관련 진술을 직접 했었다고 가정해 본들, 그것이 뇌물(성상납)이 아닌 성폭행으로 기소될 수 있었을까?

이런 낙담스런 현실 때문인지, 검찰개혁에 시동을 걸었던 조국 법무부 장관 후보자가 인사청문회 준비 사무실로 처음 출근하면서 했다는 말이 예사롭지 않게 들린다. "서해맹산誓海盟山의 정신으로 공정한 법질서 확립, 검찰개혁, 법무부 혁신 등의 소명을 완수하겠습니다."[2] 검찰개혁을 어떤 방식으로 완수할 것인가, 그것이 완수된다면 개혁된 검찰이 어떤 모습, 어떤 태도로 성폭행 피해자들 앞에 나타날 것인가? 우리가 앞으로 관심을 갖고 지켜봐야 할 지점으로 보인다.

---

2. 조국 후보자는 법무부 장관으로 임명되었지만, 오히려 검찰에 의해 기소되어 자신이 천명한 검찰개혁의 소명을 직접 '완수'하는 데는 실패했다.

특수강간죄 수사권고 없는 진상조사 보고에 대한 윤지오의 생각

사람들의 이목이 과거사진상조사단에 집중되었던 2019년 5월 13일. 과거사진상조사단은 김종승의 위증 혐의를 고발하고, 수사 과정에서 『조선일보』의 외압을 인정했지만, 핵심적 쟁점인 장자연 리스트와 "술접대" 노동 강요 및 권력자들의 성범죄 행위에는 과거 수사가 미흡했다고 했을 뿐, 재수사 권고 없는 진상 보고서를 제출한 것으로 보도되었다.

이처럼 모호한 결론으로 재수사 권고를 회피하고 결국 김종승과 같은 하위 행위자들에 대한 위증 처벌요구에 머무르게 된 것에 대해 과거사진상조사단은 네 가지 사유를 들고 있다.

첫째 피해자가 사망했다.

둘째 주요 인물들의 조사 비협조(소환 불응)로 가해자 특정에 어려움이 있었다.

셋째 핵심의혹인 "술접대", "성접대" 강요 의혹 및 사회 유력인사들의 성범죄 연루 의혹에 대해서는 윤지오의 증언 외에 수사를 시작할 정도의 확실한 증거가 확보되지 못했다.

넷째 리스트와 특수강간 문제에 관한 핵심 증인인 윤지오 진술의 신빙성을 두고 논란이 있었다.

이 이유들은 합당한 이유들인가? 그렇다고 보기 어렵다.

우선 피해자는 사망했지만, 피해자가 남긴 문건이 확보되어 있으며 리스트의 존재에 대한 여러 사람의 진술들이 있고 리스트의 내용에 대한 윤지오의 증언이 있다는 점에서 피해자가 생존해 있지 않다는 것이 재수사 회피의 충분한 이유로 될 수는 없다. 둘째, 주요 인물들의 조사 비협조가 가해자 특정에 어려움을 주었다는 사실 자체가 바로 특검과 같은 강력한 재수사의 필요성을 제기하는 것이다. 셋째, 술접대와 성접대("잠자리") 강요는 고 장자연이 문건에서 직접 친필로 호소하고 있는 범죄이다. 문건은 이미 『조선일보』 방 씨 일가의 성범죄 의혹을 제기하기에 충분하다.

물론 재수사는 공소시효를 요구한다. 장자연 사건의 모든 의혹들에 공소시효가 다한 것일까? 그렇지 않다. 윤지오는 장자연이 술이 아니라 약물에 취해 성범죄 피해를 보았을 가능성에 대해 과거사진상조사단과 KBS1 〈오늘밤 김제동 : 목격자 윤지오 검찰에 묻는다〉에서 진술했다. 윤지오의 진술 이외에도 과거사진상조사단은 "장자연이 약물에 의한 성범죄 피해를 본 것 같다는 여러 명의 진술"을 확보한 것으로 알려졌다.[1] 또 유장호

---

1. 신은정, 「'약물 취해 접대' 윤지오 말고 다른 증언 있다」, 『국민일보』, 2019년

도 과거사진상조사단 비공식조사에서 "처음에 장자연 씨가 성폭행을 심하게 당했다고 이야기를 했고 그것을 문건에도 썼는데 자신이 지우라고 했"으며 "성폭행한 그 사람을 자신은 알고 있는데 이것을 밝힐 수 없다"고 말한 것으로 보도되었다.[2] 이러한 유형의 특수 성범죄(특수강간, 강간치상)는 공소시효가 15년이므로 과거사진상조사단이 의지만 있다면 검찰 과거사위원회에 재수사를 의뢰하기에 충분한 근거가 될 수 있다. 그런데 왜 과거사진상조사단은 재수사를 권고하지 않은 것일까?

유장호는 위의 진술을 한 후 보름 뒤에 자신이 그런 말을 한 적이 없다며 말을 바꾸었고 약물에 의한 성범죄 피해 가능성을 제기한 복수의 인물들이 누구인지는 알려지지 않았으며 유일하게 알려진 증언자인 윤지오는 그 "진술의 신빙성"을 두고 논란이 있기 때문에 재수사 권고를 하지 않았다는 것으로 귀착된다. 그러므로 과거사진상조사단이 술접대, 성접대 강요와 권력형 성범죄에 대한 재조사 권고를 하지 않는 것의 최종적 사유는 윤지오 증언의 "신빙성" 문제에서 찾아진다. 이 지점에서 우리는 한겨레, JTBC 등 극소수를 제외한 대부분의 제도언론과 가로세로연구소를 비롯한 반윤지오 유튜브들과 SNS 계정주들 등 한국 사회의 특정 세력들이 왜 윤지오 마녀사냥과 윤지오 죽이기에 총력을 기울여 왔는지를 이해할 수 있게 된다. 윤지오 증언

4월 24일 수정, 2020년 2월 11일 접속, http://bit.ly/2P9yxfN.

2. 이호진, 「"장자연 성폭행"…특수강간 공소시효 적용 가능성 있나」, 〈JTBC 뉴스룸〉, 2019년 4월 30일 수정, 2020년 2월 11일 접속, http://bit.ly/37NSsar.

의 신빙성을 떨어뜨림으로써만 재수사가 시작되는 것을 막을 수 있었기 때문이다.

　장자연 사건 진상조사가 재수사로 발전하는 것을 가로막는 데 있어서 박훈, 김대오, 김수민 트리오의 역할은 결정적이었다. 이들은 『조선일보』를 포함한 가해권력 측을 옹호하면서 윤지오를 비난한 것이 아니라 나는 『조선일보』를 싫어한다고 하면서 윤지오를 비난했다. 이들은 '진실을 밝히기 위해서는 거짓을 제거해야 한다', '장자연 사건 진실규명과 윤지오 검증은 별개이다', '촛불정권을 제대로 지켜야 한다', 심지어 '나는 사회주의자이다'라고 주장하면서 증언자 윤지오가 거짓말과 사기범죄를 저지르고 있다고 비난했다. 윤지오 증언의 신빙성을 결정적으로 떨어뜨린 것은 윤지오의 근방에서 윤지오의 입지를 허물어뜨리는 이들의 말이었다.

윤지오의 저항

　윤지오는 5월 13일 과거사진상조사단 조사발표에 대해 「약물과 성폭행 … 특수강간죄를 권고하지 않다니요」라는 제목하에 다음과 같은 반응 글을 올렸다.

　제 외에 추가 증언으로 증인들이 마약과 성폭행에 대해서 이야기를 했습니다. / 헌데 어찌 이럴 수가 있나요 … / 국민청원을 또 게재한들 바뀔까요? / 특수강간죄가 권고되어야 공소시효

는 이미 종료된 10년이 아닌 15년으로 늘어나게 됩니다. / 핵심
을 빼고 권고를 요청하다니요. / 이 모든 것이 몇몇 악의적인 사
람들로 인하여 / 가해자들은 웃는 세상이 되겠군요. / 자연 언니
를 위해서라더니 당신들이 저지른 만행 좀 보십시오. / 정말 반
드시 이들만이라도 처벌하여 반드시 다 되돌려 놓아야 합니다.

윤지오는 일상어로 표현된 이 짧은 글 속에서 전체 상황을
통찰하고 이 상황에 참여하고 있는 각종 행위자들의 동태와 이
후의 과제에 대해 예리하게 발언한다. 그 핵심요지를 정치적 법
률적 술어로 다시 풀어 정리해보자.

1. 검찰 과거사위원회의 과거사진상조사단의 조사발표는 핵심
문제를 회피한 비열한 발표로 분노를 금할 수 없다.
2. 핵심문제는 가해권력자들의 특수강간 성범죄를 처벌하여 제
2, 제3의 장자연이 발생하지 않도록 사회를 바꾸는 것이다.
3. 처벌을 위한 재수사는 공소시효가 15년인 특수강간죄에 대
한 수사권고가 있을 때만 가능하다.
4. 나[윤지오]도 마약과 성폭행에 대해 증언했지만 나 이외에도
이에 대해 증언한 증인들이 있고 특수강간 죄목 수사권고는
충분히 가능한 상황이었다고 본다.
5. 검찰 과거사위원회가 이미 확보된 증언들마저 외면하면서 가
해자, 권력자들을 징치하는 일을 두려워한다면 또다시 국민청
원을 한들 재수사가 이루어지리라고 기대할 수 있겠는가?

6. 과거사진상조사단의 진상 보고는 가해자들이 웃고 활개 칠 세상을 보증해 준다.

7. 과거사진상조사단이 특수강간죄 재수사 권고를 하지 않음으로써 장자연(들)의 고통과 눈물과 절규는 영구히 계속될 것이다.

8. 이러한 결과는 몇몇 악의적인 사람들이 증언자 흔들기를 통해 증언 신빙성을 떨어뜨림으로써 초래되었으므로 이들에게 책임이 있다.

9. 고인을 위한다는 이름으로 이들은 고인에게 영원한 침묵을 강요했다.

10. 이들만이라도 처벌하여 (특수강간죄 공소시효가 남은 향후 5년 이내에) 장자연 사건 재수사를 달성하기 위한 새로운 출발의 조건을 만들자.

이러한 메시지는 메신저 윤지오를 무너뜨리기 위한 온갖 마녀사냥 공세 앞에서 그가 취하고 있는 저항의 눈, 저항의 의지, 저항의 태세를 보여준다.

후원금 집단반환소송에 대한 윤지오의 항변에 대해 생각한다

재수사 권고 없이 과거사위원회가 해산한 후 일기 시작한 후원금 집단반환소송 움직임과 관련하여 윤지오는 자신의 입장을 이렇게 밝혔다.

1. 나는 한 번도 돈을 달라고 구걸하거나 협박한 적이 없다.
2. 후원계좌를 열어달라고 제발 열어달라고 무엇이라도 돕고 싶다고 누차 거듭 말씀하셨던 분들은 내가 아닌 시민 여러분이었다.
3. 현재까지 모금된 두 번의 후원금은 내 의견이 아니었다. 후원금에 관해 누차 고민을 해도 내가 함부로 받는 것이 아니라 생각했고 여러 차례 그러한 입장을 말씀드렸다.
4. 그 후원금조차 나는 한 푼도 안 썼다.[1]

되새겨보면 이 말들은 이런 의미가 아닐까?

---

1. 2019년 6월 6일 자 윤지오의 인스타그램 포스팅을 발췌·정리한 것이다.

장자연 사건에 대한 증언을 해 달라고 캐나다에 있던 나를 한국으로 부른 것은 대한민국 국민이고, 나로 하여금 두려워하지 않으면서 증언할 수 있도록 경호를 위한 후원을 하게 해 달라고 당부한 것도 대한민국 국민이고, 후원통장을 개설하도록 조언한 것도 내가 아닌 대한민국 국민이다.[2] 그런데 나를 후원해준 그 국민들이 마치 채권자처럼, 그리고 내가 마치 채무자인 것처럼 후원금을 반환해 달라고 요구하고 있다. 후원금은 돌려줄 의무가 있는 돈이 아니다. 빚이 아니기 때문이다. 물론 나는 입금된 후원금 중의 한 푼도 사용하지 않았으므로 당신들에게 반환해 버리고 싶기도 하다. 하지만 내가 '거짓 목적으로 당신들을 기망하여 후원금을 걷음으로써 돈벌이를 했다'는 이유로 가해져 오는 반환소송이 정당하다고는 생각하지 않는다. 나는 국민들의 뜻을 받들어 〈지상의 빛〉을 성공적으로 안착시키고 싶다. 그런데 지금 당신들이 어떤 행동을 하고 있는 것인지 깨달아야 한다. 당신들은 나에게 약 주고 병 주고 하면서 결국은 자기 스스로를 모독하고 수치스럽게 하는 행위를 하고 있는 것이다.

〈지상의 빛〉 굿즈 제작 사업의 강제중단에 대해서 윤지오는 자신의 입장을 이렇게 밝혔다.

---

2. 후원 통장 공개는 윤지오의 안전에 대해 진실로 걱정을 하고 있던 『고발뉴스』의 제안에 따라 이루어졌다.

1. 언니를 추모하는 굿즈가 아닌 "제5대 강력범죄"에 속하지 않아서, 보호시설도 어떠한 도움도 보호도 받지 못하는 제2의 피해자, 목격자, 증인을 위해서 실질적인 보호시설·경호·인력·생활비 등 도움을 드리고자 제작하려 했다.

2. 이런 굿즈를 "시체를 팔아" 돈을 번다는 둥 말도 안 되는 모함과 욕설과 증오가 가득 섞인 저주를 퍼부어댔다. 굿즈는 제작조차 되지 못했고 당연히 판매는 되지도 않았다.

3. 그런 내가 왜 사기꾼, 범죄자이고 아무런 죄도 없는 저희 엄마는 공범이라는 발언을 들어야 한단 말인가?

이 말들은 이런 의미가 아닐까?

〈지상의 빛〉은 제대로 보호받지 못하는 피해자, 목격자, 증인에게 도움을 주기 위해 설립했다. 이 비영리단체의 기금 안정성을 위해 굿즈 제작 판매를 준비하고 있었지만 굿즈 판매를 "시체 팔아 돈 번다"고 모함하고 욕설하는 또 다른 국민들 때문에 굿즈 제작은 포기되었고 판매는 물론 되지 않았다. 내가 범죄자, 사기꾼인가? 아니면 나를 사기꾼, 범죄자로 모는 당신들이 사기꾼이고 범죄자인가? 아무 죄 없는 나의 엄마를 공범으로 모는 당신들이 바로 범죄혐의자이지 않은가?

나는 한 사람의 인간으로서 윤지오의 항변이 지극히 정당하다고 생각한다. 대한민국 국민들은 윤지오를 불러 위험한 증언대 위에 세운 후, 증언이 끝나고 나서는 보호는커녕 지탄指彈, 즉 손가락 총알을 퍼붓고 있다. 나아가 윤지오에게 사기, 명예훼손, 표절 등 닥치는 대로 범죄혐의를 씌웠다. 인간적 성찰은 온데간 데없고 사법주의가 판치고 있다. 이에 대해서는 김수민을 앞세워 소송 전쟁을 시작한 변호사 박훈의 책임이 작지 않다. 여기에서 멈추지 않는다. 대한민국 국민은 윤지오의 과거 삶으로부터 특정한 이미지를 문맥 밖으로 추려내 타락하고 음탕한 몸 파는 여자라는 식의 여성차별적이고 인종차별적이며 계급차별적인 이미지를 조작하고 이것으로 윤지오를 집단 학대했다. 나치가 유대인들에게 행했던 것과 다름없는 짓을 대한민국 국민이 윤지오에게 행하고 있다. 이 순간 대한민국이라는 국가 공간은 '승리의 단톡방'과 본질에서 전혀 다를 것이 없다.

또 대한민국 국민들이 스스로 헌법을 위반하고 있다. 자신들이 대한민국의 헌법 제27조 제4항에 "형사피고인은 유죄의 판결이 확정될 때까지는 무죄로 추정된다"라고 버젓이 걸어놓고 실제로는 어떤 판결도 나지 않은 상태에서 심지어 소송조차 시작되지 않은 상태에서 국민의 한 사람인 윤지오를 범죄자로 단정하여 단죄하고 희롱하고 있기 때문이다. 아무것도 입증된 것이 없는 상태에서 임의의 혐의를 만들어 윤지오에게 덧씌우고는 윤지오를 범죄자로 몰면서 이제 증언대가 아니라 감옥으로 보내야 한다고 몰아붙이고 있다. 지금 우리 대한민국 국민들에게 절실하게 필요한 것은, 우리가 윤지오에게 행하고 있는 이 모순에 찬 광기에 대해 성찰하고 인간 윤지오에게 머리 숙여 사죄

하는 일이라고 생각한다. 증언자를 검증해야겠다면 그 전에 검증에 나설 국민들이 제대로 된 국민인지, 대한민국이 제대로 된 나라인지부터 검증해보는 것이 절실하다.

물론 이러한 광기의 배후에 장자연을 죽게 만든 바로 그들, 정치권력, 자본권력, 언론권력 들의 음험한 지배야욕과 지배계략이 작용하고 있는 것은 분명하다. 그렇다고 해서 그것이 그들의 야욕과 계략에 이끌리고 휘둘리는 한 사람 한 사람의 국민들 자신의 자기 결정에 따른 사고와 행동을 면책시켜 주는 것은 아니다. 나는 우리 대한민국 국민들이 지금 양두구육羊頭狗肉의 위선자-국민, 사기꾼-국민으로 행동하고 있는 것이 아닌지 자문할 필요가 있다고 생각한다. 이것은 자기 모순일 뿐만 아니라 만약 사법의 무대로 가져간다면 헌법 위반 행동이며 그 자체로 범죄일 수 있다. 나는 대한민국 국민의 한 사람으로서 윤지오에게 진실로 부끄럽고 죄스러우며 대한민국을 위선자의 나라, 사기꾼의 나라로 만드는 사람들에 대해 분노를 금할 수 없다. 촛불정부라는 이름이 무색하게 대한민국은 아직 나라가 아니다. 나라다운 나라는 누가 어떻게 세울 것인가?

장자연 문건과 리스트의 필체 문제에 대하여

윤지오는 자신이 봉은사에서 본 문건과 리스트의 글씨체가 자신이 알고 있는 장자연 언니의 글씨체와는 다른 것으로 보였고 무엇보다도 장자연의 친언니가 봉은사에서 문건과 리스트를 보자마자 이것이 동생 장자연의 필체가 아니라고 부인한 바 있음에 대해 말했다. 윤지오의 이 발언을 근거로 장자연의 문건과 리스트는 조작된 것이므로 증거 가치가 없다는 주장들이 제기된다.

이상호 기자와의 인터뷰 방송[1]에서 윤지오 씨는 자기가 보기에도 문건과 리스트가 장자연 언니의 글씨체가 아닌 것으로 보였지만 말할 수 없었다는 입장을 피력한다. 2009, 2010년의 진술이나 『13번째 증언』에서보다 자신의 생각을 좀 더 자유롭게 드러낸 것으로 보인다. 하지만 이 말을 듣고 이상호 기자는 필체 확인이 되지도 않았고 그 문건의 작성 경위가 마땅히 조사

---

1. 이 인터뷰 영상은 〈고발뉴스TV〉 유튜브에 올라 있었으나 현재는 삭제된 상태이다.

되었어야 하는데 조사되지 않았다고 말한다. 이러한 지적은 정당하다. 해당 방송의 뒷부분에서 이상호 기자는 KBS 문건의 경우 사설 감정기관에서 몇 글자가 유장호 글씨체와 오히려 유사했다는 견해를 내놓았다는 이야기를 덧붙인다. 실제로 장자연 문건은 장자연이 자의 반 타의 반으로, 또 장자연 혼자만이 아니라 장자연을 포함한 복수의 사람들이 함께 작성했을 가능성에 무게가 두어지고 있다. 또 하나의 버전이 아니라 둘 이상이 버전이 있었을 것으로 추정되고 있다. 그리고 리스트가 포함된 편지글 형식의 글은 장자연이 문건을 작성한 다음 날 유장호에게 전달한 것이므로 자필일 가능성이 더 높고 문건의 필체와 다를 수도 있다.

이런 복잡한 문제들이 조사되지 않은 채 남아 있기 때문에 자필이냐 아니냐의 문제는 장자연 리스트의 부재를 입증할 수 있는 근거가 되지 않는다. 이 모든 것이 추정을 넘어 재수사를 통해 철저히 그 진상이 밝혀져야 할 문제들로 남아 있다는 점이 중요하다. 바로 수사의 이 불철저함이야말로 갖은 방식으로 진실을 가려온 가해권력의 자취 그 자체이기 때문이다. 또 이것은 국민으로부터 수임받아 42명 이상의 수사요원이 배치되었음에도 불구하고 사건의 실체를 밝혀내지 못한 수사기관의 직무유기이며 거대한 국고 낭비에 속한다.

4장

진실혐오의 극장

"나는 숨어 살았다"의 의미를
이해하지 못하는 분들을 위한 어떤 주석

"숨어 살던" 시기 윤지오의 공개 활동에 대한
대중과 언론의 지각적 착시에 대해

윤지오가 "숨어 살기"를 거부하고
실명과 얼굴을 공개하기로 결심한 진짜 이유

피해자다움의 강제적 수용에서
피해자다움에 대한 거부의 결단으로

거스를 수 없는 '민중의 힘'과 '처벌'을 통한 정의

진실혐오 극장의 등장

진실에 대한 혐오

증언과 신변위협에 대하여

"나는 숨어 살았다"의 의미를 이해하지 못하는 분들을 위한 어떤 주석

윤지오에 대해 널리 퍼진 다양한 왜곡들을 바로잡기 위해 한 네티즌이 꼼꼼한 필치로 쓴 글 중에 「왜곡된 내용의 근거에 대해」(이하 「왜곡」)가 있다. 이 글은 김수민 작가의 이러한 인스타그램 포스팅이 과연 맞는 말인가를 검토하는 항목을 담고 있다. 김수민은, 윤지오가 "나는 숨어 살았다"는 자신의 말과는 달리 지난 10년 동안 미인대회에 나갔다거나 라이브방송을 했다는 등 그의 지난 삶의 몇몇 단면을 들추어내어 "나는 숨어 살았다"는 말이 거짓말이라고 주장했다. 「왜곡」은 이 문제를 어떻게 다루는가?

[나는 숨어 살았다는] 말이 거짓이라는 것이 성립하려면 '숨어 살았으며 10년 내내 아무것도 하지 못했다'라고 말했어야 거짓임이 성립한다. 그런데 윤씨는 이미 책에서부터 고인의 사건 이후 일과 학업을 병행했고 딱히 할 수 있는 것이 없었기에 미인대회를 전전했으며 뮤직비디오에 출연했던 일 등을 얘기했고 인터뷰에서도 일을 하거나 여행 등의 얘기를 한 바 있다. 아무것도

하지 못했다는 뜻으로 말한 적이 없으며 [행한 것을 – 인용자] 숨긴 적도 없다.

그런데 김수민이나 justicewithus 등의 인스타그래머들은 윤 씨의 사진들을 피드에 올려놓고 "고인 때문에 슬프다는 사람이 저렇게 미인대회에 나가고 여가를 즐기며 웃고 있다, 즉 슬프다는 말은 거짓이다"라는 식으로 조롱한다. 하지만 그것은 자기기만이자 위선이다. 호머의 서사시 『일리아드／오디세이』에서 트로이 전쟁에서 동료를 잃고 살아남은 슬픔 때문에 통곡하던 사람들은 허기 때문에 식사를 하고 이내 곤한 잠에 빠져든다. 이를 두고, 어떤 사람이 "밥을 먹고 잠을 자는 것을 보니 그들의 슬픔은 거짓이었다"고 말하는 것과 다를 바 없다. 그것이 인간을 이해하는 올바른 태도일까?

그런데 「왜곡」은 그들을 비난하거나 꾸짖기보다 공감 능력이 부족한 그들에게 윤지오가 "숨어 살았다", "숨어 지냈다"고 말할 때, 그 의미가 무엇인지를 친절하게 설명해 주는 길을 택한다.

어떤 의미로 이 말을 했는지의 근거는 방송에서 윤씨가 한 말속에 그대로 나와 있다. 윤씨는 방송 또는 인터뷰에서 '숨어 지냈다' 또는 책에서 '숨어 지내 듯 숨죽여 보내야만 했다'의 뜻을 두 가지로 말한 바 있다. 하나는 그동안 사건에 있어 스스로를 공개하지 못하고 '음성 변조라던지 a씨 또는 이순자 등의 가명을 사용했다는 의미'로, 또 하나는 '실제 생활에 있어서 힘들었던 사례들을 얘기하면서'이다. 사례를 들어 언급할 때는 '몇 달간' 등의 기간적 표현을 꼭 함께 했다.

다시 말하면, 고 장자연 사회적 타살 사건과 관련하여 (1) 자신의 진짜 이름인 실명을 숨기고 살아야 했다는 것, 그리고 (2) 기자 등에 쫓겨 살면서 우울증과 대인기피증으로 숨어 살았다는 것, 이 두 가지가 "숨어 살았다"라는 말로 윤지오가 표현하고자 한 의미이다. 「왜곡」은 이런 설명에 머무르지 않고 이 두 가지 의미가 윤지오의 언어행위에서 구별되고 또 각각 다른 조건에서 표현된다는 것을 구체적인 사례를 들어 밝혀 준다.

먼저 (1)과 관련하여 「왜곡」은 2019년 3월 7일 c방송에서의 대화를 예로 든다. 이 방송에서 질문자는 "'실명을 공개 안 하고' 말하자면 일종에1 숨어서 지냈어요?"라고 묻는다. 이것은 질문자가 윤지오의 이야기를 들은 후 "숨어 지냈다"라는 말을 '실명 공개를 안 했다는 의미냐?'라는 물음의 형식으로 대신 설명하는 경우에 속한다.

다른 예로 3월 29일 k방송에서의 대화도 제시된다. 여기에서 윤지오는 "'말씀해 주셨다시피' 계속 숨어서 지내고 내 이름도 함부로 얘기 못하고 이랬었는데 … 이게 조금은 바뀌어졌으면 좋겠어서 아직 이례적으로 그런 일이 없었던 것 같기도 해서

---

1. 원문 그대로 둔다.

요"라고 말한다. 여기서 "말씀해 주셨다시피"가 받는 [그 앞의] 말이 무엇일까?

> 박:그전에는 사실 윤모씨라고만 알고 있었거든요.
> 윤:성 자체도 거의 보도가 안 됐었구요.
> 박:a모씨나 b모씨로?
> 윤:증언할 때도 이순자라는 가명으로 …
> 박:가명으로 하다 얼굴과 실명을 공개한 적 있어요?

이 대화 맥락을 받아 "말씀해 주셨다시피 계속 숨어서 지내고 내 이름도 함부러 얘기 못 하고 이랬는데"라고 하고 있다. 이 때문에 여기서 "숨어 지냈다"라는 말은 증언자로 이름을 말할 수도 없고 얼굴을 드러낼 수도 없는 억압적 상황 속에 살았다는 의미다.[2]

(1)의 "숨어서 살다", "숨어서 지내다"가 증언과 관련하여 실명과 얼굴을 드러낼 수 없는 강요된 피해자다움을 표현하는 말이라면 (2)는 실제 생활에서 일정 기간 숨어서 살 수밖에 없었던 억압적 상황을 가리키는 말이다. 「왜곡」은 이에 대해서 두 가지 예를 들어 설명한다. 하나는 3월 29일 y방송 인터뷰에서 윤

---

2. 나중에 윤지오는 이러한 상황을 가리켜, 가해자는 고개를 치켜들고 다니고 피해자는 고개를 숙이고 숨어다니는 전도된 상황이라고 말하면서 피해자다움에 대한 이 전도된 강요를 거부하고 여기에서 벗어나고자 한다. 이 점에 대해서는 이후에 다시 논의할 것이다.

지오가 한 말이다.

지금도 밝아요. 물론 마냥 밝을 수만은 없었고 저도 아팠었고 사람들을 만나는 것도 힘들고 집 밖을 '몇 달' 안 나간 적도 있어요. '몇 달 동안' 집 밖을 안 나가고 나가도 차안에서 담요 같은 걸 덮고 숨어 있었어요. 창문 밖을 잘 못 봤고 빛 자체를 싫어 했어서 대인기피증도 생기고 우울증도 생기고 그러다 극단적인 선택을 했죠. 엄마가 빨리 발견 해주셔서 응급이송이 되고 목숨 자체가 위협이 있다라고 판단을 하셔서 입원치료를 '두 달 넘게' 했어요.

3월 14일 유튜브 방송에서 윤지오가 한 말도 이와 유사한 경우인데 숨어 살도록 만드는 저 강요의 주체가 명시되는 것이 특징적이다. 끈질기게 따라붙는 기자가 바로 그들이다.

(조사 당시 이후) 또 따라붙으시고 집에 들어가는 순간까지 질문하시고 집에서 나오면 계시고 몰래 이사하면 또 어떻게 찾아 수소문해 오시고. 그때 당시에 대학원에 재학중이면서 제가 넥센이라는 팀 치어리더를 했었어요. 아르바이트로 한 시즌동안. 구단에도 찾아오시고, 가는 데를 다 찾아오시고, 기자분들이 찾아오시고 직접적으로 질문을 하시니까 주변에서 다 알게 되는거죠.

여기서도 윤지오는 당시에 자신이 무슨 일을 했는지 전혀 숨기지 않았으며 기자들로 인해 자신이 겪었던 고초와 그 고초가 자신으로 하여금 숨어 살도록 강요했음을 적나라하게 표현한다. 주목할 것은, 「왜곡」이 검토한 바에 따르면, 이러한 (2)유형의 사례에서는 "몇 달", "몇 달 동안", "두 달 넘게", "한동안" 등의 기한 표현이 반드시 수반되었다는 점이다.

그러함에도 불구하고 왜곡자들은 이 말을 "10년 내내 다른 일을 하지 않고 [숨어 지냈다]"라는 식으로 왜곡·조작함으로써 윤지오가 마치 거짓말을 한 것처럼 만든다. 「왜곡」에 대한 우리의 주석이 보여주는 것은 이것이다. 이제 필요한 것은 이들이 자행하는 이러한 왜곡과 거짓말의 실상을 낱낱이 밝히는 것이고, 이들이 무슨 목적으로 그러한 왜곡과 거짓말을 일삼고 있는지, 즉 왜곡과 거짓말을 통해 이들이 얻는 이익이 무엇인지를 규명하는 일이다.

"숨어 살던" 시기 윤지오의 공개 활동에 대한 대중과 언론의 지각적 착시

"나는 숨어 살았다"의 경험 분석

윤지오에게서 "나는 숨어 살았다"는 두 가지 의미를 갖고 있었다. 하나는 이름과 관련된 것으로 자신의 증언자로서의 이름을 숨기고 살아야 했다는 것이었고 또 하나는 기자 등에 쫓겨 살면서 대인기피증으로 숨어 살았다는 것이었다. 나는 이 두 가지 의미를 한 글자 한 글자 그대로, 뼛속까지 이해하고 공감한다. 이것을 거짓말이라고 곡해하고 또 그 곡해자들의 말을 곧이곧대로 받아들이는 사람들의 천진난만함에 아연(啞然)할 뿐이다. 스스로 전문성을 자랑하는 사람들이 기자, 앵커, 편집장, 발행인 등을 맡고 있는 일부 언론방송들까지 이런 철없는 천진난만함을 보이는 것은 그들이 순진해서라기보다 이런 것과 유사하거나 동질적인 피억압의 경험을 해보지 못하고 이 땅의 다중들과는 딴판의 세상, 억압자의 세상에서 살거나 그 세상과 연루되어 살아온 탓이리라. 그래서 그러한 경험에 공감할 능력이 없을 뿐만 아니라 이해하고자 하는 의지조차 잃어버렸기 때문이리

라. 그래서 그러한 피해에 대한 호소가 괜히 엄살과 거짓말로 보이고 적대적으로 보여서 무시하거나 경멸하고 싶기 때문이리라. 그들이 "나는 숨어 살았다"는 고백이나 폭로조차 할 수 없는 상태에서 영원히 숨어 살도록 만들기 위해서 말이다.

그래서 여기서 나는 「왜곡」이 선택한 텍스트 분석 방법과는 달리, 나 자신이 겪어온 '숨어 살았다'를 가지고 윤지오의 '숨어 살았다'를 유비적으로 설명하는 추체험적 방법을 사용해서 윤지오의 '숨어 살다'의 의미를 설명해 보려고 한다.

나는 1988년 이전까지는 실명[본명] 하나만을 갖고 살았다. 가정에서는 물론이고 친구들을 사귀거나 글을 쓰거나 번역을 하거나 모두 이 실명을 사용해서 살았다. 내가 가명을 쓰기 시작한 것은 1988년 가을, 그러니까 월간 『노동해방문학』 창간을 준비하면서부터다. 이때부터 나는 두 가지 정체성으로 분할되었다. 기고를 하거나 친분 관계를 맺을 때는 실명을 사용했지만, 활동은 가명(정상우)으로 했기 때문이다. 국가보안법이라는 악법 때문에 실명이 사회적 실천의 영역에서는 사용될 수 없는 것으로 억압되었다. 1990년 10월 30일 전국 공개수배 후에 나는 이미 오염된 기존 가명을 버리고 신분증에 기재된 새로운 가명을 사용하기 시작했다. 그리고 이후 집필의 필요가 발생하면서 '이원영'이라는 필명을 사용하기 시작했는데 그것은 가명과 글자 하나만 다른 것이었다. 추적을 피하기 위해 실천에서는 물론이고 기고나 생활에서도 실명을 사용할 수 없게 되면서 나의 정체는 실명·가명·필명으로 삼 분할되었다. 월세방 계약, 은행 통장 개설, 검문을 당할 때 등에는 신분증명인 가명을 사용하고 글을 기고할 때에는 필명을 사용했다. 실명은 억압되었으며 실명을 아는 사람과의 만남은 최소한으로 제한했다. 통제 가능한 범위, 즉 손가락으로 꼽을 수 있는 숫자 이내로. 이런 식으로 '실명의 나'는 10년간을 조용히 숨죽이며 숨어 살았다.

실명에 대한 이러한 억압은 강요된 대인기피증으로 나타났다. 월세방을 구할 때는 집주인의 출입구와 입구가 완전히 달라 마주치지 않을 수 있는 구조의 방을 구해야 했다. 사법고시를 준비하는 사람으로 위장한 나는 하루 종일 골방에서 공부를 하다가 밤이 되기를 기다려 시장이나 거리로 나가곤 했다. 드물게 낮에 거리를 걷는 경우는 실명의 나를 알아보는 사람이 혹시나 있지 않을까 초조한 발걸음이 되었다. 멀리 제복을 입은 경찰이 보이면 심장이 두근댔다. 그래서 미리 아무 골목으로나 꺾어 들어가 다른 길로 돌아갔다. 미행이 있지 않을까 골목을 꺾어 돌 때마다 뒤를 살폈고 지하철을 탈 때는 다른 사람들이 모두 탄 후 차가 출발하기 직전에 재빨리 올라탔다. 거처로 돌아오는 길에 낌새가 이상하면 버스를 내려 갈아탔다. 해충이나 동물보다 사람이, 그중에서도 경찰이 내게는 가장 큰 두려움을 주는 존재였다. 윤지오에게는 기자가 가장 두려운 존재로 다가왔지만, 나에게는 경찰이 그랬다. 경찰은 나로 하여금 실명으로 살 수 없게 만드는 직접적인 위협 세력이었다. 10년 동안 딱 한 번 불심검문을 받았다. 당당한 체하며 경찰에게 '가명의 나'(신분증)를 내밀었다. 내 신분증을 받아든 경찰이 어디론가 무전기로 통화를 했다. 그 순간에 '가명의 나' 속에 숨어 사는 '실명의 나'는 두근거리며 떨고 있었다. 사람들은 실명의 내가 "인도로 갔다"거나 "죽었다"고들 말하고 있었지만 '실명의 나'는 '가명의 나' 속에 깊이 숨어 살고 있었기 때문이다.

1999년 말 수배가 풀리고 문학평론가 김명인이 『한겨레신문』에 「조정환이 돌아왔다」라는 제목의 칼럼을 쓴 전후로 여러 신문의 인터뷰 요청이 쇄도했던 것으로 기억된다. 기자들의 많은 질문이 "어떻게 숨어 살아왔냐?"는 것에 집중되었다. 가족, 친지 등 연고자와의 연락을 끊고 "나는 10년 동안 손가락으로 꼽을 정도의 사람만을 만났다"고 답했다. 이 말은 사실일까? 아니면 거짓일까?

이 물음에 대해서는 나의 정체성이 실명, 가명, 필명으로 분할된 복수 정체성으로 구성되어 있었다는 사실을 이해할 수 있는가 없는가에 따라 다른 답을 얻게 된다. 주어 나가 실명을 가리키는가, 가명을 가리키는가, 필명을 가리키는가에 따라 답이 달라지기 때문이다.

10년 동안 손가락으로 꼽을 정도의 사람만을 만났던 것은 '필명의 나'도, '가명의 나'도 아닌 '실명의 나'이다. '실명의 나'는 실제로 10년 동안 열 손가락 이내의 사람들만을 만났다. '실명의 나'를 아는 경제적 후원자나 실천적 동료들은 결코 열 명을 넘지 않았다. 고맙게도 10년 동안 그들은 나를 만난다는 사실을 그 어느 누구에게도 말하지 않았던 것으로 보인다. 실명의 내가 죽었다, 인도로 갔다는 소문은 아무도 나에 관한 소식을 듣지 못했고 한국에 살아 있다는 흔적을 발견할 수 없었다는 의미이기 때문이다. 이런 의미에서 '실명의' 내가 "나는 10년 동안 숨어 살았으며 손가락으로 꼽을 정도의 사람만을 만났다"고 말할 때 그 말은 글자 그대로의 사실이다.

하지만 '가명의 나'는 어떤가? 가명의 나는 10년 동안 꽤 많은 집주인들, 집주인의 가족들, 부동산중개업자들, 비디오테이프 대여점 주인 등을 스쳐 지나가며 만났다. 신분증을 필요로 하는 다양한 생활 영역에서 나는 가명으로 관계를 맺었다. 앞서 언급했듯이 경찰과도 그랬다. 이 관계는 내가 원해서 맺는 것이 아니라 부득이하게 맺는 관계들이었다. 이 관계들이 손가락으로 꼽을 정도보다 훨씬 많았다는 것은 분명하다. 만약 이 가명의 나를 주어로 놓고 술부를 "손가락으로 꼽을 정도의 사람만을 만났다"고 말한다면 그것은 거짓말이다.

또 '필명의 나'는 어떤가? 당시에 나는 필명으로 출판사의 창립과 운영에 관여했으며 필명으로 번역서를 내고 다양한 매체에 기고도 했다. 기자들과 메일 교환을 하고 해외 필자들과도 필명으로 메일 교환을 했다. 해외 필자들이 방한했을 때 면담을 하기도 했다. 참가자를 사전에 파악할 수 있는 소규모 모임에도 참석했다. 얼굴을 대하지 못하지만 '필명의 나'는 신문, 잡지, 단행본을 통해 수만 명, 어쩌면 그보다 더 많은 수의 사람들과 이미 만나고 있었다. '필명의 나'는 숨어 살지 않았으며 때로는 얼굴 없는 상태로, 또 때로는 얼굴을 내놓고 공개적으로 활동했다. 필명의 나는 공개적으로 활동하는 '나'였다. 수배가 풀린 후

나는 '이원영'이라는 나의 필명을 기억하고 있는 사람들이 많다는 것에 놀라지 않을 수 없었다. 그러므로 '필명의 나'를 주어로 놓고 그 술부를 "손가락으로 꼽을 정도의 사람만을 만났다"고 말한다면 그것은 새빨간 거짓말이다.

그런데 수배가 풀린 후 나와 인터뷰한 기자들이 '나'에게 인터뷰를 요청해 왔을 때, 그 '나'는 '가명의 나'나 '필명의 나'가 아닌 '실명의 나'였다. 그렇기 때문에 내가 "나는 숨어 살았고" 그 기간에 "손가락으로 꼽을 정도의 사람만을 만났다"고 했을 때 그 말은 결코 거짓말일 수 없고 사실인 것이다.

그런데 주의해야 할 것이 있다. '이원영 = 조정환'이라는 사실을 나 자신이 밝히고 또 사람들이 이것을 알게 된 후, 소급해서 나의 인터뷰를 읽는 사람들은 혼돈에 빠질 수 있다. 특히 공개적으로 활동한 이원영의 글이나 책을 읽고 또 직접 만난 사람들이 이 인터뷰를 읽을 때 그 사람들은 내가 거짓말을 하고 있는 것이 아닌가 하는 착각에 빠질 수 있다. 왜냐하면, 이원영은 숨어 살지 않았고 상당히 공개적으로 활동했으며 전자적 소통이 언제든지 가능했고 "손가락으로 꼽을 정도"를 훨씬 넘는 사람들을 만났기 때문이다. 하지만 이러한 착각은 분할되었던 정체성들이 뒤섞이고 시차時差가 간과됨으로써 나타나는 지각적 착시에 지나지 않는다.

윤지오의 공개 활동에 대한 대중과 언론의 지각적 착시

다행스러운 일일까? 아직까지 나의 당시 인터뷰를 두고 내가 거짓말을 한 것이 아니냐고 묻거나 따지는 사람을 나는 아직 만나지 못했다. 그런데 윤지오는 나와 매우 흡사한 경우임에도 불구하고 "숨어 살았다"는 말 자체가 거짓말이라는 군중들과 언론들의 지탄을 받고 있다. 나는 이 현상에, 다른 요소들 외에 성차별, 특히 젊은 여성에 대한 가부장제적 불신문화가 작용하고 있다고 생각하며 그 외에도 그의 말을 거짓말로 만들어 그의 증언 신빙성을 떨어뜨리려는 가해권력 측의 공작도 작용하고 있다고 생각한다. 하지만 이런 요소들은 잠시 접어두고 어떤 의미에서 윤지오의 경우가 나의 경우와 흡사한지를 살펴보는 데 집중하겠다.

윤지오의 이름, 그의 정체성은 몇 개로 분할되어 있는가? 장자연의 동료 배우의 이름이 윤지오이고 그것이 예명이며 그의 본명이 윤애영이라는 사실이 대중에게 알려진 것은 2019년 3월 4일 〈김어준의 뉴스공장〉을 통해서였다. 이후 대중들은 시차時差를 잊어버리고 윤지오가 각각의 시간들 속에서 달리 사용했던 이름들을 뭉뚱그려서 지각하는 착시에 빠진다. 이제 지배적 이름으로 된 "윤지오"는 장자연의 문건/리스트에 관한 증언자로 나선 그 윤지오이다. 이제 그 증언자 윤지오를 중심으로 모든 이름들이 환원reduction되어 지각된다. 가족이나 친지들 사이의 이름인 "윤애영"도 윤지오로 지각되고, 연예계에서 사용했던 이름인 예명 "윤지오"도 윤지오로 지각되며, 경찰에서 참고인 조사를 받던 "이순자"도 윤지오로 지각되고 장자연의 동료 배우 "윤모 씨"도 윤지오로 지각되며, 2018년 MBC 〈PD수첩〉에서 "얼굴을 부옇게" 가리고 인터뷰 증언을 하는 "김지연"[1]도 윤지오로 지각되고, 각종의 언론에서 등장한 기호화된 이름인 A 씨, Y 씨 등도 윤지오로 지각되며, 아프리카 방송에서 라이브방송을 하고 있는 그 얼굴도 윤지오로 지각되는 것이다.

이러한 지각이 놓치는 것은 이순자, 김지연, 윤모 씨, A 씨, Y 씨 등의 가명들 속에 증언자 윤지오가 "숨어 살았다"는 사실이다. 이러한 지각이 포착할 수 없는 것은 증언자 윤지오가 이 숨어 삶 속에서 겪었던 아픔이다. 이러한 지각이 간직할 수 없는 것은 장자연의 죽음 이후 단지 장자연의 동료였다는 이유 하나 때문에 기자에게 쫓기고 다양한 기회에서 배제되면서 증언자 윤지오가 느꼈던 좌절의 기억이다. 이러한 지각이 숨기는 것은 "가해자가 당당하고 피해자가 숨어 살아야 하는" 거꾸로 물구나무 선 사회현실 앞에서 증언자 윤지오가 내쉬었던 억울함의 한숨이다.

2019년 3월 4일 실명 공개와 그것에 대한 일차원적 대응에서 비롯된 이 지각적 착시로 인해 사람들은, "지난 10년 동안의 영상자료 등을 보면 윤지오 씨가 대외활동을 공개적으로 한 사례들이 많은데, 왜 숨어 살았다고 말했는지, 그것이 거짓말이 아닌지?" 따져 묻거나 비난하기를 멈추지 않는다. 나의 경우에 손가락으로 꼽을 정도의 사람만을 만나며 숨어 살았던 것이 가

---

1. 윤지오, 『13번째 증언』, 226쪽.

명의 나 혹은 필명의 나가 아닌 '실명의 나'였듯이, 윤지오에게도 숨어 살았던 것은 '증언자 윤지오'이지 본명의 윤지오, 가명의 윤지오, 예명의 윤지오, 이름 없이 기호화된 윤지오가 아니었다. 본명, 가명, 예명, 기호의 윤지오는 '증언자 윤지오'가 장자연의 죽음에 대한 증언자가 된 이후 다양한 위험들과 위협들 때문에 숨죽이며 숨어 살아가는 방식이었다. 이 다양한 이름의 윤지오들의 존재야말로 윤지오가 "숨어 살았음"을 뚜렷이 증명하는 지표가 아닌가?

그래서 나는 이제 거꾸로 당신에게 묻는다. 당신이 지난 10년간 대외활동을 공개적으로 했다고 주장하는 그 사람이 과연 증언자 윤지오가 맞는가? 아니면 당신의 지각적 착시 속에서 증언자 윤지오와 혼동되며, 증언자 윤지오가 그 속에 숨어 살았던 본명의 윤지오, 가명의 윤지오, 예명의 윤지오, 기호의 윤지오인가?

윤지오가 "숨어 살기"를 거부하고 실명과 얼굴을 공개하기로 결심한 진짜 이유

저는 묻고 싶습니다. 성폭력 피해자들은 성폭력 피해로 인해 말할 수 없는 고통을 받았던 것일까요, 아니면 성범죄를 방치하고 가해자들을 두둔하고 오히려 피해자를 비난해온 공동체로 인해 입을 열지도 못한 채 고통을 받으면서 죽어갔던 것일까요? 피해자들의 입을 열 수 없게 만든 것이 그들의 두려움과 나약함 때문일까요, 아니면 피해사실, 진실을 들여다보지도 않고 그들을 꽃뱀, 창녀로 부르고 의심하고 손가락질해온 공동체 때문이었을까요? 그렇기 때문에 이제까지 성폭력은 개인 문제가 아니라 집단적 문제였고, 약자와 여성을 대상으로 한 일종의 홀로코스트였습니다.

— 서지현[1]

대한민국에 윤지오가 숨어 살아온 현실을, 그가 숨어 살아온 이유를, 또 그가 숨어 살도록 강제한 억압적 조건을 이해할 수 없는 사람들이 많다는 것은 불행한 일이다. 감성이 마비되고 지성이 혼탁해진 그런 사람들은, 윤지오가 더이상 숨어 살지 않기로 결심하고 실명과 얼굴을 공개한 이유도 당연히 이해할 수 없을

1. 박정연, 「서지현 "'피해자다움' 따위는 없다」, 『프레시안』, 2019년 1월 29일 수정, 2020년 2월 22일 접속, http://bit.ly/2T5zSVV에서 재인용.

것이다. 나는 이런 사람들의 지각적 착시 속에서, '숨어 살 수밖에 없었던 증언자 윤지오'가 '숨어 살지 않았던 본명, 가명, 예명, 기호의 윤지오'와 혼동된다는 것에 대해 앞에서 설명했다. 즉 이런 사람들의 눈에 윤지오는 숨어 살지 않은 것으로 보이므로, 이제 와서 숨어 살지 않겠다고 선언할 이유도 권리도 없는 것으로 나타난다.

그렇다면 2019년 3월 4일 〈김어준의 뉴스공장〉에서의 실명 공개와 얼굴 공개는 무엇이란 말인가? 지각적 착시로 인해 윤지오가 숨어 살지 않았다고 생각하는 사람들은 2019년 3월 4일에 있었던 이름 공개와 얼굴 공개의 사건을 보고도 마치 수십 년 전부터 자신이 윤 씨, 김지연 씨, 이순자 씨, A 씨, Y 씨가 윤지오이고 윤지오가 윤애영라는 것을, 또 그들이 모두 증언자 윤지오라는 것을 알고 있었던 것처럼 계속 착각한다. 착각은 착각을 부르고 기만은 기만 속에 녹아들며 환상은 환상을 연출한다.

바로 이 환상의 극장을 파고든 것이 장자연 사회적 타살 사건의 가해자들이다. 이들은 '윤지오는 숨어 살지 않았다'는 환상을 근거로 "숨어 살았다"는 윤지오의 말을 거짓말로 뒤튼다. 또 오래전부터 증언자 윤지오를 알고 있었던 것으로 느끼는 지각적 환상을 근거로 윤지오의 이름 공개와 얼굴 공개를 사기를 위한 포석으로 조작한다. 그리고 자신의 검은 실체가 증언을 통해 폭로될 것을 두려워한 이들은, 윤지오가 2019년 3월 4일에 처음으로 그간 숨어 살았던 자신의 이름과 얼굴을 공개했다는 사실을 고의적으로 건너뛰면서 '윤지오가 과거에 숨어 살지 않았다'를 부동의 사실처럼 만들어 내는 데 총력을 기울인다.

그래야만 3월 4일의 이름 공개와 얼굴 공개를 미래의 사기를 위한 공개-쇼로 만들 수 있기 때문이다. 그것을 주체적 결단의 사건이 아니라 과거에 대한 거짓말과 미래를 위한 사기를 영리하게 편집하는 범죄 행위로 조작할 수 있기 때문이다. 이 얼마나 교활한 작태인가? 이 얼마나 간악한 집단범죄인가? 이 얼마나 끈질긴 n차 가해인가? 이 끈질김을 통해 우리는, 윤지오를 죽이기로 작정한 자들은 다름 아니라 바로 장자연을 죽음에 이르게 한 바로 그 가부장제 권력 집단임을 유추할 수 있다.

어떤 사람을 숨어 살도록 강제하는 것은 권력이다. 힘의 비대칭이, 눈을 부라리고 쫓아다니는 사람과 숨죽이며 숨어 사는 사람 사이의 기우뚱한 비대칭 관계를 만든다. 숨어 산다는 것은 헌법에 보장된 기본권을 권력에 의해 부당하게 유린당하며 산다는 것이다. 그런데 그 자신이 권력의 일부인 사람들은 이 비대칭과 유린의 상황에 둔감하다. 그것이 그냥 늘 그러한 자연 그 자체인 것처럼 자연스럽게 느낀다. 혹은 그 자신이 권력의 일부는 아니지만, 권력에 혼을 빼앗겨 권력의 지배와 권력 질서 없이는 자신이 사는 세상이 혼돈과 무질서 때문에 붕괴할 것이라고 여기고 그러한 붕괴를 두려워하는 사람들은 자신이 유린당하고 있다는 사실 그 자체를 망각해 버린다. 즉 숨어서 살아가면서라도 언젠가 권력 질서를 해체하면서 밝은 대낮에 자신의 얼굴을 드러내고자 하는 의지, 만회의 기회를 기다리며 절치부심切齒腐心할 수 있는 자아 능력을 잃어버린다.

이런 둔감함이나 아둔함 속에서 윤지오를 바라보는 사람들의 망막에 윤지오는 숨어 살지도 않았으면서 숨어 살았다고 거짓말하는 형상으로 나타나며, 공개할 삶도 이름도 얼굴도 없으면서 돈을 벌기 위해 공개-쇼를 하는 사기꾼의 형상으로 비친다. 동일한 물체도 거울이 일그러져 있으면 일그러져 보인다. 그로 인해 생기는 환영은 필연적이다. 이 필연적 환영을 수정할 길이 있을까? 있다면 그것은 물질적으로materially 그 거울을 반듯하게 펴는 것뿐이다. 즉 일그러진 권력관계를 해체하고 힘의 비대칭 관계를 실제로 없애는 것뿐이다. 망막이 일그러져 있는 한, 말로 아무리 상세하게 설명한다 해도 그 필연적 환영이 사라지게 만들 수는 없다. 그럼에도 불구하고 나는 거울을 평평하게 펼 필요에 대한 감각을 좀 더 절실한 것으로 만들기 위해 왜 윤지오가 숨어 살기를 거부하고 이름과 얼굴을 공개하기로 결단했는지에 관해 살펴보고자 한다. 이 문제에 대한 검토를 통해 나는 2019년 3월 4일의 공개행동이 (숨어 살지 않았던 사람이 행한 사기행위라는 음해자들의 주장과는 달리) 10년간 숨어 살다가 그 나름의 인식론적 변용을 거쳐 행한 인간적 결단, 특히 강요된 피해자다움, 강요된 숨어 살기에 대한 거부의 행위임을 밝히고자 한다.

피해자다움의 강제적 수용에서 피해자다움에 대한 거부의 결단으로

결국 올바른 피해자다움이란 이번 판결을 뒤집어 보면 알 수 있다. '피해가 일어나는 동안에는 최대한 격렬히 저항하고, 피해가 끝난 뒤에는 곧바로 신고한다. 피해 이후에는 가해자가 두렵고 동료들에게 피해사실을 티 내고 싶지 않더라도 가해자에게 무조건 단호히 대처해야 한다. 하지만 피해 신고 과정에서는 자존감이 강해보이는 단호한 모습 대신 심리적으로 얼어붙은 해리 상태에 빠져야 한다. 평소에는 성적 주체성과 자존감을 갖춰 성적 자기결정권을 행사할 수 있는 사람이어서는 곤란하다. 그런데도 소송 과정에서는 신뢰할 만한 진술의 일관성을 유지하는 상태'다. 모순 그 자체다.

— 도우리[1]

강요된 피해자다움의 부득이한 수용 : 기자로부터의 도피

「동료 배우 윤 모 씨」라는 제목이 붙어 있는 『13번째 증언』 14장은 피해자다움에 대한 강요를 받으면서 느낀 혼란에 대한 서술이며, 그 피해자다움을 어쩔 수 없이 수용하게 되

---

1. 도우리, 「'피해자다움'에의 강요」, 『미디어스』, 2018년 8월 18일 수정, 2020년 2월 21일 접속, http://bit.ly/2SPR7fj.

는 과정에 대한 서술이다. 윤지오에 대한 피해자다움의 강요는 (장자연을 대신하여) 자신을 쫓아다니는 기자들로부터 주어졌다. 그들은 윤지오에게 "걸려 오는 전화도 마음 편히 받지 못할" 정도로 "나를 통해 언니의 일을 캐려는 것에 혈안이 된 사람들"[2]로 다가왔다. 기자들은, 취업을 위해 찾아간 치어리더 에이전시에 찾아왔고 연예기획사를 찾아가면 그곳으로도 찾아왔다. "잠깐 동안 동료의 죽음을 이용해 유명세를 얻으려 했다는 비난을 받을 수도 있고, 이런저런 구설수에 시달릴 수도 있겠지만, 그것도 잠시라며 그렇게 얼굴을 팔고 나면 지금보다는 더 활동하기 편해질 것"이라고 부추기며 "지상파 TV의 아침 토크쇼에 출연해서 언니와의 관계나 그간 겪었던 일들을 이야기하라"는 제안도 있었다. 하지만 윤지오는 그러한 제안을 거부했다.

왜 그랬을까? "무명배우이다 못해 지망생"으로 끝난다 하더라도 손가락질받고 비웃음을 살 일을 하지 않았다는 자존감을 갖고 살고 싶었다는 것, "내 스스로에게 떳떳하고 싶었다"[3]는 것이 그 이유이다. 그런데 그 자존의 '떳떳함'은 이상하게도 당당함이 아니라 텔레비전 출연을 거부하고 인터뷰를 거부하고 "ㄷ엔터 소속이었다는 말도, 자연 언니와 친분이 있었음"도 말할 수 없음을 통해서 겨우 실현될 수 있는 어떤 억압적인 것으로 나

---

2. 윤지오, 『13번째 증언』, 168쪽.
3. 같은 책, 168쪽.

타난다. 그런데 그것이 처음에는 "왜 그렇게 해야 하는지" 윤지
오 자신에게도 "잘 이해가 되지 않는 것"[4]이었다. 그가 그 이유
를 어렴풋이나마 알게 된 것은 미인대회 관계자로부터 대회 출
전을 하지 않도록 권유받았을 때였다. 그 관계자가 장자연 사건
과 관련된 자신이 대회에서 수상하게 되면 미인대회의 이미지
가 실추될 수 있음을 우려하여 그런 권유를 한 것을 알았을 때,
윤지오는 장자연의 동료 배우였다는 사실이 "낙인, 주홍글씨"임
을 깨달으며 자신이 장자연이 겪었던 그 "사회적 살인"을 당하고
있다는 사실을 비로소 알게 된다.

　누가 그렇게 하는 것일까? 기자들이다. 윤지오는 소속사의
노예계약 상태에서 해방되고자 하는 장자연의 소망이 김종승
과의 다툼에서 유리함을 얻기 위해 장자연의 삶을 이용하고자
했던 이○숙의 계책에 걸려 탄생한 것이 장자연 문건과 리스트
라고 파악한다. 이 문건과 리스트의 작성으로 인해 결국 장자연
은 죽음을 맞게 되었다. 그것들이 계약직 연예노동자 장자연이
경험한 성착취와 성수탈의 현실에 대한 생생한 증언조서이자
고발장으로 남아 있지만 말이다.

　여기서 장자연은 누가 봐도 증언자이자 동시에 피해자이다.
그런데 한국의 기자들은 가해자를 찾아내 처벌하도록 만드는
데 에너지를 집중하기보다 취재라는 미명하에 피해자의 동료 배
우를 찾아다니며 사건을 오락거리로 가십화할 뿐만 아니라 피해

---

4. 같은 책, 167쪽.

자의 피해자다움에 대한 검증에 에너지를 집중하는 이상^{異常} 경향을 보인다. 기자들의 태도가 이런 관심사에 의해 지배되는 한에서 장자연의 동료 배우로서 윤지오가 기자들의 취재에 응했을 때, 그에게는 '가해권력에 대한 고발자＝증언자'로서의 역할이 아니라 '피해자 장자연의 피해자다움 유무에 대한 증언자'로서의 역할이 주어질 가능성이 커지는 것이다.5 윤지오는 이러한 역할을 떠맡기를 거부했는데 그것이 (기자를 피해) "숨어 살기"를 선택하는 것으로 나타났다. 이것은 가해자에 대한 '고발＝증언'이라는 공세적 태도가 어려운 상황에서, 피해자 장자연을 보호하기 위해 동료 배우였던 자신에게 권력이 강요하는 피해자다움(숨어 살기)을 어쩔 수 없이 받아들이는 방식이었다고 볼 수 있다.

피해자다움에 대한 거부 : 더 이상 숨어 살지 않겠다는 결단

거듭 말하지만 윤지오가 "더 이상 숨어 살지 않겠다"고 공개적으로 표명한 것은 2019년 3월 4일 방송된 〈김어준의 뉴스공장〉에서였다. 이 유튜브 방송의 5:37~7:04 구간에 김어준과 윤지오가 나눈 인터뷰 대화는 흥미롭다. 그 대화는 윤지오가 더 이

---

5. 2019년 4월 16일 이후 김수민이 윤지오와 관련해 맡고 있는 역할이 이런 성격의 것이다. 증언자 윤지오에게 피해자다움과 증언자다움을 강요하려는 가해권력의 필요를 여성의 위치에서 충족시키는 것, 즉 윤지오가 피해자답지 않고 증언자답지 않다고 비난하는 것이 그의 역할이라는 점에서 그렇다.

상 숨어 살지 않고 이름과 얼굴을 공개하는 이유를 자신의 입으로 말하는 대화이기 때문이다.

김어준 : 지금까지 본인이 이름도 가리고 얼굴도 가리고 했는데 이제 공개적으로 이야기해야 하겠다고 결심하신 이유가 무엇입니까?

윤지오 : 국내에 거주했다면 이런 결정을 하지 못했을 것 같습니다. 하지만 캐나다에 살면서 이런 사건이 공개적으로 진행되는 것을 경험했습니다. 캐나다에서는 피해자나 가해자가 모두 얼굴과 이름이 공개됩니다. 이런 것이 당연하게 여겨집니다. 피해자가 숨어서 사는 것이 아니라 오히려 존중을 받습니다. 이렇게 피해자가 존중을 받는 것을 보면서 한국도 그래야 되지 않나 하는 생각을 하게 되었습니다.

김어준 : 내가 숨어 살 이유가 뭐가 있냐, 나는 피해잔데…

윤지오 : 가해자가 떳떳이 사는 것을 보면서 억울하다는 심정이 많이 들었던 게 사실입니다.

김어준 : 10년 만에 장자연 사건이 다시 조사된다고 하니 이제는 더 이상 숨어 살고 싶지 않다, 내가 가해자가 아니고 피해잔데 가해자는 다 잘 살고 있는데 이렇게 내가 10년간 숨어 살다시피 해야 할 이유가 뭐냐, 그래서 결심을 하신 거고 얼굴도 이름도 공개하고 이야기해야겠다 생각하신 거죠. 이름이 윤지오 씨입니다. 처음 모셨습니다.[6]

6. 「[3부] 故장자연 씨 동료의 최초 증언(윤지오) ㅣ 김어준의 뉴스공장」, 〈TBS

이름도 가리고 얼굴도 가리고 살았던 저 '숨어 살기'를 버리고 이름과 얼굴을 공개하면서 이야기해야 하겠다는 결단은 무엇보다도 사건 이후에 윤지오가 보고 겪었던 캐나다의 경험에서 주어진다. 캐나다에서 윤지오는 성폭력 관련 사건에서 가해자와 피해자의 얼굴과 이름이 동등하게 공개되며, 사회는 가해자보다 피해자를 존중하는 문화를 경험했다.

그런데 한국은 캐나다와 정반대다. 가해자는 당당하게 사는데 피해자는 얼굴도 이름도 가리며 고개 숙인 채 숨어서 살아야 한다. 이것은 한국에서 피해자의 인권이 억압되고 있고 가해자가 계속 가해할 수 있는 가부장적 사회구조가 완강하게 지속되고 있다는 것을 의미한다. 윤지오는 캐나다와 한국에서의 생활을 비교하면서 점점 한국의 피해자들이 부당함과 억울함을 겪고 있음을 더 강하게 감각한다.

이것은 디아스포라diaspora적 삶이 가져다주는 인지적이고 정동적인 변용의 체험이다. 서로 다른 문화를 오가면서 그 문화적 차이 공간 속에서, 만약 한곳에 머물렀다면 몰랐을 것을 깨닫고, 느끼지 못했을 것을 느끼게 되는 것이다. 이 인지적·정동적 변용을 행동으로 옮긴 것이 이름과 얼굴을 공개하면서 증언하겠다는 결단이다. 이 결단은 행동으로 옮겨졌는데, 거기에는 '강요된 피해자다움에 대한 거부'가 포함되어 있을 뿐만 아니라

시민의방송 유튜브), 2019년 3월 4일 수정, 2020년 2월 11일 접속, https://youtu.be/gS_KHy4akx8. 대화 내용을 해치지 않으면서 독자가 이해하기 쉽도록 표현을 조금 고침.

'한국도 피해자가 존중받는 사회로 나아가자'라는 사회개혁적
제안이 함축되어 있다.

거스를 수 없는 '민중의 힘'과 '처벌'을 통한 정의

거스를 수 없는 '민중의 힘'

하지만 윤지오 자신의 인지적·정동적 변용으로부터 이러한 결단이 직접적으로 도출되어 나왔다고 본다면 그것은 일면적일 것이다. 우리가 간과하지 말아야 할 것은 2016년 촛불혁명과 그 2차 국면으로서의 미투 봉기가 윤지오에게 불어넣어준 용기라는 측면이다. 이것은 윤지오의 인간적 결단과 결합되어 있는 사회적 측면이다. 한국이 촛불혁명과 미투 봉기를 통해 가부장적 성 권력 체제에 대한 비판과 고발을 수행함으로써 새로운 사회로 나아가고 있다는 역사적 믿음의 측면이다. 물론 캐나다에서 살았던 윤지오에게서 촛불혁명의 체험이나 기억이 깊이 각인되어 있었던 것은 아니다. 하지만 윤지오는 촛불혁명의 여파로서 한국 사회에 일고 있던 세 가지 변화의 계기들이 자신과 직접적으로 연결되어 있는 변화임을 깨닫게 된다.

하나의 계기는 2017년 12월 검찰 과거사위원회의 발족이다. 이것은 촛불혁명 이후 아래로부터의 개혁 압박에 밀려 검찰이 위로부터 수행한 자기반성(의 제스처)을 표현하는 것으로서 적법절차 준수와 인권 보장의 책무를 다하지 못한 점에 대해 검찰총장이 국민들께 사과한 후에 그 후속 조치로서 이루어진 것이다. 장자연 사건은 검찰이 자행한 대표적인 부실 수사 사건이다. 그러므로 검찰 과거사위원회가 검찰이 진심으로 국민들께 반성하고 사과하며 자신들의 과오를 시정하는 자기 정화 노력의 표현이라면 장자연 사건은 검찰 과거사위원회가 반드시 다루어 진실을 밝혀야 할 사건이었다. 하지만 윤지오는 『13번째 증언』의 17장에서, "장자연 사건을 재조사한다 해도 나올 게 없다", "공소시효가 지나 처벌은 불가능하다"는 등 검찰 일각에서 이미 제기되고 있는 내부 반론들을 바라보며 검찰 과거사위원회의 발족에 그다지 큰 기대를 갖지 않는다.

그렇지만 윤지오는 두 번째 계기인 미투 봉기에 대해서는 상대적으로 민감한 반응을 보인다. 미투는 성범죄 피해자들이 자신이 겪은 성범죄를 고백함으로써 숨어 살기라는 강요되고 전도된 피해자다움을 거부하고 (한국의 경우 실명으로) 가해자를 고발한 운동이다. 윤지오는 2018년 1월에 서지현 검사가 실명과 얼굴을 드러내고서 자신이 당한 성추행(1차 피해)에 대해, 그리고 그에 이어진 "꽃뱀"이라는 비난 및 인사 불이익 조치(2차 피해)에 대해 고발한 것에 주목한다. 이때 서지현 검사는 자신의 피해를 고발하는 것을 넘어 피해를 당하고도 숨어 사는 성폭력 피해자들을 향해 "절대 당신의 잘못이 아니다"라고 말했다.

『13번째 증언』에서 윤지오는 그 말이 "어쩌면 9년 전 자연 언니가 진정으로 듣고 싶었을 위로와 응원의 한 마디였을지도 모른다는 생각이 들었다"[1]고 쓴다. 그리고 그는 미투의 서지현 이나 김지은이 그랬듯이, 실명과 얼굴을 드러내면서 출판하기로 결심한 이 책의 맨 마지막 문구를 "내 잘못이 아니야, 네 잘못도 아니야"[2]로 맺는다. 이것은, 지금까지 자신에게 강요되었던 피해자다움을 거부하면서 "잘못 없음"(무죄함)을 자신에게 한 번, "자연 언니"에게 한 번 선언하는 자기판결로 읽힌다. 여기서 한 걸음만 나아가면 잘못이 가해권력에게 있으므로 우리 사회에 필요한 것은 피해자다움이 아니라 가해자다움이라는 생각이 따라 나올 것이다.

이 두 계기는 '장자연 사건 재조사 청와대 국민청원'이라는 세 번째 계기에서 종합되었다. 국민청원은 대한민국 헌법에서 수십 년 전에 지워져 버린 아래로부터의 직접민주주의를 행정 차원에서 미약하나마 실행하는(정확하게는 시뮬레이션하는) 장치다. 대한민국 국민은 스위스 국민처럼 법안을 발의하여 그 법안에 대한 국민투표를 할 수도 없고 자신의 의사를 잘못 대 의하고 있는 대표자를 소환하여 해임할 수도 없는 사실상의 탈 정치 = 정치박탈 상태에 놓여 있다. 이 때문에 2016년 촛불혁명 과정에서 그토록 직접민주주의 강화를 주장하는 목소리가 높

---

1. 윤지오, 『13번째 증언』, 205쪽.
2. 같은 책, 245쪽.

앉던 것이다.[3] 청와대 국민청원제는 권력이 이러한 목소리를 달래는 통치장치이기도 하지만 국민의 목소리를 청와대에 전하는 신문고의 역할도 한다. 검찰 과거사위원회 1차 조사대상에 '장자연 사건'이 오르지 않은 것에 격분한 수많은 누리꾼들이 권력형 성폭력 범죄의 대표적 사례인 장자연 사건에 대한 재조사를 사전조사 대상에 포함시키라며 국민청원에 나섰고 2018년 4월 2일 장자연 사건은 마침내 2차 사전조사 대상에 포함되었다. 이어 6월에 검찰 과거사위원회는 장자연 사건 재수사를 권고했다. 이를 두고 윤지오는 "국민청원에서 이미 증명된 민중의 힘을 거스를 수는 없었던 것 같다"[4]고 평가한다.

윤지오 고유의 법의지 : 처벌을 통한 정의

이상의 설명은 윤지오가 얼굴과 이름을 드러내고 증언하기로 한 정치적 조건을 충분히 이해할 수 있도록 해준다. 성폭력 사건을 대하는 캐나다와 한국의 정치문화적 차이에서 윤지오는 캐나다가 이미 보여주고 있는 피해자 중심의 정치문화 쪽으로 한국이 나아가기를 바랐다. 또 그는 촛불혁명과 미투 봉기를 통해 한국 시민사회와 민중 내부에 그러한 이행을 가능케 할 역량이 무르익고 있다고 보았다. 윤지오는 대한민국 국민의 힘,

---

3. 이에 대해서는 엄윤진, 『있지도 않은 자유를 있다고 느끼게 하는 거짓 자유』, 갈무리, 2019 참조.
4. 윤지오, 『13번째 증언』, 230쪽.

아래로부터 민중의 정치적 힘을 믿었다. 하지만 그것이 전부는 아니다. 윤지오에게는 국제적 문화 조건이나 대한민국 국민의 정치적 성장으로 환원할 수 없는 고유한 주체적 모멘텀, 고유한 법의지Rechtswille가 있다. 그것이 무엇일까?

내가 보기에 그것은, 대부분의 사람들이 연예인, 여성, 나이 어림, 학력, 도덕성 등을 이유로 간과해 버리며 "아무것도 모르는 것이…" 식으로 뭉개 버리고자 하는 것이다. 그리고 그것은, 가해권력이 우리 사회의 변호사·작가·기자·교수 등의 소위 "전문가들"과 신문·방송·유튜브 등의 스펙터클 미디어들을 총동원하여 벌이는 성별·계급·인종을 뛰어넘는 '대對윤지오 총력전'을 통해 깊숙이 은폐하고자 하는 바로 그 어떤 것과 연관되어 있다. 그것이 무엇이길래 이들이 이토록 집중적이고 끈질긴 총력전을 펼치는 것일까?

이 문제를 규명함에 있어 우리는, 장자연 사건의 실체를 은폐한 주체의 하나였던 검찰이 바로 과거사위원회의 주체라는 사실을 잊어서는 안 된다. 장자연 사건에 대한 재조사와 재수사 요구는 검찰에 대한 비판을 수반하면서 시민사회로부터 제기되었음에도 불구하고 과거사위원회는 시민 주도성이 아니라 검찰 주도성을 허용하는 기구였다. 장자연 사건을 2차 사전조사 대상에 포함시키면서 과거사위원회는, 미리부터 장자연 리스트와 성상납에 대한 재수사는 10년이라는 공소시효가 만료되어 사건 자체에 대한 재수사는 불가능하다고 선을 그었다. 이런 전제 위에서 검찰 과거사위원회는 장자연 리스트나 성상납 의혹[5]이 아니라 "당시 사건을 담당했던 경찰과 검찰을 수사하는 쪽으로 가닥을 잡았다"는 식의 이야기들을 공공연히 흘렸다. 이것은 장자연 사회적 타살 사건 그 자체를 현재적 문제로서 조사하기보다 그것을 역사로 정리하고 그 사건에 대한 수사 과정을 조사하는 쪽으로 방향을 잡겠다는 가이드라인 제시와 다름이 없었다. 사실상 사건 은폐형 조사를 선포한 셈이다. 이에 대한 윤지오의 반응 속에 윤지오 고유의 법의지가 표현된다.

> 재수사를 통해 밝혀 낼 수 있는 것이 'C[조○천]의 성추행'과 '검경의 고의적인 사건 축소와 부실수사' 정도라니 … 성상납[6]에 대한 규명과 연루된 자들의 처벌은 불가하다는 사실에 실망스러웠다.[7]

이 "실망스러움"은 가해자에 대한 처벌이 필요하다는 강한 법의지의 이면이다. 내가 「'과거사 조사'를 둘러싼 두 가지 시간성의 투쟁」[8]에서 서술한 것처럼 검찰 과거사위원회가 장자연 사건을 과거사로 만들어 영구히 과거화하려는 경향을 보였음에 반해 윤지오는 사건의 현재화와 가해자에 대한 처벌이 사회정의

---

5. 실제로는 '성상납 강요' 의혹이다.

6. '성상납 강요'라고 해야 할 것이다.

7. 같은 책, 234쪽.

8. 이 책 1장 42쪽 이하 「'과거사 조사'를 둘러싼 두 가지 시간성의 투쟁에 대해」 참조.

실현의 필수적 요구라는 입장을 역설한다. 윤지오가 정의justice
와 같은 법철학적 개념을 사용하고 있지 않을 때도, 그의 감성
적 언어는 장자연 사건에서 정의는 가해자에 대한 처벌 없이는 실
현될 수 없다는 생각을 명백하게 표현하고 있다.

철저한 진상규명이 필요할 뿐만 아니라 그 진상규명을 기
초로 가해자에 대한 처벌로 나아가야 한다는 생각을 일관되게
표현했다는 점에서 윤지오의 태도는 장자연 사건에 임하는 많
은 사람들, 아니 대부분의 사람들의 태도와 사뭇 다르다. 언젠
가 나는 광화문 광장에서 열린 세월호 집회에서 유경근 〈4·16
세월호 참사 가족협의회〉 집행위원장이 "우리가 지금 원하는
것은 보상이 아니라 책임자에 대한 처벌, 처벌, 또 처벌입니다"라
고 이미 쉰 목소리로 절규하듯 외치는 것을 들은 적이 있다. 윤
지오의 목소리는 그보다는 훨씬 낮다. 하지만 그도 유경근과
동일하게, 장자연을 죽음에 이르도록 한 가해자들에 대한 처
벌을 요구하고 있었다. 윤지오가 고유하게 갖고 있는 이 처벌에
의 의지를 떠나서는 이후 윤지오의 어떤 행동도 온전히 이해할
수 없다.

그렇기 때문에 우리는 과거사진상조사단의 재조사가 시작
되면서 윤지오가 전화로 검찰에게 참고인 진술을 시작하고 조
○천의 재판에 증인으로 출석해 달라는 요청을 받은 후, 2018
년 12월 초 조○천의 2차 공판에 출석하기 위해 11월 27일 서울
행 비행기를 탄 것은, 1차 공판에서 자신의 혐의를 부인하고 있
는 그 "C의 잘못이라도 확실히 밝혀내야 한다"[9]는 것, 즉 처벌적

정의, 응보적 정의retributive justice의 의지에 따른 것이었다. 그리고 2019년 7월 15일 그 전직 『조선일보』 기자인 조○천 씨에 대한 서울중앙지법 형사 30단독 오덕식 부장판사 심리로 진행된 강제추행 결심공판에서 검찰은 "윤지오 씨의 진술이 상당히 신빙성 있다"는 것을 근거로 징역 1년을 구형했다.[10]

9. 윤지오, 『13번째 증언』, 234쪽.
10. 정민경, 「'장자연 강제추행 혐의' 조선일보 전 기자 징역 1년 구형」, 『미디어 오늘』, 2019년 7월 15일 수정, 2020년 2월 11일 접속, http://bit.ly/37KHUsR. 이 사건의 1심 판결에 대한 분석은 『까판의 문법』 2부 8장에 수록된 「가해권력과 가해자 중심주의의 논리」 참조.

진실혐오 극장의 등장

　　검찰 과거사위원회의 활동 기간이 2주 남은 때인 2019년 3월 15일 오전 10시 30분 서울 세종문화회관 앞에서는 〈한국여성의전화〉·〈성매매문제해결을위한전국연대〉 등의 여성단체가 '김학의 전 법무부 차관 등에 의한 성폭력 사건 및 고 장자연 씨 사건 진상규명촉구' 기자회견을 열었고 윤지오도 이 자리에 참석해 발언했다. 그런데 여기서 윤지오의 발언은 기존의 통념이나 보도 기조와 사뭇 결이 다르다. 대부분의 언론들이 이 발언의 기조를 "진상규명 요구"라고 보도했지만, 아래의 녹취록이 보여주는 것은 그 진상규명 요구가 직접 가해자에 대한 처벌 요구와 결합되어 있음을 보여준다.

　　안녕하세요.

　　저는 유일한 목격자가 아닌 유일한 증언자 윤지오입니다.

　　제가 대중 [앞에 보다] 더 많은 매체와 인터뷰를 무리해서까지 응하고 있는 것은 사실을 전하고 싶고 여러분들도 아셔야 할 권리라고 판단하였기 때문입니다.

분명 가해자가 단 한 번이라도 보셨으면 했고, 꼭 보셔야 할 것이라고, 그 분들 보시라고 인터뷰하고 있는 것입니다.

여러분들의 가슴이 먹먹하고 답답하게 해 드리[는] 인터뷰를 할 수 밖에 없어서 너무 죄송한 마음입니다.

또 언론이 [다른 타겟을 덮는 현상을] 저와 같이 체감하셨으리라고 보고 여러분의 노력으로 나약한 제가 아직 어리다고 할 수 있는 나이에 이렇게 멀리까지 올 수 있었습니다.

이 사건을 단순 자살이 아니라고 보고 수사가 들어간다면 공소시효가 10년이 아닌 25년으로 변경되어집니다.

공소시효란 어떤 범죄가 일어났을 때, 일정기간이 지나서까지 범인이 잡히지 않으면 형벌권이 없어지는 것을 말합니다.

범죄종류에 따라 그 기간이 다르지만 일반적으로 범죄를 저지른 시점으로부터 10년에서 25년에 달하는데 정해진 공소시효 기간이 지나버리면 증거가 있다고 해도 벌을 줄 수 없습니다.

2007년 [12월 21일]에 살인죄를 범한 범인[에 대해] 공소시효를 15년에서 25년으로 10년 늘렸습니다.

그런데 2007년 [12월 20일]이전에 일어난 사건들의 공소시효가 그대로 15년입니다.

이슈가 이슈를 덮는 정황을 많은 분들이 실감했을 테고 [이제] 이러한 불상사가 더 이상 되풀이되지 않기를 소망합니다.

다윗과 골리앗의 이야기를 기억합니다.

거대한 [골리앗을] 쓰러뜨릴 수 있는 용기를 주신 국민분들께 감사의 마음을 전하고 싶습니다.

오늘 하루도 무사히 버틸 수 있도록 도와주셔서 진심으로 감사 드립니다.[1]

윤지오는 사건의 중요 쟁점과 관련해 자신이 유일한 목격자가 아니라는 것, 즉 목격자는 자신 이외에도 있다는 것을 전제하면서 그 목격자들이 진상규명에서 증거가 될 만한 말을 하지 않고 있는 것에 대한 안타까움을 담아서 자신을 [현재로서는] "유일한 증언자"로 칭한다. 여기서 우리가 먼저 주목해야 할 것은, 권력형 성폭력 사건에서 가해자에 대해 증언한다는 것이 권력의 보복에, 그리고 증언자를 향한 2차, 3차 가해에 표적으로 노출될 수 있는 행동이라는 사실이다. 가해자들의 추가 가해의 방식은 일정하게 정형화되어 있지만, 그것의 수준과 강도는 예측 불허이다.

윤지오는 인터뷰를 하면서 두 가지 청중을 염두에 두고 있다. 하나는 국민들이다. 국민들이 사실을 알 권리가 있다고 판단했기 때문에 국민들께 사실을 전한다는 것이다. 윤지오가 고려하고 있는 또 하나의 특이한 청중이 있는데 그것은 가해자들이다. 윤지오는 가해자들에게, 그들이 자신의 인터뷰를 보았으면 하는 희망만이 아니라 보아야 한다는 **명령**을 전달한다. 가책^{呵責}을 기대했기 때문일까? 만약 이것이 가책에 대한 기대

를 표명한 것이라면 윤지오가 처벌적 정의에 앞서 회복적 정의 restorative justice를 추구하고 있다고 봐야 할 것이다. 가해자들이 가책을 받고 자책하여 피해자가 입은 피해를 회복하기 위한 조치를 취함으로써 가해자와 피해자 사이의 공동체적 관계를 회복하는 방향의 정의에 기대하는 셈이기 때문이다.

그런데 이어지는 대목은 윤지오의 태도가 그러한 회복적 정의의 추구와는 다르거나 최소한 그 이상의 것을 요구하는 것임을 분명하게 보여준다. 3월 15일의 발언에서 윤지오는 지금까지 장자연 사건과 관련하여 그 어느 누구도 주장하지 않았던 것을 주장한다. 그것은 장자연 사건의 가능한 공소시효가 10년이 아니라 25년일 수 있다는 주장이며 원점에서의 재수사가 필요하다는 주장이다. 이것은 조○천 성추행 사건 외에는 공소시효가 다했기 때문에 장자연 사건은 과거사일 뿐 본질적으로 재수사할 사건이 아니라는 검찰 과거사위원회 측의 주된 기류에 반하는 주장이다. 윤지오는 범죄를 저질렀다면 처벌되어야 한다는 처벌적 정의의 관점에서 지금도 재수사에 들어갈 수 있다는 것을 역설한다. 공소시효가 만료된 사건을 어떻게 재수사할 수 있단 말인가? "이 사건을 단순 자살이 아니라고 보고 수사가 들어간다면" 가능하다는 것이 윤지오의 주장이다. 그렇게 되면 "공소시효가 10년이 아닌 25년으로 변경되어"지고 공소시효가 아직 15년이나 남게 되기 때문이다.[2]

---

2. 참고로, 2015년 7월 24일 대한민국에서도 살인죄에 대한 공소시효는 폐지되

장자연의 죽음을 의문사로 바라보면서 수사기관에 재수사를 요청하는 윤지오의 문제 제기는 몇 가지 근거들을 갖고 있다. 이 근거들에 대해서는 다른 곳3에서 다루므로 여기서 나는 이 문제 제기가 증언자 윤지오에게 미친 영향에 관심을 집중하고자 한다. 다시 말해, 윤지오가 3월 15일에 세종문화회관 계단에서 전 국민과 가해자들에게 호소하면서 국가를 향해서는 장자연의 죽음을 단순 자살이 아닌 시각에서, 즉 살인의 시각에서 수사해줄 것을 요청한 것이 윤지오의 증언 행보에 가져온 반발력에 주목하고자 한다.

윤지오의 요청은 장자연 사건에 대한 지금까지의 굳어진 통념을 깨뜨리는 시각이었다. 이 무렵, 대한민국 국민의 상당 부분4은 장자연이 우울증으로 시달리다 유서를 남기고 자살했다는 것을 믿고 있던 상황이었다.

윤지오는 하루 전인 3월 14일 『고발뉴스』에서, 유서라고 알려진 그 문건이 실제로는 유서가 아니라는 것을 분명히 밝힌 바 있다. 이날 그는, 장자연이 유장호의 요구에 따라 권력자들의 성폭력 범죄를 고발하는 문건과 리스트를 작성한 후, 그 문건과 리스트가 자신의 의지를 벗어나 유통되는 당황스러운 상

었다.

3. 조정환, 『까판의 문법』, 갈무리, 2020의 2장 다섯 번째 절 「기생충 학자 서민의 종합거짓말세트」 참조.

4. 경찰과 검찰 등 수사 자료에 접근할 수 있었고 장자연이 남긴 문건이 유서 아님을 알고 있었던, 하지만 그것이 유서로 인식되도록 조장하고 방치했던 수사기관은 여기에 속하지 않을 것이다.

황을 맞이했을 뿐만 아니라, 며칠 후 유서조차 없는 채 주검으로 발견되었고, 그 주검은 부검도 없이 화장되었으며 유장호, 경찰들, 그리고 기자들이 누가 봐도 유서가 아닌 그 문건과 리스트를 유서로 만들어 공표한 사실을 상기할 것을 요구했다. 이런 근거 위에서 2019년 3월 15일에 그는, 장자연의 죽음의 진상이 처음부터 조작된 것으로 보이므로 수사기관이 진상규명을 위해 단순 자살이 아니라 살인의 관점에서 재수사해줄 것을 정식으로 요구하면서 아직 처벌 가능한 시효, 즉 공소시효가 남았음을 언급한 것이다.

이 요구는, 한국 사회의 적어도 세 유형의 세력에게, 응답하지 않으면 안 될 문제를 던진 것으로 해석할 수 있다. 그 세 가지 세력이 누구일까?

첫째는 혹시 이 의문의 죽음에 대한 재수사를 통해 그 범죄 행위가 드러나게 될지도 모를 어떤 살인 가해자이다. 실제로 그러한 살인 가해자가 숨어 있었고 윤지오의 발언을 들었다면 필사적으로 상황을 반전시키려 노력하지 않을 수 없을 것이다. 이 것을 직접적 가해권력이라고 불러 보자.

둘째는 장자연의 죽음을 합리적으로 이해하는 것을 어렵게 만든 데 책임이 있는 경찰과 검찰, 즉 행정권력이다. 경찰은 초동수사에서 장자연의 죽음을 단순 자살로 처리했고, 검찰은 김종승과 유장호에게 경미한 형벌을 준 것 외에 장자연의 죽음과 관련하여 중대한 혐의를 받고 있던 대부분의 인물들을 증거불충분으로 무혐의 처분했기 때문이다. 이 주체들 역시 지난 10년의 행적이 직접적 가해권력을 비호한 것으로 의심되고 재수사의 칼날이 자신들에게 향함으로써 자신들이 실제로 문책당할 수 있는 상황의 도래를 원치 않았을 것이다.

셋째는 장자연 문건에 이름이 등장하며 장자연 사건을 한 연예인의 불행한 자살 사건으로 보게 만드는 사회적 인지 프레임의 형성에서 주도적 역할을 했던 주체, 즉 『조선일보』 같은 언론 권력이다. 이미 수사 과정에서 황제 조사, 증거인멸, 위장증언, 수사 혼선, 수사외압, 거짓 보도 등을 행하면서 자신의 보존에 급급했던 이 언론 권력이 살인이라는 관점에서 재수사가 재개될 수 있는 상황을 방치할 리는 만무할 것이다.

증언자 윤지오에 대한 검증의 목소리가 고개를 쳐들기 시작한 것이 이때부터이며 그 검증몰이는 윤지오 사기꾼 만들기로 발전했다. 이어 긴 시간에 걸쳐 증언자의 인성, 도덕성, 행실, 사생활 문제에 대한 아주 전형적인 인신공격이 쏟아졌다. 장자연을 죽음에 이르게 한 사람들을 처벌해야 한다는 처벌적 정의의 관념에 따라 윤지오가 행한 증언 행동이 맞닥뜨린 철벽이 이것이다. 그런데 그 철벽은 가변적으로 움직이는 트랜스포머형 철벽이었다. 윤지오는 적어도 이때까지는 국민들로부터 용기를 얻고 국민과 함께 "멀리까지" 왔다. 하지만 단순 자살이 아니라는 시각에서 재수사해 줄 것을 눈물로 호소한 다음부터, 윤지오와 국민을 이간하는 전문가–기계, 언론–기계, 유튜브–기계 등이 체계적이고 조직적으로 가동되었고 윤지오로부터 국민을 하나하나 분리시켰다. 이것들은 가해자들을 시야 바깥 안전지대로 은폐하면서, 피해자이기도 한 여성 증언자의 사생활을 들춰내어 조롱하는 센세이셔널한 삼류 극장 속으로 사람들을 끌어들였다. 그 무대에 올려진 윤지오는 천하에 둘도 없는 사기꾼의 형상으로 모질게 그려진다. 가부장제 성폭력 극장에서 성폭력의 피해자인 서지현과 김지은을 꽃뱀의 형상으로 그렸듯이 말이다. 이 극장은 가해자들이 아니라 오히려 피해자들을 처벌되어야 할 자로 그리는 책임 전가의 극장이고 젊은 여성은 믿을 수 없고 오직 이용될 수 있을 뿐이라고 가르치는 성차별의 극장이며 더 이상 증언은 불가능하다고 명령하는 진실 혐오와 진실 종말의 극장이다.

진실에 대한 혐오 ^{veritaphobia}

봉준호의 〈기생충〉은 "냄새나는 사람"에 대한 혐오를 다룬다. 혐오를 주는 그 냄새는 어떤 냄새일까? 지하의 냄새, 하층민의 냄새, 시궁창 냄새, 벌레의 냄새다. 한때 교육부 정책기획관이었던 나향욱의 언어로 표현하면 "개-돼지"의 냄새일 것이다. 그것은 민중의 냄새, 다중의 냄새, 주권자로 취급받지 못하는 주권자인 국민의 냄새다. 이들이 서로는 맡지 못하는 어떤 공통된 것이 어떤 문턱 너머의 사람들에게는 쓰러질 것 같은 현기증을 야기하는 냄새로 다가간다. CEO 동익은 운전사 기택의 행동이 선을 넘지 않는 것에 만족하면서도 기어코 선을 넘어오는 그의 냄새 때문에 불편해한다. 그 불편함은 동익의 아내나 아들이 공유하는 계급적 불편함이다. 이 불편함이 외부대상을 향해 표현될 때 혐오로 나타난다.

냄새나는 사람에 대한 혐오. 이것을 우리는 인종주의라 부를 수 있다. 냄새나는 사람에 대한 혐오를 통해 인류가 인종으로 구분되고 배제해야 할 인종이 규정되기 때문이다. 이 배제해야 할 사람들을 표현하는 흔한 표현은 "이상한 사람"이라는 말이다. 홍준표는 「윤지오의 거짓말」이라는 유튜브 동영상에서 정작 왜 윤지오의 증언이 거짓말인가는 논증하지 못한다. 그가 수십 년 동안 술집에 간 적이 없다고 일방적으로 주장한다고 해서 그것이, 〈꽃보다 남자〉의 구준표와 이름이 같은 정치인의 이름을 리스트에서 보았다는 윤지오의 증언을 거짓말이라고 입증할 수 있는 근거는 아니기 때문이다. 오히려 그는 "이상한 여자가 국회의원을 등에 업고 설쳤다", "이상한 여자가 이상한 단체하고 합작해서 리스트에서 홍준표라는 이름을 보았다고 말했다", "그래서 이 이상한 여자를 고발했다", "이런 이상한 여자가 정권과 손을 잡고 설치면 안 된다" 등으로 윤지오를 여러 차례 "이상한 여자"라고 묘사하면서 그의 인격을 훼손하는 데에 온 힘을 쏟았다. 스스로 창피하다고 하면서, 다시 말해 창피함을 무릅쓰고, 말이다. 홍준표는 "이상한"과 "여자"를 결합함으로써 이상한 "냄새"가 나는 그 사람이 "여자"임을 강조한다. 인종주의와 성차별주의는 여기서 아무런 경계도 없이 화학결합 된다. 그리고 그 결합은 그 이상한 여자는 "본정신이 아닌" 즉 "미친" 여자이므로 "동부지검"이 이 여자를 "집어넣어 달라"는 주문으로까지 이어진다. 홍준표가 만들어낸 '여자다 = 이상하다 = 미쳤다'는 이 등식은 "젊은 여성을 위험한 인간"(손희정)으로 보는 편견, 즉 가부장적 성차별주의가 표현되는 하나의 전형이라고 할 수 있을 것이다.

"냄새나는 사람", "이상異常한 여자"는 "수상殊常한 사람"이라는 표현과도 쉽게 결합한다. "의심나면 다시 보고 수상하면 신고하자." 멸공 포스터의 구호였다. 극우 논객인 지만원은 전두환 군사독재와 계엄군에 맞서 항쟁에 나섰던 광주 시민들을 "수상한 사람들"로 불렀다.

그는 이들이 남파된 북한군 특수부대원인 "광수"(광주의 수상한 사람들)라고 부르면서 한 사람 한 사람 번호를 붙였다. 강상우 감독의 다큐멘터리 영화 〈김군〉은 지만원이 "제1광수"라고 부르면서 북한군 특수부대원으로 지목했던 그 사람이 실제로는 누구인지 찾아가는 영화다. 확인을 위한 긴 여정 끝에 그 "제1광수"는 광주의 어느 다리 밑에 살면서 넝마주이를 하던 사람, 부를 이름조차 갖지 않았던 "김군"으로 밝혀진다. 그는 1980년 5월 21일 광주에서 계엄군이 금남로에 결집한 시민들을 향해 집단 발포해 수십 명이 죽은 것에 항의하여 총을 들고 무장 항쟁에 나섰던 시민군 가운데 한 사람이며, 5월 23일에 시작된 수습위원회 주도의 총기반납 조치 때 총기를 반납한 후 시신으로조차 확인되지 않고 있는 사람이다. 시신이 있었던들 무엇으로 확인할 수 있었을까? 영화 〈김군〉은 인간의 존엄, 시민의 정의, 국민의 주권을 지키기 위해 목숨을 걸고 나섰던 사람들이 바로 이들 "지하 생활자들", "다리 밑 생활자들", "수상한 사람들", "이상한 사람들", "냄새나는 사람들"이었음을 잔잔한 어조로 보여준다.

"이상한 여자"라는 인종차별적 감각 양식이 페미니스트를 자임하는 일부의 사람들 속에서도 발견되는 것은 아이러니다. 다음은 어떤 자칭 "페미니스트" 네티즌의 말이다.

지만원이 제1광수로 지목했던 '김군': 그의 눈은 무엇을 응시하고 있을까? (사진은 『중앙일보』 이창성 기자가 1980년 5월 22~23일 찍었다고 한다.)

　그녀[윤지오]는 페미니즘을 악용한 것만 같아요. … 페미니즘이 진짜 필요한 이들에게 페미니즘이 닿지 않아 가끔은 그들을 욕하기도 한다는 걸요. 그래서 처음엔 저도 속이 상했지만, 그녀를 응원했네요. … 저는 근 삼 개월간 눈팅으로 윤지오 씨 사건을 봤고 최근 한 달간은 일명 윤지오 씨 까판이라는 곳에서 지켜보았습니다. 저는 상식이 없는 사람이 아니고 의심병이 정말 많은 사람입니다. 그래서 처음부터 그녀에 대한 이질감을 느꼈던 것도 사실입니다. 응원은 했지만 계속 달라지는 발언을 들으면서 뭐가 이상하다고 생각했는데 그 의문점이 해결되더라고요.

　여기서 "의심병이 정말 많은 사람"이 윤지오에 대해 처음부터 느꼈던 "이질감"과 "이상함" "의문점"은 어떤 방향으로 발전하고 또 정착되는가? 윤지오가 "한 번도 진실을 말한 적이 없는 사람"이며 "증인이 아니다"라는 방향이다. 요컨대 윤지오는 사기꾼이며 표절자이고 범죄자라는 방향이다. 이 혐오의 감각 양식 속에서 냄새나는 존재가 개, 돼지나 벌레이지 인간이 아니듯이, 이상한 여자는 증인일 수 없다. 수상한 사람은 폭도이거나 간첩이지 시민일 수 없다. 항쟁하는 사람, 증언하는 사람, 진실을 말하는 사람은 혐오의 감각을 가진 사람들에게는 선을 넘는 사람들이며 선을 넘어오는 견딜 수 없는 냄새이기 때문이다.

선을 넘어오는 이 진실의 냄새에 대한 두려움 때문에 지만원은 항쟁에 나선 광주의 시민을 "수상한 사람"으로 몰면서 남파된 북한 특수부대원인 것처럼 조작하고,[1] 홍준표는 선을 넘어오는 증언에 대한 두려움 때문에("이 여자 이대로 둬서는 안되겠다") 윤지오를 "이상한 여자" "본정신이 아닌 여자"로 몰아붙여 감옥으로 보내고 싶어 한다. "젊은 여자"인 자칭 "페미니스트"도 같은 여성인 윤지오를 범죄자로 몰아붙여 격리하고 싶어하는데 이것은 증언자 윤지오가 선을 넘는다고, 냄새가 난다고 느끼기 때문일 것이다.

그러면 윤지오가 어떤 선을 넘는다는 것일까? 일상의 선이다. 수상殊常이나 이상異常은 모두 상常을 기준으로 그 '상'과 다른

---

1. 윤지오가 장자연 문건과 리스트에 대한 증언을 통해 장자연의 진실을 알린 사람이지 증언을 사기 수단으로 사용한 사람이 아님을 논증하는 나의 글과 관련해서도 이와 유사한 지만원 형(型)의 반응들이 나타난다 : "소위 간첩 같습니다. 북한어를 하시는지 일반적 소통도 안되고. 당신 뭐 하는 사람입니까???" 혹은 "간첩신고 111 조정환 아저씨 진짜 수상해요 ─ ."

(異, 殊) 것에 대한 혐오를 표현하는 방식이다. 일상은 오래 반복되고 오래 지속하는 것이다. 그것은 공고하게 구축된 질서, 체제를 의미한다. 그것은 넘지 말아야 할 선, 2008년 촛불을 막기 위해 광화문에 설치되었던 '명박산성'의 질서이다. 그런데 일상의 진정한 비밀, 일상의 진실은 무엇인가? 그것은 권력자들이 시민들에 대한 학살, 노동하는 사람들에 대한 착취, 여성에 대한 성폭력을 통해 자신의 권력을 재생산한다는 것이다. 우리의 일상은 학살, 착취, 성폭력의 일상이다. 항쟁하는 사람들, 증언하는 사람들은 다른 사람들이 아니라, 이 학살·착취·성폭력의 체제를 고발하기 위해 체제의 선, 질서의 선을 넘는 사람들이다. 체제는 이들의 이 움직임을 견딜 수 없는 냄새로 경험하고 혐오로 대응한다.

이 혐오 행동에 가장 먼저 나서는 사람들이 누구일까? 시민사회가 약할 때 가장 먼저 혐오 행동에 나선 것은 경찰과 군대였다. 국가기구가 혐오 행동의 선봉대였다. 하지만 시민사회가 두터워진 후 혐오 행동의 선봉대는 국가기구가 아니다. 시민사회 속에서 일상질서를 수호하기 위한 최초의 대응이 이루어진다. 성폭력 체제를 수호하기 위한 최초 대응에는 "아내들"이 앞장선다. 아내는 '안 것'을 의미하는 '안 해'에서 나온 말이다. 경상도 말 '니 해라'가 '너의 것으로 하라'를 의미하듯이, '해'는 '물건', '소유물'을 의미한다. 그것은 남성 가부장의 시선에서 파악된 여성, 남성의 소유물로서의 여성이다. 여성이 이 '아내' 관념을 내면화할 때, 이 여성은 가부장주의의 파수꾼으로 기능하게 된다. 아내 의식이 페미니즘의 옷을 걸칠 때도 있다. 그러한 유사 페미니즘은 다른 모든 여성을 위험한 여자, 이상한 여자로 보는 보편적 의심증과 결합된다. 아내-페미니즘은 여성의 권익을 지키고자 하지만 그 노력은 꽃뱀으로 의심되는 모든 여자로부터 자신의 아내 지위를 지키고자 하는 방어적 투쟁으로 된다. 그 결과 남성 권력자들이 자행하는 성폭력은 위험한 여자들의 꼬임(사기)으로 인해 자신의 남편이 겪는 피해로 인식된다. 아내-페미니스트들이 여성 사회를 내전의 무대로 만들면서, 자신들이 이상한 여자들이라고 보는 사람들을 상대로 벌이는 시민사회 내 투쟁을 지켜보면서 성폭력 체제와 가부장주의는 아마도 흐뭇한 미소를 지을 것이다. 푸코가 『광기의 역사』[2]에서 서술하고 실비아 페데리치가 『캘리번과 마녀』[3]에서 서술한 마녀사냥은 결코 과거사가 아니다. 그것은 지금-여기에서 국가기구와 남성 권력자만이 아니라 아내주의-여성, 아내-페미니스트들에 의해서도 생생하게 되풀이되는 잔혹사이다.

퍼시 애들론 감독의 영화 〈바그다드 카페〉는 이와는 전혀 다른 길이 가능함을 보여준다. 남편과 헤어지고 실의에 젖어 있던 브렌다도 처음에는 독일서 건너온 여성 야스민을 이상한 여자로 바라보고 위험을 느끼며 심지어 그에게 총까지 겨눌 태세지만, 집과 마을을 청소하고 어린아이를 돌보며 마술-예술로 동네 사람들의 마음을 일깨우는 야스민과 더 없는 우정의 관계

2. 미셸 푸코, 『광기의 역사』, 이규현 옮김, 나남출판, 2003.
3. 실비아 페데리치, 『캘리번과 마녀』, 황성원·김민철 옮김, 갈무리, 2011.

속으로 들어간다. 그 이상함, 수상함, 위험스러움이야말로 야스민의 힘이었고 공동체를 재건하는 마력이었다. 야스민이 마을을 떠난 후, 그는 '이상한 사람'에서 '그리운 사람', '사랑하는 사람'으로 새롭게 이미지화된다. '이상한 여자'를 배척하기보다 환대하는 태도는 이 영화에서 야스민을 처음 만났을 때 루디 콕스(잭 팰랜스 분)에 의해 스쳐 지나가며 표출되었다. "Hello, stranger!"(반갑습니다. "이상한 사람" 님!)

증언자 윤지오는 장자연 사회적 타살 사건의 진실을 이야기하는 사람이다. 그 이야기 속에는 일상의 사람들이 쉽게 믿기 어려울 정도의 이야기들이 많다. "국정원 직원이 봉은사에서 장자연 문건을 관리하고 유장호의 병원에서 그를 감시했다든가, 구준표와 이름이 같은 정치가가 리스트에 있었다든가, 성이 같은 언론인들의 이름이 리스트에 있었다든가, 장자연이 마약을 모르는 새 주입당하고 성폭행을 당했을 가능성에 대해 조사해달라든가…' 등의 이야기들이 쉽게 받아들이기 어렵게 느껴지는 것은 우리가 일상으로 겪고 있고 나날이 되풀이하는 우리의 체제, 우리의 질서에 대한 우리의 믿음이 두텁기 때문일 것이다. 아니 우리가 우리의 국가, 우리의 언론, 우리의 남편이 설마 그런 식의 악행과 추행에 연루되었으리라 추호도 믿고 싶지 않기 때문일 것이다.

윤지오에 대한 혐오와 마녀사냥은 나의 국가, 나의 언론, 나의 남편에 대한 믿음을 증언자에게 정반대의 방향으로, 즉 의심과 불신으로 투사하는 방식이다. 그런데 만약 윤지오의 증언이 사실이라면 어쩔 것인가? 우리의 국가, 우리의 언론, 우리의 남편이 정확히 윤지오가 증언한 그대로 행동해 왔다면 어쩔 것인가? 그것이 진실이라면 어쩔 것인가? 그래도 당신은 진실에 대한 그 혐오를 계속할 것인가?

증언과 신변위협에 대하여

2019년 8월 2일 〈정의연대〉는 박훈 변호사를 윤지오에 대한 무고와 명예훼손으로 고발했다. 이 고발장은 '윤지오가 후원금을 받은 것은 기망행위 혹은 사기다'라는 법률적 판단을 끌어내기 위해 내세우는 박훈의 두 가지 주장에 대한 비판을 포함하고 있다. 그 두 주장 중의 하나는 '장자연 리스트가 없었다'는 주장이고 또 하나는 '윤지오에 대한 신변위협은 없었다'는 주장이다.[1] 나는 대중에게 아직 소개되지 않은 이 고발문건을 기초로 박훈의 위 두 가지 주장을 비판함으로써 '장자연 리스트가 있었고 신변위협도 있었다'는 점을 좀 더 분명하고 체계적인 방식으로 재확인하고자 하며 이를 통해 박훈의 고발이 허위주장에 기

---

1. 『조선일보』가 후원하는 KCSA상을 수상한 법률사무소 로앤어스 소속의 여성 변호사 최나리는 박훈의 고발에 기초하여 후원자 439명을 대리하여 윤지오에게 손해배상과 부당이득청구 소송을 제기한다. 그는 '장자연 리스트도 없었고 신변위협도 없었다'는 박훈의 이 강한 버전을, '장자연 리스트에 대한 윤지오의 진술은 믿기 어렵고 위협은 과장되었다'는 식의 약한 버전으로 바꾼다. 2019년 5월 20일 검찰 과거사위원회 심의발표 이후에 고소장을 제출하는 상황에서 그 심의발표와 너무 배치되는 박훈의 주장을 그대로 가져올 수는 없었을 것이다.

초해서 제기된 가짜 고발임을 밝히고자 한다.

위에서 말한 '윤지오에 대한 무고 및 명예훼손 고발'의 원인이 된 것은 2019년 4월 26일 변호사 박훈이 서울지방경찰청에 제출한 윤지오에 대한 고발장이다. 이 고발장에서 박훈은 다음과 같은 고발 사유를 제시했다.

피고발인은 고 장자연 씨가 쓴 이른바 '장자연 리스트'가 존재했다고 주장하면서 존재하지도 않은 '장자연 리스트'[를] 봤다고 하면서 '법 위의 사람들 30명과 목숨 걸고 싸우고 있다'고 하고, 사실은 전혀 신변위협을 당한 적도 없음에도 불구하고 신변위협을 당하였다는 허위주장을 하여 사람들을 기망하여 거액의 후원금을 모금하였는바 이는 정확히 형법상 '사기' 범죄에 해당한[다]고 할 것인바 피고발인을 엄정하게 조사하시어 엄벌에 처해주시기 바랍니다.

장자연 리스트는 없었고 윤지오는 위협당한 바 없으며 따라서 후원금 모금은 허위주장에 기초한 사기라는 주장이다. 그런데 이 주장은 김대오의 거짓말에 기초하고 있고 김수민의 왜곡된 '4·16 문건'[2]에 의지하고 있다. 이것은 이후 최나리 고소장에서 고소의 근거로 다시 인용된다. 왜곡과 거짓의 연쇄 변용인 것

---

2. 「윤지오 씨의 말은 100% 진실일까요?」라는 제목으로 김수민이 인스타그램에 포스팅한 글을 말한다.

이다. 박훈의 이러한 그릇된 주장이 언론과 유튜브, 악성 댓글을 통해 무한 재생산되고 여론화됨으로써 당시 한창 장자연 사건을 조사 중이던 검찰 과거사위원회에까지 영향을 미쳤고 결국 이 사건을 재수사할 수 있는 동력 중심을 잃게 만들었다. 거짓은 진실과 다르지만, 실효적이라는 것을 보여주는 사례이다.

심지어 윤지오를 사기죄로 고발한 박훈조차 '윤지오의 증언이 유의미하다'고 인정한 조○천의 강제추행 1심 판결에서, 판사 오덕식은 윤지오가 박훈에 의해 사기죄로 피소된 것 등을 이유로 윤지오의 진술 신빙성을 의심하면서 결국 무죄를 선고하기에 이르렀다. 이러한 사건은, 윤지오에 대한 박훈의 사기죄 고소가 명백히 범죄혐의가 있는 사람들을 무죄 방면하는 수단으로 사용됨으로써 사회정의 실현에 큰 장애물로 되고 있음을 의미한다. 그렇기 때문에 박훈의 고발 사유에 대한 상세한 비판을 통해 진실을 회복하는 일이 절박하다고 하지 않을 수 없다.

장자연 리스트는 있었다.

가장 먼저 살펴보아야 할 것은 "장자연 리스트는 없었다"는 박훈의 주장에 대해서다. 박훈은 "장자연 리스트는 없었기 때문에 윤지오가 그것을 보았을 수 없다"고 주장한다. 그런데 박훈의 생각과는 달리 역사적 자료는 윤지오가 장자연 리스트를 보았고 또 읽었음을 보여준다. 어떻게 없는 리스트를 보고 또 읽을 수 있겠는가? 이제 우리에게 남겨져 있는 진술 자료 등을 통해

윤지오가 장자연 리스트를 보고 읽었던 그 사실과 상황에 대해
살펴보자.

윤지오는 『노컷뉴스』와 『조선일보』가 장자연이 남긴 문건[3]
이 있음을 보도한 직후인 2009년 3월 10일 호야엔터테인먼트의
유장호로부터 전화를 받았다. 이때 유장호는 한 사람 한 사람
"이름"을 부르며 그 이름의 명함을 윤지오가 갖고 있는지 차례
로 대조하며 확인했다. 이것이 윤지오가 이후 "리스트"라고 불리
게 될 명단을 최초로 경험한 시간이다. 이때 윤지오는 어머니의
도움을 받아 녹음기로 통화 내용을 녹음했고 그 녹음 내용을
수사기관에 증거물로 제출했다. 당시의 통화에서 유장호는 "명
단은 경찰에 제출하지 않을 것"이라는 말을 남겼다. 이것은 유
장호가 장자연이 남긴 문건에 "명단"(즉 리스트)이 있음을 윤지
오에게 처음으로 알려준 것이며 그 명단 즉 리스트가 사람들에
게 공개되지 않을 것임을 처음으로 시사한 것이기도 하다.

그로부터 이틀 뒤인 2009년 3월 12일 윤지오는 봉은사에
서 유장호를 만났다. 유장호의 부탁으로 유가족과 유장호를 만
나게 해주기 위해서였다. 그곳에 주차된 승용차 뒷좌석에서 윤
지오는 실내등을 켜고 유장호가 건네준 장자연의 문건을 읽었
다. 거기에는 피해사실을 적은 장들(문건)이 있었고 그와 별도
로 "성상납을 강요받았습니다"라는 말 아래에 명단이 적혀 있는
장들(리스트)도 있었다. 윤지오는 이와 관련해 장자연의 사망

---

3. 이것은 2019년 윤지오의 증언 이전에 유서라고 잘못 알려져 왔다.

뒤 약 일주일 뒤인 2009년 3월 15일의 진술에서 문건의 맨 끝에 편지글 형식으로 쓰인 "지인들, 가족들, 특히 친언니에게 피해가 가지 않았으면 좋겠습니다"라는 글귀를 보았다고 말했고 2010년 6월 25일 법정에서는 "어떤 장에는 성함만 기재되어 있으면서 어떠한 언론사에 누구, 어디 무슨 사의 누구라는 식으로 기재되어 있는 것도 있었다"고 2009년 3월 15일에 보았던 명단의 내용을 조금 더 구체적으로 진술했다.

2009년 3월 12일 장자연의 오빠와 언니를 포함한 유가족들은 경호원이 땅 밑에서 파내온 별개의 문건을 보고 읽었다. 이때 윤지오는 그 문건도 장자연의 친언니와 함께 보았고 그것이 자신이 차 안에서 보고 읽은 것과 내용상 동일한 것임을 확인했다. 그것들 중 하나는 원본이고 다른 하나가 사본이라면 윤지오는 이 두 가지를 모두 봉은사에서 보고 읽은 것이다. 그런데 이 두 종의 문건과 리스트는 유가족의 요구로 그곳에서 모두 소각되었다.

그런데 다음 날인 3월 13일 KBS가 유장호 숙소의 쓰레기통에서 발견했다며 A4 4장 분량의 문건을 공개했다. 이것은 태워진 원본과 사본 외에 또 다른 문건이 있었음을 의미한다.[4] 그런데 여기에는 명단이 포함된 편지글 형식의 리스트 세 장은 포함되어 있지 않았다. 윤지오는 피해사실을 기록한 그 문건의

---

4. 장자연이 유장호와 함께 증언조서를 작성하는 과정에서 나온 연습본 혹은 파본이었을 가능성이 높다.

내용은 자신이 본 것과 대동소이하나 자신이 봉은사에서 본 것과는 글씨체가 다르며 또 리스트가 없는 것은 결정적 차이라고 말했다.[5]

이후 리스트는 끝내 세상에 모습을 드러내지 않았지만 "장자연 리스트를 윤지오가 봉은사에서 보고 읽었다는 사실"은 그의 혼잣말이 결코 아니다. 법원의 판단에 따르면 장자연 문건은 호야엔터테인먼트 소속의 배우이자 실질적 소유주인 이○숙이 더콘텐츠의 김종승과의 송사를 유리하게 끌고 갈 목적으로 대표인 유장호로 하여금 장자연과 함께 작성토록 한 것이다. 그것은 2009년 2월 28일에 작성되었다. 그런데 장자연 리스트는 (앞의 각주 5에서 말한 것처럼) 그다음 날인 3월 1일 장자연이 작성하여 유장호에게 건네준 편지형식의 글 속에 포함되어 있었다. 그러므로 리스트의 존재를 아는 사람은 우선 그 작성자인 장자연(고인)이고 그것을 보고 읽은 사람에는 최소한 유장호와 윤지오, 그리고 유가족이 포함된다.

실제로 유장호는 2010년 10월 법원에 제출한 변론요지서에서, 장자연과 함께 2009년 2월 28일 작성한, 피해사실을 기록한 4장의 문건이 있었고 그 외에 3월 1일 신사동 소재 세○○○○라는 곳에서 장자연을 만나서 그로부터 받은 편지형식의 글 A4

---

5. 장자연 리스트라 불리는 편지형식의 글은 2009년 2월 28일에 유장호와 함께 작성한 것이 아니라 다음 날인 3월 1일에 장자연이 유장호에게 따로 전달했다. 그러므로 KBS 보도본이 연습본 혹은 파본이라면 거기에 "리스트"에 해당하는 편지형식의 글이 없는 것은 당연하다.

3장이 따로 있었다고 했다. 그 편지글의 내용은 "문서로 작성된 내용은 다 사실이라는 내용, 법률적으로 잘 알아봐 달라는 당부의 내용, 김종승과 관련하여 조심해야 할 사람들 등"이었다고 진술했다. 주지하다시피 KBS가 보도한 문건은 장자연 등의 피해사실을 기록한 내용만 포함하고 있다. 그러므로 유장호의 이 진술에 따를 때 장자연 리스트가 따로 있었음은 분명하다. 또 이것은 명단(리스트)은 제출하지 않으려고 한다는 유장호의 3월 10일 통화 중 말과 일치하며 윤지오의 2009년 3월 15일, 2010년 6월 25일 진술과도 완전히 일치한다. 그리고 장자연의 오빠 장○○ 씨도 경찰 조사에서 사람 이름이 나열된 문건이 있었던 것으로 진술했다. 검찰 과거사위원회 심의발표에 "유족 장○○은 경찰 조사에서 마치 사람 이름이 나열된 문건이 있는 것처럼 진술한 바 있으나"라고 표현된 문장이 그것이다.

이상 윤지오, 유장호, 유가족 장○○의 사건 당시 진술이 리스트와 관련하여 서로 일치하고 또 유장호가 윤지오와의 통화에서 명단을 불렀으며 그 명단은 경찰에 제출하지 않을 것이라고 한 점에 비추어, 장자연 리스트가 있었다는 것은 의심의 여지가 없다. 유장호와 오빠 장○○가 최근에 와서 자신의 진술 취지를 조금씩 바꾸고 있다는 것이 이미 10년 전 교차 검증된 이 사실을 부인하는 증거로 사용될 수는 없다. 특히 유장호의 경우는 문건이 공개된 직후 윤지오에게 전화를 걸어 "문건을 네가 공개했다고 해주면 안 되겠냐"[6]는 식의 위증교사를 하기도 한 사람임이 고려되어야 한다.

이런 사정을 고려할 때 과거사진상조사단이 검찰 과거사위원회에 "수사기록에 편철된 문건 외에 피해사실과 관련하여 작성된 것으로 보이는 '명단'이 기재된 문건, 즉 '리스트'가 있었을 것"이라는 의견을 제시한 것은 지극히 정당한 것이었다. 또 이러한 판단에 근거하여 과거사진상조사단은 장자연 리스트에 실려 있었을 최소 13명의 명단을 재구성했다.[7] "장자연 리스트가 없었는데 윤지오가 보았다고 거짓말을 한다"는 박훈의 주장은 이 모든 것과 배치되는 성급하고도 맹목적인 것이었다. 그것은 장자연 사건과 관련하여 박훈이 내놓은 최악의 허위주장이라 하지 않을 수 없다. 이 주장이 이후 윤지오에 대한 일련의 마녀사냥의 핵심 프레임으로 기능했기 때문이다.

박훈은 어째서 장자연 리스트가 없었다고 허위주장을 한 것일까?

이렇게 적어도 세 사람 이상이 장자연 리스트를 만지고 보고 읽고 태운 기억을 가지고 있다고 말한다. 박훈은 무엇을 근거로 그 리스트가 없었다고 허위주장을 하는 것일까?

첫째는 윤지오가 수사기관에서 참고인으로 조사받던 중에

---

6. 윤지오는 이 부탁을 거절했으며 해당 녹음을 경찰에 제출했다.
7. 임지수, 「13명 이름 담긴 '장자연 리스트' 정리 … "존재 가능성 높다"」, 〈JTBC 뉴스룸〉, 2019년 5월 14일 수정, 2020년 2월 11일 접속, http://bit.ly/2T8X1Hj.

수사기관의 책상에 있던 서류를 얼핏 보았다고 말했다는 김수민의 말이다. 윤지오는 이런 말을 김수민에게 한 적이 없다고 말하고 있으며 카톡 기록에도 이런 대화는 없다. 무엇보다도 김수민의 이 말은 봉은사에서 유장호, 장○○, 윤지오가 장자연의 문건과 리스트를 함께 보았다는 서로 일치된 증언에 의해 거짓임이 입증된다. 변호사 박훈이 당시의 진술조서조차 제대로 읽지 않은 상태에서 김수민의 이 근거 없는 말에 고소장과 고발장을 의탁하는 실수를 저지른 것은 윤지오를 사법적으로 정죄定罪하고자 하는 어떤 욕망이나 윤지오를 범죄인으로 만듦으로써 얻는 이익이 사실을 알고자 하는 실사구시實事求是의 필요를 눌렀기 때문이라고 보지 않을 수 없다.

박훈이 장자연 리스트가 없었다고 말하게 되는 두 번째 이유가 있다. 그것은 기자 김대오가 장자연 리스트는 없었다고 말하고 있고 박훈이 페친인 김대오를 정보 원천으로 삼은 것이다. 그런데 김대오는, 수사기관과 법정에서 증인선서를 한 후에, 장자연의 문건을 전혀 본 적이 없고 그 내용도 본 적이 없다고 말한 사람이다. 내용을 본 바 없는 사람이 그 문건 속에 리스트가 들어 있는지 없는지 어떻게 알 수 있는가? 심지어 김대오는 그 문건을 "유서"[형식의 심경 고백 글]라고 보도할 만큼 그 문건에 대한 무지를 드러냈던 사람이다. 조금만 주의 깊게 들여다보면 명백히 드러나는 김대오의 이 거짓말을 박훈이 자신의 고소·고발장의 정보 원천으로 삼은 것 역시 윤지오를 사법적으로 정죄定罪하고자 하는 욕망이나 거기에서 얻는 이익이 실사구시의 필요를 앞지르지 않았다면 생각하기 어려운 일이다.

그 욕망은 박훈이 김광석 사건 재판 과정에서 이상호, 안민석, 추혜선과 맺었던 사법적 적대 관계를 통해 어느 정도 이해할 수 있다. 이 사건에서 박훈은 이상호를 고소한 서해순의 변호사였고 안민석과 추혜선은 이상호의 편에서 '김광석 법'을 발의한 상태였기 때문이다. 박훈은 이상호, 안민석, 추혜선에 대해 김광석 사건과 관련해서 갖고 있던 사법상의 적대감을 윤지오에 대한 적대감으로 확대한다. 이○숙과 윤지오의 관계를 서해순과 이상호의 관계에 대입시키면서 말이다. 이런 감정에 따라 박훈은 "윤지오 배우가 장자연 사건의 진실 독점자인가? 진짜로? 그이가 하는 말은 다 진실인가? 이렇게 막가겠다는 것인가?"라고 쓰면서 윤지오에 대한 사법적 공격("이 사건에 뛰어들기로 작정했습니다")을 개시할 것임을 협박 조로 예고하고 있다.[8]

이런 식으로 박훈은 이상호·안민석·추혜선에 대해 직업상 발생한 적대적 감정을, 이들과 일시적으로 동행했던 윤지오에게 투사한다. 이러한 심리상태에서 그는, 윤지오와는 달리 장자연 문건과 리스트에 관해 거의 아무것도 알지 못할 뿐만 아니라 그것을 유서로 둔갑시켜 장자연 사건의 진실을 가리는 데 앞장섰던 김대오 기자의 일련의 거짓말을 사실로 오인하기에 이른다. '장자연 리스트는 없었다'는 생각이 그것인데 그 생각은 일차

---

8. 박훈, 「윤지오 배우에게 간단한 질문 하나 하겠습니다.」, 〈페이스북〉, 2019년 4월 9일 수정, 2020년 2월 22일 접속, http://bit.ly/2VbkWIH.

적으로는 이런 인간적 네트워크와 정서적·지적 오작동이 결합하여 만들어낸 인지적 결과이다. 나아가 이 그릇된 생각은 윤지오를 수사기관에 명예훼손과 사기 혐의로 고발하는 근거로 사용된다. 명백하게 가해권력을 이롭게 하는 이러한 추론이 가해권력과 직간접적으로 연루된 언론방송 보도를 통해 무차별적으로 확대재생산되어 증언자 윤지오를 범죄혐의자로 만들 뿐만 아니라 오늘날 많은 사람들을 이 그릇된 추론의 인지적 포로로 만들고 있는 것은 안타까운 일일 뿐만 아니라 반드시 바로 잡혀야 할 정치적 문젯거리로 남아 있다.

신변위협은 실재했고 실재한다.

두 번째로 살펴보아야 할 것은 "윤지오에 대한 신변위협이 없었다"는 박훈의 주장에 대해서이다. 이 주장을 살펴봄에 있어서 우리가 먼저 생각해보아야 할 것은 실재성의 두 차원이다. 실재성reality은 잠재성virtuality과 현실성actuality의 두 차원으로 나뉜다. 신변위협의 문제에서 현실성은 행사의 차원이며 잠재성은 존재의 차원이다. 혼자 밤길을 걷는 여성에게 남성으로부터의 신변위협이 행사되지 않을 때도 여성이 신변위협을 느끼는 것은 신변위협이 잠재적으로 실재하기 때문이다. 따라서 이런 경우에 신변위협이 행사되고 있을 때 신변위협이 실재하는 것은 당연하지만 신변위협이 행사되지 않고 있음이 현실일 때조차 신변위협은 잠재적으로 실재한다는 것이 사실이다.[9] 윤지오는 지난 10년 동안 자신이 경험한 현실적 신변위협과 잠재적 신변위협에 대해 여러 차례 진술해 왔다. 그 진술 중에서 중요한 몇 가지를 발췌해보자.

첫째, 10년 전 어느 날 밤에 경찰서에 출석하여 새벽까지 이어진 참고인 조사를 마친 후 수사관의 차를 타고 귀가하던 중 『조선일보』라는 로고를 새긴 차량이 경찰의 차를 미행했다. 미행하는 차를 따돌리기 위해 쫓고 쫓기기를 얼마 동안 하다가 수사관이 차를 세우고 물어보니 『조선일보』 기자였다. 경찰이 그에게 왜 따라오느냐고 물으니 "취재를 하기 위해서"라고 답했는데 이후에 기사는 나오지 않았다.

둘째, 조○천 강제추행에 대해 검찰에서 증언한 후 가해권력과 연관된 언론방송사의 기자들이 윤지오를 찾았다. 여러 번의 경험 속에서 윤지오는 이 기자들이 가해자들을 대신해서 증언자인 윤지오를 찾아다니고 가해자들이 할 공격적인 말을 가해자 대신 증언자에게 퍼붓는다는 느낌을 받았다고 말한다. 즉 윤지오에게 기자들은 가해자들의 분신처럼 느껴지며 실질적인 보복 위협을 하는 가해세력으로 다가오는 것이다.

셋째, JTBC와의 비실명 전화 인터뷰에서 고 장자연 사건을 다룬 책을 쓴다고 한 후 자신을 "『조선일보』[기자]"라고 밝힌 어떤 사람은 향초 제품 납품회사와 교회에 전화를 걸어 "(윤지오

---

9. 이에 대해서는 조정환, 『예술인간의 탄생』(갈무리, 2015)의 12장 「삶미학과 리얼리즘: 리얼리즘의 대안근대적 재구축」 참조.

와) 연락이 닿지 않아 그런다", "그곳에 윤지오가 다니는 것이 맞냐"며 물었다. 남긴 번호로 전화를 해보았지만 없는 전화번호였다. 윤지오는 이것을 가해권력자들이 벌이는 스토킹 위협으로 받아들인다.

넷째, 2019년 1월에 고속도로와 도로에서 두 차례의 교통사고가 발생했다. 이 때문에 근육이 찢어지고 염증이 생기는 부상을 입었다. 교통사고 직후에는 별것 아닌 평범한 교통사고로 생각하였으나 시간이 흐르면서 또 가족들과 지인들이 우려하는 이야기들을 들으면서 이것들이 우연이 아니라 가해권력자들이 자행하는 위협 공격이 아닐까 생각하게 되었고 두려움이 점점 커져 갔다.

다섯째, 2019년 4월에 전 소속사 매니저였던 권○성이 생전 연락이 없다가 인스타그램으로 갑작스레 연락을 하여 JTBC가 너를 이용하는 것으로 보이니 JTBC와 인터뷰를 하지 않는 것이 좋겠다고 문자를 보냈다. 그 후 정작 권○성은 『뉴시스』 기자와 "윤지오는 생전에 장자연과 친하지 않았다"는 식의 음해성 인터뷰를 가졌다.

여섯째, 이름과 얼굴을 공개하고 증언을 시작한 후 기자들은 윤지오가 투숙한 호텔을 찾아내 증언자에 대한 의심을 표현하는 가해자들의 목소리를 윤지오에게 쏟아내기 시작했고 윤지오의 인스타그램에는 "공항에 도착하면 칼로 찌르겠다"거나 "손톱을 드릴로 뚫고 싶다"는 식의 끔찍한 댓글이 달렸다.

일곱째, 2019년 3월 8일 naver-*** 명의의 청원인이 '고 장자연씨 관련 증언한 윤**씨 신변보호 청원'을 하고 3월 14일 윤지오 측 변호사들이 경찰청에 윤지오에 대한 신변보호를 요청한후 동작경찰서에서 스마트워치를 제공하고 맞춤형 순찰 등의 신변보호조치를 결정했다. 그 후 숙소 화장실 쪽에서 기계음이 들리고 환풍기 부분이 뜯겨있고 출입문 잠금장치가 고장 나고 문틀 손잡이에서 액체가 흘러내리고 가스 냄새가 나는 일련의 불안한 일들을 경험했다.

여덟째, 4월 하순경에 뮤지컬 배우 민○○ 씨의 초대로 어머니 및 경호원과 함께 뮤지컬을 관람할 예정이었는데 누군가가 숙소 위치를 알아내 그 위치를 무단으로 인터넷에 올렸다. 새벽에는 모르는 남성에게서 전화가 걸려왔다. 두려운 나머지 예정된 뮤지컬 관람도 하지 못했다. 22일과 23일에는 경찰 및 경호원과 함께 숙소를 변경하였으나 변경한 숙소마저 노출되었다. 어떤 약속도 없이 무작정 찾아와 숙소 1층에서 대기하던 기자가 무단으로 자신을 촬영하는 바람에 경호원이 카메라를 압수해 해당 영상을 삭제한 적도 있다.

이런 일들을 겪으면서 신변위협을 느낀다고 말하지 않는다면 무엇을 두고 신변위협을 느낀다고 해야 할까? 2019년 4월 24일 캐나다로 돌아간 이후 증언자 윤지오에게 쏟아진 엄청난 강요들(한국으로 와서 조사받으라)과 협박들(감옥에 가둬라)은 이 신변위협들이 다른 형태로 지속되는 것과 다름이 없다. 그리고 박훈의 고발 역시 그 신변위협이 다른 형태로, 즉 사법적 형태로 변용되는 시발점이었다.

"신변위협이 없었다"는 주장의 위험성

증언자 주변을 맴도는 위협들은 이처럼 다양하다. 하지만 변호사 박훈의 귀에 이러한 주장은 마이동풍^{馬耳東風}일 뿐이다. 박훈이 보기에 윤지오는 있지도 않은 위협이 있다고 호들갑을 떨면서 통장으로 후원금이 굴러들어오기를 기다리는 꽃뱀과 크게 다르지 않다.

박훈은 고발장에 이렇게 쓴다.

사실은 아무런 신변위협이 없었고, 일반 교통사고임에도 불구하고 2019년 1월경 캐나다 고속도로와 도로에서 "정체불명의 사람"에게 차량 테러를 당하였다고 거짓 주장을 각종 언론 인터뷰를 통해 유포하고, … 2019년 3. 30에는 청와대 홈페이지에 국민청원을 하면서 사실은 아무 위협이 없었음에도 불구하고 피고발인이 머물고 있던 호텔의 환풍구를 누군가 고의로 끈을 날카롭게 끊었다거나, 출입문 잠금장치에 액체가 흘러내린 흔적이 있다거나 이상한 가스 냄새를 맡았다면서 마치 엄청난 신변위협이 있는 것처럼 하면서 "경호비용" 등이 필요하다는 이유로 위와 같은 모금행위를 하였습니다.

박훈은 "아무런 신변위협이 없었음"을 어떻게 아는 것일까? 무엇을 근거로 그러한 단정을 내리고 있는 것일까? 위에 언급한 여덟 가지 유형의 경험을 겪은 사람이 만약 윤지오가 아니라 자신의 자녀라면 어떨까? 그때에도 그는 "아무런 신변위협이 없다"며 그를 무방비로 거리로, 숙소로 내보낼까? "아무런 신변위협이 없다"는 박훈의 판단을 믿고 아무런 방비를 갖추지 않고 거리와 숙소로 나갔던 그가 다치거나 시신으로 발견되기라도 한다면 어떻게 할 것인가?

윤지오의 신변보호를 요청하는 국민청원에 참여한 인원이 27만 명을 상회하는 시점에 원경환 서울지방경찰청장은 신변위협에 대해 박훈 변호사와는 전혀 다른 입장, 전혀 다른 판단, 전혀 다른 태도를 보였다. 그는 "보복이 우려되는 중요범죄 신고자나 피해자 보고는 경찰의 중요한 본분임에도 이번 사건에 미흡한 업무처리로 윤지오 씨는 물론 국민 여러분께 심려를 끼쳐 드려 죄송하다"고 말했다. "특히 국민적 공분이 큰 사건의 주요 증인으로서 진실규명을 위해 온갖 고초를 마다하지 않고 있는 윤지오 씨에 대한 신변보호를 소홀히 한 점에 대해 서울 경찰의 책임자로서 한없이 무거운 책임감을 느낍니다"라고 답했다. 또 "윤지오 씨가 느꼈을 불안감과 경찰에 대한 실망감과 절망감, 그리고 국민 여러분들의 분노를 생각하면 변명의 여지가 없습니다"라고 답했다. 그리고 "신변보호 담당 경찰관에게는 신고 직후 알림 문자가 전송되었으나 담당 경찰관이 이를 제때 확인하지 못하여 연락하지 못한 것으로 확인되"었고 "스마트워치 긴급 신고 시스템 미작동 및 담당 경찰관의 부주의로 인해 극심한 불안을 느끼셨을 윤지오 씨에게 다시 한 번 진심으로 사과의 말씀을 드립니다"라고 말했다.

원경환 서울지방경찰청장은 문제가 된 스마트워치를 교체 지급했고 불안감을 주는 기존 숙소에서 새로운 숙소로 옮겨 주었으며 '신변보호특별팀'을 구성하여 24시간 동행 밀착 보호조치를 취해 주었다. 아울러 숙소의 기계음 소리, 떨어진 환풍구, 출입문의 액체 등에 대해서는 서울청 과학수사에서 현장 감식을 실시하고 조사 결과가 나오는 대로 그 결과를 통보해 주기로 약속했다. 이것은 아마도 국민과 증언자에 대한 보호 의무를 진 국가가 마땅히 취했어야 할 최소한의 조치였을 것이다.

박훈은 아마도 4월 23일, 서울청 과학수사 결과 발표를 이러한 생각에 대한 반박 논리로 삼고 싶을지 모른다. 4월 16일 김수민이 윤지오에 대한 불만 감정을 「윤지오 씨의 말은 100% 진실일까요?」라는 비난문건으로 표현하고 박훈이 김수민을 대리해 윤지오를 명예훼손으로 고소한 것과 거의 같은 때에 이루어진 이 조사발표에서 경찰청은 현장 감식과 과학수사 결과 "신변 위협을 시도한 범죄혐의점을 발견할 수 없었다"고 말하면서 윤지오가 제기한 의심사항에 대해 아래처럼 하나하나 응답했다고 언론은 보도했다.

경찰에 따르면 윤씨가 객실 벽면·화장실 천장에서 들었다는 의심스러운 기계음 소리는 구청의 소음측정 결과, 화장실 환풍기나 보일러가 작동할 때 벽면을 통해 들리는 미세한 소리로 확인됐다. 화장실 천정 환풍구 덮개 분리 및 끈이 끊어진 점도 해당 호텔에서 지난 3월 13일 관광공사 점검 때, 이미 환풍기

덮개 한쪽 브라켓이 끊어져 있는 것을 발견하고 양면 테이프로 고정 조치한 것으로 나타났다. 객실 출입문 잠금장치 쪽에 액체가 흘러내린 흔적이 있다는 윤씨 주장에 대해서는 경찰은 출입문 상단에 설치된 유압식 도어장치에서 오일이 흘러내린 것으로 확인했다.

그런데 이러한 경찰 응답은 언론이 주장하고자 하는 것과 정반대의 것을 입증한다. 이것들은 현장조사와 탐문, 그리고 과학수사 후에 나온 것으로, 윤지오가 없는 사실을 만들어낸 것이 아니라 사실을 말했고 윤지오가 제기한 문제점들이 그 상황에서 일상적 지각과 감각을 가진 사람이라면 누구나가 의심할 만한 것들이었음을 보여주는 것들이다. 하물며 윤지오가 "보복이 우려되는 중요범죄 신고자"였고 "국민적 공분이 큰 사건의 주요 증인"이었음을 고려하면 반드시 의심될 만한 것이 윤지오에 의해 의심된 것임을 보여준다.

그런데 이 발표에 대해 『조선일보』, 『뉴시스』, 『머니투데이』 등 고 장자연 문건에 그 이름이 등장하거나 장자연 사건과 연루되어 있는 사람들을 사주로 두고 있는 언론들은 "신변위협 시도로 볼 범죄혐의점은 파악되지 않았다"는 경찰청의 발표를 박훈의 언어 그대로, 즉 "신변위협이 없었다"는 제목으로 왜곡하여 보도했다. 예컨대 『조선일보』는 「경찰 "윤지오 신변위협 정황 없어…비상호출 무응답은 기계 조작미숙"」으로, 『머니투데이』는 「경찰 "윤지오 스마트워치 미작동 '조작미숙' 탓…신변위협 없어"」로, 『뉴시스』는 「경찰 "윤지오 신변위협 없어 … SOS 미신고는 조작실수"」로 보도했다. 경찰의 실제 발표문이었던 "신변위협 시도로 볼 범죄혐의점은 파악되지 않았다"는 "신변위협이 없었다"와는 의미가 전혀 다르다. 전자는 신변위협의 행사를 부정하는 것이며 후자는 신변위협의 존재를 부정하는 것이기 때문이다.

대한민국은 북한이 남한을 위협하는 시도(침범 행동)를 하지 않는 순간에도 북한의 위협은 상존한다고 말한다. 칼을 든 사람이 칼을 휘두르는 위협 시도(범죄 행동)를 하지 않는 순간에도 사람들은 신변위협이 있다고 느낀다. 앞에서도 언급한 것처럼 어두운 밤거리에서 지나가는 남성이 성폭행이나 성추행과 같은 신변위협 시도(범죄 행동)를 하지 않을 때도 여성은 신변위협을 느껴 심장이 뛰는 경험을 한다. 그런데 『조선일보』, 『뉴시스』, 『머니투데이』는, 변호사 박훈이 고발장에서 그랬던 것과 유사하게, "신변위협 시도로 볼 범죄혐의점은 파악되지 않았다"는 경찰청의 발표를 "신변위협이 없었다"는 말로 왜곡한다.

신변위협 행동과 신변위협의 실재를 혼동시키고 신변위협 행동이 없으면 신변위협이 실재하지 않는다는 허구적 인식을 만들어 내는 것이다. 이러한 인식은 가해권력자들 앞에 사람들을 무방비로 노출하는 효과를 가져온다. 그리하여 그것은 가해권력의 가해행동을 용이하게 만드는 한편, 힘 없는 사람들을 위태롭게 하며 반복해서 피해를 당하도록 만드는 효과를 가져온다.

이상의 서술은 박훈이 "윤지오가 후원금을 받은 것은 사기다"라는 법률적 주장을 끌어내기 위해 든 논거(리스트는 없었고 신변위협도 없었다) 그 자체가 거짓일 뿐만 아니라 사람들을 실천적으로 오도하는 위험한 내용을 담고 있음을 보여주기에 충분하리라 생각한다.

5장

증언과 증여의 공통장

국가 공동체의 두 얼굴과 가능한 공동체의 징후들

장자연 사건에서 국가 공동체는 무엇이었나?

증언자와 국가

증여 공통장의 등장 : 윤지오의 신한은행 통장의 삶정치적 성격

증여 공통장에 대한 범죄화 시도

대안 공동체의 가능성

덧글 5 : 환대의 새로운 조건 — 야스민과 윤지오의 차이와 유사성

장자연 사건에서 국가 공동체는 무엇이었나?

　힘없는 신인배우 장자연이 억울할 뿐만 아니라 의문에 가득
찬 죽음을 당한 이후 10년 동안 대한민국의 수사기관은 그 죽
음의 비밀을 밝히기는커녕 증거인멸에 조력했다. 행정, 입법, 사
법을 보충하는 권력의 제4부라고 불리는 언론기관은 이 죽음
과 관련해 유일하게 유의미한 증언을 해 오던 윤지오를 사기꾼
으로 몰아 그 증언의 능력을 박탈해 버렸다. 이렇게 권력장이
한 연예 노동자의 죽음을 둘러싼 진실규명을 원천적으로 불가
능하게 만들고 있는 이 사건은 '대한민국이라 불리는 국가는 무
엇인가?'라는 질문을 하지 않을 수 없도록 만든다. 이 사건을 계
기로 나는, 과연 대한민국은 국민들이 기대하는 바의 진정한 정
치 공동체로서의 역할을 수행하고 있는가, 아니면 가해자와 피해
자, 수탈자와 피수탈자, 착취자와 피착취자로 나눠진 적대적 사
회를 은폐하는 가면 공동체의 역할을 하면서 그 적대를 관리하
고 있을 뿐인가에 대해 살펴보고 싶다.

계약과 해약

장자연과 윤지오가 소속사 더콘텐츠에서의 활동을 고통으로 느끼기 시작한 이후에도 선뜻 소속사를 떠나지 못한 것이 김종승과 체결한 계약 때문이었다는 것은 주지의 사실이다. 1억의 위약금에다가 추가적인 제재 및 손해보상의 조항 그리고 사장 중심의 계약해석권 등을 담고 있는 이 계약서는 이들을 연예활동을 빙자한 이른바 "술접대" 노동에 단단히 결박시켜 놓는 노예계약과 다를 바 없었다.

계약서가 갖는 그 단단한 결박의 효과가 계약서 자체에서 나오는 것일까? 그렇지 않다. 자본주의 사회에서 계약이 갖는 힘은 국가가 그 계약을 자신의 합법적 폭력을 통해 보증하고 있다는 사실에서 나온다. 계약관계 속에서는 사장의 주먹이나 발길질이 공포의 권력이었지만 계약관계에서 벗어나고자 하는 사람이 가장 두려워하는 것은 더 이상 사장의 권력이 아니다. 계약을 불이행할 때 사장의 고소·고발에 반응하여 배달될 경찰의 출두요구서, 경찰과 검찰의 수사, 검찰의 기소, 법원의 재판과 처벌, 특히 감금장치인 감옥과 그에 부속된 간수, 징벌방 등의 폭력장치들이다.

시장에서의 사적 계약은 이 일련의 국가 폭력 기구들이 그 이행을 보장해 주지 않는다면 사람들을 그 계약관계 속에 그렇게 단단히 결박시킬 수 없을 것이다. 국가는 계약관계의 보증자이다. 그렇기 때문에 장자연과 윤지오가 계약관계 속에서 부당함과 고통을 느끼면서도 소속사를 떠나지 못하게 하는 궁극적 힘은 김종승의 불법적인 주먹폭력보다는 그 배후에서 기능하고 있는 국가의 합법적인 제도폭력에 있었다고 하는 편이 더 타당할 것이다. 따라서 계약관계를 국가가 보증한다고 함은, 적어도 장자연·윤지오가 사장 김종승과 체결한 계약관계에서 그것이 사장에게 유리한 바로 그만큼은 국가가 사장을 편들고 사장의 권력을 보증하는 배후의 불평등 폭력으로 기능함을 의미한다.

그런데 계약서에는 계약으로부터의 다른 출구, 즉 "쌍방합의를 통한 중도해약"이라는 좁은 문이 있었다.(6조 가항) 이것은 1억의 위약금을 물지 않고도 계약에서 탈출할 수 있는 방법으로서 '위약'보다는 쉬운 경로이지만 사장의 동의를 끌어내야 하는 어려운 조건이 붙어 있는 경로였다. 윤지오의 경우는 이 쌍방합의를 통한 탈출에 성공한 운 좋은 경우에 속한다. 계약금 300만 원에 지출경비 보상금 300만 원을 합친 총 600만 원의 합의금, 그리고 다른 소속사에서 연예 활동을 하지 않는다는 약속, 그리고 해약에 대한 반성문. 장자연도 이 쌍방합의를 통한 탈출을 시도하지만 2009년 3월 7일 사망하기 전까지 그것에 성공하지 못하고 여러 가지 어려움을 겪는다. 마약과 강제추행 혐의로 일본에 도피 중이었던 김종승 측이 합의금을 계속 상향 제안한 것이 그 이유 중의 하나였지만 장자연이 윤지오보다 훨씬 더 깊이 더콘텐츠와 연관되어 있었던 점을 감안하면 그 밖의 다른 이유들도 있었을 것임이 분명하다.

우리는 그 이유들을 그 이후의 사태들을 통해 오직 간접적으로만 알 수 있다. 장자연은 쌍방합의를 통한 윤지오식 탈출에 성공하지 못하자 (호야의 대표 유장호의 도움을 구해) 김종 승을 근로기준법 위반으로 제소하거나 압박하는 방법으로 김 종승과의 계약관계에서 탈출하는 방법을 시도하려 했던 것으로 보인다. 실제로 근로기준법 19조 1항은 "제17조에 따라 명시된 근로조건이 사실과 다를 경우에 근로자는 근로조건 위반을 이유로 손해의 배상을 청구할 수 있으며 즉시 근로계약을 해제할 수 있다."고 되어 있다. 장자연이 문건과 리스트에서 적시한 사항들은 하나 같이 김종승의 근로기준법 위반과 관련된 내용들이라는 점이 이러한 추정을 뒷받침한다. 김종승이 폭행, 협박, 강요를 했다는 내용을 담은 "문건"이나 김종승으로 인해 "성상납을 강요당한" 사람들의 명단을 적은 것으로 보이는 "리스트"는 폭행과 협박에 의해 계약과는 다른 노동을 강요당한 사실에 대한 육필 기록으로 볼 수 있기 때문이다. 즉 문건과 리스트는 장자연이 김종승과의 계약관계에서 탈출하기 위해 수사기관과 법정에 제출될 증언조서였음이 분명하다.

그러나 이 증언조서는 작성되자마자 장자연이 기대한 것과는 다른 용도로 사용되기 시작했다. 호야 소속 연예인인 이○숙은 이 증언조서를 자신과 김종승 사이에 발생한 계약 분쟁을 자신에게 유리하게 푸는 압박수단으로 이용하려 했고 이 과정에서 이 증언조서는 장자연의 기대범위를 훨씬 넘어서까지 유통되었던 것으로 보인다. 그 결과가 무엇이었던가? 그것은, 2009년 3월 2일경 장자연이 "동료로 추측되는 인물"과 나눈 육성 대화 녹음 파일[1]을 통해 드러난다. 이날은 장자연이 문건을 작성한 것으로부터는 이틀 뒤이고 편지글 형식의 리스트를 유장호에게 전달한 날의 바로 다음 날이다. 이 대화에서 장자연은, 잘못한 것도 없고 회사에서 하라는 거 그대로 충실히 하고 있는 자신에게 김종승이 "엄청난 말들과 엄청난 입을 가지고" "내가 무슨 늙은이랑 만났다는 둥 별의별 이야기를 다 하면서 장난을 쳤"고, "그쪽에서 연락이 와서 나 죽여버리겠다"는 협박을 하고 있음을 토로한다.

"죽여버리겠다"는 협박을 하고 있는 "그쪽"이 누구일까? 우리에게는 알려져 있지 않지만 장자연은 알고 있었던 "그쪽." 장자연은 우리에게 "그 사람은 발이 넓고 힘 센 사람이야. 김 사장도 소리 못 지르고 '아, 예' 그런 사람이란 말이야"라는 암시적 증언만을 남겨 두었다. "그쪽"은 "힘센 사람", 즉 권력자라는 뜻이다. 장자연은 자신과 "그쪽"의 관계를 이렇게 권력관계 맥락에서 파악하면서 "아무것도 없는" 자신과 대비시킨다. 나는 "누구도 백도 없고 지금 아무것도 없"는 사람이다. "힘센 사람" 대_對 "아무것도 가진 것 없는 자신"과의 이 절대적 권력 비대칭을 "바위" 대_對 "계란"의 적대적 비대칭 관계("나는 아무 힘도 없고 바위에 계란 치기밖에 되지 않아")로 파악하면서 장자연은 이 관계에서 발생하고 있는 협박의 문제를 자신의 힘으로 풀 수도 없

---

1. 이 파일은 SBS를 통해 2019년 4월 27일 처음 공개되었다. 김병길 연출, 「1166회 그것이 알고싶다 : 故 장자연 문건 미스터리 ─ 누가 그녀를 이용했나?」, 〈SBS〉, 2019년 4월 27일 수정, 2020년 2월 13일 접속, http://bit.ly/2SP5PD7.

고 그것의 압박을 약으로도 해결할 수 없으니 "죽이려면 죽이라고 해. 나는 미련도 없어"라는 체념의 자세로 받아들인다. 장자연은 신고라거나 고발과 같은 흔하디흔한 법률적 호소의 방법을 통해 국가 공동체에 의지해볼 생각조차 하지 않는다. 장자연은 마치 "그쪽"이 국가 자체이거나 국가와 한 패임을 보았기라도 한 듯이, 자신의 생명을 조용히 국가 공동체의 바깥에 내려놓는다. "저는 힘없는 신인배우입니다. 이 고통으로부터 벗어나고 싶습니다"라고 호소하며 법(예컨대 근로기준법)에 근거한 해약을 시도했던 몸부림이 이렇게 불과 이틀 만에 예상 밖으로 "죽여버리겠다"는 협박으로 되돌아온 지 닷새 뒤 장자연은 실제로 주검으로 발견되었다. 그 주검 곁에 유서는 없었다.

죽음은 '자살'로, 문건은 '유서'로, 증거는 '인멸'로

SBS는 장자연의 이 육성 파일의 출처를 밝히지 않았다. 그런데 10년 전 고 장자연 사건 수사기록에도 등장했던 이 녹음 파일에 대해 과거사진상조사단이 조사에 나선다는 언론 보도가 있는 것을 고려하면, 검찰 과거사위원회가 그 출처를 알고 있을 가능성이 높다. 이 음성파일이 장자연의 핸드폰에서 나왔을까? 아니면 통화 상대방의 핸드폰에서 나왔을까? 그 어느 쪽이건, 목숨을 내려놓을 정도의 체념을 토로하는 이 순간에도 장자연이 저항을 완전히 포기하지는 않았을 가능성을 이 통화기록이 우리에게 상기시킨다. 왜냐하면, 장자연이 주검으로 발견되기 바로 며칠 전에 통화녹음 기능이 있는 기종으로 핸드폰을 새로 바꿨기 때문이다.

만약 이 녹음 파일이 장자연의 핸드폰에서 나온 것이라면 이 통화기록 자체가 새로 바꾼 핸드폰으로 자신에게 닥쳐온 가해위협을 고발하고 기록하는 적극적 저항행위라고 볼 수 있을 것이다. "힘센 자"가 자기를 죽이겠다고 하는데 자신은 그것에 맞서 싸울 힘이 없다는 사실을 토로하는 내용을 음성으로 기록한 것이지만 이것은 다른 한편 누군가의 도움과 구조를 요청하는 것이기도 하기 때문이다.

만약 이 녹음 파일이 통화 상대방의 핸드폰에서 나온 것이라면 음성녹음 기능이 있는 기종으로의 핸드폰 교체는 "죽여버리겠다"는 협박을 받았으나 녹음을 하지 못했으므로 이후 다시 협박이 온다면 증거를 확보할 목적으로 행한 것으로 보아야 할 것이다. 이때는 통화기능이 있는 것으로 핸드폰을 교체한 행위 그 자체가 협박에 저항하기 위해 시도한 최후의 수단이었을 것으로 해석할 수 있다.

장자연은 새로 바꾼 핸드폰으로 자신에게 닥친 실제적 위협을 우리가 육성 파일에서 듣는 것처럼 고발하고 기록한 것일까? 아니면 새로운 핸드폰의 통화녹음 기능을 사용해보기도 전에 죽음이 먼저 찾아왔던 것일까? 아니면 증거확보를 위한 준비를 갖추었지만 법정에서의 상대적 투쟁의 길 대신 죽음이라는 절대적 소멸의 길을 선택했던 것일까?

"경찰"이라 불리는 국가기관은 2009년 3월 7일 오후 7시 30

분경 장자연이 목숨을 잃고 주검으로 발견된 뒤 가족(언니)의 신고를 받고서야 죽은 장자연에게로 왔다. 경찰은 결코 가볍게 볼 수 없는 이 죽음을 단순 자살의 변사로 처리했다. 유서도 없었고 〈꽃보다 남자〉로 대중의 관심을 끌기 시작한 연예인인데도 말이다. 경찰이 이 죽음을 단순 자살 변사로 파악한 주요 이유는 장자연이 이 무렵 우울증 치료를 받고 있었다는 것이었다. 경찰은, 우리가 지금 알고 있는 2월 말에서 3월 초까지 며칠간의 저 긴장된 극적 시간을 관심의 대상으로 삼지 않았다. 왜 그랬던 것일까?

정말 당시 경찰은 장자연이 소속사로부터 벗어나고자 했고 그것을 위해 증언조서인 문건과 리스트를 작성했으며 이것 때문에 "죽여버리겠다"는 협박까지 받고 있었다는 사실을 전혀 몰랐던 것일까? 초동수사가 부실했으므로 몰랐을 수도 있다. 하지만 2009년 3월 9일 화장되어 부모의 묘소 근처에 뿌려지기 전에 장자연이 남긴 문건이 있다는 소문은 경찰이 충분히 파악할 수 있을 만큼 널리 돌고 있었다. 장자연이 죽은 바로 다음 날(3월 8일) 호야의 유장호가 미니홈피에 "2주 전부터 자연이가 털어놓은 이야기로 정신을 차릴 수 없었다", "자연아 내가 절대 이 싸움을 포기한 건 아니다", "꼭 지켜봐 줘" 식의 여운 있는 글들을 게재했으며 유가족들만이 아니라 (장자연이 소속을 옮기고자 했던 연예기획사의) 김○형 대표도 장자연이 남긴 문건이 있다는 사실을 장례 기간에 들어 알고 있을 정도였기 때문이다. 동료 배우 윤지오도 장례식장에서 이러한 사실을 유가족으로부터 처음 들었다. 장자연이 죽기 전에 문건이 이○숙 등에 의해 유통되고 있었기 때문에 이들 외에도 복수의 사람이 이 사실을 알고 있었을 것이다. 그러므로 경찰이 조금만 관심을 기울여 수사했다면 충분히 알 수 있는 사실이었다.

그러므로 경찰이 이 사실을 알지 못했다고 보기는 어렵다. 당시 경찰의 조사를 받았던 주진우 기자는, 2019년 3월 6일에 TBS FM에 출연해, 경찰이 "우울증에 의한 자살이며 부검은 없다"고 발표한 것이 사망 당일 저녁인 점, "자신에게 문건과 관련해서는 절대 수사를 진행하지 않을 것이라고 한 점" 등을 들어 경찰이 문건이 있음을 알고 있었으면서도 수사하지 않고 단순 자살의 변사로 처리한 것에 의문을 제기한 바 있다. 경찰이 "우울증"을 연예노동자들의 의문의 죽음을 빨아들이는 해명의 블랙홀로 과용했던 것이 아닐까?

하지만 이 죽음을 단순 자살의 변사로 처리하려 한 경찰의 시도는 성공하지 못했다. 2009년 3월 10일 『노컷뉴스』와 『조선일보』에 의해 장자연이 남긴 문건이 있음이 보도되었고 3월 13일 KBS에서 타다 만 장자연의 문건 내용이 공개되었기 때문이다. 가족이 재수사를 원치 않았음에도 불구하고 경찰은 철저한 조사를 원하는 여론을 거스를 수 없었다. 문건에 소속사 대표의 협박, 강요, 폭행과 같은 범죄사실들이 기술되어 있었을 뿐만 아니라 "조선일보 방사장" 같은 인물들이 이러한 범죄와 연관된 이름으로 등장했기 때문이다. 결국, 경찰은 2009년 3월 13일 이 사건에 대한 재수사에 착수하게 된다.

그런데 이 재수사는 장자연의 죽음이 "단순" 자살은 아닐지라도 "자살"임에는 분명하다는 경찰의 초기 시각을 바탕에 깔고 이루어졌다. 초기에 경찰은 "우울증"을 자살의 동기로 설정했다가 이제 죽음의 "복잡한" 맥락들이 드러나자 장자연이 "유서"를 남겼다는 것을 자살 판단의 근거로 삼으려 한다. 이 판단을 유효하게 만들기 위해서는 장자연이 수사기관과 법정에 제출할 증언조서로 작성한 문건을 유서로 만드는 것이 필요했다.

주민등록번호에다가 지장과 간인까지 찍혀 누가 봐도 유서라고 보기 어려운 이 문건을 '유서'로 둔갑시키는 데에는 『노컷뉴스』(김대오)와 『조선일보』(박은주)의 초기보도가 한몫을 했다. 이 두 기사가 문건의 내용을 보지도 않은 상태에서 그것이 유서인 것처럼 이미 보도했기 때문에 그 보도 시각을 경찰이 수사를 통해 재확인해 주는 것으로 충분했기 때문이다. 이후 장자연이 남긴 문건은 장자연이 자살하면서 남긴 유서라는 관점이 지배적으로 된다. 이것이 장자연의 죽음과 관련하여 경찰권력이 언론권력과 연합하여 만들어낸 해석 프레임이다.

대한민국 헌법 10조는 "모든 국민은 인간으로서의 존엄과 가치를 가지며 행복을 추구할 권리를 가진다"고 규정하고 있으며 "국가는 개인이 가지는 이 불가침의 기본적 인권을 확인하고 이를 보장할 의무를 진다"고 규정하고 있다. 국가의 생명보호 의무도 이 규정에서 도출된다. 만약 장자연이 자살한 것이 아니라면 국가는 국민의 생명을 보호할 의무를 다하지 못한 것이며 이에 대해 어떤 형태로건 책임을 져야 한다. 하지만 장자연이 자살했다면 그것은 국가의 생명보호 의무의 한계선을 넘은 것으로 볼 수 있기 때문에 국가의 책임 범위를 벗어난다. '우울증-유서-자살'이라는 프레임은 그러므로 국가에게 편리한 국가중심주의적 해석 도식인 셈인데 이 경우에는, 문서가 유서가 아니라는 누가 봐도 명백한 사실조차 무시하고 왜곡할 정도로 폭력적이며 책임 회피적인 프레임이었다. 그리고 이것은 다른 외력外力이 아니라 장자연 자신을 자신의 죽음에 책임이 있는 가해자로 지목함으로써 죽음에 책임이 있을 수 있는 다른 가해자를 찾으려는 노력을 기울이지 않도록 만드는 프레임이었다. 심지어 이것은 '문건'에 실제로 이름이 기록된 가해자들에 대한 구체적 질문이나 세밀한 조사조차 미연에 방지하는 프레임이었다.

경찰 외에 이 무렵 죽음의 현장 주변에 모습을 나타낸 다른 국가기관이 있다. 국정원이 그것이다. 1999년 1월 21일 국가안전기획부에서 국가정보원으로 개편한 이 기관은 "국외 정보 및 국내 보안 정보의 수집·작성 및 배포, 국가 기밀에 속하는 문서·자재·시설 및 지역에 대한 보안 업무, 형법 중 내란의 죄, 외환의 죄, 군형법 중 반란의 죄, 암호 부정 사용의 죄, 군사기밀 보호법에 규정된 죄, 국가보안법에 규정된 죄에 대한 수사, 국정원 직원의 직무와 관련된 범죄에 대한 수사, 정보 및 보안 업무의 기획·조정의 직무" 등을 수행하는 대한민국의 중앙행정기관이다. 경찰과 검찰의 조사에서 국정원의 움직임은 전혀 조사대상으로 떠오르지 않아 실체 없는 유령의 얼굴을 하고 있지만, 국정원이 장자연 사망 사건에 관여했다는 복수의 진술이 남아 있다.

당시 호야의 매니저였던 권○상은 장자연 사망 일주일 전, 그러니까 장자연이 문건을 쓴 바로 다음 날부터 국정원 직원으로부터 유장호에게 연락이 왔고 유장호가 입원한 병원에 함께 있었다고 했다. 호야 소속 배우 송○미는 유장호 입원 병원에서 국정원 직원으로부터 명함을 받았다고 말했다.『노컷뉴스』기자 김대오도 국정원에 대해 말한 바 있다. 당시 문건이 존재한다는 것을 보도했다는 이유 하나만으로 국정원을 포함한 국회, 재계,『조선일보』, 청와대, 기무사로부터 연락을 받았다는 것이다. 윤지오도, 유장호가 입원한 병원에서 국정원 직원과 전화번호를 교환했고 봉은사에서 국정원 직원이 문건을 꺼내와 소각했으며 재수사가 시작된 후에는 조사를 어떻게 받고 있고 뭘 알고 있는지에 대한 전화 질문을 받았다고 말했다.

국정원에 대한 경검의 조사 내용이 없으므로 국정원이 당시 어떤 목적으로 무엇을 했는지를 구체적으로 알기는 어렵다. 하지만 이명박 정부의 국정원이 장자연 사건에 관심을 갖고 장자연의 문건과 리스트가 작성된 후부터 줄곧 이 사건의 파장을 관리해 왔다는 것을 우리는 미루어 짐작할 수 있다. 누가 무엇을 알고 있고 무엇을 모르는지, 경찰은 어떤 조사를 벌이고 있는지를 탐문했다는 것은 이 사건이 어떤 수준에서 관리되어야 하는지를 탐색하는 과정으로 볼 수 있기 때문이다. 분명한 것은 문건 작성 후 국정원이 장자연의 생명을 보호하지도 않았으며 사망 후 그 죽음의 진실을 규명하는 데 힘을 보태지도 않았다는 것이다. 드러난 행동은 문건에 대해 가장 잘 알고 있는 유장호를 감시하고 유장호, 윤지오, 유가족과 함께 봉은사에서 문건과 리스트를 소각한 것이다. 즉 진실규명의 인적 증거를 관리하고 물적 증거를 소각한 후 그 남은 재를 구둣발로 짓이기고 흙으로 덮어 흔적조차 없게 만든 것이다. 후자는 유가족의 요구에 따른 것이지만 그것의 결과는 증거의 인멸이다.

이상이 사건 초기 재수사가 시작되기 전까지 경찰과 국정원이라는 두 국가기관의 표정과 행동에 대한 고찰이다. 이 고찰은, 국가가 위험에 처한 국민의 생명을 보호하려는 노력을 전혀 기울이지 않았으며 사망 후에도 그 죽음의 원인을 규명하고 가해책임을 밝히는 데 지극히 소극적이었고 오히려 은폐하려 했다는 것을 드러낸다. 국가의 기본적 관점과 태도는 장자연이 유서를 남기고 스스로 죽음을 선택했으니 장자연 자신의 책임이며 국가가 관여할 일이 아니라는 인상을 주는 방식으로 관여하는 것이었다. 이러한 관점과 태도에 배치되는 상황들과 증거들이 이미 드러나 있었음에도 불구하고 그것을 외면하거나 은폐하면서 말이다.

장자연 문건을 허위문건으로, 고인을 사기꾼으로 만들기

『조선일보』가 이종걸 의원 등을 상대로 제기한 명예훼손 소송과 관련하여 2011년 10월 10일 서울중앙지방법원에서 증인신문이 열렸다. 여기에 증인으로 출석한 사람은 장자연 사건 수사를 담당했던 이 모 수사관이었다.[2] 이날 이 모 수사관은 피고 측 변호인의 질문에 답하는 과정에서 엉겁결에 장자연 사건 재수사에 대해 경찰이 갖고 있었던 것으로 보이는 깊은 무의식의 일단을 드러내고 만다.

> 문 : 경찰이 장자연의 문건에 기재된 내용 중 확인한 사실은 어떤 것인가요?
> 답 : 수사한 결과 문건에 나온 것은 전부 사실이 아니었고, 아들이 룸싸롱에서 장자연을 만났다는 것은 사실이었습니다.

놀랍게도 대한민국 경찰의 이 모 수사관은 장자연이 남긴 문건의 내용 전부가 사실이 아닌 것으로 확인되었다고 말한다. 이 단정적인 답을 듣고 이종걸 측 변호인은 문건의 한 항 한 항에 대해 경찰이 정말로 사실로서 확인했는지를 묻기 시작한다.

> 문 : 장자연의 문건 중 "제가 KBS 드라마 꽃보다 남자를 촬영할 때는 진행비를 저에게 부담시켰고 이것도 모자라 매니저 월급 및 스타일리스트 비용 실비 모든 걸 제가 부담하게 강요하여 제 자비로 충당하였습니다"라고 기재된 부분도 사실로 확인

---

2. 이하에 인용될 문헌은 이진희 외, 「장자연 사건 진술조서 전문공개 : 누가 그녀를 죽였나」, 『한국일보』, 2018년 7월 6일 수정, 2020년 2월 13일 접속, http://bit.ly/37OV1cp에 표기된 이름 그대로 표기한다.

되었나요?

답 : 수사발표 당시에는 발표를 했었는데 지금은 기억이 나지 않습니다.

문건의 첫 항에 대한 사실 여부부터 이 수사관의 기억에는 없는 것이다. 기억이 나지 않는데 어떻게 "전부 사실이 아니었다"고 그토록 강하게 단정할 수 있었던 것일까? 변호인은 이어 문건의 두 번째 항이 사실로서 확인되었는지 묻는다.

문 : 또 문건 중 "어떤 감독님이 태국에 골프 치러 오는데 드라마 스케줄 빼고 태국으로 와서 술 및 골프 접대를 요구하였습니다. 그 요구를 제가 응하지 않자 차량도 네 돈으로 렌트해서 타고 다니시라고 매니저에게 이야기를 하였습니다."라는 부분도 사실로 확인되었나요?

답 : 예.

다시 놀라운 것은 이 모 수사관의 답이 "예"라는 것이다. 수사를 통해 확인한 결과 "문건에 나온 것은 전부 사실이 아니었"다고 말하지 않았던가? 첫 번째 항의 사실 여부는 기억이 나지 않고 두 번째 항이 사실로 확인되었다고 말하는 것만으로도 "전부 사실이 아니었다"는 말이 확실한 거짓말이었음을 보여주지 않는가? 그런데 이런 정도로는 이 모 수사관이 거짓말을 하고 있음을 입증하는 것으로 충분하지 않다고 느꼈던 때문인지 변호인은 더 묻는다.

> 문 : 문건 중 "저는 김○○ 사장님 회사에 계약되어 일하고 펜트
> 하우스 코끼리 출연하고도 1,500만원 중 300만원만 받았고 끊
> 임없는 사장님의 지인과의 술접대 강요를 받았으며 그렇게 지
> 내면서 저는 그로 인해 정신과 치료를 받고 있습니다."라는 이
> 부분도 사실로 확인되었는가요.
> 답 : 그런 강요 때문에 정신과 치료를 받았는지는 모르겠지만
> 정신과 치료를 받은 것은 사실입니다.

이것도 사실이라고 한다. 대체 사실이 아닌 것이 무엇일까?
변호인은 계속해서 문건 중의 다른 항목에 대해 질문한다. "문
건 중 '김○○ 사장님이 … 저를 방안에 가둬놓고 손과 페트병
으로 저를 수없이 때리면서 … 온갖 욕설로 구타를 당했습니다'
라는 부분도 사실로 확인되었나요?" 이 모 수사관은 답한다.
"예, 기소하였습니다." 이것도 사실이라는 뜻이다. 변호인은 또
묻는다. "문건 중 '김○○ 사장님의 강요로 얼마나 술접대를 하
였는지 셀 수가 없습니다.' 부분도 김○○이 장자연을 수십 회
에 걸쳐 술자리에 불러낸 사실을 확인하였나요[?]" 이 모 수사
관이 답한다. "예, 경찰에서는 사실로 확인하였습니다." 역시 사
실이다.

변호인이 이런 방식으로 문건의 세부항목에 대한 사실확인
여부를 하나하나 점검해 들어가 보니, 문건에서는 사실이 아닌

것으로 "확인"된 것이 단 하나도 나오지 않았다. 그렇다면 이 모 수사관이 명백하게 위증을 한 것이 아닐까? 이 모 수사관은 이 증인신문에 앞서 판사 앞에서 위증의 벌에 대한 경고를 받았고 선서와 서약을 한 바 있다. 그런데도 그에 대한 제소나 처벌은 없었다.

그런데 변호인의 증인신문을 통해 거짓임이 드러나는 이 모 수사관의 이 거짓 주장, 즉 "장자연의 문건은 전부 사실이 아니었다"는 주장은 그의 개인적 생각이고 판단이었을까? 그렇게 보이지 않는다. 그는 이 증인신문 과정에서, 문건에 대한 변호사와의 이 문답에 이르기 전에 당시 수사팀이 어떻게 꾸려졌는가에 대해 상세히 진술했다. 장자연 사망 직후 분당경찰서는 자살 동기를 파악하기 위해 유족을 중심으로 수사했다고 한다. 그런데 3월 13일 KBS가 유장호 사무실 앞 쓰레기통에서 발견한 장자연 문건에 대해 보도했고 이후 이에 대한 대응으로 경기지방경찰청은 광역수사대를 편성하여 분당경찰서와 합동 수사를 시작했다. 42명의 큰 수사팀이 꾸려졌고 분당경찰서장을 본부장으로 매일 수사 회의를 했으며 50명 이상의 기자에게 매일 브리핑을 했다. 증인신문에 소환된 이 모 수사관은 2009년 3월 초부터 2009년 7월 9일까지 장자연 수사팀에서 근무했으며 2009년 4월 24일 중간 수사발표 직후 가진 기자와의 문답에서 답을 했던 인물이다. 즉 그의 생각은 그 개인의 특수한 생각이라기보다 당시 수사팀의 집단적 생각을 조직적으로 대표한다고 봐도 좋을 것이다.

그는 증인신문 서두에서 미리 정해진 특별한 수사 방향은 없었고 사람들의 이목이 집중되고 있으므로 "경찰 수사의 명예를 걸고 떳떳하게 수사하자", "다른 건과 마찬가지로 공평하게 수사하자"고 수사팀원들이 서로 다짐했다고 말했다. 그런데 왜 문건 내용의 사실 여부 확인 과정에서 그는 판사, 검사, 변호인, 방청객 앞에서 여지없이 거짓말로 드러날 불공평하고 불명예스러운 증언을 무릅쓰게 되었을까? 그가 문건에 대해 이렇게 거짓 증언을 한 동기가 무엇일까?

이 질문에 답하기 위해서 우리는, 그가 "문건에 나온 것은 전부 사실이 아니었다"는 허위주장을 통해, 사실이 아닌 것으로 만들고자 한 사실, 즉 숨기고자 한 사실이 무엇인가를 파악해야 한다. 이 문제와 관련해 변호인과 이 모 수사관이 나눈 다음 문답은 시사적이다.

문:문건 내용 중 2008.10.28 방상훈의 아들 방정오가 강남 라 ○○○ 유흥주점에서 장자연 김○○ 등과 술자리를 한 사실은 확인되었나요.

답:예.

문:장자연의 문건 중 "2008.9경 조선일보 방사장의 룸싸롱 접대에 저를 불러서 잠자리 요구를 하게 만들었습니다."라는 부분만 확인할 수 없었는가요.

답:예, 그 부분은 확인이 안 되었습니다.

여기서 처음으로 "확인이 안 되었습니다"라는 답이 나온다. 거듭 말하거니와 이 말도 문건 내용이 사실이 아닌 것이 아니라 대한민국 경기지방경찰청과 분당경찰서 합동수사팀에 의해 사실인지 아닌지 "확인이 안 되었다"고 말하고 있는 것일 뿐이다. 수동태로 쓰인 이 "확인이 안 되었습니다"가 '정말 확인하기에 어려움이 있어서 확인을 못 한 것'인지 '덮어두고 확인하고 싶지 않아서 갖가지 이유로 확인하지 않은 것'인지가 확인되어야 한다. 실제로 45쪽 이후 변호인들과 증인 이 모 수사관 사이의 문답은 이 문제에 집중된다.

변호사는 이 모 증인의 답을 들은 후 "장자연의 문건에 기재된 내용 중에서 그 시기와 사람이 특정되어 가장 구체적인 진술 부분이라고 보이는 『조선일보』 방사장의 부분만 확인하지 못했다는 것이 납득이 가지 않는데, 어떠한가요?"라고 정곡을 찌르는 질문을 던진다. 이 질문에 대한 이 모 수사관의 답은 어딘가 논점을 벗어난 횡설수설로 보이는데, 자세히 살펴보면 엄밀해야 할 수사 결론을 답하는 것이 아니라 주관적 생각과 일반적 추론으로 장자연이 남긴 문건의 신빙성을 떨어뜨리려는 의도를 드러내고 있음을 알 수 있다. 좀 길지만 그대로 옮겨보자.

'아들이 룸싸롱에서 술접대를 시켰습니다'라는 부분도 과장된 문구로 쓴 소송용 문구입니다. 소속사에서 골프 접대를 오라고 하였으나 오지 않아서 싸움이 벌어지기 시작하였고 차도 빼앗

기고 다 빼앗겨서 옮겨야 되는 상황이었습니다. 그 당시에 장자
연이 금전적으로 어려울 때였습니다. 소속사를 옮기고 계약금
을 받을 목적으로 유○○와 연결이 되어서 소속사를 옮길 목
적으로 소송용으로 쓴 것으로 판단됩니다. 나머지 사실인 폭행
등은 있는 사실을 썼다고 보고, 술자리에 다녀간 것도 증인은
여러 군데를 다녀갔다고 봅니다. 과연 조선일보 사장이 룸싸롱
성접대를 했느냐, 그 아들인 스포츠 조선 사장이 룸싸롱에서
술접대를 요구했느냐는 수사가 제일 어려운 수사였고, 룸싸롱
에서 만난 것은 맞지만 과정이 장자연만 불러서 장자연만 접대
한 것이 아니라 우연히 방정오라는 아들과 한○○ 등이 술을
마시고 있는 자리에 한○○과 김○○이 연락이 되어서 갑자기
장자연을 데리고 가서 인사만 시켜준 자리입니다. 그래서 룸싸
롱에 저를 불러서 술접대를 했다는 부분은 과장된 것이고 유
서라면 사실대로 다 쓰고 자살했을지 모르지만 소송용 문서이
기 때문에 협박용으로 과장되지 않았나라는 것이 경찰의 수사
입니다.

뒤죽박죽으로 표출된 그의 생각의 골자를 정리해보자. (1)
장자연은 당시 김종승 사장의 명령을 거부하여 모든 것을 빼앗
겨서 돈이 없었다. (2) 소속사를 옮겨 계약금을 받을 목적으로
유장호와 함께 소송용 문서를 작성했다. (3) 유서라면 사실대로
다 쓰고 자살했을지 모르지만 소송용 문서이기 때문에 협박용
으로 과장을 했을 것이다. (4) 그러므로 "룸싸롱에 저를 불러서

술접대를 하게 했다"는 문구는 과장이다. (5) 그 자리는 김종승이 방○오에게 장자연을 인사만 시킨 자리였다.

이런 추론과 가해(혐의)자에 대한 변론(!)을 통해서 이 모 수사관은 장자연 문건을 협박용 허위문건으로 만든다. 당시 대한민국 "경찰의 수사"를 대표하여 말하고 있는 이 이 모 수사관의 추론에 따르면, 장자연은 유장호의 도움으로 과장과 허위의 소송용 문서를 작성해 김종승을 협박하여 계약을 해지하고 새 소속사로 옮겨 계약금을 받아내려 한 인물, 즉 사기꾼과 다름이 없게 된다. 망자를 모욕하는 것으로 이 이상의 기상천외한 방법이 있을 수 있을까, 라는 생각이 들 정도이다. 그러므로 이 생각을 좀 더 자세히 살펴보자.

위의 이 모 수사관 주장 중에서 "장자연이 남긴 글은 유서가 아니라 문건이다"라는 주장은 나의 생각과 완전히 일치한다. 국민들 상당 부분은 그 문건이 유서라고 잘못 알면서 지난 10년을 보내왔다. 하지만 이 모 수사관의 이 진술은 경찰이 처음부터 장자연이 남긴 글이 유서가 아니라 소송용 문서, 즉 증언조서였음을 알고 있었다는 것을 보여준다. 그것이 유서가 아니었다는 것은 수사기관만 알고 있고 국민은 몰라야 하는 일종의 내부 비밀이었던 셈이다.

그것을 비밀로 했어야 하는 이유는 분명하다. 만약 장자연이 남긴 문건이 유서가 아니라면 우울증 치료를 받고 있었다는 것만으로 자살로 단정하기에는 불충분하게 된다. 그 때문에 사인에 대해서부터 재수사가 시작되었어야 할 것이다. 그리고 문건이 공개되어 재수사가 착수된 이상 왜, 언제, 어떻게, 어디서 등 죽음과 관련된 모든 것이 처음부터 수사되었어야 할 것이다. 그러나 이 모 수사관이 진술에서 몇 번씩이나 "자살"이라는 말을 하는 것처럼 이러한 원점 재수사는 경찰에 의해 전혀 의도되고 있지 않았다. 첫 수사에서 발표된 바의 그 "자살"이라는 설명은 명확한 근거가 없음에도 경찰 재수사의 확고한 전제이고 출발점으로 자리잡았다.

재수사에서 또 하나의 전제이자 출발점은, 유장호, 유가족 (오빠), 윤지오가 서로 유사하게 진술한 바 있고 언론과 국민의 비상한 관심을 모았던 "문건"과 별개인 "'장자연 리스트'는 수사하지 않는다"는 것이다. 이것은 초기 수사 당시 수사관들이 이 리스트의 내용에 대해서 구체적인 질문을 하지 않았던 것을 통해 입증된다. 이 모 수사관이 말하는 초기 장자연 재수사에서 경찰의 관심은 KBS에서 넘겨받은 그 4장짜리 "문건"이 "(1) 고인이 쓴 것인가? (2) 그것이 사실인가? (3) 그것의 성격이 무엇인가(즉 유서인가 아닌가)? (4) 문서와 그것의 유통이 자살에 영향을 주었는가?"라는 네 가지에 한정되고 또 집중되어 있었을 뿐이다. 이 모 수사관은 "증인이 본 2개의 문건 외에 장자연이 작성했다고 제출된 다른 문건이 있었나요"라는 (피고인의) 질문에 "경찰에 제출된 문건은 없었습니다"라는 말로 간단하게 답할 뿐이다. "리스트"를 실종시키는 답변이다. 그런데 당시 복수의 피의자나 참고인들이 4장짜리 문건 외에 3장짜리 편지글 형식에 명단(리스트)이 있었다고 진술하고 있다. 그럼에도 불구하고 수사관들은 그러한 진술을 흘려듣고 (즉 덮고) 그것의 내용을 더 구체적으로 파악하려는 노력을 전혀 기울이지 않았다.

이 리스트에 관한 질문이 조사기관에서 본격적으로 제기되기까지에는, 이명박 정부를 지나 대통령 박근혜가 파면되고 국민의 손으로 세운 촛불정부가 들어설 때까지, 그리고 검찰 과거사위원회가 장자연 사건 재조사에 착수할 때까지의 10여 년의 시간이 필요했다. 2018년에 구성된 과거사진상조사단은 그 리스트에 누구의 이름이 쓰여 있었는가, 라는 질문을 처음으로 던진 국가 조사기관이었다. 과거사진상조사단으로부터 이 질문을 처음으로 받고서야 윤지오가 비로소 "방 씨 성을 가진 세 사람", "이름이 특이한 정치인" 등 그 리스트에서 본 권력자들의 실명을 진술했다.

하지만 과거사진상조사단은 공소시효는 대부분 끝났다는 관점을 갖고 사건 재조사를 검찰 과거사 정리라는 차원에서 접근하고 있었으며 강제수사권을 갖고 있지도 않았다. 그 결과 윤지오의 진술은 거명된 그 가해권력자들에 대한 실질적 수사로 이어지기는커녕 오히려 그 진술 자체가 신변위협을 빙자해 돈을 벌기 위한 거짓 진술이라는 가해권력 측으로부터의 역공에 직면하게 되었다. 윤지오가 장자연이 겪은 "성상납 강요"(즉 성폭행)를 기록한 것이라고 말한 그 "리스트"는 봉은사에서 물리적으로 소각되고 경찰에 의해 배제되어 수면에서 사라졌음에도 10년의 세월을 이기고 윤지오의 기억과 진술로 되살아 왔지만 사기를 위한 허위진술로 매도되어 다시 파묻히는 운명을 피하지 못했다. 사라짐을 강요받아온 "리스트"의 이 운명에 두 가지의 사건이 수반되었는데 그중의 하나는 장자연의 생물학적 죽음이고 또 하나는 윤지오의 신체적·정신적 피폐화와 사회적 매장이다.

다시 경찰 재수사의 시점으로 돌아가 보자. 앞서 말한 두 가지의 부당전제를 갖고 출발한 합동수사팀과 이 모 수사관의 위 다섯 가지 주장은 "장자연에게 당시에 돈이 없었다"를 모든 추론의 기초로 삼는데 이것이 타당한 주장일까? 이 모 수사관은 이날의 진술(25쪽)에서 피고 측 변호인의 질문에 이렇게 답한다.

문 : 장자연의 은행계좌 입출금 내역도 조사하였는가요.

답 : 예

문 : 특이사항이 있던가요.

답 : 100만원 이상의 수표가 들어온 것이 많이 있어서 수사를 하였습니다.

문 : 그 100만원 권 수표가 대략 어느 정도나 되었나요.

답 : 정확히는 기억나지 않습니다.

문 : 억 단위인가요?

답 : 전부 합치면 억이 넘는 것으로 알고 있습니다.

문 : 그 수표가 기획사 사장 김○○이니 김○○의 회사로부터 받은 것인가요?

답 : 아닌 것으로 기억합니다.

이 진술은 장자연에게 소속사로부터의 입금 외에 다른 입금이 있었음을 의미한다. 이 중에서 사람들에게 알려진 것은 진로소주 회장 박○덕이 "김밥값"으로 주었다는 1,000만 원일 뿐 나머지 입금자와 입금사항에 대해서는 일부 수사가 되었음에도 불구하고 공개되지 않았다. 그리고 그 규모가 "억이 넘는 것"이었다고 하므로 누가 봐도, 특히 가난한 연예노동자의 입장에서는 상당한 금액이라 할 것이다. 그렇기 때문에 장자연이 문건을 쓴 동기를 돈을 벌기 위한 것에서 찾는 데에는 무리가 있다.

물론 그러한 돈이 입금된 기록이 있었다고 해서 그것이 사망 당시 장자연에게 돈의 여유가 있었다는 것을 입증하는 자료가 되지는 않는다. 돈을 다 써버렸을 수 있고 또 사용해서는 안될 돈으로 간주하고 있었을 수도 있고 또 쓸 수 없는 다른 이유가 있을 수도 있기 때문이다. 하지만 법정에 제출할 "소송용 문서"에 장자연이 "2008년 9월경 조선일보 방사장의 룸싸롱 접대에 저를 불러서 잠자리 요구를 하게 만들었습니다"라고 허위사실을 적어 "300만원" 정도[3]의 계약금을 벌려고 했다는 주장은 터무니가 없을 정도로 지나치다. 만약 그것이 허위사실이라면 그것으로 벌려고 하는 계약금의 몇 배나 되는 명예훼손 보상금을 토해내야 할 것이며 그 외의 보복도 예상해야 할 것이기 때문이다.

---

3. 장자연과 윤지오의 계약서는 동일했다고 하며 계약 당시 윤지오가 받은 계약금이 300만 원이었으므로 이를 기준으로 추정한다.

'유서라면 사실대로 다 쓰고 자살했을지 모르지만 소송용 문서이기 때문에 협박용으로 과장을 했을 것이다'라는 생각도 상식에 비추어 억측에 지나지 않는다. 유서라면 사실대로일 것이라는 생각도 꼭 맞다고 할 수는 없겠지만, 소송용 문서가 과장을 포함할 수 있다는 생각은 장자연과 『조선일보』의 역관계를 전혀 고려하지 않는 억측이다. 소송이야말로 사실인가 허위인가를 다투는 긴 과정을 포함하는데 "나약하고 힘없는 신인배우"가 어떻게 "정권을 창출하기도 하고 퇴출시키기도 하는" "힘센" 『조선일보』와의 소송에서 '허위사실'을 가지고 승소할 수 있다고 생각할 수 있단 말인가? 게다가 이 모 수사관은 "문건에 나온 것은 전부 사실이 아니었"다고 강하게 단정하고도 재판 과정에서 그 문건에 기록된 나머지 피해사실 중 단 하나도 사실이 아님을 밝히지 못했다. 어떻게 나머지는 모두 사실인데("나머지 사실인 폭행 등은 있는 사실을 썼다고 보고") 유독 "조선일보 방사장"에 대한 항목만 과장이고 허위일 수 있겠는가? 이 모 수사관은 정황에 비추어 가장 허위이기 어려운 항목이 유독 허위라고 강조하고 있는 것이다.

이제 우리는 장자연이 다른 목적(돈을 벌 목적)으로 허위사실을 쓴 것이 아니라 대한민국 경찰의 수사관(팀)이 오히려 다른 목적으로 장자연과 문건에 대한 허위사실을 말하고 있다고 생각하지 않을 수 없다. 그것의 목적과 핵심적 방법은 분명하다. 장자연을 사기꾼으로 만듦으로써 『조선일보』 방사장 및 그 아들을 도덕적 지탄과 법률적 유죄로부터 구출하는 것. 이 증인신문조서의 후반부 문답은 이 목적을 달성하기 위해 대한민국 경찰이 사용한 수사기법이 무엇인가를 구체적으로 알 수 있게끔 기록되어 있다.

　여기에 나온 것을 중심으로 몇 가지 기법만 간단히 요약해 보자.

(1) 문건 내용이 사실이 아니라고 주장하기

(2) 누가 "조선일보 방 사장"인지 누가 그 "아들"인지 알 수 없도록 만들고 가능한 혐의자들을 임의로 축소하여 주요 혐의자를 조사 대상에서 빼거나(방용훈의 경우) 다른 인물을 고의로 잘못 지목하기(『스포츠조선』 하○ 사장의 경우)

(3) 핵심 증인 윤지오를 밤늦게 불러 새벽까지 반복 조사함으로써 진술 일관성을 뒤흔들기(추가로 참고인 윤지오에게, 장자연과 함께 "성접대"했잖느냐며 모욕 주어 기죽이기)

(4) 피해자나 참고인의 통화내용은 1년 치를 샅샅이 조사하면서 가해(혐의)자의 통화는 이틀 치, 일주일 치, 한 달 치 식으로 소극적으로 조사하기(방상훈의 전화)

(5) 가해(혐의)자의 전화기가 몇 대인지를 확인하지 않고 가해(혐의)자 측에서 불러주는 전화번호의 통화 내역만 조사하기(방상훈 전화기의 경우)

(6) 피해자나 참고인은 소환해서 조사하고 가해(혐의)자는 방문하여 조사하기(여러 번에 걸쳐 여러 시간 동안 반복된 윤지오에 대한 참고인 조사와 30여 분 정도 형식적으로 이루어진 방

상훈 조사의 차이)

(7) 언론에서 보도 나오면 뒤쫓아 수사하는 식으로 수사하기

(8) 수사 정보를 가해(혐의)자에게 알려 주어 대응을 준비할 수 있게 하고(김종승 스케줄표 방상훈에게 전달) 수사 내용에 대해 가해(혐의)자 측과 협의하기(방상훈 알리바이의 경우)

(9) 사법 처리 대상자 중에 언론사 대표는 없다는 식으로 정보를 흘려 여론의 반응을 탐지하고 여론을 조성하기

(10) 참고인 조사 한 사람(한○○)의 자필진술서를 추가로 받아 가해(혐의)자 측을 유리하게 만들기

(11) 중간 수사결과 발표내용을 발표 전에 가해(혐의)자 측에 유출하기 등등.

대한민국 경찰이 이러한 기법으로 가해(혐의)자 측에 유리한 방식으로 수사를 진행하고 있을 때 이른바 "유력" 언론기관인 『조선일보』는 경영기획실(강효상)을 비상대책팀으로 운영하고 사회부장(이한동)을 보내 경기지방경찰청장 등에게 수사외압을 행사하고 유리한 증언을 해줄 사람(한○○)을 경찰에 보내 허위진술을 하게 하고 사건 직후인 2009년 3월 17일에는 도피 중이던 김종승을 단독으로 취재하여 "소송 막으려고 전 매니저가 꾸민 자작극"이라는 기사를 단독으로 보도하여 은연중 수사의 가이드라인을 제시하는 식으로 이 사건으로부터 벗어나기 위한 적극적인 탈출 노력을 기울이고 있던 중이었다. 이 모 수사관의 증인신문조서에 대한 우리의 분석은 대한민국 경찰의

수사가 결국 가해(혐의)자 측의 이러한 노력 및 요구에 부응하고 협조하는 방식으로 진행되었고 가해(혐의)자 위주의 수사였다는 결론을 내리지 않을 수 없도록 만든다.[4]

---

4. 2019년 7월 10일 MBC 〈PD수첩〉 제작진과 조현오 전 경찰청장을 상대로 『조선일보』가 제기한 소송의 〈PD수첩〉 측 증인으로 출석한 최원일 전 경기지방경찰청 형사과장(장자연 사건 수사 실무 지휘자)은 방상훈 『조선일보』 사장이 피해자라 생각해 도우려 했다고 말했다.(김도연, 「장자연 사건 수사경찰 "조선일보 사장 피해자라 생각해 도와주려"」, 『미디어오늘』, 2019년 7월 10일 수정, 2020년 2월 18일 접속, http://bit.ly/2SN3SqE) 이 재판에서 조선일보는 패소했다.

증언자와 국가

증언자 장자연과 국가

윤지오 이전에 장자연이 권력형 성폭력에 대한 증언자였다. 하지만 이 사실은 장자연이 피해자라는 사실에 가려 주목받지 못했다. 장자연은 자신이 쓴 증언조서 문건에서 많은 수의 권력자들을 협박, 강요, 폭행, 성폭행의 가해자로 지목했다. 그의 이 증언이 그가 죽음에 이르게 되는 계기가 되었다는 점은, 가해자들을 위해 유급 노동을 하는 몇몇 변호인들과 그들의 정신적 포로들을 제외하고는 이제 누구도 부인할 수 없을 것이다.

만약 장자연이 죽음을 맞이하지 않고 끝내 살아남았다면 어떻게 되었을까? 가해권력에 의해 사기꾼으로 몰려 고소·고발되고 압수수색 되고 체포영장이 발부되고 구금되었을지 모른다. 네 장만 남은 증언조서 문건은 "조선일보 방사장"을 비롯한 저 "죄 없는 사람들"을 허위사실로 명예훼손한 증거물로 제출되었을지 모른다. 권력자들이 "김밥값"(후원금)이라며 입금해준 수표는 사기로 편취한 재물로 압류되었을지 모른다. 높은 이자율을 붙인 손해배상금이 청구되었을지도 모른다. 어딘가로부터 그를 음란죄로 몰아붙일 사진이나 동영상들이 제작되어 인터넷에 광범위하게 유통되었을지도 모른다.

언론과 기자들이 이 과정에서 어떻게 움직였을지도 우리는 어렵지 않게 상상할 수 있다. 장자연이 경찰, 검찰로부터만이 아니라 기자로부터 쫓기며 취조에 가까운 취재를 당한다. 밤낮을 가리지 않는 포위를 겪는다. 앞다퉈 톱기사로 그의 사생활을 들춰내는 센세이셔널한 기사들에 동화된 사람들이 그를 마녀로 지목하고 화형이 필요하다고 목청을 높인다. 군중들의 손가락질로 잠을 설치고 정신과 치료를 받는다.

이러한 상상을 할 수 있는 데에는 분명한 근거가 있다. 이러한 상상을 뒷받침하는 예비된 그림이 앞에서 분석한 대한민국 경찰 이 모 수사관의 증인신문 조서에 이미 뚜렷이 나타나 있기 때문이다. 장자연 사건에 대한 재수사에서 경찰의 수사 방향은 장자연의 증언조서 문건을 허위사실을 적시한 문건으로 단정하는 쪽으로 나아가고 있었다. 그리고 그 재수사의 기획은 장자연의 죽음을, 장자연이 "『조선일보』 방사장과 그 아들"에 대한 허위사실을 가지고 사람들을 기망하여 돈을 벌고자 했으나 자살로 인해 미수에 그친 사건으로 그려내는 것이었다. 경찰의 시각에서 장자연 사건은 "조선일보 방사장"을 비롯한 가해권력자들의 권력형 성폭력 사건이 아니라 가난한 연예노동자 장자연의 사기 미수 사건이었다. 이 시각 속에서 "조선일보 방사장"은 가해자가 아니라 피해자로 나타난다.[1]

검찰과 법원은, 이런 시각에서 합동 수사를 진행했던 경찰과는 다르게 보고 다르게 행동했을까? 그렇게 보이지 않는다. 오히려 검찰이 경찰로 하여금 장자연이 가해자로 지목한 "조선일보 방사장"에 대한 수사를 축소하도록 지휘한 것으로 나타나고 있기 때문이다.

이러한 점은 통화 내역 조사 지휘에서 단적으로 나타난다. 피해자 장자연과 소속사 대표 김종승의 통화 내역은 일 년 치를 조사했으면서 『조선일보』 방상훈에 대해서는 한 달 치만 조사한 이유가 무엇인가라는 판사의 질문에 이 모 수사관은 "통상 일 년의 통화내역을 요청했습니다. 그런데 시각의 차이이지만 검사, 판사가 문건에 2008.9이라고 나와 있으니 2008.9 한 달 치면 된다고 하였습니다"라고 답한다. 판사가 "청구는 일 년 치를 하였나요?"라고 다시 확인하자 이 모 수사관은 "예 그런 것으로 기억합니다"라고 답한다. 진짜 문제는 경찰이 아니라 검사, 판사라는 답변이다.

그런데 한 달 치도 차후에 조사범위가 넓어진 것이고 처음에는 일주일 치 통화 내역만 조사한 것으로 나타나고 있었다. 이에 관해 판사와 이 모 수사관이 나눈 문답은 이러하다.

문: 경찰서에서 성남지청으로 청구한 청구서를 토대로 검찰이

---

1. 서민의 관점은 경찰과 『조선일보』의 이러한 시각을 재현한다. 그런데 일반적으로 가해권력을 피해자로 묘사하는 것은 가해권력에 대한 최고 수준의 협력 방식으로 사용된다.

법원에 청구하는 것인데, 당초 수사팀에서는 원래 1년 치를 신청했으나 일주일치만 신청하라는 검찰의 수사지휘에 따라 신청서에 일주일로 줄여서 기재하였다는 것인가요?

답 : 예.

문 : 검찰에 1년 치의 통신자료를 조회하겠다는 신청서를 보낸 적은 있나요.

답 : 증인의 기억에는 문서로 오갔는지 구두로 오갔는지 기억은 없습니다만 원래 분당경찰서가 성남지청에 1년 치의 통신자료를 조회하겠다고 요청하였는데 검사의 수사지휘로 일주일치의 통신자료만 청구하게 되었던 것으로 기억합니다.

이 모 수사관의 이 진술이 사실이라면, 경찰이 진상규명과는 반대 방향으로 움직이고 있는 그 시간에 이러한 방향을 규정하고 수사가 진실과 괴리되도록 박차를 가하고 있었던 것은 수사를 지휘하는 검사와 영장을 발부하는 판사였던 셈이다. 즉 피해자 장자연의 증언조서가 허위임을 입증할 목적으로 가해(지목)자에 대한 수사 범위를 축소하는 일에서 경찰, 검찰, 법원이 서로 협력하고 있었던 것이다.

이것은 두 가지 결과를 가져왔다. 하나는 기획사 대표였던 김종승과 유장호에게 경미한 처벌을 내린 것 외에 실질적인 가해권력자들 모두를 무혐의로 면죄시킨 것이다. 이 결과의 다른 측면이 있다. 그것은, 오늘날 검찰개혁에 대한 강렬한 국민적 열망에서 확인할 수 있듯이, 경·검의 수사와 기소 및 법원의 판결에 대한 전 국민적인 의혹, 즉 행정 및 사법 관료 체제가 국민으로부터 유리되어 국민을 기만하고 진실을 억압하고 있지 않은가 하는 불신의 심화이다.

증언자 윤지오와 국가 : 2018

장자연의 육성 파일이 말해주다시피 증언조서 문건을 작성한 직후부터 사망하기까지의 짧은 기간 동안 장자연은 마녀사냥에 시달렸다. "늙은이랑 만났다는 둥"의 별의별 이야기나 "죽여버리겠다"는 협박 등이 그것이다. 이것은, 만약 살아남았다면 그가 이후 오랫동안 겪게 되었을 수난 이야기의 서막이었을 것이다. 하지만 그 짧은 기간의 마녀사냥이 결국 죽음으로까지 이어짐으로써 장자연의 수난사는 당사자 차원에서는 극적으로 종결된 것처럼 보인다.

그런데 대한민국 사법체계는 그가 남긴 증언조서 문건을 수사하고도 그 문건에 담긴 성폭력 가해혐의자들 모두를 무혐의 처분했다. 그것은 국가 사법의 수준에서 장자연이 남긴 말을 허위사실로 판단했다는 뜻이다. 그리고 이것은 장자연의 문건 작성을 미수로 그친 사기행위로 본 경찰의 시각이 사법체계 수준에서 관철되었다는 뜻이다.

그러나 국가 사법의 수준에서 이러한 판결이 나왔다고 해서 그것이 다중의 마음에 수용되었음을 의미하지는 않는다. 사람들은 사법의 이러한 판결을 끝내 받아들이지 않았고 그러한 판결에 이르게 된 수사상의 여러 문제들을 제기하면서 재수사를 요구하기를 멈추지 않았다.

2019년 7월 12일 오후 7시 동화면세점 앞에서 열렸던 제1차 '페미시국광장' 집회 시위는 당겨졌다. 시작은 조선일보다'에서 한 여성 발언자는 성폭력은 여성이 겪는 "일상"이라고 말했다. 이 말을 우리는, 성폭력이 범죄로 취급되지만, 그 범죄 행위가 예외가 아니라 정상이며 가부장체제 자체의 내밀한 논리라는 의미로 해석할 수 있다. 이것은 절도가 범죄로 취급되지만, 그 범죄 행위가 이윤 창출이라는 이름으로 자본주의 체제 자체의 필연적이고 내밀한 논리(맑스가 말한 "잉여가치 착취")를 구성하는 것과 마찬가지이다.

2008년의 촛불집회가 여고생들(촛불소녀)과 유모차를 끌고 나온 여성들, 그리고 온라인 여성 커뮤니티들에 의해 탄력을 얻었음에도 불구하고 당시에 성폭력 의제는 제기되지 않았다. 여성 대통령의 퇴진·탄핵을 초점으로 삼았던 2016년의 촛불집회에서는 오히려 (박근혜를 대상으로 한) 성희롱적 언어가 촛불의 언어로 사용되기까지 했다. 성차별 문제에서 촛불이 보이는 이러한 한계를 넘어서면서 성폭력을 사회적 의제로 제기하기 위한 본격적 노력은 촛불정부를 자임한 문재인 정부하에서 폭발해 나왔다. 그것이 2018년의 미투이다. 미투 운동은 "나는 성폭력을 겪었습니다"라는 미투 형식의 증언조서 문건을 작성한 후 억울한 죽음을 맞이한 장자연 사건에 대한 철저한 재조사와 재수사를 주장했다.

촛불정부를 자임한 문재인 정부가 이 재조사 요구를 받아들였지만, 이 재조사는, 검찰을 대상으로 하는 검찰 외부의 새로운 조사 주체의 구성을 통해서가 아니라 검찰 관료계급의 자기반성이라는 형식 속에서 전개되었다. "과거사위원회"라는 이름은 정확히 이것을 반영한다. 검찰 과거사위원회는 법무부 산하에 놓였고 과거사진상조사단이 검사 2인 외에 대학교수 2인, 변호사 2인이 참여하는 형식을 갖추었지만 과거사진상조사단이 대검 산하에 놓여 있는 한에서 검찰이 자신의 과거사를 스스로 조사한다는 본질을 바꾸기는 어려웠다. 우리 속담에서 불가능하다고 한 것, 즉 중에게 제 머리를 깎게 하고 의사에게 제 병을 고치게 하는 것과 크게 다를 바 없었다.

이런 틀 속에서 장자연이 남긴 증언조서를 가난에서 벗어나기 위한 사기행각의 일환으로 파악하는 기존의 시각이 바뀔 수 있겠는가? 윤지오가 검찰 과거사위원회의 증인으로 소환된 것은, 불행하게도, 이러한 맥락 속에서이다. 검찰은 윤지오가, 장자연 사건을 과거지사過去之事로 돌리는 일에서 주어진 역할을 다하기를 바랐을 것이다. 구천을 떠돌며 끊임없는 재조사 요구로 가부장제 사회질서를 어지럽히는 그 영혼을 영구 안장하는 데 도움이 되는 증언을 듣고 싶었을 것이다. 윤지오의 증언이 미투 봉기를 통해 다시 불러내어진 그 영혼을 달래고 미투가 제기한 문제를 미봉하면서 정치권력을 안정화하는 수단으로 사용될 수 있기를 바랐을 것이다.

윤지오는 검찰 과거사위원회가 갖는 이러한 정치적 맥락을 구체적으로 알지는 못했다. 그런데 그가 의식했건 의식하지 않았건 간에 처음에 검찰의 참고인 출석요구에 응하기를 주저했다는 것은 분명하다. 그는 "방용훈 씨를 만난 일시 장소 등"에 대해 "기억나는 것이 없다"고까지 말하며 장자연 사건 재조사를 위한 출석 요구에 응하지 않았다. 이 때문에 검찰은 그가 증인으로 출석하도록 만들기 위해 아버지를 먼저 설득해야 했다. 20대 초의 나이에 대한민국 경찰의 수사에 참고인으로서 어려움과 억울함을 무릅쓰고 증언을 통해 협조한 바 있는 윤지오가 30대 초에는 왜 국가의 증언 요구에 협조하려고 하지 않았을까? 여기에는 두 가지의 중요한 원인이 있다.

하나는 국가기관들에 대한 누적된 불신이다. 경찰은 참고인인 윤지오를 밤늦게 불러 밤새 수사하기를 반복했다. 밤샘 수사, 장시간 수사는 피의자를 괴롭혀 자백을 이끌어내는 악명 높은 수사기법이고 수사 관행이다. 윤지오는 피의자가 아니라 참고인임에도 불구하고 이 부당한 수사방식에 적극 협조했다. 장자연의 억울함을 풀고 조금이라도 위로하려는 마음 때문이었다. 하지만 드러난 결과는 정작 가해권력자들이 모두 무혐의로 면죄된 것이었다. 수사기관은 장자연이 리스트에 기록한 사람들이 누구인지 알아내려고 하지조차 않았으며 문건에 이름이 또렷이 기록된 사람들도 무혐의 처분했다. 더 놀라웠던 것은, 윤지오 자신이 강제추행 현장을 직접 목격한 바 있고 상황을 구체적으로 진술한 바 있는 가해자 조○천마저 무혐의 처분한 것이었다. 기억 속에 형상은 분명하지만 이름은 모르는 그 남자가 누구였는지를 밝히는 과정에서 윤지오는 경찰이 밤샘 수사, 장시간 수사, 최면 수사, 논점 일탈 수사 등으로 자신의 기억을 교란하고 남성 동석자들이 서로 입을 맞춰 강제추행을 본 적이 없다고 말하는 것을 경험했다. 부인이 현직 검사였던 그 남자는 대질신문에서 윤지오가 자신을 무고하고 있다고 비난하기까지 했다. 이러한 상황에서 윤지오가 느낀 심경과 감정은 대질신문 조서에 다음처럼 나타나 있다.[2]

문: 조○천이 장자연을 잡아당기어 무릎에 앉힌 다음에 장자연의 가슴을 만지고 허벅지를 만졌다는 것을 목격하였다는 말인가요.

답: (이때 진술인은 울면서 고개를 끄덕이다)

문: 진술인은 지금 무엇 때문에 울고 있는 것인가요.

답: 아니예요 ….

문: 진술인은 조○천이가 왜 거짓말을 하고 있다고 생각하는가요.

답: 제 생각에는 진짜 기억이 나는데 회피하는 것으로 생각되고, 한편으로 기억이 나지 않아 모른다고 할 수도 있지만, 저분이 인생이 달려 있다고 하는 말을 했지만 저 같은 경우도 이와 같이 말을 한다고 해서 자연이 언니가 살아 온다고 볼 수가 없고, 저 분이 자연이 언니의 죽음에 대해 반성을 할 줄 알았는데

---

2. 질문자는 사법경찰관 손○천이다.

거짓말을 하는 것에 격분이 생기고 한편으로는 가라오케에 참석한 변○호 대표, 김대표와 저분은 친한 분이고 제 편은 한 사람도 없는 상태에서 제가 말을 한 것이 거짓말이라고 생각될지 몰라도 오늘 경찰서에 왔을 때 방송사에서 저를 상대로 취재를 하면서 저에게 물어보기를 잠자리도 같이 했습니까라는 말을 들을 때 저 자신이 이곳까지 와서 그런 말을 [왜] 들어야 하는지 이해를 할 수가 없었고, 저분이 자연이 언니에게 한 행동에 대해 저분에게 피해가 간다는 것은 저도 알지만 죽은 자연이 언니에게 조금이나마 위로가 될 것 같아 제가 스스로 말을 한 것인데, 저 분은 자연이 언니에게 한 행동에 대해 반성을 하는 것이 아니라 제가 거짓말을 했다고 말을 하였고, 저 같은 경우는 저 분이 앞으로 어떤 일을 할지 모르지만 반성을 하거나 사과를 했다면 제가 본 것이 잘못 보았다고 말을 해주고 싶었지만 저 분이 끝까지 그 자리에서 저를 본 사실이 없고 자연이 언니에게 그런 행동을 한 사실이 없다고 말을 한 것은 이해가 되지 않습니다. (이때, 진술인은 계속하여 울면서 휴지로 눈물을 닦고 진술하다.)

윤지오가 국가기관인 경찰에서 직면한 것은 취재 왔던 방송 기자들이 피해자인 장자연과 자신을 마치 윤락녀인 듯이 대하고, 피의자 조○천이 동석했던 남성들과 합세하여 아무런 반성도 사과도 없이 추행을 하지 않았다고 뻔뻔하게 거짓말을 하고, 진술하는 자신의 옆에서 자신의 말을 비웃고, 심지어 자신의 말이 거짓말이라고 우기는 어처구니없는 것들이었다. 이러한 것들을 겪으면서 느낀 "격분" 때문에 윤지오가 눈물을 흘리고 있는 것이 이 장면의 정동적 측면이다.

윤지오는 자신에게 "잠자리도 같이 했습니까?"라고 묻는 방송기자의 성희롱적이고 가해자주의적인 시각을 때로는 경찰 수사관에게서도 발견할 수 있었다. 대한민국 수사기관에서 피의자 조○천과의 이 대질의 시간에 윤지오는 언론, 경찰, 남성이라는 세 가지 권력에 포위되어 목격한 사건에 대한 자신의 진술이 억울하게도 거짓말로 내몰리고 왜곡되는 참담한 억압의 경험을 하고 있는 셈이다. 국가를 신뢰할 수 없도록 만든 이 고립과 억압의 체험이야말로 10년 후 검찰 과거사위원회의 증언 요청에 윤지오가 선뜻 나설 수 없었던 첫 번째 이유였다.

또 하나는 앞의 국가에 대한 불신과 긴밀하게 연결되어 있고 그것의 한 계기를 이루지만 따로 논해야 할 필요가 있는 이유이다. 그것은 훨씬 구체적이고 개별적이며 삶정치적인 이유로서 검찰이 증언을 요청하면서 자신의 생명과 신체 및 재산에 대한 안전을 보장해 주지 않는다는 것이다.

장자연은 아무 힘이 없는 자신에 비해 엄청난 권력을 갖고 있는 사람들로부터 물리적 성적 폭행, 협박과 강요를 당한 피해자였다. 그럼에도 불구하고 그는 그 피해사실들을 증언조서 문건으로 작성했다는 이유 하나로 온갖 성적 험담과 "죽여버리겠다"는 협박까지 받다가 실제로 주검으로 발견되었다. 검찰 과거사위원회가 윤지오를 불러 증언케 하고자 한 것이 장자연의 죽음을 가져온 그 증언조서의 증언과 본질적으로 다른 것이었는가?

결코 그렇지 않다. 경찰 수사기록이 보여주는 것처럼, 윤지오는 술접대하는 자리에 언제 누구와 참석했고 거기서 무엇을 겪고 무엇을 느꼈는지, 대표 김종승이 장자연과 자신에게 어떤 행위를 했는지, 장자연이 문건에 적은 피해사실 증언들과 관련하여 함께 겪은 것이나 추가로 생각나는 것이 없는지, 장자연에 대한 가해자들이 누구라고 생각하는지 등등에 관한 질문을 받고 있다. 윤지오는 증언조서를 썼으나 죽음으로 인해 더 이상 증언할 수 없는 진정한 증인인 장자연을 대신하여 증언해야 했다. 유태인 집단학살의 생존자 프리모 레비는 자신이, 학살당해 더 이상 증언할 수 없는 진정한 증인 무젤만Muselmann을 대신하여 불가능한 증언을 하고 있는 아이러니한 상황에 대해 말한 바 있다.[3] 한편에서 윤지오 역시 장자연의 그 말할 수 없음을 말해야 하는 아이러니의 증인이었다. 그러나 다른 한편에서 윤지오는 장자연과 동일한 경험을 겪어온 사람으로서 2009년 2월 어느 날 유장호로부터 "피해사실에 대해 써 달라"는 요구를 받고도 쓰지 않았던 그 문건을, 장자연의 죽음을 가져온 그 피해사실 문건을 수사관 앞에서 뒤늦게, 말로 써야 하는 증인이었다. 가해자들의 이름을 뒤늦게 쓴다고 해서 과연 안전한 것일까? 동일한 가해자들이 시퍼런 권력으로 여전히 살아 있는 현실에서 진

---

3. 이 증언에 대한 정치철학적 분석으로는 조르조 아감벤, 『아우슈비츠의 남은 자들 ― 문서고와 증인』, 정문영 옮김, 새물결, 2012 참조.

술로 쓰는 그 문건이 아직 너무 이른 것은 아니었을까?

장자연의 증언조서는 이 땅의 여성 노동자들이 일상적으로 겪는 피해 경험이 연예인이라는 특수한 조건 때문에 힘센 권력자들과의 관계에서 발생하는 경우에 대한 피눈물의 기록이었다. 장자연이 권력자들의 위선과 부패 및 폭력성을 증언조서에 기록한 이상, 장자연을 대신해서 증언해야 하는 윤지오 역시 그와 동일한 위선, 부패, 폭력성에 대해 말하지 않을 수 없었다. 이러한 증언에 협박과 보복이 따를 수 있다는 것을 장자연이 선례로 보여주지 않았던가? 그리고 이것은 윤지오가 가해권력자들에 대한 증언을 함과 동시에 이순자, 동료 여배우 X 등의 가명 뒤에 숨어 안전을 도모해야 했던 그 10년의 시간을 통해 다시 입증되었던 것이 아닐까? 이것은 성인지 감수성과 생명인지 감수성 없이는 실감으로 파악되기 어려운 고통의 시간이다.

그러나 국민의 명령을 받아 설치되었음에도 불구하고 검찰 과거사위원회가 이러한 성인지 감수성과 생명인지 감수성을 갖고 있었던 것으로 보이지 않는다. 증언을 요청하면서 대검찰청은 윤지오에게 이렇게 말을 건다. "윤애영 씨께서 저희 과거사조사단 조사를 위해 한국에 오시면 왕복 항공권 비용 정도를 지원해 줄 수 있다고 합니다. 다른 국내 체재비용은 안 된다고 하는데 그래도 혹시 한국에 와주실 수 있을까요? … 대검찰청에서 비용지원을 많이 해주지는 않네요. ㅠㅠ. 과거사조사단 장자연 사건에서 윤애영씨가 핵심적인 분이라 꼭 도와주시면 감사하겠습니다. 가능한 빨리 와 주시면 감사하겠습니다."(2018년 10월

14일) 그런데 캐나다에서 한국으로 와서 증언을 하는 순간 목숨을 걸어야 한다는 것이 지난 세월의 경험을 통해 윤지오가 느끼는 생명인지 감수성이다. 과거사진상조사단을 대표해 실무적으로 윤지오에게 증언 요청을 하는 이 담당 변호사도 이것이 충분하지 않은 비용 지원이라는 것을 이미 느끼고 있다. 그런데 윤지오는 담당 변호사가 미처 생각하지 못하고 있는 점에 가장 큰 관심을 기울인다. 그것은 경제적 비용이 아니라 생명의 안전이다. 검찰 측의 이 제안에 대한 윤지오의 반응을 살펴보자.

그렇군요. 처음 말씀해주신 사항과는 변동사항이 있네요. 혼자서 보호 없이 가야하는 건가요? 가능한 한 빨리라 함은 언제를 말씀하시는지요? 또 국가에서 보호해주시는 시설에서 지내는 것이 불가하다고 말씀하시는 것인가요? 신변을 어찌 보호해 줄 수 있을지 의문입니다. 법원 서기 전에는 공식적인 기자회견을 할 것이고요. 그렇게 하는 것이 보호를 받을 수 있다 판단되어집니다.[4]

윤지오의 핵심적 관심사는 신변안전, 신변보호다. 이 짧은 답변에서 그는 "혼자서 보호 없이", "국가에서 보호해주는 시설", "신변을 어찌 보호해 줄 수 있을지", "그렇게 하는 것이 보호를

---

4. 2018년 10월 16일. 이하 이 절에서 각주로 연월일만 표기한 것은 윤지오가 과거사진상조사단 및 민변의 변호사와 메신저로 소통한 날짜이다.

받을 수 있다 판단되어" 등 네 번에 걸쳐 '보호'라는 말을 사용하고 있다. 신변보호 지원에 대한 윤지오의 이러한 질문을 받고서야 담당 변호사는 "지원 여부는 변호인단에 확인해보고 말씀드릴게요"라고 답한다. 어떤 답변이 왔을까?

대검찰청에서는 항공권 지원만 가능하다고 하는데 10월 말 또는 11월 중순, 하순 귀국 가능할까요? 조○천 사건 법정 증언 관련해서는 추가로 입국하셔야 할 거 같고 그때 다시 항공권 지원이 될 거 같습니다만 확인해야 합니다. 여러 가지로 부족하고 힘드시겠지만 국내에 오셔서 과거사조사단 면담도 하고 진실을 밝히는데 도와주시기를 간곡히 부탁드립니다. 가능한 빨리 와주시면 좋겠습니다.

신변보호 지원은 불가하다는 냉정한 대검찰청의 답변. 그리고 조○천 사건 증언 관련 추가 입국 시 항공권 지원은 가능할 것 같다는 최소 비용지원 원칙의 재확인인 것이다. 캐나다에서 한국으로 와서 증언할 경우 거기에는 재정 측면에서 항공권 외에 육상교통비, 숙박비, 식사비 등 기본적인 체류 비용이 들어간다. 국가의 요청을 받고 증언을 위해 해외에서 건너온 사람의 이 기본적 체류비용은 누가 부담해야 하는 것일까? 또 직장을 갖고 있는 사람이 증언을 위해 캐나다에서 한국으로 와야 하면 그 시간 동안 손실이 발행한다. 이 비용은 누가 부담해야 하는 것일까? "진실을 밝히기" 위한 것이므로 증인이 그 비용을 부담하고 그 손실을 감당해야 하는 것일까? 만약 그래야 한다면 그 "진실"은 누구를 위한 진실일까?

그런데 "윤애영씨가 저희 과거사조사단 조사를 위해 한국에 오시면"이라는 앞의 인용이 보여주듯이 과거사진상조사단은 그 "진실"이 과거사진상조사단과 검찰 과거사위원회를 위해 사용될 것임을 알고 있지 않은가? 그 "진실"이 검찰을 위해, 그리고 국가를 위해 사용될 수 있을지는 모른다. 하지만 정말 그것이 국민을 위해 사용될까? 그리고 또 국민의 한 사람인 "증인"을 위해서도 사용될까? 또 신변보호 지원 없이 자신의 국민을 신변위협이 따르는 증언에 나서도록 재촉하는 국가는 누구의 누구를 위한 누구에 의한 국가일까?

이 상식적 질문들을 염두에 두면서 다시 돌아가 보자. 검찰로부터 신변보호 약속이 없기 때문에 윤지오는 다른 경로를 통해 알아본 사항을 담당 변호사에게 전달한다. 내용인 즉, "여성아동범죄조사부 말이, 경호 제공 등 형사지원 제도를 갖추고 있어 지원해 드릴 수 있는 것들을 확정하는 대로 지오님께 먼저 연락드리겠다"는 것이다. 이 내용을 전달한 후에 윤지오는 국가가 이동상의 보호를 제공해 줄 수 없다면 보호자나 동행자의 대동보호를 받을 수 있느냐고 묻는다. 이에 대한 대한민국 대검찰청의 답은 무엇일까?

비행기 티켓은 참고인이 비용을 지불하고 구매를 하고 영수증을 첨부하면 비용을 계좌로 지급을 해준다고 합니다. 단 이코노미석만 비용 지급이 가능하다는 답변입니다. … 항공사 선택은 제약이 없는데 가급적 비용이 저렴한 항공사를 이용하면 좋다는 답변입니다. 아쉽지만 동반자는 지급 범위에 포함되지 않습니다. 이것도 대검 답변입니다.[5]

신변보호자에게는 비용지원이 없다, 이코노미석만 된다, 가급적 저렴한 항공편으로, 최대한 빨리! 이것이 증인을 대하는 대한민국 대검찰청의 마음이고 태도이다. 국가의 돈이 국민이 낸 혈세이므로 낭비해서는 안 된다고 생각할 수 있고 또 그 자체로는 맞는 말이다. 그런데 국세가 아까운 것이라면 검사들이나 과거사진상조사단의 조사위원들도 월급이나 활동비를 받지 않고 자신의 비용을 들이면서 "진실"을 밝히는 업무를 해야 하지 않는가? 과연 그들이 그렇게 하는가? 그들이 최저의 교통수단으로 최저의 사무실에서 업무를 보는가? 왜 증인에게만 "진실"을 명분으로 체류비 부담, 손실 부담, 최저생활을 요구하는가? 증인이 "진실"을 위한 희생제물인가? 증인이 "정의"를 위한 순교자인가?

조○천 건 관련한 검사 측을 위한 증언과 과거사진상조사단을 위한 증언은 별개의 건이라고 하면서 과거사진상조사단 증언 건을 위해 "언제쯤 오실 수 있을까요?"라고 묻는 담당 변호사에게 윤지오는 조사가 어디에서 몇 차례 몇 시간이 진행될

5. 2019년 10월 18일, 담당 변호사.

예정인지, 그리고 그곳이 "안전한 곳"(10월 19일)인지 묻고, 자신이 감당해야 할 경제적 부담과 위험 부담을 고려하여 과거사진상조사단 조사와 조○천 증언을 합쳐 한꺼번에 묶어서 진행하면 좋겠고 과거사진상조사단 측이 항공권을, 조○천 증언 담당 검사 측이 숙박료를 지원해 주면 좋겠다는 희망을 표명함과 동시에 그동안의 대화에서 참았던 감정과 속생각을 이렇게 털어 놓는다.

> 무조건 빨리와라 오갈 곳은 알아서하시고요 보호도 잘 모르겠네요는 무책임하신 것 같습니다. 솔직히 제가 굳이 한국에 귀국할 이유도 없고요. 저는 잃는 것이 더 많고 보호받지 못한다면 위험을 감행하고 무리하게 진행할 필요가 없다는 점을 말씀드리고 싶습니다.[6]

대한민국 대검찰청이 증인에게 희생을 요구하면서 무책임하게 증인을 대하는 것에 분노하여 위험을 무릅쓰고 증언에 임하는 어리석은 짓은 하고 싶지 않다는 뜻을 밝힌 것이다. 이에 대해 담당 변호사는 다짜고짜 연락선을 바꾼다는 취지의 다음 답변을 보낸다.

> 윤애영씨 연락 주고 받는 것을 과거사조사단에 같은 팀인 다른

---

6. 2019년 10월 19일.

검사님하고 하는 게 좋겠습니다. 제가 과거사조사단에서 지금 맡고 있는 일이 너무 많아서 그렇습니다. 이○화 검사 님이 저희 팀인데 윤애영씨 한국 오시는 문제 관련해서 연락드릴 것입니다.[7]

그런데 이것은 윤지오를 더욱 화나게 하는 것이었다. 이에 윤지오는 같은 날, 과거사진상조사단 출석을 위한 협의의 중단을 선언한다.

이렇게 막무가내식인 경우는 처음 봤네요. 사회생활을 해외에서 몇 년 해와도 이런 일은 없었습니다. 이렇게 일방적인 경우가 어디 있는지 모르겠네요. 제가 무슨 범죄자도 아니고 그쪽 팀하고 그 어떤 것도 같이하고 '싶지 않으니 앞으로 연락하지 말아주세요. 법원에서 진술하고 기자회견하고 하는 것으로 마무리하겠습니다. 그간 수고 많으셨고 건승하시길 바람하겠습니다.

이 예상치 못한 협의 중단 선언에 당황한 담당 변호사는 연락선 전환에 관한 위의 일방적 결정에 대해 상세하고 진지하게 해명하고 사과하는 내용의 긴 편지를 보냈고 이 해명과 사과를 거쳐 양자 간의 협의가 계속된다. 이런 갈등적인 조율 끝에 마

---

7. 2019년 10월 22일.

침내 두 건을 하나로 묶어 11월 말 윤지오가 한국으로 건너오게 되며 애초의 왕복 항공권 지원 외에 숙박료와 일부 경호 지원을 받게 된 것으로 보인다.

우리가 이렇게 증인 출석을 위해 윤지오가 한국으로 오기까지의 협의 과정을 상세히 살펴보는 이유는 두 가지다.

하나는 증인에게 국가란 무엇인가를 생각해보기 위해서다. 과거사진상조사단은 윤지오의 증언 출석이 "진실"을 밝히기 위한 것이니 응해 달라고 호소했고 공익제보자의 인권 옹호와 지원을 위한 활동을 하는 단체인 〈호루라기 재단〉에 윤지오를 공익제보자로 추천하기도 했다. 이런 표면적 얼굴 뒤에서 대한민국이라는 국가는 증인을 보호하려는 어떠한 의지도 갖고 있지 않았고 어떠한 실제적 보호조치도 준비해 두고 있지 않았다. 오히려 비용 절감을 위해 저렴한 삶을 요구하면서 증인을 이용하기만 하려는 마음을 드러냈다. 이명박 정부나 박근혜 정부하에서도 아니고 "나라다운 나라"를 기치로 내걸고 출범한 자칭 촛불정부였음에도 말이다. 국가는 국민의 공동체라고 자임하면서도 여전히 국민을 위한, 국민에 의한, 국민의 공동체로서는 자격 미달의 기관으로 머물러 있었다.

또 하나는 윤지오가 신변위협을 들어 "영리하게" 국민들을 기망하여 후원금을 편취했다는 김수민 발(發) 소설의 허구성을 고발하기 위해서다. 한국으로 와서 증언하기를 원치 않았던 윤지오가 국민의 생명도 성도 재산도 제대로 돌보지 않는 대한민국의 요구를 받아들여 캐나다에서 한국으로 오게 된 것은 대한민국 대검찰청이 과거사진상조사단의 변호사를 통해 진실, 정의 등의 "대의"를 가지고 반복해서 설득했기 때문이다. 김수민이 관련된 저간의 사정을 알기 위해, 과거사진상조사단 및 조○천을 기소한 검사 측과의 일정 조율이 어느 정도 마무리된 시점인 2019년 11월 13일 윤지오가 김수민과 나눈 대화를 살펴보자. 대화는 검사 측에서 마련해준 것으로 보이는 오피스텔을 두고 시작된다.

김 : 오피스텔? / 어떤 오피스텔이지

윤 : 오피스텔도 오피스텔 나름이지 ㅜㅁ ㅜ / 그러니까 / 제대로 된 정보도 안알려주고

김 : 모텔 깨끗하고 괜찮은데 7만원이면 충분히 자는데 / 실비지급? / 숙박비를 나중에준단소리얘

윤 : 근데 모텔은 치안이 별로여서 ㅜ

김 : 야?

윤 : 그러니까 / 경비처리도 영수증줘도 언제 줄지도 모르고

김 : 일단 니돈을쓰라는거야?

윤 : 말도 계속바꾸니 / 그러니까

김 : ㅡㅡ 염병할것들이네진짜

윤 : 에혀 / 다 인스타에 까발려버리고싶다 / 분노게이즈 올라온게 / 한두번이 아니야 ㅜㅜ / 필요하다고 울아빠까지 들들 볶더니 / 애걸복걸이더니

김 : 그때 그 조사단인가뭔가 개네들은어케됐어

윤 : 거기서도 뭐 비슷하지 / 근데 100만원정도 지원시스템 뭐 준다는데 / 내가 목숨걸고 내 인생에

김 : 응

윤 : 주홍글씨 만드는건데

김 : 그치

윤 : 뭔가 초라하다랄까 / ㅜㅜ

김 : 그치그치

윤 : 내가 이상한건가 / 여기에서 하는일도 올스탑하고 가니까

김 : 아냐 나같아도그런생각들지

윤 : 손실도 있는데

김 : 숙소랑 식비 그런걸 확실하게 말해줬음좋겠구만 / 그래야 너 맘도 편하지

윤 : 그러니까 ㅜ / 닥치면 해결할라하고 늘 / ○○사람들은 ㅜ / 특히나 위로 갈수록 더 그런거같아

김 : ○○이그치뭐 제대로 일처리들을안하지 원고는 다 쓴거야?

윤 : 언니는 요새 어때? / 몸은 좀 괜찮아? / 아니 아직 계속쓰고 수정하고 그러고있지 뭐

김 : 언니 어제 퇴원했어

윤 : 가서 인터뷰형식으로해서 쓸수도 있고 일정부분은

김 : 나도 원고때문에 스트레스ㅜ

윤 : 고생했네 언니 ㅜ

김수민과 달리 윤지오에게는 숙소 선택에서도 기준은 무엇

보다 "치안", 즉 안전임을 다시 한번 주목하자. 윤지오는 검찰과 과거사진상조사단이 증인의 생명과 안전, 재산을 보호하려는 노력을 기울이지 않는 것에 불만을 표현하고 있고 김수민은 "나같아도그런생각들지"라며 이에 공감을 표하고 있다. 자신에게 경제적 손실, 시간 지출, 생명의 위협을 감내할 것을 요구하는 국가에 대해 이런 불만을 표현하는 것이 과연, "영리하게" 돈을 편취하기 위한 사기 기획이 될 수 있는 것일까? 만약 그것이 정말 '사기'라면 이 대화에서 김수민은 일종의 공모자라고 하는 것이 옳을 것이다.

윤지오에 대한 이 납득 불가능한 사기 음모론은 누구의 필요를 충족시키기 위해 만들어지는 것일까? 이미 이때 윤지오는 자신이 준비하고 있는 책에 대한 대화도 김수민과 나눈다. 김수민이 원고는 다 썼는지 물었을 때 윤지오는 원고를 계속 쓰면서 수정하고 있고 일부는 한국에 가서 인터뷰 형식으로 쓸 수도 있음을 밝힌다. 이러한 책 쓰기가 이후에 김수민에 의해 "고인을 이용해 돈을 벌려는 술책"으로, 글쓰기의 비전문가로서 전문가의 도움을 받는 집필 과정이 "대필"로 묘사될 줄이야 윤지오가 어떻게 알 수 있었겠는가? 변호사, 기자, 경찰 등 국가 수준에서 일하는 사람들이 자신의 말을 배척하고 변심한 김수민의 말에만 근거하여 비난, 고소·고발, 영장청구를 하게 될 줄 어찌 알았겠는가?

윤지오는 2018년 10월 무렵에 조○천 강제추행 사건 증언을 위해 "법원 서기 전에" "공식적인 기자회견"을 하는 것을 고려한 적이 있다. 그것이 신변보호에 도움이 되리라는 생각에서였다. 이것은 얼굴과 이름을 그 자리에서 공개하는 것을 의미했을 것이다. 그러나 얼굴과 이름 공개 계획은 포기되고 2019년 3월 4일까지 미뤄진다. 왜 그랬을까? 여러 가지 고민이 있었겠지만, 국가로부터 증언자에게 신변보호 조치가 주어지지 않는다는 것, 안전이 보장되지 않는다는 것이 그중 하나였음은 분명하다. 2018년 11월 6일 기자회견 관련하여 담당 변호사와 나눈 대화에서 이 점이 드러난다.

"지난번에 기자회견을 하신다고 했는데 하실건가요? 만일 기자회견을 하신다면 과거사조사단에 출석하실 때 조사단이 있는 동부지검에서 기자회견을 하시는 게 좋을 것 같습니다." 담당 변호사의 질문과 제안이다. 윤지오는 이 시점에서 아직 망설이고 있다. "네 한번 검토해 보도록 하겠습니다. 개별 인터뷰나 취재 요청에 응하지 않으시면 되지 않을까 싶습니다. 그리고 기자회견 질의응답 시간도 정신적으로 힘들지 않을 만큼 짧게 제한하는 것도 좋을 것 같습니다. 그리고 얼굴을 공개할지 안할지 여부도 아직 고민이 많이 되네요. 제가 잘못한 것도 없는데…."

왜 피해자나 피해자의 증인이 숨어야 하고 가해자나 범죄자는 당당한 것일까? 왜 그런 것일까? 윤지오의 고민을 깊게 하는 대한민국의 이 적나라한 현실 앞에서 "이게 나라냐"라는 질문을 다시 던지지 않는다면 언제 던져야 하는 것일까? 윤지오의 고민에 대한 과거사진상조사단 담당 변호사의 답변은 이러하다.

아, 그건 너무 중요한 문제라 윤애영씨 의사가 가장 중요합니다. 기자회견을 하라는 게 아니라, 만일 하신다면 조사단 출석하실 때 하는 게 좋겠다는 거라서요. 만일 얼굴을 공개하는 것을 원하지 않으시면 절대 비공개로 할 거예요. 지난번에 신변보호를 위해서도 기자회견을 하시겠다고 윤애영씨가 말씀하셔서. 너무 중요하고 민감한 문제이니 윤애영씨가 주변분들, 또 변호인들과 충분히 상의하셔서 결정하세요. 지금 조○천 공판에서도 '이순자'라고 부르고 있지 '윤애영'이라는 이름은 공개되어 있지 않아요. 심사숙고 하셔서, 윤애영씨를 위해 어떻게 하는 것이 가장 좋을지 충분히 생각하시고 정하시면 됩니다. 누구도 윤애영씨에게 얼굴과 이름을 공개하라고 하지 못하고 그렇게 하지도 않아요. 일단 한 번 공개가 되면 이후에 이런 저런 파장도 있을 수 있으니 심사숙고 하시고요, 저는 기자회견을 하라고 하는 건 절대 아니니 오해 없으시길 바래요 ^^ 윤애영씨가 상처받지 않는게 가장 중요합니다.[8]

담당 변호사는 얼굴과 이름의 공개가 "너무 중요한 문제"이고 큰 파장을 몰고 올 수 있음을 직감하고 있으며 그것이 윤지오에게 상처를 줄 수 있다는 것도 예상하고 있다. 신변보호를 위한 공개 기자회견이 예상과는 달리 신변위협의 계기가 될 수도 있음을 느끼고 있다. 그러나 자신이 어떤 방향을 결정해 줄

---

8. 이 인용문은 윤지오의 "숨어 살았다"가 무엇을 의미하는지를 가장 잘 보여주는 대목이다.

수는 없고 주변 분들이나 변호인들과 상의해서 결정할 것을 제안한다. 신변보호 문제가 풀리지 않는 상황에서 증언을 해야 하는 입장에 놓인 윤지오는 자신의 심경을 이렇게 표현한다. "네 감사합니다. 뭐가 옳고 그른지 아직 많이 헷갈리네요."

뭐가 "헷갈리"는 것일까? 만약 자신만 생각한다면 증언하지 않는 것이 가장 안전한 방법이다. 그런데 가해자 처벌을 통해 위로받을 수 있을 "언니 장자연"도 생각해야 하는 것이다. 대검 과거사위원회가 윤지오와의 협의 대화 테이블에 "진실을 밝히기 위해서"라는 말을 올려놓고 증언을 요구할 때, 윤지오가 거부하기 어려운 이유가 그것이었다. 그런데 대검은 생명 안전에 대한 관심은 없으면서 생명을 내놓아야 할지도 모를 증언을 달라고만 한다.

이 "헷갈리"는 현실 앞에서 윤지오는 과거사진상조사단 담당 변호사에게 세 가지를 묻는다. "제가 증인으로 한 번만 출석하면 되는 건가요? 제가 말한 것이 진실이라는 것이 밝혀지면 그분은 어떠한 처벌을 받게 되는 건가요? 또 제가 증언한 것들이 증거불충분이나 다시 덮어지는 사태가 발생할 수도 있는 것인가요?"[9] 이 세 가지 질문 중에서 윤지오가 들은 답은 하나, 즉 첫째 질문에 대한, "아마도 한번만 가시면 될 거 같아요"라는 답뿐이다.

---

9. 조○천 1심, 2심 판결에서도 정확하게 윤지오가 우려한 사태가 그대로 발생했다.

변호사가 직접 답해주지 않은 두 가지 질문에 대해서는 이후 전개된 현실이 답해준다. 그 답이 무엇일까? 온갖 망설임, 고뇌를 거쳐 2018년 12월에는 얼굴과 이름 공개를 하지 않다가 4개월여 뒤인 2019년 3월 4일 〈김어준의 뉴스공장〉을 통해 마침내 처음으로 얼굴과 이름을 공개했음에도 불구하고, 기자, 변호사, 작가, 인스타그램과 유튜브 계정주들로부터 돌아온 것은 "네가 언제 숨어 살았냐!"라는 무자비한 비난과 악성 댓글이었다. 이 언어폭력의 행위자들은 "얼굴과 이름의 공개"가 "숨어 있던 얼굴과 이름을 드러내는 것"을 의미한다는 자명한 사실조차 사유하지 않는다. 사유의 이 철저한 정지 혹은 무능력 속에서 지배적으로 작동하는 것은 "윤지오를 죽여야 내가 산다"는 누군가의 실리적 필요이다. 그 누군가가 가해권력이라는 점을 덧붙일 필요가 있을까? 권력은 타인을 자신의 실리적 필요에 따라 이용할 수 있는 능력, 타인이 자신의 필요에 따라 맹목적으로 (비)사유할 수 있도록 만들 능력과 다름이 없었다.

이러한 역관계 속에서 현실에 두 가지 답이 주어졌다. '증언이 있었음에도 사태는 다시 덮였다.' 그리고 '어떠한 처벌도 없었다.' 윤지오가 예상치 못했고 그래서 질문하지 못한 한 가지 사태가 여기에 더해졌다. 자기 자신이 글·말과 법에 의해 가해자로, 범죄자로 위조되는 사태 말이다.

증언자 윤지오와 국가 : 2019

2018년에 윤지오는 증언을 달라는 검찰(검사와 과거사진상조사단)의 요구에 수동적으로 응했다. 장자연에 대한 조○천의 강제추행을 입증하기 위해 검사 측 증인으로 법정에서 증언을 했고 과거사진상조사단을 위해 장자연의 문건과 리스트에 대해 증언했다. 그 증언들은 경찰 수사관에게 했던 2009년의 증언과 유사하게 검사나 조사위원과 같은 소수의 사람들을 대상으로 한 것이었다. 또 이 증언들은 이순자라는 가명으로 얼굴을 숨긴 채 이루어졌다.

2019년에 윤지오는 다른 선택을 한다. 우선 증언의 대상을 소수의 수사 및 조사 전문가에서 국민 대중으로 바꾸는 것이었다. 수사나 조사를 직업으로 하는 사람, 즉 전문가를 통하는 간접증언에서 헌법상 알 권리를 가진 국민 대중을 향한 직접증언으로 전환한 것이다. 이것은 2018년 MBC 〈PD수첩〉과의 인터뷰가 가져온 긍정적 효과에서 자극받은 것이었다.

또 하나는 이름을 가리고 얼굴을 숨기는 식의 강요된 피해자다움을 버리고 실명과 실면으로 증언하는 것으로 나아가는 것이었다. 가명 증언은 2018년 〈PD수첩〉 인터뷰 및 JTBC와의 전화인터뷰 때까지 지속되었던 것이다. 아래로부터 국민의 명령으로 재조사가 이루어진 이 절호의 기회에 실명, 실면의 증언이 이름과 얼굴을 숨기고 하는 증언보다 증언의 효과를 더욱 키울 수 있고 가해자에 대한 처벌을 촉구하는 유효한 수단이 될 수 있을 것이라는 판단에서였다.

이 두 가지 전환은 장자연 사후 10주년에 맞추어진 『13번째 증언』의 출간을 기점으로 이루어졌다. 간접증언에서 직접증언으로, 폐쇄증언에서 개방증언으로, 수동증언에서 능동증언으로, 타율증언에서 자발증언으로, 수세증언에서 공세증언으로의 이러한 증언 태도의 전환은 왜 이루어진 것일까?

우선 재조사가 이루어지고 있는 이 10주년이 "언니의 죽음[의 진실]을 밝히는 마지막 기회가 될지도 모른다"[10]는 위기감이 작동했을 것이라고 볼 수 있다. 그리고 김학의, 버닝썬 등 동종의 성폭력 사건과 연동되면서 장자연 사건에 대한 국민들의 관심이 드높아진 상황을 들 수 있을 것이다.

그런데 우리의 주제와 연관된 것으로 중요한 이유가 있다. 그것은, 수사권도 없이 과거사 조사 차원에서 겨우 6명의 조사위원에 의해 전개되는 이 재조사가 과연 가해권력자들에 대한 실제적 처벌로 이어질 수 있겠는가 하는 의문, 즉 국가에 대한 의문의 문제이다. 실제로 2009년 KBS에서 장자연 문건을 보도한 직후 초동수사의 부실을 지적하는 여론의 지탄을 받고 무려 42명의 수사팀이 꾸려졌고 대대적인 재수사가 이루어진 바 있다. 하지만 그 재수사는 가해혐의를 받은 권력자들 모두를 무혐의 처분하는 절차로 귀착되었다. 이러한 전례를 생각해보면, 비록 정부가 바뀌었고 촛불국민의 명령이 있다고 하지만 가해권력자들에 대한 실제적 처벌로 나아가기에는 너무나 취약한 조건에서 재조사가 이루어지고 있다고 평가하지 않을 수 없었다.

---

10. 윤지오, 『13번째 증언』, 224쪽.

이러한 상황인식과 재조사의 한계에 대한 인식 속에서 윤지오가 선택한 것은, 국민에게 직접 증언을 주고 국민이 이 증언을 기초로 재조사라는 사법 과정에 직접 개입하여 검찰 과거사위원회의 한계를 넘어서도록 만드는 것이었다. 이때 윤지오가 염두에 둔 것은 애초에 과거사에 대한 재조사가 시작되도록 만든 청와대 국민청원이었다. 그것은, 국민이 대의자들에 대한 소환, 해임의 주체가 되는 것도 아니고 법안을 발의하고 투표로 결정하는 주체가 되는 것도 아니며 국민이 수사, 기소, 재판의 권한을 갖고 그것에 관여하는 주체로 되는 것도 아니지만 자신의 목소리를 청와대에 직접 전달하여 위로부터 답변하도록 만드는 것으로서, 직접민주주의의 아주 약한 표현형태이다. 윤지오는 이 청와대 국민청원을 "법 위의 법"이라고 부르곤 했는데 이 자생적 법철학 속에서 그는 국민의 제헌적 역량(법 위의 법)이 실정법(법)을 통제하고 재구성한다는 생각을 표현한다.

이러한 생각 위에서 윤지오가 선택한 것이 독자를 대상으로 한 증언 에세이집을 출판하는 것 외에 방송에서 증언 인터뷰를 하고 여성단체와 함께 광장에서 증언 기자회견을 하며 인스타그램을 통해 그 소식을 알리고 피드백을 받는 것이었다. 실제로 2019년 3월 4일 한국으로 오자마자 그는 〈김어준의 뉴스공장〉을 기점으로 며칠간에 걸쳐 『조선일보』 정도를 제외한 거의 모든 주요 언론방송사와 인터뷰를 한다.

이 인터뷰 과정에서 국민들은 지금까지 경찰과 검찰의 수사 발표에서는 들을 수 없었던 사실 정보와 접하게 되며 새로운 것을 알게 된다. 그중 세 간의 주목을 크게 받은 것은 (1) 장자연이 남긴 문건이 유서가 아니라 문건, 즉 소송용 증언조서라는 것, (2) 증언조서가 유서로 둔갑되어 자살을 뒷받침하는 근거로 사용되었던 만큼 문건이 유서가 아닌 것이 명확한 한에서 장자연의 사망원인에 대한 원점조사가 필요하다는 것, (3) 그 증언조서와는 별도로 편지글 형식 속에 담긴 리스트가 있었는데 그 리스트에는 "성상납을 강요"한 여러 사람들의 이름이 적혀 있었다는 것, (4) 장자연이 당시 술자리에서 보였던 일련의 모습을 보면 이 "성상납 강요"가 마약을 강제 주입 당한 후에 이루어졌을 가능성이 있으니 이 점에 대한 수사가 필요하다는 것, (5) 성상납을 강요한 사람들의 리스트에 적힌 이름 중에서 방씨 성의 세 사람과 이름이 특이한 정치인이 기억난다는 것 등이다.

인터뷰를 통해 직접 국민에게 주어진 이러한 증언들은 장자연 사건에 대한 지금까지의 주류적 상식을 뒤엎는 것이었다. 장자연은 우울증에 시달리다가 유서를 남기고 죽었고 그 유서에서 폭행과 협박을 한 당사자인 김종승은 처벌을 받았으며 장자연이 술접대나 잠자리를 강요받은 "조선일보 방 사장"이나 "방 사장의 아들"은 누구인지 알 수 없으며 문건의 해당 구절이 사실이 아닐 가능성도 높다는 것이 경찰과 검찰 수사 발표에 의해 국민에게 주어진 위로부터의 상식이었기 때문이다.

언론에 의해 주어진 주류 상식과 윤지오의 새로운 대국민 증언 사이의 간극이 워낙 컸기 때문에 그 증언의 충격을 어떻게 소화할 것인가를 둘러싸고 사회적 논쟁이 전개될 수밖에 없었다. 주류 상식 세계에서 장자연 사건은 (다행히 경찰이 수사 과정에서 의도하고 있었던 바와 같은 '장자연의 사기미수 사건' 식으로 인지되지는 않았지만) 기껏해야 악덕 기업주의 일탈적 악행 사건 정도로 인지되었다. 이럴 때 그 최종 책임은, 김대오가 주장하는 식으로, 더콘텐츠의 대표 김종승에게 주어진다. 하지만 윤지오의 증언은 장자연 사건을 권력형의 집단적 성폭행 사건으로, 즉 가부장적 성폭력 체제의 문제로 인지할 것을 요구했을 뿐만 아니라 마약을 이용한 특수강간 사건이나 살인 사건의 관점에서도 수사할 필요가 있음을 제기했다. 이럴 때 최종 책임은 권력자들과 가부장적 성폭력 체제에 주어지게 된다. 이 증언들은 장자연 사건의 공소시효는 종결되었다는 기존의 사법적 통념을 거부하면서 공소시효가 아직 충분히 남은 사건으로 재조사를 넘어 재수사가 필요하다는 것을 강력히 요구하는 것이었다.

이 증언에 대한 국민들의 관심과 지지는 폭발적이었다. 그 관심과 지지는 얼굴과 이름을 밝히고 국민에게 직접 증언을 준 윤지오의 용기에 감사하면서 그의 신변보호를 요청하는 것(2019년 3월 8일 청와대 국민청원)으로 나타났고 그 증언에 따라 장자연 사건의 조사 기간 연장과 재수사를 요청하는 것(3월 12일 청와대 국민청원)으로 발전되었다.

우선 신변보호 요청 청원자는 이렇게 쓴다.

고 장자연씨 관련, 어렵게 증언한 윤○○씨의 신변보호를 요청드립니다. 목격자진술은 정말 어려운 일입니다. 사회의 불이익, 또는 신변에 위험이 없도록 신변보호를 청원합니다. 보복, 불이익이 있으면 어떻게 아이들이 이 세상을 보며 무엇을 배울 수 있을까요. 정의로운 사회, 그 밑바탕은 진실을 밝히는 사람들의 힘입니다. 20대초반에 그 큰 일을 겪고 10년간 숨어 살아야했던 제2의 피해자 윤○○씨의 신변보호를 국민의 한 사람으로서 청원합니다.[11]

진실을 밝히는 사람들의 힘이 정의로운 사회의 밑바탕인 만큼 증언자에게 보복이나 불이익이 없도록 국가가 신변보호를 해 달라는 요청이다. 이 요청은 윤지오의 증언을 사회에 대한 진실증여로 명확하게 이해하고 있다. 그리고 이것은, 이 증여를 받은 국민이 수증자로서 진실증여자에 대한 신변보호라는 최소한의 답례 조치를 하지 않는다면 후세대에 떳떳한 나라의 성원일 수 없다는 것을 신변보호 요청의 근거로 제시한다. 이 청원은 한 달 만에 386,506명의 동의 참여를 이끌어냈다.

두 번째 청원, 즉 조사 기간 연장과 재수사 요청은 다음과 같은 간명한 문장으로 이루어진다.

고 장자연씨의 수사[조사]기간 연장 및 재수사를 청원합니다.

11. 청원인 naver - ***, 「고 장자연씨 관련 증언한 윤**씨 신변보호 청원」, 2019년 3월 8일 수정, 2020년 2월 18일 접속, 〈대한민국 청와대 국민청원 ─ 답변된 청원〉, https://www1.president.go.kr/petitions/553263.

수사기간을 연장해 장자연씨가 자살하기 전 남긴 일명 '장자연 리스트'를 바탕으로 한 철저한 재수사를 청원합니다.[12]

'장자연 리스트'는 2009년의 초기 재수사에서 참고인 및 피의자 진술을 통해 명백히 드러났으나 경·검의 수사를 거친 후 사라진 주제다. 윤지오의 증언은 이 주제를 10년의 시간을 건너뛰어 사회적 의제로 다시 가져왔다. 이 청원은 윤지오의 새로운 증언을 재수사 연장의 근거로 명확하게 제시한다. 이 청원은 신변보호 요청보다 많은 738,566명의 동의 참여를 이끌어냈다.

주지하다시피 청와대 국민청원은 주어진 기간 내 20만 명 이상의 동의 참여를 이끌어낼 때 정부는 답변의 의무를 진다. 실명과 실면으로 국민에게 직접 증언키로 한 증언방식의 전환은 청와대 국민청원을 매개로 윤지오가 다른 국가기관을 만나도록 만든다. 지금까지는 사법경찰과 검찰 및 법원이라는 범 사법 계통의 국가기관만을 만났으나 이제 청와대와 행정경찰이 개입할 수밖에 없게 되고 이후에는 입법부인 국회(의원)도 개입하게 되기 때문이다.

청와대는 이 두 청원에 대해 문재인 대통령이 내놓은 지시를 답변으로 내놓는다. 그 지시의 전문은 좀 길지만 다시 읽어볼 가치가 있다.

---

12. 청원인 twitter - ***, 「故장자연씨의 수사 기간 연장 및 재수사를 청원합니다.」, 2019년 3월 12일 수정, 2020년 2월 18일 접속, 〈대한민국 청와대 국민청원 ─ 답변된 청원〉, https://www1.president.go.kr/petitions/559071.

국민들이 보기에 대단히 강한 의혹이 있는 데도 불구하고 오랜 세월 동안 진실이 밝혀지지 않았거나 심지어 은폐되어온 사건들이 있습니다. 공통적인 특징은 사회 특권층에서 일어난 일이고, 검찰과 경찰 등의 수사기관들이 고의적인 부실 수사를 하거나 더 나아가 적극적으로 진실 규명을 가로막고 비호·은폐한 정황들이 보인다는 것입니다.

국민들은 진실 규명 요구와 함께 과거 수사 과정에서 '도대체 무슨 일이 있었던 것인가', 그리고 '그 이유는 무엇인가'에 대해서 강한 의혹과 분노를 표출하고 있습니다. 사회 특권층에서 일어난 이들 사건의 진실을 규명해내지 못한다면 우리는 정의로운 사회를 말할 수 없을 것입니다.

또한 검찰과 경찰이 권력형 사건 앞에서 무력했던 과거에 대한 깊은 반성 위에서 과거에 있었던 고의적인 부실·비호·은폐 수사 의혹에 대해 주머니 속을 뒤집어 보이듯이 명명백백하게 밝혀내지 못한다면 사정기관으로서의 공정성과 공신력을 회복할 수 없을 것입니다.

사건은 과거의 일이지만 그 진실을 밝히고, 스스로의 치부를 드러내고 신뢰 받는 사정기관으로 거듭 나는 일은 검찰과 경찰의 현 지도부가 조직의 명운을 걸고 책임져야 할 일이라는 점을 명심해 주기 바랍니다.

오래된 사건인 만큼 공소시효가 끝난 부분도 있을 수 있고 아닌 부분도 있을 수 있습니다. 공소시효가 끝난 일은 그대로 사실 여부를 가리고, 공소시효가 남은 범죄 행위가 있다면 반드시 엄정한 사법 처리를 해 주기 바랍니다.

강남 클럽의 사건은 연예인 등 일부 새로운 특권층의 마약류 사용과 성폭력 등이 포함된 불법적인 영업과 범죄 행위에 대해 관할 경찰과 국세청 등 일부 권력 기관이 유착하여 묵인·방조·특혜를 줘 왔다는 의혹이 짙은 사건입니다. 그 의혹이 사실이라면 큰 충격이 아닐 수 없습니다.

이들의 드러난 범죄 행위 시기와 유착 관계 시기는 과거 정부 때의 일이지만 동일한 행태가 지금 정부까지 이어졌을 개연성이 없지 않으므로 성역을 가리지 않는 철저한 수사와 조사가 필요합니다. 또한 유사한 불법 영업과 범죄 행위, 그리고 권력 기관의 유착 행위가 다른 유사한 유흥업소에서도 있을 수 있으므로 그 부분에 대해서도 집중적인 수사와 조사가 있어야 할 것입니다.

이들 사건들은 사건의 실체적 진실과 함께 검찰, 경찰, 국세청 등의 고의적인 부실 수사와 조직적인 비호, 그리고 은폐, 특혜 의혹 등이 핵심입니다. 힘 있고 빽 있는 사람들에게는 온갖 불법과 악행에도 진실을 숨겨 면죄부를 주고, 힘없는 국민은 억울한 피해자가 되어도 법의 보호를 받지 못하고 오히려 두려움에 떨어야 했다는 것입니다.

다시 한 번 강조하지만 이를 바로 잡지 못한다면 결코 정의로운 사회라고 말할 수 없습니다. 법무부 장관과 행안부 장관이 함께 책임을 지고 사건의 실체와 제기되는 여러 의혹들을 낱낱이 규명해 주기 바랍니다.[13]

법무부 장관과 행안부 장관 등 행정 각료들을 대상으로 한 이 지시는 지금까지 장자연 사건을 권력형(특권층) 범죄로 규정하면서 검찰과 경찰 등의 수사기관이 고의적인 부실 수사를 통해 진실규명을 가로막아 범죄를 비호하고 은폐한 정황들을 지적한다. 그럼으로써 이 지시는 지금까지 장자연 사건에 대해 규정하고 설명하고 판단하는 특권적 주체였던 경찰과 검찰을 조사와 수사의 대상으로 명확하게 제시하는 점에서 사건을 바라보는 국가의 관점의 커다란 도약과 진전을 보여준다. 실제로 윤지오는 2019년 3월 18일 자신의 인스타그램에서 대통령의 이 응답을 "국민청원으로 이뤄진 기적같은 일"로 평가하고 "10년 동안 일관되게 진술한 유일한 증인으로 걸어온 지난날이 드디어 힘을 발휘할 수 있다는 희망을 처음으로 갖게되었"다고 밝힌 후 "진실규명에 대해 언급해주신 대통령님께 깊은 감사의 말씀 전하고 싶다"고 말한 바 있다.

그런데 이 지시에는 숨은 문제점이 있다. 그것은 이 지시가 검찰과 경찰을 조사와 수사의 대상으로 설정한 후 역설적이게도 곧바로 그다음 문단에서 조사와 수사의 대상인 검찰과 경찰을 다시 조사와 수사의 주체로 복권시킨다는 것이다. 조직의 명운을 걸고 스스로 명명백백하게 밝혀내는 "깊은 반성"을 통해 사정기관으로서의 공정성과 공신력을 회복하라는 것이 그것이다.

---

13. 청원인 twitter - ***, 「故장자연씨의 수사 기간 연장 및 재수사를 청원합니다.」, 2019년 3월 12일 수정, 2020년 2월 18일 접속, 〈대한민국 청와대 국민청원 - 답변된 청원〉, https://www1.president.go.kr/petitions/559071.

경찰과 검찰을 대상으로 하는 제3의 조사 및 수사 주체를 구축해야 할 시점에, 즉 수사권을 주권자인 국민의 수중으로 가져오는 방향의 혁명적 발상으로 나아가야 할 순간에 다시 경찰과 검찰 자신을 자기 수사의 주체로 불러내는 것은 경찰과 검찰의 긴장감을 떨어뜨리고 기소권을 독점한 검찰을 견제세력이 없는 특권세력으로 인지하게 만듦으로써 실제적으로는 그들을 비호하는 것으로 귀결되기 때문이다.

수사와 기소에서의 국민주권을 골간으로 하는 경찰 및 검찰 기관의 실질적 개혁이 부단히 지체되고 실패하는 것이 대통령의 이런 양면적 태도와 무관할까? 이런 지시 이후에 실제로 검찰 과거사위원회는, 변호사와 교수가 포함되었던 과거사진상조사단의 조사에 담겨 있었던 최소한의 진실추구적 요소마저 지워버리면서, 재수사의 길을 닫아버리고 사건 재조사를 종결시켜 버렸다. 이러한 종결은 윤지오의 새로운 증언들에 대한 신빙성을 추락시키는 효과를 가져왔다.

하지만 신변보호 청원에 대해서는 행정기관의 일정한 반응이 있었다. 3월 8일 시작된 청원이 마감되기 전인 3월 14일 윤지오의 변호사로부터 신변보호 요청을 받은 경찰청은 동작경찰서로 하여금 "△스마트워치 제공 △112 긴급 신변보호 대상자 등록 △임시숙소 제공 △맞춤형 순찰 등의 신변보호 조치"를 하도록 결정하고 시행했다. 이러한 조치와 관련하여 이 시기에 과거사진상조사단은 윤지오의 대국민 직접증언 중에서 재조사할 사항을 확인하기 위해 윤지오를 재차 증인으로 불렀고 이 조사에서 윤지오는 언론 인터뷰나 출판물에서는 하지 않았던 내용 (가령 장자연 리스트에서 본 이름들의 실명)을 증언했다는 점도 고려되어야 한다.

하지만 이 조치 이후인 3월 30일에, 윤지오가 "스마트 워치 긴급 호출 버튼을 눌렀으나 경찰관이 9시간 넘게 출동하지 않은" 사태가 발생한 것에 대해서는 우리가 잘 알고 있다. 그리고 이 사태에 대해 책임을 느껴 경찰은 3월 31일 스마트워치 전체에 대한 긴급점검 실시를 약속하고 새로운 숙소로 윤지오를 이동시키고 신변보호특별팀을 구성하여 24시간 동행 밀착 보호를 실시하기 시작했다. 하지만 이로부터 얼마 뒤인 4월 하순, 경찰은 3월 30일에 윤지오가 불안감을 느껴 스마트워치를 누르게 된 것이 상황과 환경에 대한 오인과 오판에 의한 것이며 스마트워치를 누른 후 경찰이 출동하지 않게 된 책임도 윤지오의 기기 조작 미숙에 있었다며 책임을 윤지오에게 되돌렸는데 이에 대해서도 우리는 익히 알고 있다.

대한민국 경찰은, 증언자를 보호하려는 국민, 국민을 대의하는 대통령, 증언자를 변호하는 변호사, 그리고 증언자 자신 등에 떠밀려 마지못해 증언자에 대한 신변보호에 나섰으나 증언자의 신변을 왜 보호해야 하는지, 어떻게 보호해야 하는지에 대해 전혀 이해하지 못하는 타율적이고 무책임한 기관의 모습을 보였다. 그런데 이렇게 말하는 것은 반만 옳다. 왜냐하면 이들은 가해권력자들에 대해서는 누가 말하지 않아도 먼저 알아서 그들의 잘못을 은폐하고 먼저 나서서 보호하는 식으로 책임을 스스로 떠맡는 자발적이고 기민한 기관으로 행동하기 때문이다. 경찰은 국민의 생명보호 의무에 속하는 증언자에 대한 신변보호 조치를, 시민사회에 "진실을 밝힐 힘"을 증여하는 증언자에 대한 우리 사회의 답례행위로 받아들이지 않았다. 오히려 경찰은 윤지오의 신변보호 요청을 증언자를 자처하는 윤지오가 과장으로 꾸며낸 일대 소동처럼 발표함으로써 증인에 대한 불신감을 부추겼다.

마지막으로 국회는 어떠했던가? 국회는 윤지오 동행의원모임 구성과 간담회, 그리고 『13번째 증언』 북콘서트라는 형태로 이 사건에 개입했다. 출판기념 북콘서트는 애초에 국회에서 하기로 되어 있었던 것이 아니다. 대학로의 한 극장에서 열기로 되어 있었던 출판기념 북콘서트가 하루 전날 취소된 것도 신변안전 문제였다. 윤지오는 출판기념 북콘서트 무대에서 자신과 가까이 서게 될 출연진이 누구인지, 신변안전에 문제가 없는 사람들인지 확인해 주기를 요청했고 극장 측이 이것을 거부함으로써 북콘서트가 무산되었던 것이다.

이 사실을 알게 된 국회의원 안민석의 주도와 공익제보자들의 연대로 북콘서트가 국회에서 열리게 된 것은 주지의 사실이다. 이 무렵 다수의 국회의원들이 증언자 윤지오를 동행하기 위한 모임을 구성하겠다고 약속했다. 하지만 불행하게도 4월 초에 이루어진 이 일련의 과정은 물밑에서 드러나지 않게 전개되던 반윤지오 흐름의 표면화와 겹쳐졌다. 이 흐름은 윤지오의 인스타그램에 악성 댓글을 달거나 악성 DM을 보내는 수준의 지하

흐름이었으나, 윤지오의 대국민 직접증언이 청와대를 넘어 국회에까지 반향을 일으키고 또 과거사진상조사단이 예정에도 없던 추가증언을 윤지오에게 요청하여 지금까지 묻혀 있었던 장자연 리스트 그 자체가 재수사될 수도 있는 상황에 직면하여 강하게 표출되고 표면화되었다. 이것이 가해권력 측이 느낀 위기의식의 표현이었으리라는 것은 누구나 쉽게 짐작할 수 있는 일이다.

증언에 대한 이 반동 reaction은 호야스포테인먼트 전 실장 권○성의 발언을 근거로 삼은 『뉴시스』의 윤지오 공격과 박준영의 증인검증론을 거쳐 김수민·김대오·박훈의 사기론으로 확대되어 갔다. 그 핵심은 증언에서 증인으로 초점을 이동시키는 것이었다. 언론이 이 작업의 선봉에 섰는데, 장자연 리스트가 문제가 아니고 윤지오의 인성과 도덕성이 문제라는 보도를 쏟아내는 것이 그 방식이었다. 『조선일보』를 비롯한 여러 제도언론의 센세이셔널한 보도에 인스타그램 및 유튜브의 이른바 '까판'식 담론이 결합되어 여론화되는 과정에서 국회의 윤지오 동행모임은 동행은커녕 조용히 침묵을 지키면서 윤지오로부터 거리를 두었다. 이 동행모임의 침묵은 이후에, 윤지오가 도움을 요청하지 않았기 때문에 두 달간 전혀 접촉한 바 없다는 안민석의 해명으로 이어졌다. 윤지오의 난처함보다 자신과 동료의원들이 윤지오로 인해 겪는 난처함을 중시하는 엘리트주의적 냉정함, 다른 공익제보자로부터 윤지오를 분리시키는 교묘한 언어놀음 등으로 범벅된 해명이었다. 이것은 가해권력 앞에 내놓은 항복문서와 다름없는 것이었다.

이렇게 윤지오는 2009년에 사법경찰을, 2018년에 검찰을 경험한 후에 2019년에는 행정기관과 입법기관을 경험했다. 언론기관과의 마주침에 대해서는 지금까지 누누이 이야기했으므로 말을 덧붙일 필요가 없다. 2009년 사건 직후부터 10년간 지속적으로 윤지오를 추적한 기관이기 때문이다. 그러므로 거의 모든 국가기관과 긴밀한 접촉이 있었던 셈이다. 2019년의 경험이 말해주는 것은 청와대가 검찰의 과거사에 대해 표면적으로는 엄정한 조사를 요구하면서도 결코 엄정할 수 없는 검찰 자신에게 과거사 조사를 맡기고, 국회의원이 표면적으로는 증언자를 보호해야 한다고 주장하고 동행을 약속하면서도 증언자가 여론의 공격을 받을 때는 연락을 끊고 침묵하며, 행정경찰이 증인의 신변보호를 책임지겠다고 하고서도 문제가 생기면 그 책임을 증인에게 전가한다는 것, 즉 국가기관들의 보편적 위선이었다.

국가의 위선과 이중성 때문에 윤지오는 10년 만에 다시 사법경찰과 접속하게 된다. 이번에는 참고인으로서가 아니라 피의자로서다. "10년 동안 일관되게 진술한 유일한 증인으로 걸어온 지난날이 드디어 힘을 발휘할 수 있다는 희망"은 절망으로 곤두박질쳤다. "진실이 침몰하지 않도록 여태껏 그래왔듯 성실하게 진실만을 증언"하려고 했지만, 변호사·작가·기자·유튜버·인스타그래머 등의 고소·고발자들은 윤지오의 새로운 "증언은 고인을 이용해 돈을 벌기 위한 사기"라고 주장하면서 제소의 릴레이를 전개했다. 일찍이 "조선일보 방사장과 그 아들"이 누구인지

안개 속으로 감추어 최초 증언자 장자연의 증언조서의 신빙성을 떨어뜨리고 그것을 허위 문건으로 만들고자 했던 대한민국 사법경찰은 이제 윤지오에 대한 체포영장을 청구함으로써 후속 증언자인 윤지오의 증언도 허위라는 고소·고발자들의 제소에 힘을 실어주고 장자연 사건 자체를 미궁 속으로 밀어 넣는다. 이것이 나라인가?

증여 공통장 gift commons 의 등장

윤지오의 신한은행 통장의 삶정치적 성격

'증언'은 '진실을 밝히는 말'이다. 이런 측면에서 증언은 과학, 예술, 철학과 공통점을 갖는다. 역으로 과학, 예술, 철학 역시 증언의 요소를 갖는다. 윤지오는, 장자연이 문건과 리스트로 자신의 피해 경험에 대해 증언을 했지만 죽음으로 인해 더 이상 증언할 수 없게 된 상황에서 장자연의 증언을 이어받아 가부장적 성폭력 체제의 현주소에 관해 증언하기 시작했다. 이 증언은 성폭력적 가해권력이 엄청난 재력, 광대한 인맥, 노련한 기법을 동원해 역사의 어두운 곳에 묻어온 진실을 꺼내 말하는 것이었다. 이 증언은 이렇게 진실을 밝힘으로써 국민들로 하여금 지금까지 차단되어 있었던 정보들에 접근할 수 있게 하고 또 이것들에 기초하여 과거의 사건에 대한 새로운 판단을 내릴 수 있게 함으로써 지금-여기에서 자신의 주권을 올바르게 행사할 수 있는 기회를 제공한다. 이런 의미에서 증언은 한 개인의 표현의 자유의 행사일 뿐만 아니라 국민이 주권을 능동적이고 적극적으로 행사할 수 있도록 돕는 진실증여이며 삶정치적 biopolitical 행동이다.

2019년 3월 4일 이후 윤지오는 자발적이고 공개적이며 직접적인 방식으로 이 언어적 증여행동에 나섰다. 앞에서 서술했듯이, 지난 10년간 경찰, 검찰, 법원을 통해 이루어진 간접적이고 매개적인 증언이 가해자를 찾아내고 실제로 처벌하도록 만드는 데에는 뚜렷한 한계가 있음을 발견했기 때문이다. 과거사진상조사단에서 그가 "이 조사를 통해서 국가가 실제로 할 수 있는 게 무엇인가?"라는 질문을 던졌던 것은 이러한 사실의 발견과 무관하지 않다. 이때마다 과거사진상조사단은 "기록"에 남는다거나 "역사적 평가"가 남는다는 식으로 사건을 역사화하는 답변을 준다. 하지만 윤지오에게 장자연 사건은 자신의 청춘이 아로새겨져 있는 역사이면서 동시에 치유하지 않으면 안 될 신체적 정신적 상처이고 극복되어야 할 현재적 아픔이다. 이 상처의 치유와 아픔의 극복은 진실규명과 가해자에 대한 단죄 없이는 가능하지 않은 것이므로 기록이나 역사적 평가로 만족될 수는 없는 문제인 것이다. 그가 김수민과의 카톡에서 "이 책[『13번째 증언』]이 어떻든 이슈가 될 것이고 그 책이 얼마나 팔리든 상관없이 그것을 바탕으로 영리하게 지금까지 못 해본 것을 해보려 한다"고 말했을 때, 그 "영리하게"의 실질, 영리하게 해보려는 것의 내용은 진실규명과 가해자에 대한 단죄 이외의 다른 것이 아니다.

수사기관을 매개로 한 증언이 아니기 때문에 이때부터 이 증여언어의 수증자는 바로 직접적으로 국민 자신이 된다. 신문, 방송, SNS 등에서 윤지오의 증언을 접한 시민들과 네티즌들이 "당신의 용기를 응원합니다", "언니는 용기 있고 멋진 사람이에요" 등의 의사를 표현하기 시작한 것은 이 때문이다. "밝은 세상에서 재미있게 삶을 살아냈을 아름다운 젊은이를 무자비하게 짓밟고 소리 내지 못하게 했던 더러운 이름들을 딛고 더 나은 세상으로 한 걸음 더 가까이 나아가게 해준 지오님을 응원합니다"[1]라는 댓글은 윤지오의 증언이 어떤 효과를 가져오는 증여 행위인지를 명백히 드러낸다. 그것은 가격으로 측정할 수는 없지만 "더 나은 세상으로의 한 걸음"이라는 긍정적 가치로 인지되고 있는 것이다.

하지만 곧 그 "더러움"이 일의적이지 않다는 것, 그것이 사회적 갈등 속에 노출되어 분열된다는 것이 드러난다. 앞의 댓글에서 "더러움"은 가해권력의 속성으로 지목되지만, "더러움"을 오히려 증언자에게서 찾는 가해자적 공격이 바로 나타나기 때문이다. 놀라운 것은 그 가해자적 공격이 가해자의 이름으로 나타나는 것이 아니라 피해자인 고인의 이름을 빌려 나타난다는 것이다. "더러운 년. 최소한 고인의 아픔을 덜어주는게.? 고인을니야욕에이용하지마라. 더불어 정치액션그만둬"[2]에서 표현된 "더러움"이 그것이다. 가해권력에 대한 증언을 하자마자 "고인"이라는 이름으로 죽은 장자연을 숭고화하면서 살아 있는 증언자를 더럽다고 모욕하는 반동적reactionary 언어가 즉각적으로 발화되는 것이다. 이제 "더러움"은 자명성을 잃게 되며 증언도 그 자체로 명백한 말이 아니라 미학적이고 가치론적인 갈등이 전개되

1. juk***won, ohmabella 인스타그램, 2019년 3월 7일, https://www.instagram.com/ohmabella/.
2. sim1****, ohmabella 인스타그램, 2019년 3월 7일, 같은 링크.

는 현장으로 바뀐다. 가해권력은 증언자에 대한 이런 식의 역공을 통해 증언의 신빙성을 떨어뜨린다.

이 역공에 고인에 대한 숭고화가 이용된다는 것에 주목하자. 역사적으로 고인에 대한 숭고화와 숭배는 산 사람을 죽은 사람 아래에 굴복시키는 종교적이고 제의적인 수단이었다.[3] 그런데 산 사람을 죽은 사람 아래에 굴복시키려는 동기는 권력자들에게서 나온다. 그들은 산 사람들의 생명력을 착취하고 수탈하기 위해 산 사람들의 자기 가치를 격하할 필요가 있었다. 살아 있는 동안에는 모욕받지만 죽은 후에는 숭배될 수 있다는 믿음을 조장함으로써 살아 있는 동안의 모욕을 받아들일 수 있도록 만드는 통제기법이 고인에 대한 숭고화와 숭배라는 테크놀로지인 것이다.

이 테크놀로지가 지배하는 사회에서 사람들의 삶의 목적은 죽음이 된다. 죽음은 숭고하고 삶은 비루한 것이라고 여기게 되기 때문이다. 그런데 이 테크놀로지는 특수한 죽음, 예컨대 장자연의 죽음만은 비하하고 격하해도 좋다는 예외규정을 포함하는 것으로 보인다. 모든 고인이 숭고한 것은 아니라는 듯이 말이다. "장자연이는 죽어서도 좌빨들 노리개신세로구나ㅎㅎㅎㅎㅎ ㅎㅎ!!"[4]라는 정치적 비난의 말이 그것이다. 죽음은 숭고한 것이

---

3. 이에 대해서는 칼 마르크스, 『루이 보나파르트의 브뤼메르 18일』, 최형익 옮김, 비르투출판사, 2012 참조.

4. inte****, ohmabella 인스타그램, 2019년 3월 5일, https://www.instagram.com/ohmabella/.

지만 어떤 죽음은 모욕되어도 된다는 태도로 이들은 고인이 된 장자연을 비하한다. 그 비하는, "시체팔이 그만해라…"[5]라며 고인을 "시체"로 물건화하고 상품화하는 언어조차 주저 없이 사용하는 행동 양식이다.

이렇게 출판과 공개 증언 개시의 시점에 연대자들의 지지와 격려와 더불어 나타난 이 격렬한 정치적 반동reaction과 비인간적 모욕insult 그리고 진실에 대한 보복revenge의 사회심리는 윤지오에게 즉각 신변보호의 문제를 제기한다. 그것을, 숨어 있던 가해권력이 증언에 대하여 취하는 대응과 위협으로 읽지 않을 수 없었기 때문이다. 2019년 3월 8일 가족 간 카톡 소통은 증언 이후에 닥쳐오고 있는 이 신변불안을 여실하게 나타낸다.

엄마 : 빨리 와 그게 최선이야… 비행기 변경해서 오버되는 돈 엄마가 줄게… 늘 조심하고 밤에 돌아 다니지 마 사람 많은 곳에 있고 뒷골목으로 절대 다니지 말고… 꼭 택시타고… 숙소 꼭 알려주세요!!! 이동시마다 알려주세요!!!!!!! 되도록 빨리 와!!! 그게 최선일 듯
내사랑 : 댓글은 보호 안해주니까

그런데 2019년 3월의 2차 한국 방문은 국가가 불러서 온 것이 아니었고 이 때문에 국가로부터 신변보호 조치를 기대하기

---

5. thde****, ohmabella 인스타그램, 2019년 3월 7일, 같은 링크.

어려웠다. 또 어떤 시민이 행한 청와대 신변보호 청원은 많은 사람이 동의 참여를 했지만 한 달 뒤인 4월 초가 되어야 정부의 답변을 받을 수 있는 것이었으므로 그때까지 기다릴 수도 없었다. 일시적으로 여성가족부의 도움을 받아 서울여성플라자에 머물면서, 3월 13일에 윤지오 가족은 어쩔 수 없이 사비로 사설 경호원을 고용하기로 결정한다.

> 오빠 : 엄마가 무장경호원 붙여준데 지금 견적 뽑았음 24시간 2명 교대로 … 차량 지원해준데.
>
> …
>
> 엄마 : 안전이 최고! … 이제 경호원이 밀착해서 경호해 줄거니 안심해 차량도 지원해주니 편하게 다녀.

정치경제학적으로 보면 윤지오에 대한 경호비는 그가 증언을 통해 권력자들을 고발하는 한에서 그 증언에 수반되는 필수 경비로 볼 수 있다. 권력자들은 우리 사회의 중앙집권적 구조에 기반하여 폭력수단과 형벌수단, 그리고 담론수단을 독점하고 있고 이것을 상당 정도로 자의적으로 사용할 수 있는 위치에 있기 때문이다. 이 경호가 국가재정이 아니라 가족재정을 통해 이루어진다면 이것은 윤지오와 그 가족이 증언과 그에 부대되는 필수비용 일체를 국민에게 증여하는 것에 해당한다. 왜냐하면, 진실에 대한 증언은 윤지오와 그 가족을 위한 것이라기보다 대한민국 국민들의 주권 증진과 세계시민들의 행복증진에 이바지하는 것이기 때문이다. 이것은 분명 계약교환에 의해 주어지는 가치가 아니다. 이것은 계약 없이 윤지오와 그 가족들로부터 대한민국의 국민들과 시민들에게 주어지는 선물이다.

가족 내부적으로 볼 때 그 경호비는 윤지오 자신의 재산에서 지불되는 것이 아니었다. 이 증여를 위해 "엄마"의 재산이 사용되어야 하는 상황이었기 때문에 윤지오는 엄마에게 빚진 것이 되며 이 때문에 다음과 같은 약속을 해야 했다.

> 네 감사해요. 그간 맘고생하게 해드려서 죄송해요. 하지만 엄마가 또 곁에서 큰 힘이 되어 주셨기에 이렇게까지 용기내고 여기까지 올 수 있었어요. 신께서는 감당할 고통만 주실 테고 제가 감당할 수 있기에 감사해요. 앞으로 제가 엄마도 지킬 수 있는 영향력을 발휘할 수 있는 사람이 되도록 또 선한 기업인이 되도록 노력할께요.

좀 냉혹해 보이지만 정치경제학적 분석을 이 가족 대화에도 적용해보자. 감사thank는 정치경제학적 의미에서는 채무를 잊지 않고 기억하겠다think는 약속에 해당한다. 윤지오는 엄마에게 선한 기업인이 되어 엄마를 보호할 수 있는 능력을 갖겠다는 약속을 한다. 자신을 대신해서 엄마가 경호비용을 부담하게 되었기 때문에, 윤지오는 자신의 신변을 보호받는 조건으로 가족 관계 속에서 빚진 자(채무자)의 위치에 놓이게 된다. 미래시간과 미래의 삶이 가족에게 담보로 잡히게 되는 것이다. 미래에 그는 선하지 않으면 안 되고 엄마를 보호하지 않으면 안 된다. 이 빚짐의 의식은 더 일반화되어 윤지오는 엄마만이 아니라 신에게도 감사를 표한다. 신에게도 정신적으로 빚지는 것이다.

물론 엄마는, "고마워~~ 울 딸이 힘들 때마다⋯ 엄마가 도울 수 있어서 다행이야"라고 말하면서 딸을 위한 경호비용 지출을 자신의 '큰 행복'("다행")으로 받아들인다. 이것이 전통적 증여 공동체인 가족의 관계 양식이다.

그런데 우리는 증여 관계가 지배적이었던 시대에 살고 있지 않다. 지난 시대에 증여 관계는 물질을 교환하는 과정이었지만 더 중요하게는 상호인정을 통해 공동체를 구성하는 과정이었다. 근대화를 통해 시민사회에서 선물교환보다 계약교환이 지배적으로 되면서 공동체 구성의 역할은 점점 국가에게 이전된다. 국가가 공동체 구성을 자임하고 시민들의 상호관계를 중재하기 시작하기 때문이다. 국가의 삶이 증언자를 필요로 하기 때문에 대한민국도 헌법과 공익신고자 보호법에 따라 신고자·증인의 보호에 대해 법적 책임을 지게 되어 있다.[6]

그런데 국가 공동체인 대한민국의 실제는 어떠했는가? 국가는 국민으로부터 윤지오 신변보호 청원을 받고도 이후 다시 변

---

6. 공익신고자 보호법 13조 1항 신변호보조치: "공익신고자 등과 그 친족 또는 동거인은 공익신고 등을 이유로 생명·신체에 중대한 위해를 입었거나 입을 우려가 명백한 경우에는 위원회에 신변보호에 필요한 조치를 요구할 수 있다. 이 경우 위원회는 필요하다고 인정되면 경찰관서의 장에게 신변보호조치를 요청할 수 있다. 2항 제1항에 따른 신변보호조치를 요청받은 경찰관서의 장은 대통령령으로 정하는 바에 따라 즉시 신변보호조치를 하여야 한다."

호사로부터 윤지오 신변보호 요청을 받을 때까지 아무런 조치도 취하지 않고 있었다. 여성가족부의 숙소 제공조차 김희경 차관의 선의와 개인적 기부에 의해 이루어졌다.7 증언자가 명백히 국민의 알 권리와 주권 증진을 위해 증언을 하고 있고 그 증언으로 인한 보복 우려에 대비해 사설 경호비용을 지출하고 있음에도 불구하고 국민을 대의하는 국가가 증언자를 방치하고 있는 것이 현실이었다.

국가가 이렇게 자신의 대의 공동체적 중재 역할을 방기하고 있는 상황에서 어떤 일이 생기는 것일까? 대의민주주의가 제대로 작동하지 않을 때는 항상 국민이 직접 행동에 나서는 것이 역사적 상례였다. 1980년의 광주민중항쟁이나 1987년의 시민항쟁, 2008년의 촛불집회나 2014년의 세월호 집회, 그리고 2016년의 촛불혁명 등은 대의민주주의가 기능장애에 빠진 순간에 시민의 직접행동이 그것을 치유하는 힘으로 등장한다는 것을 보여준다. 고용된 사람들이 제대로 기능하지 못할 때 주인이 나서는 것과 같은 이치이다. 2016년 10월 이후 약 3년 만인 2019년 9

7. 2019년 10월 25일 국정감사에서 자유한국당 국회의원 김현아는 김희경 차관에게 "대한민국에서 여러 어려움을 겪는 여성이 윤지오 씨밖에 없느냐. (증언의) 진실성이 담보되지도 않는데 셀프 기부금 내서 도와주는 게 이게 정당하다고 얘기하냐"며 비난의 말을 퍼붓고 결국 김희경 차관이 사과와 함께 경위서를 작성하겠다고 약속하기에 이른다. 김희경 차관이 증언자를 방치하는 국가의 무능을 보충하여 개인적으로 증언자를 돕고자 한 선의의 증여자였음을 고려하면, 국회가 그 선의의 증여자를 이렇게 탄압하고 그 탄압이 관행으로 정착되는 이러한 현실은 대한민국의 나라답지 못한 얼굴을 보여주기에 충분하다.

월 28일에 폭발한 서초동 촛불집회도 선출되지 않은 검찰권력이 비대해져 선출된 대의권력을 압도하는 상황에서 권력 원천인 국민이 '검찰개혁'이라는 요구를 통해 직접 자신의 사법 주권을 주장하고 나선 사건이다.

국민을 위한 증언자가 국가 공동체에 의해 방치되는 상황을 지켜본 네티즌들은 윤지오의 용기에 경의를 표한다면서 "이게 나라입니까? 너무 화가 나서 죽겠습니다."[8]는 감정을 적나라하게 표현했다. "후원계좌 열어주세요. 사람 한명 살린다 생각하고 후원할 거예요. 진짜…. 경찰들은 믿을만한 것들이 못되네요. 예전부터 생각해 왔던 거지만… 이제 더 이상 뉴스에서 안 좋은 소식은 안 듣고 싶네요. 용기내어주신 윤지오님 항상 응원할게요"[9]라며 후원계좌 개설을 적극적으로 요구하기도 한다.

3월 14일에도 후원계좌 개설을 요구하면서 한 네티즌은 "이건 윤지오 님만을 위한 것이 아닌 장자연 님, 알려지지 않은 또 다른 피해자분들 그리고 넓게 봐서는 우리 국민들을 위한 겁니다! 윤지오 님이 끝까지 안전하게 싸워주셔야 우리도 이런 세상에서 벗어날 수 있기 때문에 도움이 될 수 있는 것 최대한 도움을 드리고 싶어요 ㅜㅜ 연대합시다"[10]라고 말한다. 증언은 증인의 몫이지만 증인이 안전하게 싸울 수 있도록 최대한 연대하는

---

8. ma_***ong, ohmabella 인스타그램, 2019년 3월 13일, https://www.insta-gram.com/ohmabella/.

9. amd*****13, ohmabella 인스타그램, 2019년 3월 13일, 같은 링크.

10. byj****, ohmabella 인스타그램, 같은 링크.

것은 국민 모두의 몫이라는 정확한 인식에 따라 후원금 계좌를 요구하고 있는 것이다. 여성 연대의 입장에서 후원금 계좌 개설을 요구하는 목소리도 있다.

> 지오씨 항상 응원하는 사람입니다. 혹여 지오씨가 혼자라는 생각이 들어 지쳐하실까 봐 매번 걱정입니다. 저를 비롯한 많은 여성분들이 밤에도 눈 한번 감지 않고 지켜볼 것이고 지켜보고 있습니다. 겁먹지 말고 지쳐하지 말아주세요. ··· 남성들에 의해 마치 고깃덩어리마냥 죽어나가고 죽어나갈 여성들만 생각하면 화가 납니다. 우리 여성들은 끝까지 싸울 것이고 연대할 것이고 이길 것입니다. 용기내주시고 힘써주셔서 너무 감사드립니다. ··· 항상 응원합니다. 그리고 혹시 경호비 모금 받으실 생각 없으신 건가요? ㅠㅠ

이러한 목소리들에 윤지오는 이렇게 답한다.

너무나 많은 분들이 신변보호에 걱정을 해주시고 그런 염려를 하게 해드리고 마음을 무겁게 해드리는 것 같아 국가에서의 도움을 받기에는 더 이상 지체할 수 없다는 어머니의 판단에 사설 경호원을 24시간 대동하게 된 것을 말씀드렸어요. 현재의 상황이기도 했고요. 이런 사실을 아시고 너무나 많은 분들께서 생각지도 못한 후원계좌를 말씀해주고 계신 것 같아요. 댓글과 DM[으로]도 놀라울 정도로 많은 분들이 말씀해주시고 계시지만 제가 감히 뭐라고 여러분의 열정으로 창출한 귀하고 값진 금액을 받을 수 있을까. 내가 이 정도로 한 것이 아직 없는데 … 그렇게 고민을 하고 있고 아직도 무엇이 좋은지 방법과 자문을 구하고 신중히 제 개인만을 위한 것이 아니라 저보다 어려움을 겪고 계시고 도움을 드릴 수 있는 분들께 전달되어지면 너무나 의미있고 더 뜻깊지 않을까란 생각이 되었어요.[11]

후원계좌는, 윤지오가 처음부터 사기 목적으로 개설했다는 고발자나 악플러들의 생각과는 달리 그로서는 "생각지도 못한" 것이었다. 후원계좌 공개 제안을 받고서야 윤지오는 비로소 이 문제에 대해 생각해 본다. 그런데 증여교환의 관계와 영역에 대해 잘 알지 못하고 있는 그에게 풀리지 않는 것이 있다. 후원금을 받으려면 그에 상응하는 가치를 먼저 지불했어야 하는데 아무리 생각해 봐도 자신이 "이 정도로 한 것이 아직 없는" 것이다. 즉 후원금을 받는 것이 합당한 것인지를 계약교환의 관계 속에서 생각해보고 있다.

그런데 증여로서의 증언은 계약교환의 관계형식 속에서는 이해할 수 없는 것이다. 왜냐하면, 증언은 측정될 수 없는 가치, 교환가치로서 비교불가능한 말을 주는 것이기 때문이다. 이미 몸과 행동으로 증언이라는 증여행위에 참여하고 있으면서도 증여-수증-답례의 순환으로 나타나는 증여 관계는 논리적으로

11. ohmabella, 2019년 3월 14일, ohmabella 인스타그램, 같은 링크.

잘 이해되지 않는다. 이것은 지극히 자연스러운 현상이다. 왜냐하면, 계약교환의 관계가 지배적으로 된 현대 자본주의에서 증여교환의 관계는 예외적 교환양식으로 치부되고 억압되며 부단히 계약교환의 문법, 관례, 언어로 억지로 번역되고 강제로 치환됨으로써만 마치 이해된 것처럼 간주되곤 하기 때문이다. 다시 말해 계약관계가 지배적인 사회에서 증여 관계는 비합리적인 어떤 것으로 간주되곤 하기 때문이다.

그런데 증여 관계는 여전히 우리 삶의 상당 부분을 차지한다. 당장 개개인의 출생부터가 부모와의 계약에 의한 것이 아니다. 생명은 주어진다. 가족 관계, 친구 관계와 같은 상당 부분의 관계도 계약관계가 아니다. 이런 전통적 관계만이 아니라 디지털 온라인 커뮤니티들도 계약교환의 관계가 아니다. 이렇게 삶의 상당 부분이 증여교환의 관계로 구성되어 있으면서도 그 관계를 계약교환 관계의 문법을 통하지 않고는 번역할 수도 이해할 수도 없는 의식상태에 놓여 있는 것이 자본주의를 살아가는 현대의 세계시민들이 처한 보편적 딜레마이다. 증여 관계는 전근대적 친밀성 관계나 탈근대적 온라인 관계 모두에서 일상적으로 실재하는 흔하디흔한 관계이면서도 상품 교환 관계의 지배로 인해 관계와 교류의 합당한 형식으로 이해되거나 받아들여지지 못한 채 지하나 주변으로 내몰리고 있는 것이다. 근대화를 거치면서 이루어진 증여 관계의 이러한 역사적·사회적·정치적 위상변화로 인해 증여는 뇌물, 사기와 부단히 혼동되는 비운을 겪는다.[12]

그렇기 때문에 윤지오의 증언증여와 시민들의 자발적 후원 증여를 계약교환의 문맥에서 독립된 증여교환의 독자적 문법 속에서 일관되게 고찰하는 것이 필요하다. 네티즌들의 이러한 후원계좌 개설 요구를 받아 그것을 방송에서 처음(2019년 3월 15일)으로 언표한 것이『고발뉴스』의 이상호 기자이다. 이상호 기자는 이미 3월 13일에, 윤지오가 자비로 경호를 하기로 한 사실을『고발뉴스』에서 보도한 바 있다. 또 그는 장자연 사건 보도로 인해 이○숙 배우로부터 고소를 겪은 바 있는 경험자로서, 윤지오가 증언으로 인해 권력의 보복을 받을 수 있다고 판단하고, 신변보호를 위한 경호비만은 국민들의 손으로 마련해 주자는 뜻으로 후원금 통장 개설을 제안했던 것으로 보인다. 증여론의 맥락에서 이 제안은, 국민을 대의하는 국가가 증언자로부터 받은 증여에 대해 필요한 답례 증여를 행하지 않고 있는 무례無禮의 상황에서, 그리고 그 무례가 증언자의 신체를 위험에 방치하는 상황에서 국가의 주인이고 주권자인 국민이 증언자의 생명과 신체의 보호를 위한 최소한의 답례증여를 직접 할 필요가 있다는 취지로 해석된다. 이미 네티즌들로부터 제기되어온 이러한 생각은 증언자의 신체를 지키는 것은 공동체가 공동체로서 유지될 수 있는 최소한의 조건임을 시사한다.

하지만 윤지오는 3월 15일에도 14일과 동일한 취지에 따라 이 제안에도 응하지 않는다.

---

12. 이러한 상황을 제어하려는 법적 시도는 '김영란법'으로 나타났다.

후원계좌도 너무 많이 말씀해 주시는데 여러분들이 고생하시면서 번 돈을 감히 받기가 너무 죄송스럽고요. 저는 젊잖아요. 아직 저야 뭐 노동을 통해서도 열심히 벌면 되고… 또 거절하는 것조차도 또 되게 건방진 것 같아서 계속 고민은 하고 있습니다. 알아주셨으면 좋겠구요.[13]

시민들이 고생해서 번 돈을 받기는 죄송스러운데 거절만 하는 것도 무례한 것 같아 난처하다는 입장을 표명한 것이다. 실제로 계약교환이 아닌 증여교환의 관계에서는 증여가 공동체적 연대의 의사표시인 만큼 그에 대한 답례도 공동체적 연대의 의사표시이다. 따라서 증여교환의 관계에서 답례의 거부는 연대의 거부로 인식되어 상호 인정과 연대의 관계를 깨고 전쟁 관계로 들어가자는 의사표시로 해석되곤 한다. 후원금에 대한 거절이 "건방진 것" 같은 느낌을 주는 것 같아 난처하다는 생각은 이러한 증여교환 관계의 맥락을 고려하면 자연스러운 것이다. 이틀 뒤인 3월 17일 윤지오는 세월호 희생자와 유가족들을 위해 설립된 〈4·16 기억저장소〉에 개인 후원금을 기부하러 갔다. 이 자리에서 〈4·16 기억저장소〉 소장인, 김○○ 학생의 어머니로부터 〈4·16 기억저장소〉도 100% 후원금으로 운영되는데, 후원금

---

13. 〈고발뉴스TV〉 인터뷰 발언:「'윤지오씨, 장자연 단순 자살 아냐 "이미숙 선배님 진실을 말해주세요"/3월15일(금) 이상호의 뉴스비평 115회'」, 〈고발뉴스TV 유튜브〉, 2019년 3월 15일 수정, 2020년 2월 11일 접속, https://youtu.be/kOh4CrB_nSk. 1시간 53분 전후의 발언이다.

에 대한 무조건적 거부는 예☞가 아니라는 취지의 조언을 들었던 것으로 보인다.

그로부터 하루 뒤인 2019년 3월 18일 윤지오의 신한은행 통장은 일대 사건이 기록된 장소로 나타난다. 3월 18일 22시 45분부터 3월 19일 13시 50분까지 총 15시간 5분 동안 이 통장에 약 1억 1천 7백만 원의 후원금이 입금되었다.[14] 입금된 후원금액보다 놀라운 것은 후원 행동에 참여한 사람들의 수다. 이 시간 동안 무려 5,745건의 송금 행동이 있다. 1분당 약 6.4명이 후원송금에 참여한 것이다.

단시간에 이런 속도의 송금 참여가 이루어진 경우가 있을까? 나로서는 이런 경우를 떠올릴 수조차 없지만, 만약 그런 경우가 있다면 아마 사익을 위해 경합이 붙은 경우일 것이다. 그런데 증언자 윤지오에 대한 후원 참여의 경우에 송금 하나하나는 사익을 위한 것이 아니라 공익을 위한 것이고 좀 더 엄밀히 말하면 삶정치적 공통장biopolitical commons을 확장하기 위한 것이다. 즉 장자연 사건에 대한 윤지오의 증언에 공감하면서 그 용기에 감복하고 이 사건의 진상이 규명될 때까지 지속적으로 증언을 해달라는 요구와 끝까지 함께하겠다는 연대 의사를 담은 송금이었다.

이것은 증여교환 순환 관계에서의 행동, 즉 윤지오의 증여 증언에 대한 답례증여이다. 그리고 그것에는 증인의 신변안전

---

14. 참고로 2020년 2월 현재 확인된 잔고도 약 1억 1천 7백만 원 그대로이다.

을 바라는 열망과 증인의 신체와 생명을 보호하려는 연대의 취지가 아로새겨져 있다. 이것은 증인의 신체가 나의 신체이고 그역도 마찬가지라는 공통장적 인식의 표현이다. 증여자들 중에는 실명으로 증여한 사람도 있고 익명으로 증여한 사람도 있지만 주목되는 것은 꽤 많은 사람이 격려성 구호를 이름 대신 적어 보냈다는 것이다. 순수히 경제적 수단으로 인식되고 있는 은행 통장 위에 구호들이 집회의 깃발이나 만장처럼 펄럭이는 것도 이례적인 일이다. 이름 대신 찍힌 문구 중 이 후원금의 의미를 알 수 있게 하는 것들을 일부 골라 적어보자.[15]

윤지오짱예쁨, 힘내세요~~^^, 강0예지 존경, 유00고발후원, 고맙습니다, 적어서미안해요, 윤지오지킨다, 정00(홧팅!!), 그대미소영원, 진실은승리한다, 항상응원할게요, 응원합니다, 지오님감사해, 증언자윤지오, 벨라 화이팅, 멋진사람윤지오, 적게나마보태요, 함께하겠습니다.그동안수고하, 제주도연우맘, 정의사회구현, 용기에감사합, 고마워요!힘내, 딴게니키스오, 지지합니다, 끝까지함께해요, 혼자가아니에요, 도움이되길, 용기내주셔서, 소액이라죄송, 다담주에더보낼, 무너지지말아요, 끝까지함께가요, 언니힘내세요, 당신이지치지않, 용기감사합니다,연대합니다, 끝까지연대하겠, 나00달려라, 이시대영웅입, 경호는내가

---

15. 통장 칸의 길이 때문에 글자 수가 8자로 제한되어 문구가 잘려 있는 경우도 있는데, 잘린 글자는 잘린 그대로 쓴다.

맡는, 같이해요!화이, 터널지오최고ㅋ, 전재산이이것, Justice…, 무탈기원, 용기잃지마세요, 꼭취뽀해서힘드, 멋져요힘내요, 증언에는후원, 긴시간을지나가, 지오님힘내세요, 금쪽같은 윤지오, 부디안전하시길, 힘네세요고맙습, 쫄지말기!!힘내, 함께싸울게요, 실수투성이밤, 딴지방판소년단, 끝까지싸워주세, 대신해서 감사, 용기에응원과, 촛불하나, 아자!, 배우님힘내세요, 지나가는과객, 15번째증언응원, 깨어있는시민, 사필귀정, 적은돈죄송해요, 연대합니다, 작은용기가모여, 힘이되어드리고, 저희가함께할께, 백수라서,조금, 진실은밝혀진다, 두달연장화이팅, 감동감사함께해, 포기하지마세요, 사설경호후원금, 늘초심으로힘내, 고기도사드세요, 담엔더보낼게요, 그 용기에 박수, 다치지마세요, 많은여자들이같, 걱정하지마세요, 이제우리가지켜, 같은여자로써응, 김00.지켜줄, 증언감사합니다, 지치지말아요, 짐을지워미안해, 정의가승리하기, 진실이밝혀지기, 쭉 연대할께요, 봄은꼭돌아오거, 진실은침몰하지, 학생이라부족하, 지나가는스님입, 훌륭하십니다.., 기도보탤께요, 끝까지살아주세, 지오님지지마세요, 김학의구속, 이것밖에힘이안, 학생이라죄송해, 홀로싸웠을시간, 커피사드세요, 언니아프지마요, 적지만마음만은, 당신은착한사람, 우리모두가증인, 이봐요힘내요딴, 큰용기감사합, 끝까지지지말아, 우리가지키겠, 밥한끼라도힘나, 아자아자!!!!, 돈패닉, 정의는이긴다, 그대의 용기에, 대한민국이응, 두딸의아빠 힘, 이렇게라도제망, 미안해요고마워, 용기내줘고마워, 딴게이와같이가, 함께임을잊미마, 이길수있습니다, 무사기원부탁, 지켜드릴게요, 토론토박00힘, 000국회의원, 일반시민, 기린은울지않는, 윤지오씨를국회, KOOL하게, 의인은힘내시라, 한국페미니스트, 서로의용기, 경호비용지원, 정읍아인이아빠, 행복합시다-딴, 성불하십시오, 본명이더예뻐, 진실을 응원합, 어느시각장애인, 소시민의정의, 사랑합니다.응, 죄지은자반드시, 윤배우님고맙습, 용기가대단해요, 힘들어지오화이, 우리는서로의용, 진실승리, 낙숫물이바위, 곁에있어요, 진실규명을위, 꿋꿋하고당당, 행복하게사세요, 윤지오씨경호비, 머리숙여감사드, 당신은멋진사람, 온마음으로연대, 이길거에요, 잊지않고지지합, 강한멘탈을지지, 당신이자랑스럽, 핸사리반짝, 차비라도보태요, ….

위의 문구들은, 틀림없이 서로 다른 곳에 있었을 각기 다른 사람들에 의해 대동소이하게 여러 차례 반복되는 문구들이다. 다시 말해 이것들은 서로 다른 사람들의 공통의 정동과 공통의 인식, 공통의 의지를 표명한다. 1천 원부터 1백만 원까지 (평균하면 1인당 약 2만 원의, 그러나 결코 평균해서는 안 될) 크고 작은 송금들은 하나하나 고유한 방식으로 합류하는 무수히 많은 응원과 격려(힘내세요, 이깁니다 등등), 무수히 많은 연대결의(당신은 혼자가 아닙니다, 끝까지 함께 연대하겠습니다 등등), 무수히 많은 감사(당신의 증언과 용기에 감사드립니다), 그리고 무수히 많은 미안함(짐지워서 미안합니다, 소액이라 죄송합니다 등등)의 격류이다. 짧은 시간에 이루어진 이 정동의 격류는 서로를 전혀 보지 못하는 상태에서 후원금 흐름의 형태로 이루어진 집회assembly와 다름이 없다. 여기에서 사람들은 증인의 용기에 감사하고 지치지 않도록 격려하며 진실의 승리를 기원하고 끝까지 연대하겠다는 의지를 표명한다. 이것은 윤지오의 진실증언 증여에 대한 답례의 증여로서 진실규명과 진실승리를 위한 용기와 연대의 공통장commons을 구축하는 힘의 출현이다. 측정할 수 없는 것들의 상호증여를 통해 서로의 진실과 힘을 다지는 무형의 공간이 생성되어 나온 것이다. 그러므로 나는 이 사건을 증여 공통장의 등장이라고 부르고 싶다.

2019년 3월 18일 이후 15시간여에 걸친 윤지오의 신한은행 통장은, 우리의 서랍에서 흔히 발견되는 은행 통장과 같은 모양을 하고 있지만, 결코 경제적 수입과 지출이 기록되는 사인私人의 통장이 아니다. 그것은 가부장적 성폭력 체제와 이 체제의 가해 권력에 대한 저항의 용기, 진실규명의 의지, 함께 이 체제와 맞서자는 연대의 결의, 이 실천에 함께하는 사람들에 대한 서로-빚짐의 확인(감사) 등이 표현된 정치적 공간이고 그 정치적 목소리들이 낱낱이 기록된 삶정치적 문서이다. 이 통장에는 경제적 일상이 기록되어 있는 것이 아니라 정치적 사건이 기록되어 있다. 그것은 드물다rare는 의미에서만이 아니라 특이하다singular는 의미에서 사건의 문서이다.

이처럼 신한은행 통장은 화폐로 기록된 사건이다. 맑스는 화폐가 교환수단, 지불수단, 축장수단, 세계화폐라는 네 가지 기능을 갖는다고 말했다. 신한은행 통장에 기록된 화폐는 이 중 어디에 속하는 기능을 하는 것일까? 내가 보기에 이 중 어디에도 속하지 않는다. 이 통장에 입금된 화폐는 상품의 대금으로 송금된 것도 아니며 이미 산 상품의 대금을 지불한 것도 아니며 부를 축적하기 위한 것도 아니다. 군이 화폐의 기능의 측면에서 말하자면, 그것은 증여의 수단으로 사용되었다고 할 수 있다. 그런데 그 증여는 "경호비"라는 구체적 목적을 갖고 이루어졌다. 5,745명(이 숫자는, 15시간여의 자발적 입금 흐름 후 신한은행 계좌를 윤지오가 닫음으로써 강제로 제한된 숫자이다)의 후원집단이 경호하려고 한 것은 무엇인가? 무엇을 지키려고 한 것인가? 일차적으로 그것은 윤지오의 신체와 안전을 지키려는 것이었다. 그가 가부장적 권력체제의 성폭력적 실상에 대해 증언하고 있었기 때문이다. 그가 말하는 진실을 직시하면서 그 체제에 대한 저항을 지키는 것, 그리고 서로에 대한 빚짐과 상호의존을 확인하여 그 저항들의 연대를 지키려는 것이었다. 이런 의미에서 그것은 증여라는 방식으로 진실규명과 저항의 공통장을 경호하려는 것이었다. 이런 의미에서 신한은행 통장의 화폐는, 결코 경제적 수치로 환원될 수 없고 또 그래서도 안 되는, 삶정치적 화폐였고 삶정치적 언어 그 자체였다. 한 사람 한 사람의 송금 그 자체가 경제적 행위가 아니라 이미 삶정치적 실천이었기 때문이다. 그 삶정치적 실천의 공통장은 국가가 진실의 공동체로서 기능하지 못하는 시간에 공동체를 새롭게 구성하기 위한 밑거름이었다.

증여 공통장에 대한 범죄화 시도

그런데 이 증여 공통장은 아직은 유령적이다. 그것은 정동적 구호를 동반하면서 화폐로 표현된 공통장commons이지만 공통체commonwealth 혹은 공동체community라고 부르기에는 충분하지 못하다. 그것은 상호인정이나 수평적 소통의 체계를 갖추지 못했다. 자기재생산의 체계도 갖추지 못했다. 윤지오의 증언에 대해 각 증여자들이 감사, 격려, 연대결의 등을 표명함으로써 공통의 추구를 표현하지만, 상호관계의 분명한 형태를 갖추지는 않은 공통장이다. 국가의 기능장애의 시간에 국가 바깥에 일시적으로 형성된 이 공통장은 증언자를 지키기 위해 자발적으로 그리고 일시적으로 형성된 증여의 공통장으로서 이후에 그 공통장이 어떻게 기능할 것인가는 수증자의 결단과 화폐의 힘에 맡겨지게 된다.

그런데 윤지오는 후원금 증여가 지속되고 있던 다음 날인 2019년 3월 19일 신한은행 통장을 자신의 의지로 닫는다. 왜 그랬을까? 국가 바깥에 구축된 이 증여 세계, 증여 공통장이 국가(국법)와 맺는 관계가 불명확했기 때문이다. 그것은 국가에서 독립되어 국가의 관여 범위를 벗어나는 자율적 장場인가? 아니면 시민사회의 한 장이면서 국가에 의해 통제되는 영역인가? 앞서 살펴보았듯이 신한은행 통장을 통해 나타난 증여 공통장은 국가가 국민의 공통감각common sense(상식)에 맞게 기능하지 못하는 때에 발생한 것으로 공론장도 시장도 아니라는 의미에서 제3의 장이다. 하지만, 사회를 통합함으로써 자신의 존재가치를 입증해 나가는 경향이 있는 국가는 이 증여공통장이 자신으로부터 독립적으로 사회 속에 형성되었다 하더라도 일단 발생하게 되면 이 장을 자신의 통제 안으로 끌고 오고자 하는 경향을 갖는다.

이 지점에 주목하도록 윤지오에게 조언을 해준 것은 민변 소속의 한 변호사였던 것으로 알려져 있다. 후원금 수증이 '기부금품의 모집과 사용에 관한 법률'과 상충할 수 있으니 관계기관에 확인할 필요가 있다는 조언이었다. 후원금이 증여와 수증의 관계, 즉 증여교환의 관계로서 시민사회의 자율自律, autonomy에 속한다면 기부금품법은 이 증여교환 관계에 대해 국가가 자신의 필요에 따라 가하는 통제장치, 즉 법률法律, law에 속한다.

자율과 법률의 관계가 문제로 되는 이 상황에서 윤지오가 찾아가 만난 그 "관계기관"은 서울시 민간협력과였다. 자율과 법률의 중간 지대에서 민간과 공공 양자 간의 협력을 다루는 기관이기 때문이다. 이때의 면담내용에 대해서는 윤지오와 담당자의 기억이 서로 엇갈린다. 담당자가 기부금품법에 관한 일반적 설명을 윤지오에게 한 점에 대해서는 기억이 일치하지만 개인 후원금이 기부금품법의 적용대상이 되는가 아닌가에 대해서는 서로 기억이 다르다. 담당자는 경호비가 기부금품법의 적용대상이라고 말했다고 기억함에 반해 윤지오는 그 반대로 들었다고 기억한다.[1] 그런데 기억의 이 차이는 단순한 기억의 차이라기보다 기부금품법의 모호함이 반영된 지각과 인식의 차이로 볼 수 있다. 민간협력과 상담 담당자가 〈궁금한 이야기 Y〉에 출연하여 말한 것처럼 3월 19일에 신한은행 통장 후원금이 기부금품법 적용대상이라고 단정적으로 유권해석을 내릴 수 있었을까? 대한민국의 기부금품법은 30여 분간의 시간 동안에 모집된 후원금의 성격을 파악하고 그것에 대한 법률적 판단이나 유권해석을 즉석에서 내릴 수 있을 만큼 명료하게 규정되어 있지 않으려니와 기부금품법 적용대상인가 아닌가를 판단하고 후원자와 피후원자의 행복을 고려한 상담을 해주려면 후원금의 성

---

1. 윤지오의 기억은 이러하다:"이날 1차로 저뿐만 아니라 이상호 『고발뉴스』 김○○우 PD님이, 2차로 경호원이, 3차로 저와 경호원이 함께, 이렇게 총 3차례에 걸쳐 같은 여자 담당자로부터 같은 설명을 들었습니다. 그분이 나중에는 왜 한 얘기 또 하는지 모르겠다는 식으로 짜증까지 내셨습니다. 후원금과 기부금이 다르고 기부금 자체가 아니라서 차○○ 변호사님이 우려하셨던 '기부금품법' 자체에 저는 해당하지 않는다는 설명이었습니다. 이날 이후에도 『고발뉴스』 이상호 님, 『고발뉴스』 김○○우 PD님, 그리고 여타 스탭 분들은 이것이 문제가 되지 않을 것이라는 것을 알았기에 지속적으로 저와 소통 및 방송을 했으리라 생각합니다. 이때 문제가 제기되리라고 생각했다면 그 시점부터 저와 지금처럼 소통을 중단하고 답변도 안 하고 차단했을 것으로 생각됩니다. 또 그날 문제가 된다 말을 들었다면 저는 당시 민변 여덟 분이 계셨고 바로 조치를 할 수 있게 무언가 액션을 취했을 것입니다."(필자와의 메신저 인터뷰, 일자:2020년 2월 11일 오후 4시) 그 설명을 함께 들은 복수의 사람들이 있고 또 이후 정황들로 미루어 담당자의 기억이 사실과 다르다는 것이다.

격, 기부금품법 적용배제대상에 속하는지 속하지 않는지에 대한 법리해석이 있어야 한다. 게다가 그것이 기부금품법 적용대상이라고 단정하려면, 등록 의무에 대한 판단 외에도, 즉각 반환의 기술적 방법 등등에 대한 설명이 있었어야 할 것이다. 그런데 이런 성실한 상담이 이루어지기에 30여 분은 너무 짧은 시간이었다. 그렇기 때문에 윤지오의 기억처럼 기부금품법에 해당되지 않는다고 답했거나 그게 아니라면 많은 유보들이 포함된 추상적이고 모호한, 즉 사람마다 해석을 달리할 수 있는 상담이 이루어졌을 것으로 추정하지 않을 수 없다. 이러한 모호성은 기부금품법의 전개 과정이 자율영역과 법률영역 사이의 투쟁을 반영하면서 그때그때의 상황과 역관계, 정치적 필요 등에 따라 변화해 나왔고 이로 인해 법 조항들이 상당한 내적 모순을 품고 있으며 이 때문에 지금도 시민들로부터 상당한 항의를 받고 있는 상황과 무관하지 않다.

대한민국의 기부금품법은 권위주의적 금지법에서 시작되었다. 국가가 보증하는 시장의 계약관계 외의 사인 간의 금품수수를 원칙적으로 금지하려 한 것이다. 이것은 권위주의 시대에 국가가 자신의 통제권을 강화하기 위해 시민사회의 자율영역을 인정하지 않으려 했음을 보여준다. 하지만 금지 중심의 기부금품법은 국민의 행복추구권을 침해하는 것이었다. 국가가 시민 생활에서의 행복을 충분히 보장해 주지 못하는 현실에서 시민들이 증여와 기부를 통해 자신들의 행복을 스스로 추구할 수 있는 권리를 억압하는 것이었기 때문이다. 기부금품법의 이러한 문제점에 대한 불만과 항의가 고조되고 이것을 법제에 수용하는 과정에서 금지법은 점차 규제법으로 발전했다. 이후 국가가 자신의 복지 책임을 시민사회에 전가하여 시민사회의 자율적 에너지를 축적에 활용하는 방향, 즉 신자유주의적 축적체제로 전환하는 과정에서 현재는 (2017년 7월 26일 개정된) 조성법, 즉 기부문화의 조성을 위한 '기부금품의 모집 및 사용에 관한 법률'이 시행되고 있다.

이 법률 역시 아직 여러 가지 모호함을 갖고 있어 해석의 여지가 있지만, 기부 문화의 "금지"나 "규제"보다 "조성"에 초점을 맞춘 점에서 진일보한 법률이다. 현행법에서 기부금품은 "반대급부 없이 취득하는 금전이나 물품"으로 광범위하게 정의된다. 이러한 의미의 기부금품은 "반대급부"가 없는 것으로 가정하기 때문에 증여의 일반적 개념과는 다르다. 왜냐하면, 증여는 시차가 있다 하더라도 일반적으로 답례를 반대급부로서 수반하기 때문이다. 증여 관계에서 답례는 일반적으로 의무에 속한다. 이런 의미에서 대한민국의 기부금품법이 규정하는 기부금품의 정의는 일반적 증여라기보다 증여의 특수한 형태로서 답례를 전제하지 않는 "순수증여"의 개념에 더 가깝다.

기부금품법의 핵심적 취지는 기부금품 일반을 법률로써 관리하려는 것에 있지 않다. '기부금품의 모집과 사용에 관한 법률'이라는 그 이름이 보여주듯 "모집과 사용"을 관리하는 것에 그 핵심적 취지가 있다. 모집되지 않은 '후원금'이나 '기부금품'은 이 법의 적용대상이 아니다. 그 외에도 회비나 헌금 납부처럼

"모집"이라고 보기 어려운 많은 경우들이 이 법이 적용되지 않는 경우들로서 규정되고 있다.

그렇다면 "모집"이란 무엇인가? 기부금품의 모집과 사용에 관한 법률 제2조 2항은 "서신, 광고, 그 밖의 방법으로 기부금품의 출연﹏을 타인에게 의뢰·권유 또는 요구하는 행위를 말한다"고 규정하고 있다. 3항은 "모집자"라는 이름으로 모집 주체를 규정하는데 그것은 "제4조에 따라 기부금품의 모집을 등록한 자"를 지시한다. 그 주체는 다시 모집종사자를 두어 모집행위를 할 수 있는데 다음의 4항이 그것을 규정한다. "'모집종사자'란 모집자로부터 지시·의뢰를 받아 기부금품의 모집에 종사하는 자를 말한다"가 그것이다. 이렇게 모집, 모집자, 모집종사자에 대한 세밀한 법률 규정을 제시한 후 제4조 1항에서 "1천만 원 이상의 금액으로서 대통령령으로 정하는 금액 이상의 기부금품을 모집하려는 자는 다음의 사항을 적은 모집·사용계획서를 작성하여 대통령령으로 정하는 바에 따라 행정안전부장관 또는 특별시장·광역시장·도지사·특별자치도지사에게 등록하여야 한다"하여 등록할 의무가 있는 모집금액을 따로 규정한다. 1천만 원 미만이면 등록하고 모집할 필요가 없지만 1천만 원 이상이면 등록 후 모집해야 한다는 것이다. 12조, 13조, 14조는 모집된 기부금품의 사용에 관한 규정으로서 모집 목적에 맞는 사용 및 공개 의무 그리고 모집비용에 충당할 수 있는 비율을 규정하고 있다. 16조는 기부금품의 모집과 사용에 대한 규정을 위반한 때에 주어지는 벌칙을 규정하고 있는데 "제4조 제1항에 따른 등록을 하지 아니하였거나, 속임수나 그 밖의 부정한 방법으로 등록을 하고 기부금품을 모집한 자"에게 3년 이하의 징역이나 3천만 원 이하의 벌금에 처한다는 것이 주요 내용이다.

이처럼 현행의 기부금품법은 시민사회가 자율적으로 창출하는 순수증여의 문화를 장려하고 국가기관에 등록하여 모집할 기회를 제공함과 아울러 등록된 모집행위에 대해 일정한 혜택을 주고 모집된 기부금품의 공정한 사용을 감독하려는 의지를 표현한다. 그러면 우리가 증여 공통장의 출현이라고 부른 윤지오의 신한은행 통장은 기부금품법과 어떤 상관이 있는 것일까? SBS와 『조선일보』를 비롯한 언론방송사들은 윤지오의 신한은행 통장에 입금된 후원금을 기부금품법의 적용대상으로 보면서 그 후원금 모집이 기부금품법 4조(1천만 원 이상 모집하고자 하는 자의 등록 의무)를 위반했다고 비난했다. 후원금의 증여와 수증이라는 시민사회의 자율적 관계행위를 범죄화하는 보도다. SNS 계정주들의 일부도 이에 동조하면서 신한은행 후원금을 범죄화하는 포스팅·댓글 행동을 지속했다. 국가에 의한 범죄화 이전에 언론과 SNS에 의해 선제적으로 범죄화 시도가 이루어진 것이다. 증여 공통장을 범죄화하여 국가에 종속시킴으로써 국가로부터 자율적인 영역을 축소하려는 움직임이 시민사회 내에서 시작되는데 이것을 우리는 시민사회의 국가화의 징후라고 말할 수 있을 것이다.

개인들 사이의 자발적 후원이 범죄라면 시민사회에서 자율적 공통장을 구성하고 그것을 공통체나 공동체로 발전시키는 일은 크나큰 위험과 위기에 직면할 것이다. 특히 온라인에서 이루어지는 상당히 많은 활동들이 자발적 후원과 기부에 의해 유지되고 재생산된다는 점, 집회와 시위처럼 헌법에 보장된 공통의 정치실천들 역시 그러하다는 점을 염두에 두면 자발적 후원, 자발적 증여를 범죄화하는 것은 사회에 대한 심각한 위협이며 국가의 건강한 존립조차 위협하는 사태라고 할 수 있다. 그런데 현행의 '기부금품의 모집과 사용에 관한 법률'도 "모집"을 통하지 않은 자발적 기부금품은 법률의 대상에서 제외한다.[2] 즉 "서신, 광고, 그 밖의 방법으로 기부금품의 출연出捐을 타인에게 의뢰·권유 또는 요구하는 행위"를 통해 모집된 기부금품만을 법률의 적용대상으로 삼으며 등록의 의무도 그러한 모집행위를 수반하는 기부에 대해서만 강제되는 것이다.

그런데 윤지오의 신한은행 통장에 대한 후원에 모집행위가 있었다고 볼 수 있는가? 앞서 서술한 것처럼 네티즌들이 윤지오의 증언에 공감하고 신변위협을 염려하여 자발적으로 후원통장 개설을 요청했고 이 요청을 망설임 끝에 받아들여 이루어진 것이 신한은행 통장의 후원금이다. 서울시립대 세무학과 교수이자 기부금품법 연구자인 이상신 교수에 따르면 모집행위에 의하지 않은 자발적 기부는 기부금품법의 적용대상이 아니다. 이상호 기자가 윤지오의 개인 통장을 온라인에 공개한 것을 모

2. 이상신, 「기부활성화를 위한 법제개선안」, 『'기부 활성화를 위한 법제 개선안 연구 발표회' 자료집』, 2012년 5월 22일 수정, 2020년 2월 11일 접속, http://bit.ly/2uWLNO3.

집행위로 보기는 어렵기 때문이다. 실제로 기부금품법 2조 2항의 모집행위는 "서신, 광고 등" 각각의 "개인에게 도달 가능한 수단을 활용하는 능동적 행위를 전제"로 하기 때문에 "온라인을 통한 기부참여는 모집행위에 의한 것으로 볼 수 없"[3]다. 이런 한에서 언론방송과 까판의 SNS 계정들이 신한은행을 통해 증언자 윤지오를 후원한 다중의 자율적 증여 행동을 국가의 기부금품 법률에 의해 규제하라고 요구하는 것은 기부문화를 조성하고 장려하려는 '기부금품의 모집과 사용에 관한 법률'의 입법취지에 맞지 않을 뿐만 아니라 이 법률의 오용誤用을 선동하여 탈법의 위험을 초래한다.

이제는 주지의 사실이지만, 방송이나 기사 혹은 포스팅을 통해 법의 오용을 선동하는 것을 넘어서 후원금 수증 그 자체를 사기로 고발하는 사람들도 있었다. 박훈 변호사나 최나리 변호사 같은 사람들이 대표적인 인물이다. 이들은 후원금 증여자들을 "피기망자"로 규정한다. 다시 말해 후원금 증여자들은, "교묘하고 지능적인 수법"을 사용하여 사람들을 기망한 윤지오에게 속아 "자신의 행위가 낳을 결과를 인식하지 못할 정도로 심하게 착오에 빠"진 어리석은 사람들이라는 것이다. 박훈은 윤지오의 신한 통장에 후원금을 증여한 사람이 아니다. 그런데 그가 가장 먼저 후원금 증여자들을 "피기망자"로 규정하고 나선 것은 놀랍다. 이때에는 후원금 증여자 중의 누구도 자신이 속았

---

3. 같은 글, 5쪽.

다고 주장하지 않을 때였다. 누가 그에게 후원금 증여자들을 피기망자, 어리석은 사람, 착오에 빠진 사람으로 비난하고 모욕할 권리를 준 것일까? 누가 혹은 무엇이 그로 하여금 이러한 대리주의적 행동에 나서도록 재촉한 것일까?

　누가 봐도 어색하고 불합리한 이 상황을 타개하기 위해서 박훈에게는 후원금 증여자들이 스스로를 피기망자로 자처하고 나서는 것이 필요했다. 박훈에게 자신의 명예훼손 소송 변호를 맡긴 김수민이 그 일을 맡고 나섰다. 그러면 김수민이 후원자였을까? 그렇지 않다. 그런데도 그는 자신의 인스타그램에서 후원금 증여자들로 하여금 후원금 반환청구 소송을 제기하도록 촉구하고 최나리 변호사가 무료 변론을 해주므로 변호사비 걱정 말고 반환청구 소송에 함께 해 달라고 후원금 증여자들에게 간절하게 요청했다. 439명의 소송 동참자들이 모이기까지 얼마나 많은 노력과 시간이 필요했던가! 최나리 변호사가 반환소송청구자들을 대리하여 후원금반환소송을 제기하는 형식을 취했지만 실제로는 반환소송청구자로 변한 후원금 증여자들이 최나리의 소송에 동의 서명했다고 하는 것이 더 사실적일 것이다. 439명의 후원금 반환소송 참여자들이 나서서 자신들이 피기망자, 착오에 빠진 사람, 어리석은 사람임을 자인한 후에야[4] 박훈의 일방적이고 대리주의적인 고발도 그 수만큼의 사회적 설득

---

4. 언론방송은 울면서 자신의 과오와 어리석음을 후회하는 익명의 후원자의 이미지를 윤지오에 대한 공분을 불러일으키는 기폭제로 이용했다.

력을 가질 수 있게 되었다.

하지만 문제가 남는다. 윤지오에게 후원금을 낸 사람들은 신한은행만 5,745명이다. 국민은행 〈지상의 빛〉 계좌의 후원자를 합친다면 훨씬 더 많은 숫자일 것이다.[5] 그중 439명이 스스로를 피기망자로 인정했다고 해도 압도적인 숫자의 사람들, 적어도 5천 3백 명이 넘는 후원 증여자들이 스스로를 피기망자, 착오에 빠진 사람, 속임을 당한 사람, 사기 피해자로 인정하기를 거부하고 있다는 것도 엄연한 사실이다. 후원금반환소송에 참여한 439명[6]의 사람들에 비할 때 압도적 다수의 사람들이다. 한국의 언론사회는 이 압도적 다수의 생각과 의견을 무시하면서 극소수의 의견에 따라 후원 증여자들 전체를 피기망자, 사기 피해자로 단정하는 폭력적 어조의 방송들, 기사들, 포스팅들을 여과 없이 내보내고 있다. 이러한 보도폭력이 가져오는 사회적 결과는 증여 관계가 불법화되고 증여 공통장이 범죄 공간으로 인식되어 증여자가 어리석은 자로 힐난받고, 수증자가 범죄자로 지탄되는 것이다. 2019년 10월 30일 윤지오에 대한 체포영장 발부는 국가의 기능장애의 순간에 진실을 지키기 위해 출현한 다중의 자율적 증여 공통장을 범죄화하려는 시도의 첨점이다. 그것은 증여 공통장이 지키고자 한 진실을 무너뜨리기 위해 언론을 비롯한 준국가기관과 그에 영향받은 시민

5. 6,100여 명으로 확인된다.
6. 이후 6명이 소송을 취하하여 433명이 남았다.

사회 일각이 시작한 범죄화 움직임을 경찰, 검찰, 법원 등의 국가기관이 사법적으로 배서背書함으로써 힘을 실어주고 있는 영화적 장면의 하나이다.

최나리는 소장에서 "피고[윤지오]는 후원을 받음으로써 원고들을 비롯한 여타의 후원자들에게 견딜 수 없는 분노, 수치심 등 정신적 고통을 불러일으키고 있습니다"[7]라고 태연하게 쓴다. 그런데 실제로 후원금 반환청구 소송에 참여하기를 거부하고 있는 압도적 다수의 후원금 증여자들을 터무니없이 피기망자, 사기 피해자, 심각한 착오에 빠진 사람으로 규정하여 증여자로서의 이들의 명예를 훼손하고 "분노, 수치심 등의 정신적 고통"을 불러일으키며 증여문화를 조성하기보다 상처 입혀 퇴행시키고 있는 것이 바로 최나리 자신임을 누가 모를 수 있겠는가? "정의"의 이름을 내걸고 수행되는 이런 반증여문화적이고 반공동체적인 고소·고발 행렬의 소음 때문에, 후원금 수증자인 윤지오가 수증자이기 전에 증언을 통해 우리 사회의 가부장적 권력체제를 고발하는 진실 증여자였다는 사실은 까맣게 잊혀 간다. 진실이 혼탁해지면서 가해와 피해의 관계가 모호해지고 심지어 거꾸로 뒤집혀 가는 이 정치적 과정을 지켜보면서[8] 미소를 짓고

---

7. 최나리, 「손해배상(기) 등에 관한 소장」, 2019년 6월 10일, 15쪽.

8. 서민은 이제 『조선일보』가 장자연 사건의 최대 피해자라고 주장하기에 이른다. 권승준 기자와의 인터뷰, 「권승준의 뉴스 저격」 "덮어놓고 조국 수호, 진영논리에 갇힌 진보 … 뻔한 사기극도 못 보더라"」, 『조선일보』, 2019년 10월 31일 수정, 2020년 2월 23일 접속, http://bit.ly/37NqxHH.

있는 사람들은 누구일까? 아마도 지금 윤지오에 대한 마녀사냥을 뒤에서 부채질하면서 투항하거나 죽거나를 선택하도록 밀어붙일 생각을 하고 있는 사람들, 그리고 이미 지난날 장자연을 죽음으로 몰아넣은 바 있는 사람들, 요컨대 가부장주의적 가해 권력자들일 것이다. 이들은 진실을 가리고 가해자와 피해자를 뒤집음으로써 자신들을 보호할 수 있을 뿐만 아니라 이 역전의 과정을 통해 국가권력을 자신의 수중에 사유화할 수 있는 곳으로 한층 가까이 다가갈 수 있기 때문이다. 이후의 총선과 대선이 이들의 이 음울한 목표를 현실화시켜 주권자를 철저하게 자신들의 이익의 희생물로 만들 대의주의의 정치의식儀式으로 되고 말 것인가?

대안 공동체의 가능성

국가는 구성원들을 중재하고 대의함으로써 공동체를 자임한다. 국가의 구성원들은 서로 횡적으로 인정하고 연대한다기보다 국가의 중재와 대의를 통해 공동체 성원으로 기능하게 된다. 이런 의미에서 국가는 실제적 공동체라기보다 공동체의 시뮬레이션이며 일종의 재현/대의의 공동체, 가상의 공동체이다.

그러므로 국가가 실제적 공동체로서 기능하도록 만들기 위해서는 국가가 대의할 시민들의 자기공동체가 실재하지 않으면 안 된다. 그런데 만약 시민들의 자기공동체가 현실적 공동체로 기능한다면 국가는 불필요할 것이다. 국가가 존재한다는 것은 시민들의 자기공동체가 실재real하면서도 그것이 현실적인actual 공동체로는 기능하지 않으면서 현실적인 공동체를 간절하게 필요로 하는 상황에 있음을 의미한다. 잠재 상태에 있으면서 그 자체가 현실적인 공동체로 되지 않으며 또 될 수도 없는 시민들의 자기공동체는 자율 공통장들의 형태로 부단히 발생하고 소멸하면서 존속한다. 이런 의미에서 자율 공통장은 자신을 대의할 법률 공동체를 이끌어내고 아래로부터 법률 공동체를 섭정하는 잠재력이다.

자율 공통장이 미약하여 법률 공동체를 섭정할 만한 구속력을 갖지 못할 때 법률 공통장은 자립화하여 자율 공통장을 통치하는 권력으로 전화한다. 이럴 때 대의체제는 권위주의 체제로 전화하고 국가 공동체는 시민들의 공동체가 아니라 시민들을 억압하는 기계로 전화한다. 이때 시민들은 형식적으로는 국가에 속해 있으면서도 실제적으로는 국가 바깥의 대상으로 위치 지어지는 이접disjunction의 상태에 놓인다. 국가는 더이상 시민들의 공동체를 대의하지 않는다. 시민들로부터 "이게 나라냐!"라는 질문이 제기되는 것은 바로 이 위기의 순간이다. 2016~2017년의 촛불집회는 이 위기의 순간에 필요한 공동체를 재건하기 위한 시민들의 자율 공통장의 출현이었다.

2019년 3월 18일의 신한은행 통장도 이와 유사한 자율 공통장이 증여 공통장의 형태로 나타난 사건이다. 박근혜 퇴진 촛불 공통장과 반가부장주의 미투 공통장은 검찰이 지금까지 시민들의 공통관념(상식)에 반하여 처리한 사건들에 대한 재수사를 요구했다. 장자연 사건도 그중의 하나였다. 국민을 대의하여 검찰 과거사위원회는 고 장자연 배우의 동료 배우였던 윤지오에게 증언을 요청했다. 그 증언 요청은 10년 전 검찰이 무혐의 처분해 버린 가해권력자들을 다시 역사의 법정, 시민의 법정으로 불러내 장자연을 죽음에 이르게 한 것에 관한 책임을 묻기 위한 것이었다. 윤지오가 주저 끝에 이 증언 요청에 응하자마자 응원하는 반응만큼이나 강력하게 협박하는 반응이 댓글, DM,

취재 행동, 사고事故 등의 형태로 나타났다. 증언자에 대한 이 신변위협에 국가가 책임 있는 응답을 하지 않는 순간에 나타난 것이 증언자 윤지오의 안전을 지키기 위한 시민들의 자율적인 증여 행동이었다. 신한은행 통장은 정확히 그 증여 공통장의 실재성을 가늠하게 만드는 상징장소이다. 이것은 공감, 인정, 격려, 연대의 정동 공간이었다.

나는 앞의 절에서, 출현한 이 자율 공통장에 대한 대응이 그 공통장의 범죄화 시도로 나타났다는 것에 대해 말했다. 이러한 시도는 자본주의 사회가 낳는 모순을 타개하려는 일체의 운동을 빨갱이로 몰아 범죄화했던 역사를, 그리고 가부장 체제에서 억압받는 여성들이 성적으로 자기를 해방하려는 운동을 풍기문란, 음란으로 몰아 범죄화했던[1] 마녀사냥의 역사를 다르게 지속하는 것과 다름이 없다.

신한은행 통장과 증여 공통장의 사례 속에서 다른 공통체/공동체의 구축은 자율적 증여 공통장을 범죄화하려는 시도에 대한 현재적 투쟁에서 시작되지 않으면 안 될 것이다. 이 투쟁은 증여 공통장에서 서로 분절되어 있는 개개인들이 횡적으로 소통하고 연대하면서 서로를 발견하는 것이 출발점일 것이다. 이 상호발견 속에서 비로소 침묵은 중얼거림으로, 정동적인 발화는 집단지성적 발화로 발전할 수 있을 것이다. 가해권력에서 가해진 범죄화 공세로 인해 크게 상처를 입었지만 〈지상의 빛〉은

---

1. 권명아, 『음란과 혁명』, 책세상, 2013 참조.

증여 공통장을 증여행동들의 공동체로 발전시킬 수 있는 하나의 계기였다.

아래로부터 자율 공통장들이 소규모의 공동체들로 발전하고 이것들이 서로 연합할 때 그것들은 대의 공동체인 국가 공동체를 통제할 수 있는 섭정력을 되찾을 수 있을 것이다. 또 자율 공통장들은 국경에 한정되지 않는 힘이다. 국가 공동체는 국경에 한정되지 않는 자율 공통장들의 공동체적 잠재력에 의거하여 비로소 국가 주권이라는 울타리를 넘어설 수 있을 것이며 탈국가적이며 전 지구적인 인류 공통장의 일국적 기관으로 기능전화할 수 있을 것이다.

환대의 새로운 조건

야스민과 윤지오의 차이와 유사성

이화여대 모모 영화관에서는 제1회 '모모 에피파니 영화제' 마지막 날(2019년 6월 27일) 마지막 순서로 퍼시 애들론 감독의 〈바그다드 카페〉 상영과 이 영화에 대한 손희정 문화평론가의 강의 '공명의 조건 : 마주침과 환대의 상상력'이 연속으로 열렸다. 〈바그다드 카페〉는 독일 여성 야스민이 미국의 사막 지대에 있는 바그다드 카페에서 그 카페의 여주인인 브렌다와 이질적 느낌으로 마주쳤지만, 그곳에 투숙하면서 청소·아이 돌보기·마술 등으로 그곳에 활기를 불어넣고 브렌다와 우정의 관계를 맺으면서 새로운 공동체를 구축함으로써 두루 환대받는 존재로 되어 간다는 이야기다.

강의 후 질의응답 시간의 끝에 나는 마지막 질문자를 자청했다. 나의 질문의 요지를 정리하면 이러하다.

영화에서 야스민은 경찰에 신고된다거나 꾸지람을 당한다거나 하는 식으로 배제되다가 환대받아가는 경로를 밟는데 이와는 정반대의 경로를 밟고 있는 비극적 인물이 한국 현실에 존재한다. 윤지오 씨가 그렇다. 야스민과 달리 윤지오 씨는 2019년 초 사람들의 환대를 받으며 캐나다에서 한국에 입국했다. 처음에 의심을 받고 경찰에 신고되고 죽이겠다(?)는 협박까지 받던 야스민은 청소를 하고 아이를 돌보고 마술을 함으로써 환대받는 존재가 되어 갔다. 이와 달리 윤지오 씨는 장자연 사회적 타살 사건과 관련해 권력자를 고발하는 증언을 한 후 2019년 4월 말 변호사, 작가, 기자의 고소로 범죄자로 몰려 한국에서 추방당했다. 나는 윤지오 씨에게 씌워진 사기 혐의는, 제주도에 도착한 예멘 난민들에게 씌워졌던 "위험한 인간들"이라는 혐의처럼 가짜뉴스이고 가짜혐의라고 생각한다. 그런데 대한민국의 많은 사람이 이러한 가짜뉴스, 가짜혐의에 동조하는 모습을 보인다. 대한민국의 국민 속의 어떤 심리적 요소, 어떤 이데올로기적 조건, 어떤 욕망이 이러한 가짜뉴스와 가짜혐의에 쉽게 동조하도록 만들게 되는지 강연자의 생각을 듣고 싶다. 페미니스트분들 중의 일부도 윤지오 씨의 라이브 방송이나 기타 인성들을 이유로 윤지오 씨를 비판하는 입장에 서는 것으로 알고 있는데 페미니스트들이 여성 증언자 윤지오 씨의 손을 잡아줄 수 있는 길[환대의 길]은 없겠는가?

아래는 손희정 평론가의 답변을 정리한 것이다.

첫째, 페미니스트에는 여러 유형이 있다. 일부 페미니스트들이 윤지오 씨에 비판적이라고 하는 것이 페미니스트 일반이 그렇다는 것을 의미하지는 않는다. 윤지오 씨의 입국과 증언 당시에 윤지오 씨와 연대했던 페미니스트들이 있고 윤지오 씨의 어떤 퍼포먼스를 비판했던 다른 페미니스트들이 있었던 것으로 알고 있다.

둘째, 윤지오 씨의 말 중 어디까지가 진실이고 어디까지가 가짜인지 잘 모르겠지만 어느 정도의 진실을 한국 사회가 떠안을 수 있었어야 한다고 생각한다. 어떤 고발들은 분명히 들을 만한 것이 있었기 때문이다. 사실은 윤지오 씨의 고발 내용만을 우리가 판단할 문제지 윤지오 씨의 개인 인성은 한국 사회가 판단할 문제가 아니라고 생각한다.

셋째, 지금 윤지오 씨를 비난하는 사람들은 문제를 개인[인성]의 문제로 환원해서 개인의 인성을 가지고 물어뜯는 경향이 있다. 우리가 왜 이렇게 되었을까 생각해보면 [예멘 난민을 위험한 인간집단으로 보았던 시각과 유사하게] 젊은 여성들은 믿을 수 없고 꽃뱀이 될 수 있다거나 위험한 존재가 될 수 있다는 식의 공포가 작동한 게 아닐까 생각한다.

넷째, 왜 윤지오 씨가 [수년 전] 캐나다로 떠났는가 생각해보면 한국 사회의 한계 때문에 떠났다. 그 이유 때문에 떠났는데 돌아왔을 때는 다시 그 이유로 인해 발붙일 수 없는 상황이었다고 생각한다. 이것은 한국 사회 시스템의 문제라고 생각한다. 시스템뿐만 아니라 다양한 구조적 문제도 있다는 생각이 든다.

다섯째, 야스민처럼 그 사회에 받아들여질 수 있는 마술을 한 것이 아니라 [권력자에 대한] 고발자였기 때문에 자리를 찾기가 힘들었겠지만, 야스민이 한 것이 공간의 먼지를 떨어내고 다른 공간으로 바꿔내는 일이었던 것처럼 윤지오 씨의 고발도 그와 유사하게 [한국 사회를] 청소하는 작업이 아니었을까, 라는 생각이 질문을 들으면서 들었다. 그것들이 서로 동일한 청소인데 왜 [윤지오 씨의] 청소는 불가능하지, 하는 고민도 하게 된다.

여섯째, 가짜뉴스가 많은 시절이라 뭐가 가짜고 뭐가 아닌지를 내가 판단할 수 없기 때문에 더 이상의 확답을 드리기는 어려울 것 같다. 하지만 내부고발이나 다양한 고발을 들을 수 있는 길을 우리가 어떻게 만들어나갈 것인가가 또 하나의 환대의 조건이 되지 않을까, 라는 생각이 든다.

6장

에필로그

탈진실 시대와 증언의 운명

탈진실 시대와 증언의 운명

객관진실, 탈진실, 공통진실

'거짓과 혐오는 어떻게 일상이 되었나'라는 부제를 달고 있는 미치코 가쿠타니의 얇은 책 『진실 따위는 중요하지 않다』는 진실이 무의미해지는 현실을 개탄하면서 진실의 중요성을 강조하는 책이다. 원제는 *The Death of Truth: Falsehood in the age of Trump*(『진실의 죽음: 트럼프 시대의 거짓말』)인데, 한국어 번역본에 저자의 집필 의도를 잘못 전달할 수도 있는 제목이 달린 것으로 보인다. 해제를 쓴 정희진 연구자의 생각과 유사하게 나는 근대적 객관진실에 대한 강한 애착과 애도를 표현하는 저자의 심경에 동의하기 어렵지만 진실이 중요하다는 저자의 생각에는 동의한다. 객관진실에 대한 비판이 곧장 진실혐오로 나아가서는 안 되며 객관진실과는 다른 새로운 유형의 진실에 대한 탐구가 필요하다는 의미에서다. 객관진실도 탈진실도 아닌 그 새로운 유형의 진실을 나는 스피노자의 공통관념common notion 개념을 응용하여 공통진실common truth이라고 불러보고 싶다.

그런데 돌아보면 현실에서는 진실에 대한 무관심, 진실에 대한 혐오, 진실에 대한 적대가 이미 일상화되고 널리 대중화되었다. 2019년 4월 말 이후 윤지오의 증언에 대한 대한민국의 반응 양식이 그것을 뚜렷이 보여준다. 언론과 SNS가 증언자의 사적 생활에 의심의 초점을 맞추기 시작한 후부터 증언은 관심 밖으로 밀려났다. 증언이 진실을 밝히는 말인 한에서 증언에 대한 무관심은 진실에 대한 무관심을 나타낸다. 장자연의 고발문건에 이름이 등장했고 그래서인지 이 무관심의 공간을 조성하는 데 남다른 역할을 한 『조선일보』는 이후 그 공간에 윤지오의 증언이 거짓이라는 깃발을 꽂았다. 증언을 거짓으로 만들어 그것을 혐오의 대상으로 만들고 증언자에 대한 적대를 불러오는 방법이다.

적색수배의 배경맥락들

마침내 2019년 11월 6일 인터폴은 증언자 윤지오에게 수배 단계 중 가장 강력한 조치인 적색수배 조치를 내렸다. 이름도 으스스하지만, 살인자·강도·강간 등의 강력범죄 관련 사범이나 폭력조직 중간보스 이상 조직폭력 사범, 50억 원 이상 경제사범을 대상으로 하는 것으로 알려져 있었던 터에 이 조치는 많은 사람들에게 경악과 분노를 일으킨 조치이다. 여성단체들은 이러한 납득할 수 없는 조치에 대한 항의로 민갑룡 경찰청장의 사직을 요구했다. 문재인 정부하에서 경찰청장으로 내정되고

(2018년 6월 15일) 취임한(7월 24일) 민갑룡 경찰청장이 윤지오에 대한 체포영장 청구를 강행하고 적색수배를 인터폴에 요청하는 결정을 내린 것을 이해할 수 있도록 도와주는 배경 맥락이 있다. 그것은 민갑룡 청장이 2019년 5월에 청룡봉사상을 강행하기로 결정했다는 사실이다.

청룡봉사상 폐지 여론이 높아졌던 것은 CBS 보도로 장자연 사건의 의혹 당사자인 『조선일보』와 이 사건 수사 당사자인 경찰 간의 수상한 연결고리가 드러난 이후다. 장자연 수사에 관여한 것으로 파악된 경찰관이 그해에 『조선일보』로부터 청룡봉사상을 받아 특진을 한 것으로 드러났던 것이다. 유착이 분명하게 의심되는 이러한 대목 외에 특진 후보 경찰관들에 대한 세평과 감찰내용이 『조선일보』 측에 제공되어 경찰이 『조선일보』의 영향력에 종속되었다는 비판도 잇따랐다. 이러한 비판에도 불구하고 민갑룡 경찰청장은 청룡봉사상을 존치시키고 『조선일보』가 최종심사를 진행하며 수상자를 1계급 특진시키는 기존 방식의 청룡봉사상 제도를 강행하기로 결정해 진실과 정의를 갈구하는 사람들을 실망시킨 바 있다.

이러한 이력을 가진 경찰청장이 적색수배를 요청했다고 해도 국제기구인 인터폴이라면 국내정치에서 독립적으로 사고하여 그것을 기각할 수 있지 않았을까? 그런데 보통 일주일에서 두 달까지 걸린다고 하는 인터폴 심사는 불과 사흘 만에 끝나고 인터폴은 참으로 신속하게 윤지오에게 적색수배령을 내렸다. 이 상식을 초과하는 신속한 조치는 어떻게 가능했던 것일까?

이와 관련해 2019년 11월 11일 『여성조선』은 다음과 같은 의미심장한 기사를 내보냈다.

현재 인터폴(ICPO, 국제형사경찰기구) 수장은 제30대 경기지방경찰청 청장을 지낸 김종양 총재다. 한국인 대상의 인터폴 공조가 어느 때보다 수월할 수 있다는 분석이 나오는 이유다. 캐나다 법무부 관계자는 이날 한 매체의 이메일 질의에 보낸 회신서에서 "캐나다 정부는 지난 1995년 이래 한국 정부와 범죄인 인도협약을 맺고 있다. 윤지오 사건만이 아니고, 전반적인 사건들을 인도협약에 따라 처리하고 있다"고 답했다.[1]

국제기구지만 총재가 한국인인 것이다. 김종양 인터폴 총재는 인터폴 역사상 최초의 한국인 총재며 중국 출신의 멍훙웨이 전임 총재가 비리 혐의로 구속된 후 약 한 달 반가량 권한대행을 하다가 약 1년 전인 2018년 11월 21일 인터폴 총회에서 인터폴 총재로 선임되었다. 이때 경쟁 후보가 러시아 내무부 출신의 알렉산드르 프로콥추크였는데 김종양이 다수 득표를 한 것은 "러시아 정부가 인터폴을 통해 자국 출신의 야권 지도자, 반체제 인사들에 대한 적색수배 명령을 내릴 것을 우려한 서방권 국가들의 높은 지지를 받은 것"[2]이 배경으로 분석되고 있다. 이러

---

1. 강현숙, 「윤지오 인터폴 적색수배, 캐나다 기마경찰에 이관… 국내 송환 여전히 '산넘어 산'」, 『여성조선』, 2019년 11월 11일 수정, 2020년 2월 11일 접속, http://bit.ly/2wuHaLh.

한 분석은 인터폴이 정치적 중립을 선언하고 있음에도 불구하고 실제적으로는 국제정치에 이용되고 있는 정치기구임을 시사한다.

김종양 총재는 어떤 사람일까? 『여성조선』이 쓰고 있는 것처럼 그는 2009년에 장자연 사건의 담당청이었던 경기지방경찰청의 청장을 역임(2014년)한 바 있다. 또 그는 2018년 인터폴 부총재를 맡고 있던 당시 창원시장 선거에 출마 선언을 한 바 있는데 자유한국당 소속이었다. 이러한 배경 위에서 우리는 살인, 강도, 강간, 다액경제사범 어디에도 해당되지 않는 윤지오에 씌워진 혐의만으로 인터폴 적색수배라는 과잉대응을 연출한 정치적 네트워크의 윤곽을 그려볼 수 있다. 지금까지 살펴본 바에 따르면 그것은 『조선일보』-경찰/검찰-자유한국당-인터폴을 잇는 선을 따라가고 있다.

"사회적으로 중요한 범죄"라는 규율장치의 등장과 경찰의 범주 혼동

11월 6일 적색수배 조치가 내려진 후 있었던 여성단체의 항의에 대해서는 앞에서 말했다. 윤지오에게 씌워진 혐의는 인터폴 적색수배의 대상이 되지 않는다는 항의였다. 윤지오도 이에

---

2. 「김종양」, 〈위키피디아〉, 2019년 12월 9일 수정, 2020년 2월 22일 접속, http://bit.ly/39UblKf.

대해 인터폴 적색수배는 강력범죄자로 5억 원 이상의 경제사범, 살인자, 강간범 등에 대해서 내려지는 것인데 이러한 적색수배를 자기한테 내린 것은 불법적인 것이며 자신은 이런 경우에 해당되지 않는다고 주장했다. 더불어서 그는 적색수배까지 내리면서 자신을 송환받으려 하는 것이 '공익제보자 보호법'과 헌법상 "무죄 추정의 원칙"에 위배되는 것이라고 반박했다. 이런 항의에 대해 경찰이 언론 앞에 내놓은 대답은 이러하다.

> 윤씨는 캐나다에 거주해 수사공조가 필요하고, 명예훼손과 사기 혐의 모두 인터폴 자체의 적색수배 요건인 2년 이상 징역에 포함되는 범죄에 해당한다는 겁니다. 경찰 관계자는 또 "경찰청 자체 기준에 비춰봐도 윤씨 사건이 사회적 파장이 크고, 수사 요구가 높은 사안인 만큼 중요사범으로 볼 수 있다"고 설명했습니다.[3]

명예훼손과 사기 혐의가 적색수배 요건인 2년 이상 징역에 포함되므로 윤지오가 적색수배 대상이라면 적색수배라는 말은 아무런 의미도 없는 말이나 마찬가지일 것이다. 왜 그럴까? 우선 명예훼손은 오늘날 가장 대중적인 범죄로서 일상에서 누구나가 언제든지 그 범죄혐의를 뒤집어쓸 수 있는 현실이기 때

---

3. 정인용, 「윤지오 적색수배 대상 아니라지만 … "중요사범 해당"」, 〈연합뉴스TV〉, 2019년 11월 9일 수정, 2020년 2월 11일 접속, http://bit.ly/3a0wD9n.

문이다. 특히 인터넷 시대에 명예훼손 혐의는 감기 바이러스처럼 우리 모두의 주변에 산포되어 있다. 사기는 어떨까? 윤지오에게 씌워진 사기 혐의는 최대 1억 3천만 원을 넘지 않는다. 이것이 적색수배 대상이라면 50억 원 이상의 다액경제사범을 대상으로 한다는 규정은 왜 넣어 두었는가? 이런 식의 답변은 경찰과 인터폴이 적색수배 제도를 통해 시민과 대중 일반을 잠재적인 강력범죄자로 사고하고 있음을 보여주는 것 외에 다른 것이 아니다.

이런 점을 감안하면 오히려 눈길을 끄는 답변은 후자, 즉 "사회적 파장이 크고, 수사 요구가 높은 사안인 만큼 중요사범으로 볼 수 있다"는 답변에 있다 할 것이다. 이것은 인터폴 적색수배의 또 다른 사유에 "수사관서에서 특별히 적색수배를 요청하는 사회적으로 중요한 사범"이 포함되어 있음을 근거로 한다. 이호영 변호사도 "흔히 적색수배라고 하는 것은 사형, 무기 등 중범죄자 그리고 폭력조직의 중간보스 이상의 어떤 조직폭력 사범 그리고 특정 금액 이상의 고액 경제범죄 이런 것들에 대해서 발령될 수 있는 것"이기 때문에 "윤씨의 그런 말은 일정 부분은 완전히 틀린 말은 아니에요"라고 말하면서도 이렇게 해석한다.

그런데 또 하나 사유가 뭐가 있냐면 기타 수사 관서에서 특별히 적색수배를 요청하는 사안 이것도 적색수배는 가능하거든요. 그래서 아무래도 우리 사법경찰 기관에서 윤지오씨가 가지는 그러한 사회적인 파장이 되게 크기 때문에 윤지오씨에 대한 수사를 하지 않을 수 없는 상황인 건 맞거든요. 그렇기 때문에 적색수배를 요청을 했고 그에 따라서 적색수배가 내려진 상황이어서 윤지오씨가 다소 억울하다고 얘기하고 있긴 하지만 적색수배 자체가 불법적이거나 이렇게 보긴 어려울 것 같습니다.[4]

경찰의 답변과 이호영 변호사의 해설을 통해 우리는, 윤지오 증언자가 일반적인 적색수배 대상이 아니기 때문에 경찰이 "특별히" 윤지오 증언자를 적색수배 요청했으리라고 미루어 짐작할 수 있다. 그 "특별"한 요청에 따르는 판단은 윤지오 증언자를 "사회적 파장이 크고, 수사 요구가 높은 중요사범"이라고 본 것이다. 나는 여기서 경찰이 오히려 "중대한" 범주 혼동, 범주 착오를 범하고 있다고 생각한다. 증언과 범죄를 혼동하는 것이다. 윤지오 증언자의 증언이 사회적 파장이 컸다는 것은 분명하다. 우리 사회의 재계·언론계·연예계·정치계·법조계를 망라한 모든 권력층의 부패와 성폭력 관행에 대한 기록인 장자연 문건과 리스트에 대한 증언이었기 때문이다. 이 증언이 가지고 온 사회적 파장은 분명히 컸고 증언이 지목하는 권력자들에 대한 "수사 요구가 높"았던 것도 사실이다.

그런데 주지하다시피 증언이 지목하는 가해 혐의자들에 대

---

4. 신새아·이호영, 「윤지오 인터폴 적색수배 … 법적 근거 있나」, 『법률방송뉴스』, 2019년 11월 8일 수정, 2020년 2월 11일 접속, http://bit.ly/2Pi6FGq.

한 수사는 이 "큰 사회적 파장"이나 "높은 수사 요구"에도 불구하고 전혀 이루어지지 않았다. 심지어 윤지오 증언자의 증언으로 기소된 조○천조차 1심에서는 무죄선고되었다. 이러한 사법 현실의 불합리함에 대해서는 아랑곳하지 않고, 경찰은 돌연 여기서 "수사 요구"를 가해 혐의자가 아니라 증언자에게로 돌리는 불합리함을 계속한다. 윤지오의 "증언"이 "사회적 파장이 크고" 증언이 지목하는 "가해 혐의자"에 대한 "수사 요구가 높았다"는 사실을, 경찰은 윤지오의 "범죄"가 "사회적 파장이 크고" "윤지오"의 범죄혐의에 대한 "수사 요구가 높다"는 생각으로 바꿔치기한다. 증언과 범죄, 증언자와 가해자를 순식간에 바꿔치기하는 이 마술을 통해 윤지오에 대해 내려진 적색수배를 정당화하는 것이다.

그렇다면 과연 윤지오 증언자의 "범죄혐의"가 실제로 사회적 파장이 크고 수사 요구가 높은 혐의인가? 보복 우려가 높은 증언을 한 증언자에게 뜻있는 사람들이 경호비 후원을 해준 것이 정말로 사회적 파장이 크고 수사 요구가 높은 "사회적으로 중요한 범죄혐의"에 해당하는가? 증언자 목격자 피해자 보호를 위해 만든 비영리단체에 뜻있는 후원자들이 후원금을 보내 준 것이 정말로 사회적 파장이 크고 수사 요구가 높은 "사회적으로 중요한 범죄혐의"에 해당하는가? 카톡 친구였던 김수민 작가가 윤지오를 "고인을 이용한 사기꾼"이라고 말하고 윤지오 증언자가 김수민 작가를 "이수역 사건 2차 가해자"로 말하면서 쌍방 간에 제소된 명예훼손 혐의가 사회적 파장이 크고 수사 요구가 높은 "사회적으로 중요한 범죄혐의"에 해당하는가?

상식적으로는 결코 "그렇다"고 답할 수 없을 이 질문들에 경찰이 "그렇다"고 답하고 또 그에 따라 인터폴에 적색수배를 "특별히"(상식에 비추어서는 과잉되게) 요청하는 행동을 한 이유가 무엇일까? 이에 답하기 위해서는 "사회적으로 중요한 범죄혐의"가 무엇을 의미하는지에 대해 곰곰이 생각해 볼 필요가 있다.

"사회적으로 중요한 범죄" 개념의 가해자중심주의적 전도

2009년 대한민국 경찰은 사회적 파장이 크고 수사 요구가 높았던 장자연 사건 가해권력의 "사회적으로 중요한 범죄" 혐의를 적색수배하기는커녕 부실한 조사로 덮어 버렸다. 2018년부터 시작된 과거사 재조사조차도 용두사미로 끝나버렸다. 대통령의 엄정조사 지시가 있었음에도 불구하고 말이다. 검찰 과거사위원회의 심의 결과가 보여주는 대한민국 수사기관(검경)의 적나라한 실태가 이것이다. 그런데 대한민국 경찰은 검찰 과거사위원회 심의 결과가 발표된 지 겨우 반년 만에, 마치 심기일전心機一轉이라도 한 듯이, 바로 그 "사회적으로 중요한 범죄"에 대해 증언한 증언자를 도리어 "사회적으로 중요한 범죄"의 혐의자로 적색수배 요청하고 "엄정수사"를 다짐하고 있다. 가해자가 엄격하게 처벌되지 않으면 도리어 피해자가 2차, 3차, n차 가해에 노출된다는 것을 이보다 여실하게 보여줄 수 있을까?

도대체 증언자 윤지오에게 씌워진 "사회적으로 중요한 범죄" 혐의들이 무엇인가? 경찰에 따르면 그것은 "사기와 명예훼손"이다. "명예훼손과 사기 혐의 모두 인터폴 자체의 적색수배 요건인 2년 이상 징역에 포함되는 범죄에 해당한다"는 것이다. 그렇다면 윤지오에게 씌워진 사기와 명예훼손 혐의가 구체적으로 어떤 행동을 가리키는가? 그리고 그 행동의 범죄화를 통해 사법권력이 사람들에게 던지고자 하는 메시지는 무엇인가?

　첫째, 사기 혐의를 "사회적 중대범죄"로 규정하는 시각에 대해 생각해보자. '당신은 증언하는 동안에 혹은 그 이후에 신변위협이 있었다고 말했고 당신의 지지자들로부터 경호비와 비영리단체 〈지상의 빛〉 후원금으로 1억 3천여만 원의 돈을 모금했다'가 그 혐의의 지시내용이다. 이것이 "사회적 중대범죄"라는 주장은 대중에게 어떤 메시지를 던지는가?

　당신이 증언자라면, 기자가 당신의 소재지를 추적하며 가해자 입장에서의 질문을 퍼붓는다고 하더라도, 의문의 교통사고를 당하더라도, 그런 것을 대중 앞에서 발설하면 안 된다. 국가가 당신을 증언자로 불렀고 그 증언에 대한 보복이 우려되더라도 증언자를 보호해 달라고 국가에 요구해서도 안 된다. 증언자에게 닥쳐오는 신변위협과 고통을 달게 받아들여라. 권력형 성폭력에 대한 증언을 지지하고 격려하며 연대하고자 하는 사람들이 경호비를 보내겠다고 아우성을 치더라도 결코 계좌번호를 알려주어서는 안 된다. 계좌번호를 공개해서 그곳으로 후원금이 입금되면 후원자를 기망하여 재물을 편취한 죄, 즉 사기죄로 단죄될 수 있다. 혹시 그렇게 당신에 대한 연대 의지를 가진 사람들에게 계좌번호를 공개해서 증언을 위한 경호비로 사용하여 신변안전을 도모하라고 조언하는 사람이 주변에 있다면 그의 말을 의심하라. 당신을 지지한다, 돕겠다고 나서는 사람들을 믿지 말라. 증언에 대한 지지자가 당신의 적으로 돌변할 수 있다. 당신에게 경호비를 후원한 사람이 후원금반환소송을 제기하여 당신의 사기혐의를 뒷받침할 증인으로 나설 수 있다는 것을 명심하라. 그들은 원금 외에 고리대를 요구하는 사채업자처럼 돌변할 수도 있다. 후원회비로 운영되는 비영리단체를 만들어 증언자를 보호하려는 노력 같은 것은 하지 말라. 증언자, 피해자, 목격자가 겪는 고통에 무관심하라. 그들의 어려움을 외면하라. 당신이 그들을 돕겠다고 나서면서 후원회비를 모집하게 되면 언제든지 그것이 기부금품법 위반의 대상으로 될 위험이 있다는 것을 명심하라. 무엇보다도 권력자들에 대한 증언을 하겠다고 나서지 말라. 그들이 성추행을 하건 성폭행을 하건 오직 방관하라. 그것에 대한 증언은 언제든지 "사회적 중요범죄"로 내몰릴 수 있고 특별히 적색수배될 수 있다. 권력자들 앞에서 침묵하라. 그들에게 굴종하라. 그것이 신변위협을 받지 않고 당신의 안전을 도모하는 길이며 적색수배를 피할 수 있는 길이다.

둘째 명예훼손이 "사회적 중대범죄" 혐의라는 주장이 대중에게 어떤 메시지를 던지는지에 대해 생각해보자.

당신은 김수민 작가를 이수역 사건 2차 가해자라고 말하여 그의 명예를 훼손했다. 그것이 사실일지라도 대한민국에서는 인물을 특정하여 제3자가 들을 수 있는 공연성의 환경에서 그를 비난하면 명예훼손이 된다. 하지만 이것은 우리 사회에 너무나 흔한 사건으로서 "사회적 중요범죄"로 보기는 어렵다. 중요한 것은 당신이 "구준표와 이름이 같은 정치인"을 장자연 리스트에서 보았다고 말한 것이다. 당신이 과거사진상조사단에서 증언한 후 홍준표 의원은 과거사진상조사단의 검사로부터 장자연 리스트에 이름이 있었다는 진술이 있으니 조사를 받으러 나오라는 연락을 받았다고 한다. 그는 즉각 당신을 명예훼손 혐의로 고발했다. 홍준표 의원은 사회적으로 중요한 인물이고 그가 당신을 범죄혐의로 고발했다는 것은 당신이 "사회적으로 중대한 범죄" 혐의가 있음을 보여준다. 당신이 설령 장자연 리스트에서 "홍준표"라는 이름을 보았다 하더라도 그것을 과거사진상조사단에서 말해서는 안 되었다. 그 이름을 우회적 방법으로라도 시민단체에서 말해서는 안 되었다. 권력자들은 그것을 자신에 대한 명예훼손으로 받아들이며 사법적 보복을 하기 때문이다. 대한민국에서는 사실을 있는 그대로 말해도 범죄가 될 수 있다. 권력자들의 탈법이나 부패에 대한 증언은 언제든지 명예훼손이나 무고로 단죄될 수 있음을 명심하라. 침묵하라, 침묵하라, 침묵하라!

이렇게 "사회적 중대범죄"로 규정된 두 가지 혐의는 가해권력자들의 불의에 대해 증언을 하지 않도록, 침묵하도록 만드는 효과를 가져온다. 가해권력자들에 대한 증언이 명예훼손죄로 제소될 수 있으며 후원금 모금을 통해 가해권력자들의 보복으로부터 증언자의 신체를 방어하기 위한 노력은 사기죄로 제소될 수 있기 때문이다. 사회적 정의 실현의 노력이 사법에 의해서는 부정의로, 범죄로 정죄될 수 있기 때문이다. 변호사·기자·작가와 같은 전문가들, 신문사·방송사·통신사 같은 언론사들, SNS 계정주 같은 시민사회 행위자들만이 아니라 경찰·검찰·법원·정당, 그리고 국회의원 같은 국가권력의 기구들이 가해권력자들이 필요로 하는 것, 즉 증언자의 범죄화를 위한 총력전을 전개할 수 있기 때문이다.

이런 의미맥락에서 보면 "경찰청 자체 기준에 비춰봐도 윤씨 사건이 사회적 파장이 크고, 수사 요구가 높은 사안인 만큼 중요사범으로 볼 수 있다"[5]는 경찰 관계자의 설명은 증언자의 고립과 범죄화를 위해 가해권력이 주도하는 이러한 전 사회적 총력전의 하나의 전술단위처럼 들린다. 왜 이렇게 들리는 것일까?

촛불시민들은 윤지오가 증언한 권력형 성폭력 범죄혐의를 사회적 파장이 큰 사건으로 보고 그것에 대한 수사와 재수사 요구를 높이 제기했다. 그런데 경찰은 지난 10년간 이 요구와 정

---

5. 정인용, 「윤지오 적색수배 대상 아니라지만…"중요사범 해당"」, 〈연합뉴스 TV〉, 2019년 11월 9일 수정, 2020년 2월 11일 접속, http://bit.ly/3a0wD9n.

반대의 방향으로 행동했다. 그 결과가 2009년 KBS의 장자연 문건 보도 이후의 수사에서 성범죄를 비롯한 다양한 범죄혐의의 대상으로 떠올랐던 가해권력자들이 무혐의 처분된 것이고 2018년에 재개된 과거사 재조사가 혐의자들에 대한 재수사로 연결되지 않게 된 것이다. 여기에 그치지 않았다. 촛불시민의 요구와 정반대되는 방향에서 이후 가해권력자들은 윤지오가 행한 증언 자체와 그에 따른 부대 행위들(후원금, 숙소제공 등)을 "사회적 파장이 큰" 범죄혐의로 정죄하면서 지난 수개월간 그에 대한 "수사 요구를 높이" 제기해 왔다. 그 결과가 윤지오에게 여러 건의 고소·고발장이 날아든 것이다. 이런 상황에서 앞서 언급한 경찰 관계자는 정확히 가해권력자들과 동일한 입장과 방향에서 윤지오의 증언행위를 바라보면서 그것을 범죄화하라는 가해권력자들의 시각과 요구를 고스란히 경찰청 자체의 시각과 요구로 대변하고 있다. 이것은 경찰 관계자가 말하는 범죄혐의의 사회적 중요성 평가가 촛불시민의 입장에서가 아니라 가해권력자들의 입장에서 내려지고 있음을 보여준다. 가해권력이란 이처럼 힘없는 사람들에게 피해를 줄 수 있는 권력일 뿐만 아니라 자신의 필요에 따라 범죄를 해석하고 규정할 수 있는 권력이다. 그것이 어떻게 가능해지는 것일까?[6]

---

6. 이 문제가 『까판의 문법』(조정환 지음, 갈무리, 2020)이 다루는 주제이다.

: : 수록글의 초고 작성일

「책머리에」, 2020년 2월 20일
「문제설정 : 권력형 성폭력 사건(장자연의 경우)의 현 상태와 문제에 대한 4·23 메
　모」, 2019년 4월 23일

1장 예술인간 공통장
「장자연 사건을 보는 두 종류의 눈, 두 종류의 전략」, 2019년 5월 1일
「윤지오의 증언을 바라보는 가족주의와 순수주의 시각에 대하여」, 2019년 4월 25일
「다시 순수주의의 위험성에 대하여 : 이른바 '〈지상의 빛〉 후원금 집단반환 소송'의
　정치적 성격에 대해」, 2019년 6월 6일
「윤지오 증언에 대한 반발 공세의 역사적 위치와 성격」, 2019년 5월 4일
「공통장 감수성의 징후와 예술인간-예술체제의 동선」, 2019년 5월 18일

2장 공통장 다중과 영리함의 문제
「영리한 다중 : 윤지오의 경우」, 2019년 5월 7일
「윤지오가 "영리하게" 해보려고 했던 것」, 2019년 5월 8일
「"당당하게"의 교활성과 "영리하게"의 진실성」, 2019년 6월 14일
「덧글 1 : 윤지오의 "영리하게"와 관련하여 1987년 서울구치소의 봄에 대해 생각한
　다」, 2019년 6월 14일 편집
「덧글 2 : 신자유주의 이행 이후 진실 범죄화 방식의 변화양상 ─ 〈민중미학연구회〉
　와 〈지상의 빛〉의 비교」, 2019년 6월 13일
「장자연 사건에서 국정원의 역할이라는 수수께끼」, 2019년 6월 11일

3장 장자연 리스트의 진실
「'증언자 장자연'을 생각하며 '증언자 윤지오'의 의미를 다시 생각한다」, 2019년 5월
　31일
「통계와 경험담이 뒷받침하는 윤지오 증언의 진실성과 신빙성」, 2019년 6월 7일
「홍가혜의 투쟁과 윤지오의 투쟁」, 2019년 6월 4일
「'윤지오 마녀사냥'이 묻어버린 '증언자 윤지오'의 여섯 가지 핵심증언(2009~2019)」,
　2019년 7월 4일
「장자연 사건에서 리스트 공개 및 윤지오 증언의 중요성에 대해」, 2019년 5월 11일
「진술과 이해관계 및 권력관계 문제 : 유장호의 진술을 어떻게 이해할 것인가?」, 2019
　년 5월 3일

「유장호의 양면성의 비밀 : 장자연의 죽음 앞에서 유장호는 왜 어쩔 줄 몰라 했나?」,
  2019년 5월 11일
「'장자연 리스트' 논란과 그 성격에 대해」, 2019년 4월 28일
「'성상납 강요'는 '성폭행'을 의미한다」, 2019년 8월 10일
「덧글 3 : '성상납 강요'(성폭행)는 어떻게 '성상납'(뇌물)으로 되는가」, 2019년 8월
  10일
「특수강간죄 수사권고 없는 진상조사 보고에 대한 윤지오의 생각」, 2019년 5월 14일
「후원금 집단반환소송에 대한 윤지오의 항변에 대해 생각한다」, 2019년 6월 7일
「덧글 4 : 장자연 문건과 리스트의 필체 문제에 대하여」, 2019년 5월 9일

4장 진실혐오의 극장
「"나는 숨어 살았다"의 의미를 이해하지 못하는 분들을 위한 어떤 주석」, 2019년 7
  월 10일
「"숨어 살던" 시기 윤지오의 공개 활동에 대한 대중과 언론의 지각적 착시에 대해」,
  2019년 7월 12일
「윤지오가 "숨어 살기"를 거부하고 실명과 얼굴을 공개하기로 결심한 진짜 이유」,
  2019년 7월 14일
「피해자다움의 강제적 수용에서 피해자다움에 대한 거부의 결단으로」, 2019년 7월
  14일
「거스를 수 없는 '민중의 힘'과 '처벌'을 통한 정의」, 2019년 7월 17일
「진실혐오 극장의 등장」, 2019년 7월 19일
「진실에 대한 혐오」, 2019년 7월 1일
「증언과 신변위협에 대하여」, 2019년 9월 7일

5장 증언과 증여의 공통장 : 국가 공동체의 두 얼굴과 가능한 공동체의 징후들
「장자연 사건에서 국가 공동체는 무엇이었나?」, 2019년 9월 22일
「증언자와 국가」, 2019년 10월 2일
「증여 공통장의 등장 : 윤지오의 신한은행 통장의 삶정치적 성격」, 2019년 10월 10
  일
「증여 공통장에 대한 범죄화 시도」, 2019년 10월 31일
「대안 공동체의 가능성」, 일자 미상.
「덧글 5 : 환대의 새로운 조건 — 야스민과 윤지오의 차이와 유사성」, 2019년 6월 27일

6장 에필로그
「탈진실 시대와 증언의 운명」, 2019년 11월 12일